フロラ・トリスタン（1839年）

右　南米ボリビアの独立（1825
　年）に貢献したボリバール将軍
下　アレキパの町の概観

上　当時のリマの女性
左　フロラの長女アリーヌ（ポール・ゴーギャンの母）

1948年，トリスタンを記念してシャルトルーズ墓地に建てられた記念碑

叢書・ウニベルシタス　789

ペルー旅行記 1833-1834

ある女パリアの遍歴

フロラ・トリスタン
小杉隆芳 訳

法政大学出版局

Flora Tristan
Les Pérégrinations d'une Paria 1833-1834
Arthus Bertrand, 1837

目次

凡例

一、原文のイタリック体の箇所には傍点を付した（書名等は除く）。

一、原注は行間に＊1、＊2、……で示し、四三九―四四二頁に置いた。

一、訳注は行間に（1）、（2）、……で示し、四四三―四四七頁に置いた。ただし簡単なものは〔　〕でくくり、小活字二行の割注とした。

一、訳出に当たって参考にしたフランソワ・マスペロ社版では、内容と文意を損なわない範囲で、冗漫な記述、あるいは反復描写の一部を削除している。本訳書もそれにならい、削除部分は［……］で示した。

一、本書中には、人種や身体の障害に関して、今日では差別的とされる用語が散見されるが、原著はいまだ奴隷制度の残る時代の作品であること、また、著者トリスタンの精神の軌跡を知る上でも、言い換えは不適切であると考え、そのままにした。

1　メキシカン号

一八三三年四月七日、私の誕生日が私たちの出発の日だった。この時が近づくにつれ、三日三晩というもの一睡もできぬくらい心の動揺を感じていた。胸は張り裂けそうだった。それでも、ゆっくり用意が整えられるようにと、日の出とともにベッドから起きた。この作業は想念のもたらす熱に浮かれた興奮状態を和らげてくれた。七時にベルテラが馬車で迎えに来てくれた。残りの衣類を持ち、私たちは蒸汽船へ向かった。自宅から港までの短い道中の間、一体どれほどさまざまな思いに心が揺り動かされただろうか。次第に高まる道々の騒音が、活気溢れる日常生活に立ち戻るように告げていた。かつて平穏な日々を送っていた美しいこの町をもう一度よく見ておきたいと思い、扉の外に顔を出していた。心地よい一陣の微風が顔をなぜていった。私は有り余る生の充実感を覚えながらも、他方魂の奥底では、苦悩や絶望感がしっかりと根を下ろしていた。まるで死にゆく死刑囚のようだった。田舎から町へ牛乳を売りに来るあのおかみさんたちや、仕事に出かけるあの工員たちの生活が羨ましかった。自身みずからの葬列の証人でもある私は、こうした労働大衆を目にするのはおそらくこれが最後だった。私たちは公園の前を通りすぎた。私は美しい木々に別れの言葉を告げた。幾度も通ったことのあるあの木陰の下での散策がどれほど懐かしく思い返されたことだろう。あえてベルテラの顔を見ようなどとしなかった。私の襲われている激しい苦悩を目のうちに読み取られはしないかとても心配だったからだ。集まっていたこれらすべての人たち（友人に別れの言葉を告げに来たり、近郊の田舎に楽しそうに出かけていた人たち）を目にして、心の動揺は一層増した。運命の時は来ていた。心臓は早鐘のように鼓動し、一瞬立っていられないのではと思ったほどだった。「神様、どうかお救い下さい。ああ！　後生ですから私をここから連れ出して下さい！」と思わずベルテラに言いたくなるような強い気持ちに抗するため、どれほど必死に自分に助けを求めなくてはならなかったか、神のみが分かってくれるでしょう。こうして待つ間、この頼みを聞いてもらうため、ベルテラの手をとろうとして私は十度も身体を動かしたほどだった。けれども、こうした人々すべての存在は、その内奥から私を排除した社会を、まるで恐ろしい亡霊であるかのように想起させるのだった。このことを思い返すと、私の舌は凍りつき、冷や汗が全身からふき出し、こうして、残るわずかの力をふり絞り、苦痛への唯一つの治療薬としての死を必死に神に乞い願うばかりだった。

出発の合図が出た。友達を見送りに来た人たちは船を下りていった。船は始動を開始し、次第に岸壁を離れ始めた。私は下りていった船室で一人じっとしていた。船客はみなデッキに出て、知人たちと最後の別れの挨拶を交わしていた。突然私は激しい噴怒の情で活力が戻り、そして船窓の一つに近寄りながら、押し殺した声でこう叫んだ。

「無分別なものたちよ！　お前たちに同情こそすれ、憎んだりはしない。お前たちが示した軽蔑は私には辛く厳しいものだが、私の心をかき乱しはしない。私が犠牲となった同じ法律、同じ偏見が、同じようにまたお前たちを悲しみで一杯にしているのだ。ああ！　魂の気高さ、心の寛大さでお前たちの大義に一身を捧げようとする人間をこのように扱えば、予言してもいいが、お前たちはもっと長い間不幸な状態におかれるだろう」

　この感情の激発で再び私に勇気が蘇り、これまで以上に冷静になれたような気がした。知らぬ間に神が私の体内に宿ったからだった。メキシカン号のあの男性陣が船室に戻ってきた。一人シャブリエだけが興奮しているようだった。優しい眼差しを投げかけ、彼の注意を私のほうに向けてやると、彼は私にこう言った。「祖国を離れ、友人と別れるには勇気が要りますね。でもお嬢さん、いつかまた会える日が来ると思いますよ……」

　プイヤックに着くと、私はもうあきらめた表情をみせていた。その晩は最後の手紙を幾通か書いて過ごし、翌日一一時頃メキシカン号に乗船した。

　メキシカン号は約二〇〇トンの新型帆船だった。施工方法からすると、誰しも選りすぐりの帆船を思い浮かべるかもしれない。間取りはとても使いやすかったものの、非常に狭隘だった。客室は五つあり、うち四つは横一二ピエ〔昔の長さの単位、一ピエは三二・四センチ〕、縦一七ピエぐらいしかなさそうだった。五番目はそれらより広く、船長用で、一番端にあった。副船長の部屋は客室フロアの外にあった。鶏籠、種々のバスケット、ありとあらゆる食料品などの満載された船尾楼は、身を置ける空間など少しもない状態だった。船は、これを指揮するシャブリエと、副船長のブリエ、そしてダヴィドの共同所有であった。積み荷もまたほとんど全部がこの三人の所有物であった。乗組員は一五名で、うち水夫が八名、大工、コック、少年水夫、副水夫長、航海士、副船長、船長がそれぞれ一名だった。彼らはみな年若く、身体強健で、各自自分の仕事を完璧にこなしていた。例外は少年水夫で、その怠けぶりと不潔さといったら、もういつも船中の全員の怒りを呼んでいた。船には十分な食料が補給されており、コックの腕前は絶妙だった。

私たち船客はたったの五人だった。一人は老いたスペイン人で、一八〇八年の戦争に参加した旧軍人で、一〇年前からリマに居を構えていた。この勇敢な人物は死ぬ前に祖国をもう一度その目で見ておきたいと望み、ペルーに帰国するところであった。彼はその聡明ぶりでひときわ目立つ一四歳になる青年の甥を一緒に連れていた。叔父の名はドン・ホセ、甥の名はセザリオだった。ペルー人で太陽の都［クスコ］生まれの三人目の船客は、一七歳の時パリに送られ、勉学を修めてきた人物だった。この時二四歳であった。従兄弟で一七歳になる若きビスカイ人が彼に同行していた。このペルー人の名はフィルマン・ミオタといい、従兄弟は前の二人の船客と同様に、姓では呼ばれず、単にドン・フェルナンドと呼ばれていた。この四人の船客中、フランス語が話せるのはミオタだけだった。メキシカン号上では、私は五番目の船客であった。

船長のシャブリエ［ザシャリ］は三六歳で、ロリアンの生まれだった。彼の父親は王立海軍士官で、彼に自分と同じ道を歩ませようとし、それにふさわしい教育を与えてやった。一八一五年の事件を機にシャブリエは海軍を辞し、貿易業という危険に満ちた賭けに身を投じた。彼にこの道を選ばせた理由が何なのか私には分からない。

シャブリエは、通常まず単なる水夫から出発し、次いでその持つ知力と優れた行動によって一歩一歩階段を上っていく実直な船乗りという一般の商船の船長像とは全く異なる人物である。シャブリエは天与の才に十分恵まれ、常に当意即妙の答えのできる用意が整い、驚くほど純真で創意に富んだ機知の持主だった。彼のつっけんどんぶりはその誠実さと同時に、その職業の習慣からくるものであった。なかで何より目につくところといえば、心根の優しさと想像力の高揚ぶりである。性格はといえば、これはもう本当に、私がこれまで出会ったうちでも一番狂暴なものだった。ほんの些細な事柄にも神経をぴりぴりさせる傷つきやすいその自尊心はとても耐えられるものではない。気難しくかんしゃく持ちの彼がこれを爆発させた時には、普段の心根の優しさなど一片も見いだせぬと表現してもいいだろう。一切手心を加えず、友人に対しても実に辛辣な皮肉をとばして傷を負わせ、いささかの憐憫の情も見せずに彼らを苦しめておもしろがり、こうして与えた苦痛を目にして快楽を覚えているようだった。またその執拗ぶりといったら、その時間がとてつもなく長く感じられたことも一度や二度ではなかった。

一見すると、シャブリエはごく普通の人間のように思える。しかし、しばらく話してみると、すぐに教育のよく行き届いた人間であることが分かる。中背で、今のように太る前はきっと容姿端麗だったに違いない。頭部はもうほとんどはげ上がり、また頭頂部の髪もほぼ白髪で、それが暗赤色の顔色と奇妙なコントラストをなしていた。荒海で傷つけられたその小さな青い目は、ちゃめっ気、ずうずうしさ、優しさなど、ある種形容しがたい表情を示していた。怒ったときにはぞっとするほど怖いけれど、子供のするようなあの無邪気な笑顔で笑ったときには優しくみえるその厚い唇は、こうした全体像に率直さ、善良さ、大胆さといったものを同時に付与していた。彼の持つ何より素敵なところは、その歯である。彼の表現を借りれば、歯というものは下顎の原型となるものであるという。この人物にあっては、すべてが奇妙なコントラストをなしているように、その声も非常に対照的な二つの仕方で聴覚に訴えてくる。

話しているときの彼といえば、しゃがれた、不調和な声を耳にできるなどとはとうてい思えないほどである。しかし、この同じ声がロッシーニの一節、ヌーリのある曲、ヨーデルや美しい情感溢れる恋歌を歌い始めるや、ああ！　すると今度は、天国にでも召されたような気持ちになってしまうのだ。まじりっけのない新鮮な声、心の奥底から出た調和に満ち満ちたそのアクセントは、きっと聞くものの心の奥底にまで響いてくることは間違いないだろう。心がうち震え、甘美な感動を受けるのだ。私たちの生きているこの逆さまの社会の多くの人間と同じように、船長シャブリエは職業の選択を誤ったのだ。本当はオペラを歌うのにぴったりの人だったのだ。素晴しいそのテノールはきっと三千人の聴衆をも有頂天にさせ、かの有名なヌーリのように、一〇時間でも続けて彼らを甘美な至福の状態に繋ぎ止めておくこともできただろう。船長シャブリエの人物像の仕上げに、彼が服装の大層な凝り屋（しゃれ者とさえいっていい）だということを付け加えておこう。初めて足にリューマチ痛を覚えてからというものとても寒がりになり、以来健康には細心の注意を払い、寒さと湿気から身を守るために、グロテスクと形容できるくらいのやり方で、ありとあらゆる種類の服を次から次へと重ね着して身を包んでいた。

副船長ブリエ［ルイ］もまたロリアンの生まれで、シャブリエと同じ歳で、一八一五年にはナポレオン帝政下の近衛隊の兵士であった。鷲章旗の失墜が彼から立派な馬と光り輝く軍服を取り上げてしまったこと、このことは将来のフランスの将軍には耐え難いものだった。栄光への夢を裏切られた彼は、スペイン植民地で一か八かの運を試そうとした。ブリエは船乗りの職を選び、船長として迎えられ、自分のため、あるいはまた他の主人のためというようにして、航海を重ねていった。彼は万事に几帳面であったが、これは船乗り誰しもが持っている資質ではない。非常な清潔好きで、己のなすことすべてに精通し、さらにこの美質に加えて、虚飾の排除も強固に備わっていた。口数少なく、勤勉で、また船員が自分の指示する操作の迅速な実行に対して持つあの不安感は全く感じているようにみえず、大隊や中隊に呼びかける士官特有のあの冷静かつ素っ気ない口調で命令を下していた。正規の教育を受けてはいなかったが、生来の良識がその不足を十分に補っていた。だが、じっくりとしらべてみなければ、これに気づくのはとても難しかった。

　ブリエは非常な美男子で、背は高く、堂々たる風采で、立派な顔立ちをし、気品のある外観をしていた。その性格には、女性への愛想良さはもちろんのこと、彼女たちへの細かな思いやりの気持ちなどいささかも認められなかった。しかし、船上では、誰に対してもいつも非常に丁寧で礼儀正しい気配りをみせていた。

　ダヴィド［アルフレッド］はパリの生まれで、三四歳だった。彼は世界を駆け巡るパリ人の典型であった。一四歳でボナパルト学院を卒業したが、両親は彼に少し耐乏生活を経験させてやろうとして、インド行きの大型船に乗船させた。カルカッタに着くや、船長は彼があまりに手に負えぬ人間であるため、下船させてしまった。頑固だったが根は熱意のかたまりそのものだったずうずうしい腕白小僧は、自分で生計の資を得ようと決意し、実際そうしたのだった。船乗り、語学教師、店員と、次々に新しい職に就きながら……こうして五年間インドに滞在した。フランスに戻った彼は、そこに身を落ち着けようと懸命に努力した。しかし、パリでは決して事欠かぬあのまことしやかな約束事にさんざん弄ばれた後、再度事業の道で自分の幸福を試そうと決心してペルーに渡った。リマでシャブリエと知り会い、彼と親交を結び、こうして二人は一八三二年一緒にフランスに帰ってきた。ダヴィドは都合八年フランスを留守にしていたことになる。

　ダヴィドは自分の教育は自分で行ない、何事も深く究めはしなかったが、実に多彩な知識を身につけていた。活動的で進取の気に富み、根気強い彼は、快楽に対して貪欲で、悲しみの情には心動ぜず、苦しみには平気で、さらにカンディード〔ヴォールテールが一七五九年に著した哲学的コント〕の著者が前世紀末に流行させたあの難癖をつけたがる感情を最高度に備えていた。彼はいつも人間を悪しき側面から見ようとする。自説に固執し、他人の意見には絶対与せず、すべてを批判し、何にでも難癖をつけようとする。性格的には詭弁家で、自分の論議できないような議論にも大胆に加わろうとする。その洒脱な精神は深淵な思考をとても厭い、それゆえにまた首尾一貫してじっと注意を傾けられず、いざ理屈を通さねばならぬ段になると、聞き手の笑いを誘って論議の主題を見失わせてしまう面白おかしい冗談を差し挟むといった次第である。交わされている会話の主題に関してどれほど上っ面のことしか知っていなくても、考え出した当事者自身も面喰らってしまうくらい自信たっぷりな態度で、これについて語ろうとする。幼児より助けてくれる者など誰もなく貧困と格闘してきた彼が、人間の心を知ったのは、良き師の指導を得たおかげである。年齢より早く数々の失望、幻滅を味わってきた彼は、人生に何の幻想も持ってはいなかった。ダヴィドは人類を厭い、人間を常に相食む用意のできた野獣とみなしていた。深い痛手を負わされたことも一度や二度ではなかったため、いつも彼らの攻撃から身を守るのに必死だった。不幸なこの男は誰一人（女性さえも）好きになったことはなかった。彼の苦痛に同情してくれた人間など誰もいなかったし、そのため心も冷酷無情になってしまったのだ。彼の唯一つの喜びは、自分の性向に素直に身を委ねることだった。心の奥底から生じる心地よい感動も、それが生じる寸前で抑えつけられ、もみ消されてしまった。肉体的感覚が支配し、魂は消滅してしまっているも同然だったからである。豪勢な食事が何より好きで、葉巻をくゆらすことに無上の喜びを覚え、そしてたまたま寄港する最初の港で出くわす可愛い娘（肌の色など問題ではない）のことを思い描いて喜んでいた。これが彼の理解していた唯一の愛なのだ。

ダヴィドは痩せてはいたが、すらりとした背の非常な美青年であった。端正で繊細な顔、黒い頬髭ときらきら光る漆黒の髪、燃えるような眼、いつも唇に浮かべている微笑は、コントラストと調和の入り混じった心地よい統一体を形成し、それが陽気で幸せそうな表情（もちろんはっきりそうだと感じ取れはしなかったが）をもたらしていた。ダヴィドは世にいうところの美青年で、多弁だったが、そこには気品と快活さが備わり、会話にも世の御婦人連の喜ぶあの愛想良さが認められた。加えてまた、ホーン岬通過時には、絹のストッキングをはき、髭は毎日剃り、髪には香水をつけ、詩を誦じ、英語、イタリア語、スペイン語を話し、どんなにひどいローリングがきても、決してこけたりしない伊達男だった。

メキシカン号に集う人々のありようはかくのごとくであった。

乗船以来、私たちそれぞれは自分の穴倉の中で、能うる限り快適に身を落ち着けられるようにと懸命だった。ダヴィドは豊富な航海の経験をもとに、私ができる限り不快な目に遭わずに済むにはどうしたらよいか教えながら、私のありとあらゆる準備作業を手助けしてくれた。

水に浮かぶこの家に入って一時間後、船酔いに襲われた。船酔いに関しては、これに苦しめられた無数の犠牲者の手で数知れぬほど描写されているので、ここで改めてそれを描いて読者を退屈させるのは止めておこう。ただ、船酔いは通常の病気と全く異なる苦しみだ、とだけ言い添えておこう。それは絶え間なき苦悶であり、生の中断といっていい。それは餌食になった人から知的能力の行使とともに、感覚機能の働きをも奪い取ってしまう恐ろしい力を持っている。神経質な人なら、他の人以上にこの船酔いのもたらす恐ろしい結果を肌に感じるだろう。私について言えば、一三三日間にわたる船旅中、嘔吐せずに過ごした日など一日もなかったくらい終始一貫その苦しみに苛まれ続けた。

私たちの船は川下に投錨していた。危険なガスコーニュ湾〔ビスケー湾〕から容易に出帆できるような天候のようにはみえなかったからである。にもかかわらず、船長は錨を上げた。重々しい機械も、まるで波間に浮かぶ羽毛のように、取り囲む空の果てしなき広がりを通って動き出し、人間の持つ才知に素直に従い、目指す方向へ進んで行った。

湾に出るや否や、ヒューヒューうなる風、荒れ狂う波が嵐の襲来を告げていた。そのすぐ後、恐ろしい唸り声をあげて、嵐が荒々しい姿を現わした。この光景（その場にいたけれど、じっと見ていることなどとてもできなかったが）は、それまで一度も経験したことのないものだった。体力がいささかでも残っていたら、この光景にうっとりと見とれていたかもしれない。だがその時の私は、船酔いのため持てるすべての力を失っていたのだ。死の前触れかと思うような全身を貫く激しい悪寒で、ようやく生の実感を感得するありさまだった。恐ろしい一夜であった。幸い、船長は船を川岸に寄せることができた。大波で羊が、さらに別の大波で野菜籠も流されてしまい、前日まであれほど奇麗できちんとしていた私たちの小船は、もう至る所ズタズタの状態だった。疲労でくたくただったが、船長は別の羊を購入したり、代わりの野菜を見つけるため、陸に下りていった。彼のいない間、船大工が嵐で受けた被害箇所を修理し、水夫たちは乗船に必要な秩序の回復に懸命だった。

この最初の試みで私たちはより賢明になったわけではなく、以後も幾度となく危険に身を晒し、しばしば船員を無益な危険に挑ませ、彼らの生命を危険に晒し、その手に委ねられた船の安全を危機に追いやることになるあの見せかけだけの名誉心によって、私たちは危うくその犠牲者となるところだった。翌四月一〇日、相変わらず海は荒れていたから、とても用心深かったこの船員たちは、当然のことながら、天候がはっきり回復し、水先案内人を安全に送り返せるようになるまでは、船に引き止めておくべきだと判断した。しかし、同じ日、同じ目的地に向かって出発する二隻の船、シャルル・アドルフ号とフレステ号が投錨していた。フレステ号はたぶん虚勢からだろう、水先案内人を送り返し、沖へ出た。シャルル・アドルフ号も後方にそのまま止まっていようとせず、同じように沖に出た。最初メキシカン号の船員たちはこの二隻の船の軽率な行動に非難を浴びせていた。しかし、他の例に影響されることなどほとんどなかった彼らなのに、臆病者と思われる不安感からだろうか、当初の決意を放棄してしまった。午後四時頃彼らは水先案内人を帰してしまい、こうして私たちは怒り狂う波濤の真ん中に投げ出されてしまった。波はまるで高い山のように、船の間近にせり上がってきた。私たちはもう奈落の底の小さな点にすぎず、二つの大波が結びあって、私たちを飲み込んでしまわんばかりだった。

絶え間なく嵐の襲来を受け、本当に危険な状況にさらされて、湾を抜け出るまでに三日もかかってしまった。船員たちは全員、病気になるか、それとも疲労でくたくたになり、作業など全く手にもつかない状態だった。苦しみに満ちたこの長い三日間、律儀な私たちの船長は甲板から一歩も離れようとはしなかった。後になって彼は、私たちのか弱い帆船がすんでのところで岩にぶつかって砕け散ったり、大波に飲み込まれてしまいそうになるのを目にすることもたびたびだったと教えてくれた。幸いにして、神の御加護により、私たちは窮地を脱することができた。しかし、いくらこうした危険を体験したところで、毎日といっていいほど同じような軽率な行為を犯している船員たちには、そうした出来事など深い反省の材料となってはくれないだろう。

一三日、午後二時から三時の間だろうか、船長は疲労でくたくたになり、まるで海に落ちたかのように汗びっしょりで、この三日来入ってこなかった部屋に降りてきた。どの船室のドアも閉まっているのを目にし、人の呼吸するほんのかすかな息も聞こえてこないのに気づいて、大きなしゃがれた声でこう叫んだ。

「おや、まあ！　ねえ！　みんな！　ここで死んじゃったのかね」

彼の優しい問い掛けに答えるものは一人もいなかった。すると、シャブリエは私の船室のドアを細めに開け、忘れぬことのできないような配慮に満ちた口調で、こう語り掛けてきた。

「フロラさん、ダヴィドが教えてくれましたが、病気にでもなったのではないでしょうか。可哀そうに！　本当に同情します。というのも、私も昔はさんざん船酔いに苦しめられたんですよ。でも安心して下さい、ようやく私たちは湾の口を抜け、広い大海に入ったんです。ついさきほどまで感じていたような恐ろしい痙攣とはうってかわった穏やかな揺れで、それが感じられないでしょうか。もし起き上がって甲板に出てくる力があれば、きっと生気が蘇ってきますよ。そこにはささやかだけれど、心地よい澄んだ爽やかな外気が漂っているからです」

私は目で感謝の気持ちを表わしたが、それというのも言葉も出ないくらい身体が衰弱しきっていたからだった。

「可哀そうに！」と彼は思いやり溢れる優しい言葉で繰り返した。「この天気ならぐっすり寝られるでしょう。私も寝るとしましょう。私も睡眠が必要ですから」

事実、私たちは全員二四時間も眠り続けた。私たちが目を覚ましたのは、大きな音をたてて船室のドアというドアを開けて回るダヴィドによってだった。というのも、彼の言うには、乗客がみんな本当に死んでしまったのかどうか知りたかったからだった。私たちは死んでなどいなかった。だが、いやはや！　私たちがどんな状態に置かれていたことか！　シャブリエは管理を任された船の指揮官としての肩書きを行使しようとするにはあまりに優れた人間であったから、乗組員や乗客すべてに、神に次ぐ絶対者というより、むしろ友人のように話しかけていた。嵐に際しては、船中で最も優れた水夫だったし、また普段は、船中のどの人間にも満足感を与えてやろうと気を配る善意のかたまりのような人だった。彼は私たちに、起きて下着を着替え、外気を吸いに上に出てきて、温かいスープでも飲むようにと優しく誘ってくれた。私についていえば、何も口にしないでよいという条件で、これに同意した。船員たちは親切にも私のために船尾楼にベッドをしつらえてくれた。私は起きて服を着るのにも必死の努力が必要なくらいで、船員の助けがなかったならきっと甲板にも上がれなかっただろう。

最初の二週間の船上生活は、私にとっては本当に心身麻痺状態の連続で、その間生きているということを実感したのはほんのわずかだった。日の出から夕方六時まで苦しみにあえいでいた私には、二つの考えを一つに纏めるなどという芸当はとうていできなかった。私は何が起ころうと無関心だった。ただもうひたすら一刻も早く死が到来し、この苦痛に終止符を打ってくれるようにと願っていた。しかし、内奥からの声は、私に、死にはしないよと語りかけていた。

カナリア諸島までできて、船員は船の浸水に気づいたため、船体塡隙のために最寄りの港に寄港することを決めた。

海に出てまだほんの二五日しか経っていなかった。それでも私にはとてつもなく長い時間に感じられ、また船上生活も非常にきつかったので、近くに陸地が見えたという知らせが入った時に感じた喜びと満足感で、たちどころに苦痛は雲散霧消してしまった。私は元気を回復した。陸地だ！　陸地だ！　海に出たことのないものには、この言葉が内に含む魂を揺さぶるような力は分からないだろう。否、砂漠に生きるアラブの民が激しい喉の渇きを癒してくれる泉を目にした時でも、これほど強い喜びを感じはしないだろう。長い禁固生活を終え、晴れて自由の身になった囚人でも、これほどの歓喜に溢れはしないだろう。陸地だ！　陸地だ！　天空と深淵の間を何か月も過ごしてきた航海者にとっては、この言葉にはあらゆるものが含まれている。それは快楽に満ち満ちた全生活であり、祖国でもある。なぜなら、その時、国と国との偏見は口を閉じ、航海者は自己を人類と結びつけている紐帯しか感得しないからである。それは社会生活を営む喜びであり、心地よい木陰であり、要するに、陸地というこの言葉は、大きな危険に遭遇した後、生命に不可思議な魅力をもたらす安心感を航海者の中に蘇らせてくれるものなのだ。こうした喜びに加えて、航海者によっては、友人と再会したり、家族と会ったり、母や妻を抱擁して受ける快楽もある。おお、陸地よ！　お前を足下に踏みつけている人たちからしばしば呪いの言葉を浴びせかけられてきたにもかかわらず、新鮮な木陰も、鮮やかに彩られた牧場も目に入らず、旅中に親にも友人にも会えず、大海の真ん中で何か月も過ごしてきたら、お前はきっとエデンの園に見えるに違いない。

この時、各自想像力のありたけを使ってさまざまな夢で美しく思い描いたこの陸地を発見せんものと、私たちは全員甲板に出ていた。プラヤ湾を形成する細長い半島の端にある岬を回航している時には、皆胸をドキドキさせていた。一体これから何を目にするのだろうか、と。旅の最初の幻滅が待ち受けていたのは、まさにこの投錨時だった。地理にそれほど強くなく、またプラヤ湾に関する書物など一度も読んだこともなかった私であるが、急いでそれを一つ頭の中に描いてみた。ベルデ岬と名づけられた島であれば、航海者の目には当然緑一杯の光景をみせてくれるに違いないと思った。なぜなら、もしそうでなければ、その名の謂れをどこに探し求めたらよいのだろうか。私はその時まで、名前の由来がしばしばその意味する事物とは何の関係もない奇妙な外的状況からきているなどとは考えてもみなかった。ホーン岬で炎の地と名づけられたところは、氷の地とそっくりだった。しかし、これを発見した人は、たぶん目の錯覚だろうか、それを燃える火のように感じ取り、そして目に映じたままにその名を付けたのである。こうして、ヴァルパライソ［楽園の峡谷］はその神聖な名をこの入り江に着岸した最初のスペイン人船員たちから授かったのである。彼らもまた、これほど長く苦しい航海を経た後では、どんなに干からびた海岸であろうと、またどれほど恐ろしい土地だろうと、陸地という言葉に応じてくれるところであれば、即座に楽園と名づけてしまったのだろう。おお！　実際、大地は人間の楽園である。しかし、そこに葡萄やオリーブの木を植え、その刺や茨を抜き取るのも彼らの仕事なのだ。

真っ黒でほとんどすべてが乾燥しているこの土地の風景は、どこかしらとても単調なので、誰も皆物悲しい気分に陥ってしまう。湾全体が多かれ少なかれ高い岸壁に取り囲まれ、波はごうごうと唸り声をあげぶつかり砕け散っていた。湾の中央に向かって、馬蹄形の高い岩礁地帯が重々しく突き出ていた。

そのてっぺんを飾る平地に、プラヤの町がつくられていた。

遠くから見ると、この町の外観はとても立派だった。馬蹄形のその円形部分に、二二門の重砲の装備された砲台がしつらえられていた。立派な装備の兵士が立っていた。左手にはつい最近建てられたばかりの奇麗な教会があった。右手にはアメリカ領事館が置かれ、海上の船を発見する監視哨の役目をする小さな展望台がそびえていた。バナナの木の茂み、いちじくの群生、大きな葉の茂った木々がそこかしこに見られた。

2　プラヤ港

錨を下ろすや、砲台にあわただしい動きの起こっている様子が目に入ってきた。ほどなくすると、一艘のボートが私たちに向かって漕ぎ出してきた。そこにはほぼ全裸に近い四人の黒人の漕ぎ手が乗っていた。後部には長い頬髭を伸ばした小柄な男（赤銅色の肌、縮れた髪からすれば、彼が白色人種でないことは明瞭だった）が、舵を取りながら、どっかりと腰を下ろしていた。この男の身なりは実にグロテスクだった。木綿のズボンは古びた一八〇〇年代のもので、おそらくさまざまな運命を経て彼の下に届いたに違いない。白の合わせ縫のチョッキと鮮やかな緑の粗布のフロックコートを着ていた。黒い水玉模様の大きな赤のスカーフはネクタイの役目をし、その端が風に吹かれて優雅になびいていた。身なりを立派に仕上げようと、大きな麦藁帽子を被り、かつては純白だったに違いない手袋をはめ、扇子の役目をしている黄色の奇麗なスカーフを片手に持っていた。三〇年前につくられたような濃紺とピンクの縞模様の大きな日傘で強い陽光から身を守っていた。私たちの船に着くと、男はその身なりと肩書きに劣らない滑稽なしぐさで名を名乗った。彼はプラヤ港の港湾長と同時に、司令官の秘書でもあった。加えてまた、卸商と小売商も兼ねていた。兼務禁止の法律がこのアフリカの海岸にまで及んでいないことはこれで分かる。ここの港湾長はポルトガル人であった。彼はこの島がかの有名な主人ドン・ミゲルの所領であると告げた。そして、滑稽なこの男はその主人の名を告げる際には、被っている帽子をとるのだった。私たちに政治問題について口を開けさせようと、彼はさかんに政治についてしゃべりまくった。彼は私たちのブランデーとビスケットを受け取り、私にポルトガル語で仰々しくお世辞をふりまき、そして自分の職務を果たすというよりむしろスパイの任務を果たそうとでもいうような様子で、長時間船に留まってからボートに乗り移っていったが、その際にとったしぐさは、まるで全艦隊を率いてアレキサンドリアを出立するキャプテン・パシャとそっくりな高慢な態度であった。

小柄なこのポルトガル人が高名なその主人のあげた数々の武勲についてあれこれと語り聞かせてくれている時、身なりや態度物腰で彼に勝るとも劣らず人目を引いた二人の人物が私たちの船にやってきた。一人はアメリカの小帆船の船長だった。他の一人はシエラレオネの小型スクーナー〔二本マストの帆船〕を指揮していた。彼はイタリア人だった。乗船すると、彼は私たちに、自分はサン・ドニ通りのパリジェンヌと結婚していると教えてくれた。律儀なこのブランディスコ船長〔これが彼の名だった〕は、シーザー時代の貴族がキャピトル広場に住んでいると言う際に示したような大袈裟な身振りを交えて、この通りの名を挙げたのだった。

私たちの船長、副船長、ダヴィドの三人は、司令官宅に出向き、規定通りに船籍証明書をもらい、船に必要な補修工事に際して、私たちの船大工を補助してくれる作業員を一刻も早く確保するため、港湾長と一緒に下船したほうがいいだろうと判断した。

私は真実は残さず語ろうと決めていたから、私たちのボートとこれに乗り込んだ人たちを、黒人や哀れなアメリカ人水夫の乗る他の三艘のみすぼらしい小船と比較したとき私の心中に生じた誇らしい気持ちを正直に述べてもいいだろう！　なんたる大きな違いだったことか！　私たちのボートのなんと奇麗で瀟洒なことか！　私たちの水夫のなんと血色の良いことか！　舵はブリエがとっていた。その物腰の上品さはフランス人船乗りの典型にふさわしく堂々とし、そしてワックスのよくきいたブーツと白いズックのズボンをはき、紺の礼服を着、黒のプードソワのネクタイを締め、小さなバックルに通した黒のビロード布を飾りにつけた奇麗な麦藁帽子を被った私たちの船長もまた、商船員たることを誠実に示していた。愛想のいいダヴィドといえば、彼はもう全くまぎれもなく魅惑的な男性だった。彼は灰色のスエードの長靴、ゲートル状のズックのズボンをはき、たくさんの飾り紐のついたロシア製のラシャの小さな上着を着ていた。チョッキはなしで、小さなチェックのスカーフを気どって首に巻き、これをわざとぞんざいに結んでいた。頭にのせた紫のビロードの縁なし帽は、左耳だけを覆っていた。彼は大袈裟な身振りで私に会釈し、またプラヤ港の人々のグロテスクな表現のせいだろうか、大声をあげて笑ったりしながら、ボートの真ん中に立っていた。一八三三年当時の私はまだ、後になって私の頭の中に大きく成長した思想を抱くどころではなかった。当時の私はとても偏狭な人間だった。私の脳中では、祖国フランスが世界の他のどの国よりも大きな場所を占めていた。つまり、他国の考えや習慣を自分の国のそれで判断していたのである。フランスという名とそれに結びついた一切のものが、ほとんど魔術的と呼んでいいほどの効果を私にもたらしていた。私はイギリス人、ドイツ人、イタリア人などみなひとしなみに異国人とみなしていた。人間はすべて同胞で、世界が彼らの共通の祖国だ、などと考えてもみなかった。さらに、国家同士の連帯、これによって人類総体が諸国家の抱える善悪を感得するようになるのだ、というような考えを認めることなど及びもつかなかった。しかし、ここでは、私たちフランス人がプラヤ港にいた他の国の人々よりはるかに優れた存在であることを目にして受けた印象をありのままに述べただけである。

かの船員たちは長時間陸に残っていた。彼らは夕食時の五時頃になってようやく戻ってきた。彼らがいない間、私たちはプラヤ港がもたらしてくれただろう楽しみをあれこれと推測していた。ミオタは、寄港中は船上生活から抜け出て、どこかホテルにねぐらを探そうとしていた。セザリオとフェルナンドは、朝航海士と町に買い出しに行くことになっていたコックと一緒に、毎日外出する計画を立てていた。この若い二人のスペイン人は、狩りに出たり、野原を駆け回ったり、果物を食べたり、馬に乗ったりと、要するに彼らの年代に必要な、またしびれた四肢がどうしても必要と感じているあの運動をすることをとても楽しみにしていた。私もまた滞在中の生活プランを立てていた。この国の風俗や習慣を学びとり、あらゆるものを見物し、記録する価値があると思った事物を正確に記録できるようにと、どこかポルトガル人宅に泊まりたいと思っていた。こうした素敵な計画は全部甲板で立てられたのだが、他方、ゆったりとした気分であちこち散歩できるようになった老ドン・ホセといえば、水に浮かぶこの館が休息を得た今、喜びの気持ちをいささか表に出しながら、こけずに続けて一二歩も歩けるという言うに言われぬ幸福感を味わっていた。この老人が足を止めるのは、その小型葉巻を紙で巻く時だけだった。時折、彼は私たちの話に耳を傾け、微笑を浮かべたりしていた。私は彼の微笑に気づいた。そこで、彼の考えの奥底を知りたくなって、町に行って何をするつもりなのかと尋ねてみた。彼はあのスペイン人特有の冷静さ——彼はそれを最高度に備えていたが——で、こう答えてくれた。

「お嬢さん、私は町には行かないでおこうと思っています」

「なんてつれないこと！ ドン・ホセ。じゃあ、散歩したいと思っても、こんな狭い空間しかないこの船に乗っていて、それでいいんですか」

「いいえ、お嬢さん、私もあなたと同様、陸を目にして心を動かされないわけではありません。でも、私があなたに勝るものがあるとすれば、それはもっぱら長年月にわたる経験なのです。この海岸やリマに着くまでにこれから接岸するその他数多くの海岸が示してくれる数々の楽しみに関する私の考えははっきりと決まっているのです。つまり、陸で居心地悪い思いをするために、わざわざ船を離れる必要などないと考えているのです。これはきっとあなたにも起こるに違いないでしょう。でも、幼い子供は自分の目で見ることが必要なんです。さあ！ 見ていらっしゃい、その後で、私の言ったことが正しかったかどうか教えてください」

私たち全員ドン・ホセの冷淡さに抗議の声を上げた。いたずらっ子の甥は、何とかして彼の足をプラヤ港に向けさせようと必死だった。しかし、体の隅々まで祖国スペイン人の典型ともいうべきこの老人の気持ちは少しも揺らぎはしなかった。彼は繰り返しこう言うばかりだった。「さあ、行ってきなさい。戻ったら、私の言ったことが正しかったかどうか教えてくださいよ」と。だが、障害を渇望する青年というものは、自己の欲望にしか信を置かず、自己の体験によってはじめて納得させられるものなのだ。私たちはドン・ホセの体験など見下すばかりだった。

ボートが戻るのを見て、私たちの好奇心は一層かき立てられた。船員たちが乗船するや、早速私たちは彼らに質問を浴びせ始めた。しかし、彼らが私たちの要求を満たしてくれるには、選んだときが良くなかった。シャブリエはブリエと一緒に、連れてきた作業員にしなくてはならない仕事の説明にかかりきりだったし、典型的イギリスかぶれのダヴィドは、知り合ったばかりだというのに、船で一緒に夕食をとろうと連れてきた粋なアメリカ人領事と、我を忘れてバイロン卿の美しい文句を語っていたからだった。

翌日、朝食後、三人の若いスペイン人、ダヴィド、船長そして私が陸に向かった。

プラヤ港にはたやすく上陸できる埠頭などない。周辺は多かれ少なかれ大きな岩礁で覆われ、それを避けるため最大限の注意を払わなければ、どんなに頑丈な小船でもこっぱ微塵にされてしまうような激しさで、海水がこの岩礁に当たって砕け散っていた。適当な入口を見つけるまで、船員が岩から岩に飛び移りながらボートを引っ張っていなければならず、またこの操作の間、ボートに残った船員は波でボートが岩に当たって砕けてしまわないようにと必死であった。濡れずに上陸するのは――海が荒れているる朝は特にそうだったが――とても難しかった。けれども、あの船員たちの払ってくれた配慮のおかげで、私は濡れずに済んだ。一人の水夫はその逞しい腕で私を抱きかかえ、乾いた場所に移してくれたりもした。海沿いの岩礁地帯に穿たれた小道がプラヤ港に通じていた。この道に危険がないわけではなかった。岩を覆う黒い砂が足元で崩れ落ち、ほんの少し躓いただけで岩から岩へ転がり落ち、海まで転落してしまいかねなかったからである。小道を抜けると、浜辺の起伏のないなだらかな砂地に着いたが、波がその上に打ち寄せ、スカラップ状に流れていた。絶えず海水で洗い流されているこの固い砂地を歩けば、どんな人でも疲れなどどこかへとんでいってしまうだろう。しかし、二、三百歩も進むとそこを出てしまい、今度は最も骨の折れる小石だらけの道に入らなければならない。ここを這い上がっていくには、少なくとも一五分はかかる。くたくただった私は、途中で三度も休憩をとらなくてはならなかった。歩くのもようようという状態だった。親切なシャブリエがずっと私の体を支えていてくれた。ミオタは傘で日陰をつくってくれていた。というのも、私の小さなパラソルでは身を守る役目などほんの少ししか果たしてくれなかったからである。一方、ダヴィドといえば、一番よい道を教えてやろうと、まるでヘラジカのように敏捷に、斥候よろしく私たちの前を進んで行った。熱帯の陽光が頭上から垂直に焼けつくような光を注いでいた。汗びっしょりの額を乾かしてくれる風などそよとも吹いてはくれなかった。激しい渇きで喉はからからだった。ようやくのことで平地にたどり着いた。ダヴィドは機先を制し、何か冷たい飲み物でも出してもらおうと、領事に私たちの到着を知らせにいった。私たちは市中を通り抜けたが、そこには全くといっていいくらい人気がなかった。正午だった。それから三時までは、一日のうちでも一番暑さの厳しい時間である。住民はそんな暑さに身をさらそうとはしない。じっと家に閉じ籠り、眠って時間を過ごすのである。陽光の照り返しはとても強烈で、目も眩むほどだった。シャブリエはこんな炎熱地帯に私を連れてきたことに悩み苦しみ、そのため救い難いような気持ちに落込んでいた。三人の青年はもう既に小さな彼らの船室を懐かしみ始め、また私はといえば、この町の興味深い場所がそのため見学できなくなるのではという不安で、いてもたってもいられない気持ちだった。領事邸に着き、小さなテーブルに腰を下ろし、グロッグを飲み、極上のハバナの葉巻をふかしているダヴィドと一緒の領事の姿を認めたのは、こんな気分になっている時だった。アメリカ人領事はこの陰鬱な住居に、彼の祖国が多大な価値を与えているありとあらゆる品物を運んできていた。年の頃三〇歳くらいのこの男は四年前からここに住んでいた。邸宅は広大で、間取りもよく、細部に至るまで整理整頓が行き届いていた。彼は私たちにすべてがニューヨーク産のハム、バター、チーズ、ケーキ、その他たくさんの品々の用意された夕食を出してくれた。また新鮮な魚や、この国で獲れたたくさんのあらゆる種類の果物もあった。

食事の出された部屋は全体が英国風の家具で飾り付けられていた。床には素敵な絨毯が敷かれ、窓にはいろいろな港町を描いたカーテンが掛けられていた。壁は数々の美しい木版画で飾られていた。ある版画には、狩りの風景や馬車の出発や犬と戯れる子供らの情景が目に入り、また別のものには、ビュラン〔彫刻用のノミ〕で見事に彫られたぼかし入りの女性像にうっとりさせられるといった案配だった。

食事もまたイギリス式、否むしろ北アメリカ式にのっとって出された。私たちは青色の模様の入った大皿で食べ、脚付きの大きなコップでエールを、さらに小さなグラスでポルトを飲んだ。大きな鋼鉄のナイフとフォークは、まるで新品のようにぴかぴかに磨かれていた。結局のところ、ナプキンは出なかったから、めいめい前のテーブルクロスの端を代わりに使うことにした。領事はダヴィドに、懐かしい祖国の言葉をとても上手に話すイギリスびいきを認めて有頂天の様子だった。そのためだろうか、領事はもうダヴィドとのお喋りを一時たりとも止めようとはしなかった。彼はまた給仕の二人の黒人とも英語で話していたから、黙って静かに観察しているだけだった私は、時として自分は今ニューヨークの田舎家にいるのでは――私たちの感覚に強烈な印象を与える事物は、想像力にそれほどまで大きな影響を及ぼすものなのだが――と思ったりした。食後ブランディスコ船長は、ボルドー出身のヴァトランという名のフランス人と結婚していたため半フランス人と称していたある夫人宅に連れていこうと、私たちを迎えに来た。

私たちがヴァトラン夫人に会いに行っている間、ダヴィドは残って英語を話したり、お茶を飲んだりしていた。

この夫人は町で一番金持ちの女性だった。年は五〇～五四歳くらいである。背は高く、とても太っていて、濃いクリーム色の肌で、髪を軽くカールし、非常に整った顔立であった。表情は穏やかで、態度物腰は育ちの良い人間そのものだった。フランス語の会話はおぼつかないものの、読み書きの方はかなり上手にできた。フランス語の知識は彼女の夫が授けてくれたものである。彼女は四年前に亡くなったこの最愛の夫をとても懐かしんでいた。

彼女が私たちを迎えてくれたのは、床のタイルも十分に敷かれていない、薄暗くて陰気な大部屋だった。これが彼女の称する客間である。室内装飾はどこか奇妙だった。入ってすぐそれが私たちの注意をひいた。かつてこの部屋にフランス人が住んでいたことは簡単に分かった。周囲の壁に、四つか五つのいろいろな場面のボナパルトを描いた下手な複製画が掛かっていたからである。そこには、帝政時代の全将軍と主だった戦闘場面が、左右釣り合いよく配置されていた。この客間の奥には、格子のはまった書棚があり、その下には、黒い覆いのかかったナポレオン皇帝の半身像があった。この書棚には、ヴォルテールとルソーの著書が何冊か、ラ・フォンテーヌの寓話、テレマック[1]、ロビンソン・クルーソーなどが載っていた。これらの本は全部棚板の上に乱雑に置かれていた。ある家具の上には、地球儀が二つと、エチルアルコールの中に二体の胎児の入った広口壜が載せてあった。あちこちでフランス渡来の品々を目にできた。マホガニー製の小さな裁縫台、ランプ、黒い馬の尾毛を使った二脚の肘掛け椅子、小鳥の入った鳥籠など。さらにまた、客間の真ん中に置かれた大テーブルを覆う立派なクロースやその他たくさんのこまごました品々。入って行くと、ヴァトラン夫人は私の前に来て手を取り、二脚の肘掛け椅子の一つに私を座らせた。私を迎えるために、夫人は盛装して出迎えてくれ、さらには、若い異国女性を一目見んものと興味深々ないくたりかの女友達を自宅に呼び寄せていた。ヴァトラン夫人の装いは、その人柄全体とびっくりするほど対照的だった。彼女はさくらんぼう色の薄い繻子のドレスを着ていた。このドレスは短くて、肩と胸が大きく割れ、短袖だった。刺繍の施された美しい白い薔薇の花のくっきり浮きでた濃紺のクレープデシンの大きなスカーフは、ショールと帽子の役目を同時に果たしていた。というのも、頭の後部全体を覆うようにして、このハーフコートをなんとも珍妙な形でまとっていたからである。太い腕には、あらゆる色のブレスレットが飾られていた。耳からは大きなイヤリングが垂れ下がり、指には有り余るほどたくさんの指輪がはめられ、首には七〜八連ものネックレスが巻かれていた。他の夫人方といえば、ヴァトラン夫人の豪華ぶりには及びもつかなかった。彼女たちの衣服は青や赤や白の単なる綿布製で、ドレスやスカーフの形もどれもこれも皆似通っていた。

ヴァトラン夫人は昔彼女の夫が幾度となく語ってくれたボルドーの町について私に質問を浴びせ掛け、次いでまた、私が知りたいと思ったすべてのことについて、この国の人間にはとても珍しい愛想の良さで喜んで私の好奇心を満たしてくれた。

彼女は一階の三部屋と二つの屋根裏部屋とからなる屋敷を案内してくれた。その屋敷は海と向かい合った台地の縁に建っていた。眺望は素晴らしかった。台地の下方に、手入れのよく行き届いた五つ六つの美しい庭園がある。一番広いのがヴァトラン夫人のものである。屋敷からそこへ下りていくには、岩塊に切り開かれた階段を利用する。庭園を越えた向こう側には、人気のない広大な砂地が広がっていた。さらにその向こうには、緑の小さな林を形作っている木々が見えた。

ヴァトラン夫人は私に、船が港に停泊中彼女の家に滞在するようにと勧めてくれた。この親切な申し出にはとても感激したが、正直なところ、これを受け入れる気持ちにはなれなかった。陸地（海上でこれを見つけると、誰しもその光景に胸は歓喜で高鳴るものだ）といっても、誰一人友もなく、慣れ親しんだ文明からかけ離れた人々の中に置かれたら、その魅力もたちまち失せてしまうものである。ヴァトラン夫人の申し出を耳にして、シャブリエの顔は紅潮した。苦しく不安気な面持ちで、視線をじっと私に注いでいた。私は申し出を断り、翌々日再度訪れることを約束して、この親切な夫人に別れを告げた。

私たちは町を一巡りした。夕方の六時だった。日差しは弱まり、軽やかな微風で日暮れの暑気にも耐えることができた。

夕涼みのため、住民たちはみな戸口の前の道路に出ていた。黒人の体臭に襲われたのはその時である。それはたとえようのないほど強烈な臭いで、むかむかと吐気を催させ、またどこまでもつきまとって離れようとはしない。家の中に入れば、たちまちこの悪臭に襲われるだろう。子供らの遊びを見ようと近づいて行っても、すぐさまその場所から離れたくなるだろう。彼らの身体から発散する臭気はそれほどむかつくような臭いだった。ごくわずかな臭気でも、頭や胃にきてしまうくらい感覚器官が鋭敏だった私は、あまりに耐え難い不快感を覚えたので、このアフリカ人たちから出る臭気から逃れようと、思わず歩を速めざるを得なかった。

岩礁に降りた私は、一服しようと腰を下ろした。シャブリエは私の傍らに身を置いたが、三人の若者はといえば、貝を拾おうとして海岸をあちこち歩き回っていた。シャブリエは私の手を取り、優しく胸に押し当てながら、これまで聞いたことのないような口調で、こう語りかけてきた。

「ああ！　フロラさん、あの夫人の申し出を断って下さって本当にありがとう！　もし受けられたりしたら、私はどれほど辛い思いをしたことでしょう！　あなたがこんなに苦しんでいる時、こうして私の手に身を委ねているあなたと離れてしまうなんて！　あんなにも嫌悪感を抱いて見ているあの醜い黒人たちに取り囲まれたまま、この悪臭ふんぷんたる岩場にあなたを一人ぼっちにしておくなんて！　ああ！　そんなこと決して承知しなかったでしょう。また、私がいなかったら、一体誰があなたの面倒を見てくれるのですか」

シャブリエが情熱を込めてこのような言葉を述べてくれた姿を見て、言葉に出せないくらい嬉しかった。私は彼に対して、感謝と愛情と恐怖の三つの感情を同時に感じ取ったような気がした。

ボルドーを発って以来、シャブリエの目から見て、私の立場がいかに途方もないものと映っていたか、私は一度も考えたりしなかった。激しい肉体的苦痛に妨げられて、とてもそんなことを考えるゆとりはなかった。船長が示してくれた優しい心遣いや思いやりは、彼の生来の善意によるものだと思っていた。私の置かれた立場を知って誰しも抱く同情心とは異なる感情を抱いたのだなどとは夢にも考えなかった。

生まれながらにして情愛深い心と繊細な性格を授けられた人間にとって、話す相手の秘密を見抜くためには、一瞥するだけで十分である。ちらっと見ただけで、私は彼の考えを読み取ることができた。すると、彼は私の手を摑んで、深い悲しみに満ちた口調でこう言った。

「フロラさん、私はあなたに愛されようなどとは思っていません。ただ、あなたの苦悩の支えになってあげたいと思っているだけなのです」。私は笑みを浮かべて感謝の気持ちを示し、そして海を指差して言った。「私の心はこの広い海に似ています。不幸によって、そこには底知れぬ深淵が穿たれてしまっています。人力ではとうていこれを埋めることはできないのです」

「では、あなたは愛情などより不幸のほうにより大きな力を与えるのですか？」

この答えを聞いて、私は思わず身が震えてしまった。というのも、当時の私は、愛という言葉が人の口から出るのを耳にすると、思わず涙が出ずにはいられなかったからである。シャブリエは両手で顔を覆った。私は初めて彼をじっと見つめた。私はまだ彼がどんな顔立ちなのかも知らなかったからである。彼は涙を流していた。私はその姿をじっと見つめ、そして知らず知らずにうっとりとメランコリックな思いに浸っていた。

私たちを呼ぶ声がした。ボートが待っていた。私たちはゆっくりとそこへ向かった。私はシャブリエの腕に寄りかかった。二人ともそれぞれ物思いにふけり、どちらも沈黙を破ろうなどと考えもしなかった。船上には、ダヴィドが例の領事と、この国の音楽を私に教えてやろうとして連れてきた二人の楽士と一緒にいるのが分かった。全員デッキに集合した。私は二重に敷かれた絨緞に身を横たえた。男性陣は私のまわりに腰を下ろし、めいめい脳中に浮かぶ思いに応じて、二人のアフリカ人の奏でる単調な音色に耳を傾けていた。

船は少しも揺れていないのに、楽士の一人が船酔いにかからなければ、コンサートは夜更けまで続いていただろう。このため、領事はやむなく町に引き返さざるを得なかった。こうして、私は彼の英語のお喋りや、連れてきた楽士のもたらす退屈さから解放されたのである。私たちはデッキで夜遅くまでお喋りを続けた。南国の夜のなんと美しかったことだろうか！

翌朝、ダヴィドとミオタは少し島の内部まで入ってみようと計画して、船を出した。食料購入とこの国の見学の両方を兼ね、彼らは町から一八里離れたところで畑を作っている一人のフランス人の家に向かった。二日間が過ぎたが、その間ずっとシャブリエは私と一緒にいることに何か困惑しているような様子だった。普段の彼には見られないぎこちない様子に、私の方も戸惑ってしまった。そうした態度は、岩場で交わした会話で私の心中に生じた不安感や陰鬱な思いをさらに増大させることになった。

数々の辛酸を嘗めてきたにもかかわらず、当時の私はまだ世間知らずの娘が抱くようなあらゆる幻想に支配されていた。社会と全く孤絶した田舎の田園地帯で育てられ、以来ずっと社会の片隅で隠れ住むように暮らしてきた私では、たとえ十年にもわたり数多くの悲しみや幻滅を味わったとはいっても、それで一層洞察力豊かな人間になれるはずはなかった。私はどんな時でも人間の好意や誠意を信じていた。悪意とか不実が示されるのは例外的な場合だけだと考えていた。私が閉じ籠っていた深い孤独な生活は、世間やそこで生じている出来事に対して、私を全く無知な人間にしてしまっていた。自分の殻の中に閉じ籠り、そして自身の中にはかけらも見いだせぬ悪徳（清らかな私の心に噴怒を呼び起こすあの悪徳）が他人の心の中に存在するなどとは夢にも考えなかった。［……］

一八三三年当時の私にとって、愛は宗教だった。一四歳の時以来、私の熱き魂は愛を至高の存在と崇めてきた。愛を神の息吹、魂を高揚させる神の想念、偉大なもの、美的なものを生み出す神の想念とみなしていた。愛だけが私の信仰であり、純粋で献心的でとこしえの愛という、この愛の要素のどれか一つ欠けても生きていられるような人間なら、神の創りたもうた生き物より優れた存在などとは決して思わなかっただろう。私は祖国を愛し、同胞のために役立ちたいと願い、自然界に存在する数々の驚異に感嘆してはいたが、これらのことは何一つ私の心を満たすものではなかった。当時私を幸せにできた唯一つの感情は、大いなる献身が大いなる不幸をもたらしてしまうような人、みまわれた悲劇の犠牲者を気高く崇高にしてしまうような苦悩に苛まれている人への情熱的で偏狭な愛だった。

私はそれまでに二度恋愛をした。最初の恋はまだほんの幼い娘のときだった。私の恋したその青年は、どこからみてもそれにふさわしい人物だった。しかし魂に活力のなかった彼は、冷酷な自尊心から、私をはねつけた父親に逆らうくらいなら死んだほうがましだと考えるような人間だった。二度目は、私の持つすべての愛情を捧げた青年で、気配りや敬意に関して非のうちどころのない人間だったけれど、激しい情熱は狂気の沙汰と思う、世に言う冷酷で勘定高い人間の一人だった。彼は私の愛に恐れをなし、私があまりにも激しく彼を愛したことで不安に陥ったのだった。この二度目の幻滅は私の心を引き裂き、耐えることのできないくらいの苦しみを味わわされた。しかし、私の心は打ちのめされるどころか、反対に、この苦しみによって一層大きく成長し、情愛深くなり、さらに自己の信念に揺るがぬ思いを抱くようになった。どんな情熱的な心の持ち主でも、その前で香を捧げられる神、そこで心地よく涙し、瞑想に浸りながら、信仰が約束してくれる未来を予感できる寺院が必要である。

それまでに受けた数々の苦しみによって、私は神が私に授けてくれた愛の至高の力に気づくことができた。そして、この二度の失恋の後、付和雷同的人間なら、そこに私的利益がいささかも見いだせないため狂気の沙汰とみなすだろうが、心ある人ならきっと後世の人間に人類の最も尊敬すべき証し、その最も優れた進歩の証しとして伝えてくれるに違いないこのような献身的行為をみずから実践できないような人間に、私の示す愛の崇高さが理解されるなどとは決して脳中に浮かびはしなかった。

みずからに厳しい仕事を課し、何でもやってのけ、決めた目標に到達するためならどんな犠牲や献身を前にしてもたじろがないような人間は、時代や国を問わず常に存在していた。このような人間は凡人を遙かに超え出た存在であるため、いつでも彼らは凡人から疎んじられ、またその行為の偉大さも、死後数世紀たってようやく評価されることもしばしばだった。そうした実例は、古代にあっては、近代史が諸宗教の確立期や民族の政治的変革期に示してくれているほど数多くは見られない。懐疑論者やエゴイストの目には、ジャンヌ・ダルクやシャルロット・コルデー(2)の献身的行為、あらゆる革命やあらゆる宗教的宗派の殉教は狂気の沙汰と映るだろう。しかし、こうした英雄的魂の持ち主は、神から授けられた内的衝動に従って行動したのである。彼らはみずからの行為の成功を望んだが、その褒賞を人間に求めようなどとはしなかった。

私は経験から、私たちを理解できないような人、その愛が彼に対して感じ取る愛情の深さと調和しないような人を愛することがどんなに恐ろしいことか分かっていた。そのため、自分はこうした苦しみのもとには決してならないように最大限の注意を払おう、またそれが私の意思次第であるのなら、私の分かち合えないような感情を決して相手に抱かせないようにしようと心に決めていた。自分の応ずることのできない愛を他者に抱かせて幸せに思うような人間の気持ちが私には全く理解できなかった。それは真心だけを糧として生きている人間には感じ取れない自己愛の喜びだろう。

シャブリエが私を愛してくれているのかどうか確信は持てなかった。しかし、万が一そんなことが起こったらという心配から、私の分かち合えぬ愛が生じるのを前もって防いでおくのは私の優しい思いやりではないかと思った。

ダヴィドとミオタがいなかったため、少し気楽な気持ちになれた。他の三人の乗客もフランス語が一言も分からなかったから、話を聞き取られるという危険な目にもあわず、シャブリエと心ゆくまで話すことができた。

夕方私はデッキに出た。そして鳥籠の上に長椅子をしつらえてから、シャブリエと話し始めた。

［……］

「フロラさん、どんなことにも興味が持てるなんて、なんて幸福でしょう！　あなたのそんな子供らしい好奇心はなんて素敵でしょう！　いろいろな夢が抱けるなんてなんと幸せなことでしょう！　もはやそのような夢が持てなくなったら、人生はまさに灰色にほかなりません」

「でもねえ、シャブリエ、あなたがそのような状態にあるなんて信じられません。あなたのように美しい心があれば、いつまでも若くていられますよ」

「フロラさん。人は誰でも愛してくれる人を心の底から愛することができる限り、若くていられるのです。でも、心がからっぽなら、たとえ二〇歳であろうとも、老人と同じです」

「じゃあ、この愛するという条件なしには人は生きられないと思っているのですか」

「そうです。動物のように飲んだり、食べたり、寝たりというだけで生きていると呼ばないとしたらです。でもフロラ、愛というものがとてもよく分かっているあなたなら、こんな生き方に生という文字を冠したりはしないでしょう。けれども、大部分の人たちはこのような生き方をしているのです。そう考えると、あなたも私と同じように、人類の一員であることが恥ずかしくなるでしょう」

「そんなことはありません。人類は悩み苦しんでおり、軽蔑すべきものではありません。私は彼らがみずからの内に作り出してしまった不幸について同情しているし、また不幸であればこそ、彼らを愛しているのです」

「では復讐心など一度も抱いたことはないですか」

「一度も」

「じゃあ、たぶん誰かに不平不満を抱いたりしたこともなかったでしょうね。おそらくそれはあなたが愛してくれる人間にしか出会ったことがなかったからです。だから、背信という卑劣な裏切り行為も御存知ないのです」

「その通りです。でも私は背信よりもっと恐ろしいものを知っています。それは無感動です。そうです、熱い感動にも心を動かされず、心情には理性で答え、魂の高揚も秤で測ろうとする冷静な人間、そうです、神の息吹も心に生気を与えず、献身という崇高な気高い行為も感得できず、神の与えてくれた愛を鼻先であしらうような自動人形は、背信者よりもっと悪しき存在です。過剰な愛を恐怖したり、愛してくれる相手の苦しむありさまを素っ気ない冷淡な態度で見ているような人間は、背信者よりもっと悪しき存在です。シャブリエさん、背信者はどんな場合でも愛が行動の動機になっているものです。でも、唾棄すべきエゴイズムに動かされる無感動な人間は、どんな愛情も我身の損得に照らして判断しようとするのです」

ほとんど無意識のうちに出てしまったこの言葉を口にしたとき、私はそれまでしっかりと守っていた慎重な態度をすっかりなおざりにしてしまっていた。顔つきすべて、話す声の調子がある超人的な苦悩を表わしていたに違いない。思い出すことで語る言葉もいっそうあおり立てられたその苦悩は、それをもたらした愛と同じように、この世でかつて味わったことのないような感情だった。シャブリエは私の表情に驚き、心配そうに私を見つめながら言った。

「いやはや！　あなたはそんなにひどい心根の男を好きになってしまったのですか。ああ！　今でもなおその苦しみがあなたに重くのしかかっているのですか」

私は話せなかった。かぶりを振り、そうですと答えた。助けを乞うかのように、天を仰いだ。そうしてシャブリエに手を差し出し、こう言うことしかできなかった。「なんて辛いのでしょう！　ああ！　本当に！　なんて辛いのでしょう！」

どんなに努力しても抑えられなかった苦悩に満ちたこの叫び声を発してから、再び私は枕に顔をうずめた。外界の事物は疎ましく感じられ、目を閉じた。そして、過ぎ去った過去のさまざまな思い出に浸りながら、まさしく苦悩の過剰それ自体のいわく言い難い魅力を味わっていた。このような状態のままで数時間過ごしたが、その間脳中に生じたぴくぴく引きつるような興奮は魂の力に打ち勝ったままだった。

シャブリエは私のコートを取りに行き、それを私の体にかけ、またスカーフで夜の湿った空気から顔を守ってくれた。彼が傍らに来て腰を下ろすのがわかった。時折痙攣で息苦しくなったかのように、大きなため息をついていた。時々立ち上がり、辺りを一回りしてまた腰を下ろした。

こうした夢想状態から醒めると、月がプラヤ湾を明るく照らし出していた。青白いどんよりした月光は、私たちを取り囲むものすべてを陰気で物悲しい雰囲気にしていた。町からは物音一つ聞こえてこなかった。暗闇に浮かぶ高い岩礁地帯は、異教徒が地獄の世界について書き残した記述を思い起こさせてくれた。海は静かだった。停泊する三隻の船は、感じられるような横揺れは一つも受けてはいなかった。シャブリエといえば、私が身を横たえていた鳥籠の端に腰を下ろし、片手に顔をもたせかけ、この場の雰囲気にぴったりのメランコリックな姿で、苦悩に満ちた表情をして空を見つめていた。

私は無言のままじっとこの場面に見入っていた。こうした美しい夜には、自然界の生き物すべてが微動だにせず、この上ない幸福感を示しているかのようだった。苦悩の言葉も耳に入らず、また悩める心の持ち主にとっては、この沈黙こそ慰めの中でも最も説得力を持つものである。私は月光が自然界のすべてに与えている心地よい影響力を少しずつ感じてきた。心に落ち着きが戻り、感覚は蘇り、天空の荘厳な美しさを愛でることができた。

夢想を妨げてはいけないと思い、あえてシャブリエには話しかけなかった。私はほんの少し身体を動かした。するとすぐに彼は振り返り、私が目を開けているのが分かると、急いで身を起こした。そうして私のすぐ傍に近寄り、何か入用ですかと尋ねてきた。

「今何時か知りたいのですが」と答えた。

「夜中の一二時過ぎですよ」

「もうそんな時間ですか！　じゃあどうしてお休みにならないのですか。どんな美しい夜でも、ほんの一五分でも何かすることがなければ、寝てしまおうと考えるあなたなのに」

「フロラさん、あなたと同じように、私も熱帯の美しい夜に見とれているのが好きです。でも今はあなたの友であり、傍らで見守ってくれる人もないまま、あなたをこんな鳥籠の上に寝かせてはおけないと思うくらい深くあなたを愛している老いたる友なのです」

私は彼の手を取り、両手できつく握り締めながら、こう言った。

「ありがとう。本当にありがとう！　あなたの御好意には感謝の言葉もありません！　それがどれほど私に勇気を与えてくれることでしょう！　私に必要なのはそうした好意なのです！　あなたもまた辛く苦しい目にあってきたに違いありません。私もあなたの受けた不実の痛みを和らげてあげますわ。私の受けた苦しみに比べれば、あなたの苦しみなどものの数にも入らぬことが分かるでしょう」

「じゃあ、私をあなたの友に加えてくれるのですね……」

「友に加えるだなんて！……」

涙の出るほど感謝して、私は彼の額に口づけした。

床につこうと下りていくと、もう朝の二時近くだった。それから朝の一〇時までぐっすり寝てしまった。愛を称える古い恋歌を歌うシャブリエの心地よい声で目を覚ました。ベッドから起きてみると、皆もうすっかり朝食をすませていた。見習い水夫が食事の用意をしてくれた。シャブリエはどこへ行くにも一緒についてきて、彼のことをもっと好きになるように、しゃちこばらず、気さくな態度で話しながら、私のためにオレンジやバナナの皮をむいてくれた。

三時頃、ダヴィドとミオタが訪ねていったフランス人宅のフランス人を伴って、再び姿を見せた。疲労でへとへとのミオタは寝てしまった。ダヴィドといえば、疲労感など一言も口に出さなかったが、とても腹をたてていた。というのも、もう三日も前から髭の手入れもせず、身繕いもうっちゃらかしのままだったからである。身なりを元通りにできるようにと、一部屋全部彼に明け渡してやらねばならなかった。だがこのことで不自由な思いをするものなど一人もいなかった。陽光から身を守ってくれるテントのおかげで、甲板がとても心地よいサロンになったからである。

このベルデ岬諸島の一地主であるフランス人については、以前ダヴィドが少しばかり話題にのせたことがあったから、私はぜひとも彼と話をしてみたいと思った。それはがっちりした手足をし、顔はすっかり日に焼け、滑らかな黒髪が額に自然にかかっている小柄な男だった。その身なりは一張羅を着込んだわがフランスの百姓のそれにそっくりだった。祖国から遠く離れてぱったり同胞に出会った時、誰しも思わず声を掛けたくなってしまうように、私は人なつっこい調子で彼に話し掛けた。

タップ［これが彼の名だった］は好意の証しを敏感に感じ取り、自身あまり話し好きな性格でなかったにもかかわらず、進んで身の上話をしてやろうとしているのが分かった。

タップがベルデ岬諸島に身を置いて一五年が経っていた。

どうしてこんな不毛の地を選んだのか、その理由を彼に尋ねた。彼はこう答えてくれた。

「お嬢さん、この地を選んだのは私ではありません。人知を超えた神の意志により、惨めで不毛なこの土地に止まることになったのです。幼い時から、両親は私を司祭職に就けようと考えていました。こうしてバイヨンヌ〔ベアルヌ地方ピレネー・アトランチック県の都市〕近くのラ・パスの神学校で教育を受けることになったのです。私の心を包んでいた熱い宗教的熱情は、私と私の指導者をはっきりと区別していました。王位簒奪者（ナポレオン一世）の失墜と王政の再建により、私たちの聖なる宗教は再び絶対的権力を取り戻し、そして一八一九年、フランスのすべての神学校で、信仰の普及のため惜しみなく犠牲的精神を発揮できる人間が選び出され、偶像崇拝に身を捧げる野蛮な未開民族を改宗させるため、彼らを地球上の諸地域に派遣することが決定されたのです。こうして私は選ばれた人間の一人となり、求められている伝道の地へと出発しました。私たちの船もあなたの船と同様に、修理が必要になったため、プラヤ港に寄港したのです。

投錨中私は陸に上がり、そこで一人の老ポルトガル人と親しくなりました。彼はこの国の提供するあらゆる蓄財の手段を教えてくれました。この国では、ほんの一握りの金さえあれば、あっという間に一財産こしらえられることが分かりました。彼の意見に従って私は目的を変更し、この海岸に止まろうと決心しました。ところがどうでしょう！　神の意志を心から敬愛する私だったのに、神は私の願いが叶えられることを許しては下さらなかったのです。以来一四年間というもの、私は辛く厳しい日々を送っているのです」[……]

タップ氏に伝道の道を放棄させ、一獲千金の道に進もうと決心させた事業とは何か、私は是非とも知りたかった。彼の心を捕らえ、たちどころに金持ちになれる手段とは何だったのか、尋ねてみた。

「いや、お嬢さん、ここにはたった一つの商売しかありません。それは奴隷売買です。私がこの島に身を落ち着けた頃、ああ！　あの頃は本当によい時代でした！　金は稼げるだけ稼げ、それも大して苦労もなしにですよ！　二年間というもの、それはそれは良い商売でした。まさに奴隷売買禁止法のおかげで、欲しいだけの黒人を売ることができたのです。しかし、その時から、かの呪うべきイギリス人たちは禁止法の厳格な適用を強硬に主張したため、黒人の移送のもたらす危険や巨大な出費が、それまで一番儲けの大きい商売をすっかり駄目にしてしまったのです。さらに、今では誰もがこの商売に手を染めるようになり、羊毛や木綿の売買と同じくらい儲けの薄い商売になってしまっているのです」

以上私が簡潔に述べた話を、タップ氏はびっくりするくらい飾り気のない態度で親切に話してくれた。彼の頭の中がどうなっているのか、顔の表情から見抜こうと、私はこの男をじっと見つめていた。しかし会話中、彼の顔には何の表情の変化も現われなかった。終始一貫冷静で平然としていた。

私はタップ氏に返す言葉も見つからなかった。この男を見て本能的な嫌悪感を覚えたが、彼を厄介払いする方法が他になかったので、私は船室に下りていった。船室には、ダヴィドがもう金輪際傍を離れないぞとでもいうようなあの領事と一緒に、だらしない格好で食事をしていた。

入っていくと、彼は葉巻を捨てて、こう言った。

「さて、お嬢さん、あなたのためにお連れした愛すべき同胞についてどう思われますか。ベルデ岬諸島にも少しは洗練されたフランス人がいるでしょう。あれはキケロ(3)より上手にラテン語を話す男ですよ。あの快男児は、聖書の文句は別として、未熟なレモンや発育不全のキャベツについて、ホラチウス(4)やジュベナル(5)やヴィルジル(6)を引用してくれるでしょう。彼はまたヘブライ語も心得ています。ねえ、お嬢さん、断言してもいいけれど、このアフリカの海岸で、われらの麗しきフランスがかくも見事に代表されているのに接して嬉しくなるでしょう」[……]

「その件については、話はここまでにしましょう。あんな男はフランス人じゃありません。羊の皮を被った人喰い人ですよ」

「ああ！ そいつはうまい表現ですね！ お嬢さん、まさしく的を得た表現ですよ！ 早速領事に伝えてやらなくては」

それ以来、タップ氏には人喰い羊という綽名がつけられた。私は話を続けた。

「ダヴィドさん、実際、あなたがどんな目的であの男を船に連れてきたのか、私には察しがつきません。私だったら、彼の顔を見ないで済むんだったら何だってするつもりですよ」

「考えて下さい、お嬢さん、あなたのお役に立ちたいと思っている誠実な友に対して、あなたはなんと恩知らずなのでしょう！　私がここにタップ氏を連れてきたのは、ただあなたのため、あなた一人のためを思った上でのことなのです」

「じゃあ、どうかその理由を教えて下さい。一体どんな権利があって、あなたは私の目にあんな下劣な人間をさらすのですか」

「お嬢さん、人間の中には愚劣極まりないものもいるのだという証拠をあなた自身の手で摑んでもらうためなのです」「……」

「それでは、この世の中には今話を交わしたあの男のような人間が無数にいるとでもいうのですか」

「残念ながらその通りです。私たち二人はもう胸を割って何でも率直に話しあえる仲なので、思い切って言いますが、ほとんど大多数の人間は、どの点から見ても、尊敬すべきあのタップ氏と似たような存在なのです」

「ねえ、もしそれが本当だとしたら、私は今すぐにでも海に身を投げてしまいますわ。でも幸いにして、私はシャブリエさんの目の中に、あなたがその厭世的世界観から全く無節操に述べ立てた見解と正反対の事実を読み取ることができたのです」

「フロラさん、またこのダヴィドが何か話して聞かせたんではないですか」とシャブリエが入ってきて言った。「賭けてもいいけれど、人間は性悪な存在である、とかね。これは彼の常套句で、頑として自説を変えないんですよ」

「今回は言葉で言う以上に、具体的証拠を出して証明しているのです。清らかで徳高きタップ氏をサン・マルタンから連れてきたのは——もし許してくれるなら、彼は我々と一緒に夕食をとる予定ですが——、われらの愛する客人フロラさんに納得してもらうためなのです」

それからダヴィドは私に近寄り、こう言った。

「さあ、お嬢さん、冗談はもう止めにします。あの男をしっかり観察して下さい。彼をあなたの横に座らせますから。嫌悪感を覚えても、少々我慢してください。旅行者にとってこんな出会いはまたとない機会ですから」

最初の食事が出されている間、かつての神学生は食べかつ飲んでいた。その貪欲さといったら、もう言葉を一言も発する暇もないほどだった。その持つ全能力は皿とグラスに奪い取られていた。私は最初の料理を一口も口にせず、たっぷりと時間を使い、ダヴィドが言ったように、その種の人間の中でも一際目立つこの男をじっくりと観察していた。顔の表情から、彼の中の支配的情念が何であるか摑み取ることができた。出された羊の巨大なもも肉、その他数々の肉を目にして発した彼の小さな目の輝きはいかばかりだったろうか！　鼻孔は膨らみ、薄く青白い唇を舌で舐め回し、額からは汗がしたたり落ちていた。私たちなら抑えられる喜びが体中のあらゆる毛穴を通して吹き出ている、そんな至福の時に置かれているようだった。一匹の野獣が連想された。腹一杯食べ終わると、彼の顔はそれまで全く見られなかった普段の落ち着きを取り戻し、そして食事前と全く同じ調子で私に向かって話し始めた。

「お嬢さん、船長さんは本当に素晴らしい夕食を出してくれました。食べること、これこそが人生なのです。また、こんな惨めな島で暮らす私には、こうした生活は奪い去られてしまっているのですから」

「じゃあ、この島には食べ物など何もないのですか」

「羊と家禽の肉、野菜、生魚、果物、それだけなんです」

「でも、それらの食料があれば、まずまず快適な食事ができると思いますが」

「確かに、料理人と調理に必要なすべての道具が揃っていればの話ですが。でもそんなものは一切ないのです」

「どうして黒人女に料理を仕込まないんですか」

「全くもう！ お嬢さん、あなたには黒ん坊が分かっていないんですね。あの恥ずべき連中はどうしようもないほど質が悪いから、毒を盛られる危険にあわず料理を任せるなんてとうていできない相談ですよ」

「でも、それは彼女たちが主人に対して憎悪と反感の念をそれほど強烈に抱くくらい過酷に扱っているからでしょう！」

「黒人を従わせたいと思ったら誰もが鞭を使わなければならないように、私もそうしているだけです。有体（ありてい）に言って、あのおたんこなすたちは、引き回そうとしても家畜などより遙かに骨が折れるのです」

「今あなたは黒人を何人所有しているのですか」

「男一八人、女二八人、子供三七人です。この二年来、子供の売れ行きはいいけれど、大人の黒人の処分にとても苦労しているのです」

「彼らにどんな仕事をさせているのですか」

「農場を耕したり、家屋敷の手入れなどです。万事良く手入れが行き届いているでしょう。あの殿方たちに尋ねてごらんなさい」

「ダヴィドが教えてくれましたが、結婚しているそうですね。幸せな夫婦生活でしょうか」

「わが身の安全確保のため、私はこうした黒人女の一人と結婚せざるを得ませんでした。というのも、それまでに三度も毒を盛られたことがあったからです。そんな目に遭うのが怖かったのです。そこで、この女たちの誰かと結婚すれば、とりわけ、私のものは全部お前のものだと思わせて結婚すれば、きっと女は私に好意を持つだろうと考えました。こうして、女に料理を作らせ、食べる前に、作った料理を目の前で味見をするように命じているんです。このように用心を重ねて大いなる安心感が得られたのです。この女との間には三人の子供がいますが、女は子供たちを溺愛していますよ」

「すっかりこの国に根を下ろしたあなたですから、もうフランスに戻るつもりなどないでしょうね」

「それはまたどうして。あの女のためとでもいうのですか。ああ！　そんなことちっとも心配ではありません。一財産こしらえたらすぐ、海の荒れた日に黒人の女房をここに連れてきて、こう言ってやるのです。『私は国へ帰るけれど、お前もついてくるかい……』と。ここの女たちは皆海をとても怖がっているから、女が私の申し出を拒否するのは明白です。そうしたら女にこう言ってやるつもりです。『ねえお前、私が義務を果たしているのは分かってくれるね。私はお前を一緒に連れて行ってやろうと言った。ところがお前は、夫に従うのを拒否したが、私はとても心優しい人間だから、お前を無理やり力づくで従わせようなどとは思わない。どうか幸せになっておくれ。じゃあ、さよなら』とね」

「哀れな妻は一体どうなるんですか」

「ああ！　何も心配には及びません。可哀そうに思ったりする必要などありませんよ。自分の子供を売って、結構な代価を手にするでしょうから。こうしてまた、食うために仕える別の夫を見つけることができるでしょう。まだほんの二六歳くらいなら、素敵な娘のうちに入るのだから」

「でもタップさん、その娘は神前で誓いを立てた妻でしょう。さらに、あなたの子供たちの母親でもあるのですよ。そうした人間を公共の広場で金を出して買うような人間の意のままにしておくのですか……なんて恐ろしい行為でしょう！……」

「お嬢さん、私たちの社会ではこんなことは日常茶飯事です」

私の顔は怒りで真っ赤になった。憤怒で息も止まりそうなほどだった。タップ氏はこれに気づいた。彼はびっくりした顔をして私を見つめ、訳の分からないラテン語を二言三言呟き、そして意地悪な微笑を浮かべてこう言った。

「お嬢さん、まだまだひよっこですね。世間というものをほとんど知らない人間だというのが分かりました。どうか世間をもっとよく観察してください。どんな人間たちと暮らしているかを知っておくのは賢明なことですよ。さもないと、どの人間からも騙されてしまいますよ」

夕食を済ませると、タップ氏は町へ戻った。ダヴィドと二人きりになると、彼は私にこう言った。

「ラ・パスの有名な神学校のかの大先生方の弟子をどう思われましたか」

「ダヴィドさん、繰り返すけれど、あんな男になど会わなかったほうがよかったわ」

「お嬢さん、あなたのお役に立とうとしたことで、かえって不愉快な気分にさせてしまい、本当に申し訳ありませんでした。でも理性的なあなたのことですから、その中で生きていくのが運命の社会を、遅かれ早かれ知ろうと決心しなくてはいけないことくらい分かっていいでしょう。正直言って、社会というものは、間近で見ると、決して美しいものではありません。でも、それをあるがまま認識するのも大切なことですよ」

一週間過ぎたが、私は二度と町に行かなかった。黒人の臭気への嫌悪感からそれができなかったからである。それでも、礼儀を欠いてはいけないという気持ちから、この嫌悪感に打ち勝ち、ヴァトラン夫人と領事に別れの挨拶をしてこようと決心した。

領事邸で待ち構えていたのは、身の毛もよだつような恐ろしい光景——だが、この恐るべき反人道的行為たる奴隷制のいまだに残存している国ではしょっちゅう目に止まる光景であるが——だった。共和国を代表するこの青年領事、私に対してとても親切で、ダヴィドにも非常に好意的だったこのエレガントなアメリカ人も、もはや一人の残忍な主人にしか見えなかった。彼が天井の低い広間で、顔中血まみれにして足下に横たわった大きな黒人を棒で打ち据えているありさまに接したからである。奴隷制ゆえに持っている能力を一切無力化されてしまったこの黒人を圧制者から守ってやろうと、私は身体を動かした。

なぜ領事が奴隷を打ちすえているのか、ダヴィドにその説明を求めた。彼が言うには、その黒人が泥棒で、嘘つきで……ということだった。まるで盗みの中でも一番ひどい盗みが、黒人が犠牲とされている盗みではないかのように！　意思を持てぬものに真理など存在しないとでもいうように！　奴隷は主人に何もかも世話になっているのだから、彼に刃向かう権利なぞないかのように！

そうだ、この忌まわしい光景に接してどれほど辛い思いをしたか言葉ではとうてい言い表わせないだろう。私は配下の黒人に君臨するあの下劣なタップの姿を思い描いていた。何ということだ！　ダヴィドの言った通りなのだろうか、と私は思った。人間はすべて邪悪な存在なのだろうか。こう考えると、私の道徳観は激しく揺さぶられ、陰鬱なメランコリーの中に沈み込んでしまった。猜疑心、私たちが耐え忍んだり、目にした悪行から生じる心的反作用、この人生の苦い果実が私の心中に生まれ、こうして善意というものもそれまで考えていたほど普遍的なものではないのではないかと思い始めてきた。ヴァトラン夫人宅への道すがら、私は目の前にした黒や赤銅色の顔をすべて念入りに考察した。身にほとんど何一つまとっていないこれらの人間は全員ぞっとするような外観をしていた。男たちは冷酷な、しばしば狂暴なと形容してさえいいような顔つきをし、女たちは厚かましくて愚鈍な表情をみせていた。子供といえばぞっとするくらい醜くて、全身裸で、瘦せこけ、虚弱だった。小猿と取り違える人がいても不思議でないかもしれない。市庁舎の前を通りかかると、何人かの兵士が上官の命令で黒人を打ち据えている場面が目に止まった。この国民の日常的な習慣ともいうべき残酷なこのような行為に接して、領事館の光景で私の心の中に生じた陰鬱な気分はさらに倍加した。ヴァトラン夫人宅に着くと、とても心優しい女性に思えた彼女に早速今しがた目にした、この町で行なわれているありとあらゆる残虐行為についてて苦情を述べたてた。彼女は微笑を浮かべ、優しい声でこう答えてくれた。

「この国とは別の生活習慣の中で育ったあなたには、このような慣習は奇妙なものに映るでしょう。でもここに一週間もいれば、そんなこと考えもしなくなるでしょう」

素っ気ない冷淡なこの返事を聞いて、私は怒りの感情で一杯になった。［……］

プラヤの人口は雨期にはおよそ四千人である。六月、七月、八月の期間は不健康な気候のため、この人口は減少する。

ここで行なわれている唯一つの商売は奴隷売買である。輸出品など何もない。プラヤの住民は黒人奴隷と交換に、必要な工場生産物や小麦、葡萄酒、食用油、米、砂糖を手に入れている。住民は貧しく、食料も十分ではなく、彼らの晒されている無数の病気によって、死亡率も非常に高い。

船の修理のため一〇日間のプラヤ港滞在を終えて、いよいよまた私たちは海に乗り出すことになった。

3 船上生活

最初の一週間はボルドーの河口を出る際に受けたと同じくらい身体は参ってしまった。続いて体調は規則的な変化を辿るようになった。朝は決まってもどし、昼頃少し気分が持ち直し、二時から四時にかけてまた最悪の状態に落ち込み、さらに夕方四時から翌朝まで再び気分が回復するという具合だった。このような毎日の身体の状態はヴァルパライソ到着まで続いた。しかし、海が荒れたときには、衰弱状態は昼夜を分かたず絶え間なく続いた。

プラヤ港を出てから二週間後に赤道に着いたが、そこでまた大きな災難が降りかかってきた。入念な修理が施されたので、私たちの船にはもう浸水の恐れは全くなくなった。しかし、そのためにある重大な支障が生じたのだった。というのも、海水で流し替えられなくなった「と私たちは推測したが」船倉にたまっていた水の腐敗から生じた強烈な悪臭が漂ってきたことである。この臭気は強い腐敗性を帯び、そのため銀器も黒ずむほどだった。船は悪臭で一杯だった。私たちは船室を放棄しなくてはならなかった。というのも、船室に残っていたら、窒息死してしまいかねなかったからである。一二日間というもの、耐え難い苦しみを味わった。船室に降りることもできなかったため、昼も夜もデッキに止まる覚悟をしなくてはならなかった。一五分間隔で、雷雨と雨に襲われた。続いて、赤道の陽光が頭上に降り注いできた。暑さは耐え難かったが、頻繁に風向きが変わったため、暑さを防ぐテントも張れなかった。甲板上では、めいめいほんの少しでも日陰に入ろうと、能うる限りの努力を払って片隅に身を隠そうとした。けれども、どんなに努力しても無駄で、雨からも太陽からも身を隠すことはできなかった。暑さ、疲労、睡魔でくたくたになり、まるで海の大波を受けたかのようにぐっしょりぬれた私たちの姿は見るも哀れなありさまだった。私たちは猛烈な喉の渇きを覚えた。渇きを癒してくれる果物など何もなかった。蓄えの水は大樽の中に入れて保存されていたが、全部甲板に置かれていたから、太陽の熱で暖められ、生温いなどという程度をはるかに超えていた。唇はカサカサに乾き、焼けつくようだった。まるで狂犬病にでもなったような感じだった。

船旅を通じてずっとそうだったように、この時も、メキシカン号の船員が何くれとなく看護や心遣いを示してくれたにもかかわらず、赤道通過時に受けた疲労感で、私は死んでしまいそうだった。シャブリエは空の大樽の底を抜いて、これを私の避難所にしてくれた。ごろごろと転がるこの家を使ったおかげで、私だけは他の船客と違い、太陽と雨から身を守ることができた。

ダヴィドは私にブーツを貸してくれた。ブリエは着ている自分の鮫皮の大外套を脱いで、それを貸してくれた。中国製の見事な出来栄えのこの外套は防水製で、とても軽かった。シャブリエもまた防水製の蠟引きの大きな帽子を私にくれた。こんな珍妙な格好をして、私は今世のディオゲネス(1)よろしく、樽の中に住んで、人間の条件についてあれこれと陰鬱な思索にふけっていた。どんな場合も冷静で、暑さ寒さに耐えるための独自の秘訣を備えていたダヴィドは、いつも敏捷に動き回り、ほがらかで、かつまたいつも身なりを整えることも忘れてはいなかった。どの船員もシャツとズボンしか持っていなかった。ネクタイ、ストッキング、白のチョッキを持っているのはダヴィド一人きりだった。彼と私たちの料理人[*1]、この二人がそれぞれその領域で、この船の中心人物だったといえる。彼らの意気を挫くことができるものなどなにもなかったからである。ダヴィドは私たちに優しい気配りを怠らなかった。海中に浸けておいた瓶の水で私たちの生気を蘇らせてくれたり、信心深いタップが美味しいレモンだといって売りつけた苦いレモンでレモネードを作ってくれたりした。また、あるものにはスープを、別のものにはバナナを、こちらには紅茶を、あちらにはパンチ酒をといった具合で配ってやっていた。要するに、彼は全員の看護人だった。

　私たちが赤道海域にいたのは約一七日間だった。悪臭は少しずつ消えていった。われらの帝国の首都ともいうべきこの船室を良き香気で満たすため、各自持っているすべての香料を出しながら、ベチベル〔イネ科の植物で、根から香料を取る〕、ヴァニラが焚かれた。

　メキシカン号の乗組員は進歩的人間で構成されていたから、赤道下の赤道祭りも行わなかった。処女航海のこの船は、船に命名して祝福するなどという行事〔シャンペンの瓶を船首にたたきつけて割る行事〕もなしで船台から進水し、したがって代父も代母もなかった。金曜日に川を出たし、船長は船の完成を祝う祝福式など行なわないように望んでいた。それらは、自分こそ船上で唯一人真の水夫と任じていたルボルニュにとっては、私たちが再び陸地を目にするまでに、彼の姉妹たちはきっと二度以上桜の開花を目にするだろうと言わしめるほど重大な出来事であった。誰もあえて船長の命令に反対しなかった。しかし、この元気一杯の男に陰謀が企てられることになったが、その先頭に立ったのが船の料理人であった。彼は、その秘書と自認していたネプチューン(2)の名で船長に一通の手紙を書いた。ルボルニュがこれを手渡す役目を受け持った。海水の浸み込んだ帆を身にまとった彼は、どこから見ても波の神の使者そっくりだった。

その手紙がもう私の手元に残っていないのが残念でならない。文体、綴り、中身、どれをとっても独特のものだった。

ネプチューンは自分の領地が船長ら哲学者(フィロゾーフ)たちに侵入された情景を目にして怒り心頭に発し、彼らに納めるべき供物を喜んで納める用意がなければ、海中に飲み込んでしまうぞと脅かしている、といたずら好きな料理人は述べていた。われらの船長はこの機略に富んだ寓話を十分に理解し、ネプチューンの怒りを鎮めようと、尊敬すべきその代理人らに、ブドウ酒、ブランデー、白パン、ハム、そして初めて赤道を通過した人間がそれぞれ一枚のコインを入れておいた財布を送り届けてやった。神はこれらの供物にいたく感激したようだった。というのも、その僕(しもべ)らの歌声の中から、料理人とルボルニュの調子外れの金切声が耳をつんざくばかりに聞こえてきたからである。

赤道からホーン岬までは上天気が続いた。この上ない壮麗な日の出にうっとりと見ほれたのはその時だった。なんと荘厳な光景だったことか！　けれども、日没はそれにも増して奇麗だった。そうだ、人間の目も、熱帯の日没以上に崇高な光景、これほど神々しさに満ちた雄大な光景、これほど目も眩むような美しい光景を見ることなどとうていできないだろう！　その最後の光線が雲と波浪の上に作り上げる光の魔術的効果は私の力ではとても描き切れるものではない。言葉で描こうとしても色が出せず、絵筆を執ってもその絵を内から動かす生命感が出せぬからだ。この熱帯の光景は、人間の魂を奪い、これを天へと引き上げてくれるものだといっていいだろう。けれども、それがもたらす感動を再現してみせることなどとても人知の及ぶところではない。

こんな美しい日没後の夜のひととき、私は甲板に出ているのが好きだった。船の縁に腰を下ろし、そこでシャブリエと語り合いながら、波動で生じた燐光の描く絵姿をうっとりと見つめていた。船の後に生じたきらきらと輝く彗星のなんと美しいことか！　なんとたくさんのダイヤモンドがこのおびただしい波動の中に踊り狂っていたことか！　私はまた、広大な海を明るく照らし出す燐光の長いのろしを背後に残していく一群の鼠イルカが、船の傍にやってくるのを見ているのも好きだった。次に、月の上る時刻がやってきた。月光が徐々に暗黒の世界に広がっていった。幾筋もの星光の浸み込んだ波は反射光で眩しく、まるで天空の星のようにきらめいていた。

このようにして、甘美な夢想に浸りながら、私はどれくらい心地よい夜を過ごしたことか！　シャブリエはそれまでの人生で体験した数々の辛い出来事、とりわけ彼の心を無残に打ち砕いた最近の失恋を語ってくれた。彼は苦しみ悩んでおり、またこの苦しみの共有が、知らぬ間に二人の間に深い魂の共鳴を作り出していた。日毎にシャブリエの私への愛は増し、同時に私も彼の愛を感じて、いわく言い難い至福感に浸っていた。

恐怖に満ち満ちたホーン岬に着いた。ホーン岬についてはあまりに数多く描写の対象になってきたから、ここで改めて読者に長々と説明する必要はないだろう。ただ、季節と岬を回る緯度に応じて、気温は（華氏）零下七度から二〇度まで変化することを知ってもらえれば十分である。私たちは七月から八月にかけて、緯度五八度の地帯を通って岬を通過したが、そのため気温は（華氏）零下八度から一二度であった。かなりの雷や雹や氷に見舞われた。

二度目の一連の悲劇に見舞われたのはそこだった。ホーン岬近辺の海はいつも荒れ狂っている。そこではほとんどいつもといっていいくらい逆風に見舞われた。寒気は頑健な乗組員の体力さえも麻痺させてしまった。水夫はみな若くて屈強だった。それでも、腫物ができたり、また甲板で転んで怪我をしたりするものも何人かいた。余力のあるものも、動けなくなった水夫の仕事を引き受けざるを得ないという必要に迫られて、疲労でへとへとのありさまだった。さらに悪いことに、こうした不幸な水夫たちは必要な衣服の四分の一も持ってはいなかったのだ。危険に満ちた生活が水夫たちをつい無頓着にしてしまうためなのだろうか、長い航海に出るにあたっても、彼らは暑さ寒さから身を守るために最低限必要な衣料さえも持っていこうとはしないからだった。ときには赤道上でも、ちょっと身につける軽いシャツ一枚すら持っていなかったり、さらに、ホーン岬でも、着替えにたった二枚の綿の下着と古着の残りしかないこともしょっちゅうなのだ。ああ！　彼らが受ける恐ろしい出来事の中でも、人類を見舞う不幸事と形容してもいいほどの不幸事を私が目にしたのは、まさにそこだった。寒さで麻痺した四肢に張り付いた氷のため、身体を動かそうとすると、必ずどこかを負傷する羽目になる水夫の姿を見たのはそこなのだ。哀れな水夫たちのベッドが置かれた船室は水に浸り――しけの際、小型船の船尾楼では通常起きることだが――、そのため休息できるような場所はどこを探してもなかった。全く！　こんな苦しい状態に追い込まれた人々を見ることくらい辛い光景はなかった！

海軍大臣なら、主計官に命じ、港々で上陸前に船長と協力して古着の点検を行ない、水夫の貧窮状態から生じる不幸事を未然に防ぐことができるだろう。規則は、その厳格な実施を保証する手段がない限り、どんな場合でも無力である。国家の船に乗った時、水夫の古着はしょっちゅう点検の対象になる。水夫には規則上保持していなくてはならない衣服が支給されるが、それらは返却しなくても済み、そして給与からその分の金額が差し引かれるのである。商船に乗った場合も、なぜこれと同じ措置がとられないのだろうか。

　水夫の不用意ぶりや立ち向かわなくてはならない不幸事への無頓着ぶりといったら、まるで赤子同然である。水夫に対してあらかじめ予測しておかなくてはいけないが、これは同情の念と同時に好意の気持ちから是非とも言っておかなければならない事柄である。肉体的苦痛が極限にまで達すると、人間は何の働きもできぬくらい気力を失ってしまうものである。ホーン岬で、水夫が檣楼（しょうろう）に上ることを拒否したため、服従させようとして、弾を込めたピストルを手にして命令しなくてはならなかった船長もいたほどである。極度の寒さから、水夫はもう全く何をする気もなくなってしまうほどの無気力状態に陥ってしまう。どんなに懇願しても聞く耳を持たず、どんなに殴打されても、じっとこれを耐え忍び、何をもってしても彼らの心を動かすことはできない。時には、指先が寒さでかじかんでしまうこともある。そんなとき、檣楼に上っていた水夫が転落して命を失うことも起きたりするが、それほど指先の痛みは激しかったり、寒さでかじかんでいたりするのだ。もし彼らが厚着をし、綿の衣服を湿気から保護する頭巾のついた防水の外套を着、十分な食事を与えられていたなら、この程度の寒さには十分耐えられるだろう。私たちの船上で生じた出来事は、右に述べた私の見解をはっきり裏付けてくれている。五人の船員は十分な衣服を備えていたが、四人は全くみすぼらしい状態だった。十分な衣服を備えた五人は病気にもならず、寒さにも耐えられたが、他方、ほかの四人はいろいろな病気に罹り、ほとんど役には立たなかった。しょっちゅう熱があり、体中できものだらけであった。もはや満足に食べることもできず、生命も危ぶまれるほど衰弱しきっていた。

われらの誠実な船長の不屈の気力があまねく発揮されたのは、この苦痛と疲労を伴う恐ろしい危機的状況の最中であった。彼はいつも甲板に出てみずから手本を示し、慈愛に満ちたその叱咤激励により、船員たちを励ましていた。彼は自分の外套や手袋の一つを舵手に、こちらの船員には帽子を、あちらの船員にはズボンを与えてやった。ブーツもソックスも下着も、要するに与えられるものは全部与えてやった。こうして次には、船首楼の病人を見舞いに行き、包帯をしてやったり、慰労の言葉をかけたり、勇気づけてやったりした。

部屋に入ると、彼は船員たちにこう話しかけた。

「やあ、どうかね、調子は。おできの野郎どもは退散したかね。……ねえ、ルボルニュ、お前さんなら、海も毒も飲み込んじゃうとみんなが言っているよ。少し熱で体がほてっているようだね」

「ほてっているですって、船長！　いやあ！　全く正反対ですよ、寒くてがたがた震えてるんですよ」

「馬鹿だねえ、熱があるから震えてるんだよ」

「ああ！　そうなんです、それもかなりひどいんです。でも、船長、熱があると体がほてることはいつも耳にしてきましたが、こごえてしまうくらい寒いんです」

「ピンクの下着なんぞ着ていれば、寒さで凍えるなんてあたり前だよ、馬鹿だねえ。たった一枚の木綿の下着と粗末なズボンだけでホーン岬を越えようと船に乗ったお前さんは気違いといってもいいよ」

「仕方ないじゃないですか、船長。私は荷物を持ってくるのが大嫌いなんだから。そんなもの船では邪魔になるだけですよ。真の水夫とは自分の身にすべてを背負ったかたつむりと同じでなくてはいけないんです」

「困った人だねえ。そんな考えだから、全財産といったらピンクの下着と木綿の下着一着しかないままで三八歳にもなってしまうんだよ」

「船長、好きで自分の職業を選び取り、ただひたすら方々を旅するためにだけ生きている真の水夫には、それで十分なんです。実際そうしてたくさんの国を見てきたんですから！」

「じゃあそれで君は裕福になったんだね」

「船長、真の水夫が裕福になろうなんて思うでしょうか」

「さあ、皆！　包帯も巻いて、ちょっぴり手当もできたから、スープと料理一皿君たちに持ってきてあげることにしよう。ほら、フロラさんが君たちにといって私にくれたチョコレートと噛みタバコだよ。辛抱して病気に耐えて下さいと、さらに君たちに喜んでもらえるように、持ってきて欲しいものがあったら何なりと要求してくださいと言っています」

「ありがとう！　船長！　ありがとう！　どうかあの心優しい娘さんに、煙草を持ってきてくれて感謝していると伝えてください。煙草こそ水夫の魂なんですから。船長、安心して下さい、一週間もすればきっと甲板に出られるでしょう」

　病人を見舞って戻ってくるたびに、シャブリエは一般の人間とはかけ離れた独特の性格を備えたこうした水夫らと交わした会話を逐一私に語ってくれたものだった。彼らの脳中の独特の思考体系を理解するためには、彼らの中に入って生活し、労を厭わずじっくりと考察しなければならなかった。

ルボルニュが述べたように、真の水夫とは、祖国も家族も持たない存在である。彼ら特有の言葉はいかなる国の言葉にも属さない。それはアメリカの黒人や未開人の言葉、セルバンテスやシェイクスピアの言葉というように、ありとあらゆる言葉からとってきたさまざまな言葉の寄せ集めである。今着ている服以外の衣服は持たず、将来に何の不安も抱かず、行き当たりばったりに生きている。広大な海をへめぐり、未開の種族と森の奥をさまよい歩いたり、長い航海での苦しい試練を経て手にした金を、たまたま入港した港町の娼婦を相手に、ほんの数日ですっからかんにしてしまう。真の水夫とは、機会あるごとに、今いる船を見捨て、次から次へとどこの国の船にでも乗り移り、あらゆる国を訪れようとするが、見たものを何一つ理解しようとはせず、ただ見ることだけで満足する。それは行く手に見つけた木の上でわずかの時間休息をとるけれど、どんな小さな森であれ、決してそこに定住しようとしない渡り鳥と同じである。真の水夫とは、何物にも執着せず、愛情という愛情は一切抱かず、だれ一人——自分自身さえも——愛しはしない。彼は航海の道具であり、錨と同じように自分の行き先になど無頓着なのだ。入港するや、乗ってきた船も当然もらえる給与もうっちゃって陸に上がり、自分のパイプを売ってまでして可愛い娘と食事に行き、翌日になればまたイギリスの船だろうとスウェーデンの船だろうとアメリカの船だろうとかまわず、彼の働きを求めている数ある船の中で、たまたま最初に出会った船に乗船していくのである。危険一杯のその職業でも、幸いにして海に命を奪われずにすみ、あらゆる過酷な作業や労苦にも体がもちこたえ、襲いかかるあらゆる危険もすり抜けて、もう帆綱を緩める力しか残ってはいない老衰状態に達したその時になって、ようやく諦めて陸に残ることを承知するのである。彼は最後の航海を終えて上がった港でパンをねだり、そしてこのパンを陽光の降り注ぐ浜辺に食べにいき、いとおしそうに海をじっと見つめている。海は青春の伴侶であり、数知れぬほどたくさんの思い出を蘇らせてくれるからだ。こうして、置かれた今の自分の無力さを嘆きながら、施療院で死を迎えることになる。

これこそ真の水夫の生涯である。ルボルニュがその見本だった。けれども、私たちの社会のあらゆるものが退化していくように、こうしたタイプの人間も日毎に姿を消していっている。今では、水夫たちは結婚し、中身の一杯つまったトランクを持参し、身の回りの品々や受け取れる金を失いたくないから、乗っている船を放棄するなどという機会もずっと少なくなり、信仰告白が聞き届けられたといって満足し、立身出世の野心もとても強い。この目的に達するための努力が実を結ばなかったときには、港に浮かぶ小船や船の中でその勤勉な生涯を閉じることになる。

水夫の健康にもたらす有害な作用に加えて、ホーン岬の寒さはその攻撃から身を守ろうと人一倍用心を重ねている人間自身の精神状態にも悪しき影響を与えている。高級船員には十分に乾燥したキャビンがあり、寒さと湿気を防ぐため、人間の知恵で考えられる限りの備えがしてあるから、水夫のように、それで病気になってしまうほど苦しんだりしないとはいえ、厳しい気温ゆえに陰鬱な気分に陥ってしまう。命令遂行の多大な困難さ、部下の苦しむ姿を目にすること、義務遂行に要するエネルギー、そのため感じるはなはだしい疲労感、これらすべてが合わさって彼らの気持ちはいらいらさせられ、怒りっぽくなり、そのため穏やかな性格の人間でも、この地域に一カ月もとどまっていれば、手に負えないほどになってしまう。[……]

終始変わらず同じ態度だった唯一人の人間が料理人だった。彼は唯の一日も感情や性格が変化したことはなく、陽気で活力に満ちたその姿には本当に感心させられた。鍋釜をひっくり返すような悪天候でも、ちゃんと料理をこしらえる手だてを見つけ、水夫らの世話をし、見習い水夫の船室作業を助け、必要とあれば機械操作にも手を貸し、さらに夜の当直に就くこともしょっちゅうだった。小柄で痩せた青白い顔を見たら、誰でもつい虚弱な人間と思ってしまうが、航海を通じて、彼は一度として体の不調を訴えたことはなかった。彼はボルドー出身であった。パリで料理の修業を積み、そこでパリっ子のありとあらゆる礼儀作法を身につけたのである。海軍の軍艦に料理人として乗船し、喜望峰を通ったこともあった。

アメリカの南端を七～八月に航海している私たちには、日中の明るい時間といえばたったの四時間しかなく、月が明るく照らしていなければ、二〇時間も深い闇の中に置かれていた。こんなに長い夜では、航海の困難と危険は一層つのり、船は数多くの損傷をこうむってしまう。船の激しい揺れ、波のひゅうひゅうという恐ろしい唸り声でじっと物事に集中する力は奪い去られてしまう。ものを読むことも、ぶらぶら歩くことも、眠ることさえもできなかった。自身の胆力だけに委ねられ、シャブリエの心優しい純な愛情で心が鼓舞されなかったら、この海域で耐え忍ばなくてはならなかった恐ろしい苦しみに満ちた六週間で私は一体どうなっただろうか？

当直のため甲板に上がる前に、シャブリエは私のベッドの傍らに来て、いつもの優しい声で問いかけてきた。

「フロラさん、どうか一言二言でよいから、あなたの慈愛溢れる言葉で、私がこれから過ごす寒さと雪と氷に取り囲まれた四時間も、じっと辛抱できるとおっしゃってください」

「ねえ、私の愛情であなたの苦痛を和らげてやれたらなんて幸せでしょうか！　ああ！　あなたのためなら私の愛情すべてを注いでも惜しくはありません。でも、私の力であなたの苦しみを和らげられるなんて、自分が神様になって初めてできることじゃないでしょうか」

「そうですとも！　フロラさん、あなたは神様ですよ、少なくとも私には。あなたが私の全存在に及ぼす力といったら、あなたの発するほんの一言、投げかけてくれるほんのちょっとした眼差し、ほんのかすかな微笑があるだけで十分力は奮い立ち、勇気も湧いてくるのです。甲板に上がっていても、四時間ひたすらあなたのことだけ考えているのです。そうすると、寒さなど少しも気にならないのです」

「そんな言葉を耳にしたら、私と同じ立場の女性だったらきっと有頂天になってしまうでしょう！あなたのその言葉でもう心は嬉しさで一杯です。シャブリエさん、私は生涯その言葉を忘れず胸のうちにしっかりとしまっておくつもりです。さあ、甲板に上がって下さい。そして、私のことを思い浮かべて幸せになれるというのなら、私があなたに対して感じている親愛の念は、性質は違うけれど、多くの女性があなたに抱いた愛情などよりずっと勝っていることを胆に命じておいてください」

こう言い終えると、私は彼に手袋をはめてやり、その手をしっかりと握った。さらに、防寒の二重になった襟を直してやりながら、その額に幾度もキスした。まるで実の兄弟か息子のように、私は喜んで彼にこんなこまやかな気配りを見せたり、キスをしてやったりした。

私の話さなくてはならないことが後悔の種になるのではというのではなく、物質万能のこの時代にあって、一方で真実の愛、他方で純粋な友情を描くことが眉唾ものだと非難されはしないかという心配から、私はいかに困難な務めを自身に課しているかがよく分かっていた。私の魂と相和し、私の語る言葉を真実と信じてくれる、そういう魂の持ち主になど滅多に会えないのではと私は不安でならない。けれども、私はこの本の結果を念入りに検討し、こうして、良心が私に強いる義務がいかに厳しくとも、私の使徒たる信念は揺らぎはしなかった。私は義務完遂を前にして、一歩も退きはしなかった。

彼の情に脆いシャブリエは、私の苦しむさまを目にして、深く心を動かされずにはいられなかった。彼のような年齢の男性で、五カ月間も船上のごく内輪の空間で歳若い乙女と生活を共にしていれば、誰にでも起こるように、彼の気持ちも友情から愛情へと次第に変化していったのだ。[……]

船上では、愛情深く敬虔な人であれば誰しも、心はより優しく、信仰心はより激しくなるものである。現世のすべての社会から切り離され、永遠の世界と向かい合えば、人は皆愛したい、信じたいという欲求を感じ取るものであり、かつこの二つの感情は俗世の不純物をすべて除去されてしまっているものである。

シャブリエはこうした人間の一人だった。彼は私をひたすら一人の親しい友として愛そうと決めていたのに、知らず知らずのうちに、恋愛感情が心の中に入り込んできてしまったのだ。互いに置かれた特異な立場、彼には私が謎に包まれた存在に映ったこと、私が彼に示した強い友愛の念、こうしたものが重なって、他の状況だったらきっと抱かなかったに違いない感情が彼の中に生まれたのである。

心に描いていた筋書に従い、私はやむなく嘘をつかざるを得なかった。これまでの人生で生じた出来事を手短に語ろうとしたときも、結婚の事実を隠しておいたのはそのためである。ああ！　窮地を抜け出そうとして一度嘘をついた人間は、入り込んだ道が出口なき道というのがどうして分からないのだろう！　嘘に嘘を重ねなくてはならず、この暗黒の錯綜する迷路から抜け出せるのは、結局真実に立ち戻ったときだけなのだから。私はシャブリエに、未婚だが子供が一人いるという事実は告げておかなくてはと思っていた。私の結婚に対する嫌悪の情の密かな理由はそこにあることを彼に話してやった。

結果的に、この告白でシャブリエの私への愛は一層深まってしまった。高潔で繊細な心の持ち主の彼であったから、心を奪われた男に騙され、無残にも捨てられた乙女の置かれた立場がどれほど哀れなものか、とても敏感に感じ取ることができた。最初彼は私に同情し、そして癒し難い真の苦しみに接して受けるあの崇敬の念を抱いてくれた。しかし、同情心に続いて生じた強い恋情から、彼の心中に、私に徹底的に尽くしてやろうという崇高な考えが生まれたのである。しかし、こうした思いは今日の社会では全く理解されないだろうし、また私たちの生きている愚鈍な社会においては、嘲弄の的となりかねないものである。なぜなら、そうした社会の中で、物質的利害の感覚ばかりが発達してしまい、自己中心的な生き方をしている人間にとって、自己犠牲など模倣するより茶化してもの笑いの種にするほうがずっと簡単だからである。

シャブリエは私と結婚することで、排除されていたと思っていた社会に私を連れ戻してやろうという計画をたてた。どれほど感謝してもし足りないくらいやさしい気持ちでなされたこの結婚の申し出に、私は感激で一杯だったけれど、同時にまた、やむなくついた嘘のもたらす結果を考えただけで、恐ろしさに足もすくむ思いだった。

そのため、結婚を申し込まれたとき、私には返事をする勇気もなく、表情で心中を読み取られるのがこわくて、両手で顔を隠してしまった。一言も言葉が見つからず、長い間そのままじっとしていた。頭の中ではこのような愛の前で跪いていたのだが、天使のようなこの愛を共にすることなど決してできな

いだろうと考えると、ただ絶望の涙が流れるばかりだった。［……］

真の愛とは、他のだれも真似のできない独自の言葉、声の響、視線、表情を持っている。私はシャブリエをじっと見つめ、本当に愛されていることが分かった。この発見は私にある種の法悦感をもたらしてくれた。私の解する愛、それは神の息吹である。神の現われを崇めるのは、この地上に繋ぎ止められている死すべき私たちである。しかし、ほとばしるような感謝の気持ちのすぐ後、私は置かれた立場から生じる恐ろしい絶望感に襲われた。愛されていることが十分分かっている相手と私が結ばれるなんて、そんなこと絶対不可能だ！　地獄の声が、恐ろしい嘲笑を浮かべながら、繰り返し語りかけてきた。『お前は結婚しているのだ！　なるほど、あれは愚劣な男だ。だが、生涯あの男と死ぬまできつく縛りつけられてしまっているお前は、そのくびきからは決して逃れられないのだ。お前を彼の奴隷にしている鎖の重さをじっくりと量り、そしてパリでした以上に、ここでその鎖が断ち切れるかどうか考えてみよ！』頭は割れそうだった。傍でシャブリエに体を支えてもらって、ベッドに腰を下ろした。彼と話したいと思い、私は膝に彼の頭を引き寄せた。彼に真実をすべて打ち明けてしまおうとしたけれど、涙が流れて息がつまってしまった。止めどなく涙は流れ、そのため彼の顔もぐっしょりと濡れるほどだった。シャブリエはどうしてそんなに私が苦しんでいるのか分からなかった。彼は私のうちにあふれ出る苦悩を認め、私が心底彼を愛していることを即座に感じ取った。どうかこのままにしておいてと頼んだ。嗚咽が止まらず、近くの人に聞かれはしないかと心配だったからだ。今の会話で生じた心の動揺から立ち直るため二日の猶予をくれるように頼みながらも、これからもずっと私を愛してくれるようにと彼に懇願した。

シャブリエが私にしてくれた結婚の申し込みから判断しても、彼が心の底から熱烈に私を愛していること――生涯を通じて、私が求めていたのはまさしくそうした愛だった――は、もはや疑うことはできなかった。しかし、ああ！　きっと幸福が見いだせたに違いないこれほど純粋で献身的な愛も、無理やり結ばされた恥ずべき結婚をぞっとするような気持ちで思い返すと、心は悲嘆と絶望で一杯になってしまうのだった。

二日間というもの、私は耐え難い不安感に苛まれ続けた。時折ふと私の置かれた立場をありのままぶちまけ、自分の気持ちに素直に従おうと思ったりもした。でも、あれやこれや考えると、結局素直な気持ちを抑えてしまうのだった。そのためもたらされるあらゆる結果が頭に浮かんできたからである。ほかのすべての人々が私にしたように、シャブリエが私を拒絶する姿を思い描いていた。見捨てられ、一人ぼっちになり、絶望感にうちひしがれている私の姿が目に浮かんできた。はっきりいえば、無分別な本心の暴露からもたらされるに違いない、とうてい耐えられないだろうあのいや増す苦悩を思ってしりごみしたのだ。［……］

私は見捨てられるのが怖かったのだ。当時の私は誰か他の人間の保護の如何にかかっており、こうして私は水面に浮かぶ板にすがりつく遭難者のように、シャブリエの愛情にしがみついていたのだった。

しかも、私の友愛の気持ちは他の女性の愛情と同じくらい彼にとって心地よいだろうということを理解させてやれると思っていた。それは思い上がりでも何でもなかった。私は本心からそう思っていたのだが、しかし全くの思い違いだったのだ。

シャブリエは二人きりになると、私が彼の将来にどんな決断を下したのかを問いかけてきた。

「生涯を通じて、心の底からやさしく愛することのできるような最良の友になってくれるようにと決めました」と答えた。

「じゃあ、それ以上の何物でもないのですか！」とふるえ声で問いかけてきた。「ああ！　なんて不幸なんだろう！」と言ったまま、顔を手に埋めてしまった。

しばらくの間じっと彼を見つめていた。額の血管は膨れ上がり、体はまるで痙攣を起こしたかのようにぶるぶると震えていた。そのすべてが耐え切れないような深い苦しみを表わしていた。［……］長い間あれこれじっと考えに耽った後、突然シャブリエは体を動かし、瞑想から抜け出した。その表情は尊大で、浮かべた微笑は嘲笑的で、声は刺すようにかん高かった。

「では、あなたは私を愛してはくれないのですか。……なるほど、立派な台詞は吐けるが、何も皮膚では感じ取れぬ、いやむしろ、私の思い違いかもしれないけれど、恐れだけは感じられるパリの美青年たちのように、エレガントな礼儀作法に慣れ親しんでいるあなたにとっては、私ごとき海の猛者の愛などきっと滑稽にみえるでしょう。というのも、私たち二人がプラヤ港に停泊していたある晩、そのような青年の一人があなたの愛に恐れを抱いたことがあったと私に話してはくれなかったでしょうか」

「シャブリエ、あなたは胸をよじるような辛い出来事を思い出させようとするのですね」

「申し訳ありません、お嬢さん！　自身が因で生じた辛い苦しみに苛まれている相手を目の前にしても、冷たい態度をとり続けられるとしたら、そのような人間は過去の思い出になど少しも心を動かされたりしないだろうとうかつにも思ってしまったからです」

「シャブリエ、あなたの話を聞いて本当に悲しくなりました。あなたは私に対して公平ではありません。あなたは口で言っているほど私を愛してくれてはいないんです」

「口で言うほど愛していないんですって！……ねえフロラ、私自身そうありたいと思っているより遙かに深くあなたを愛しているのを御存知ないんですか」

「もしそうなら、その証拠を見せてください」

「どんなです。言って下さい！　何でも全部出してあげられますよ」

「分かりました。じゃあ心からの友として私を愛してください」

「そんなこと言うまでもないことです。最後に息をひきとるまで、私があなたの友、あなたのお嬢さんの友であることくらい分かっているでしょう」

「でも、その愛情はそうあって欲しいと私の強く望んでいるように、あなたを幸せにしてくれる力を持っていないのではないですか」

「その通りです」

「ああ！　シャブリエ、二人の間にはなんと深い溝があるのでしょう！　私にはあなたの示してくれる友情の気持ちで十分なのです。あなたの心がこれと同じ感情で満たされたら、私の喜びもこの上ないものでしょう。でも私にとって辛いのは、あなたがこれに少しも喜びを感じ取れないだろうということなんです」

「ねえ、フロラ、聞いてください。もしあなたをこれほど深く愛していなかったなら、誠実な私でも、これまで何度も他の女性にしたように、たぶんあなたを騙してやろうとするかもしれません。ねえ、この三カ月というもの、毎日といってもいいくらい心の中に生じていることですが、私のような歳の男が、あなたの傍らに腰を下ろしていて、恋の虜にならずにいられるなんて考えられるでしょうか。あなただってきっとそんなことは不可能だと感じるでしょう。ものの本にはこうしたことは出ているけれど、みんな作り事です。ねえ、そんな本の話を信じてしまうほどあなたは単純な人なんですか」［……］

翌日、さらにその後も引き続き、シャブリエは私の部屋に来て、同じ調子の会話は続いた。彼はいつも純粋で真実の愛情を示してくれた。ただ、彼に友情の気持ちだけを持たせようという思いは断念せざるを得ないことが分かった。

同じ船に乗っている私たちの旅の仲間が、シャブリエがことのほか私に示してくれた優しい心遣いや配慮に気づいていたかどうか、私には分からない。彼の行動はとても立派だったから、彼がしばしば長時間私の部屋にいたにもかかわらず、仲間たちはいつも私に大きな友情と敬意を払ってくれていたが、純粋な愛情というものはそれほどに尊敬すべきものであり、またこれを目にした人に大きな影響を与えるものである。

ホーン岬通過時の辛く厳しい日々には、荒々しくてがさつな性格のため、些細な言葉でもつい事態が険悪になってしまうこの八人の旅の仲間の間に、仲裁のため私が中に割って入らなくてはならないこともしばしばだった。

ダヴィドには、事物に関する自説の開陳時や食事の世話をしてくれる人たちに言葉を掛ける際に、いつも決まって罵ったり下劣な言葉を乱発したりするという野卑で馬鹿げた習慣があった。またペルー人を話題にする際には、ひたすら山のように侮辱的な言葉を口に出したりした。腹に据えかねたミオタは、仕返しのため、三人のスペイン人にダヴィドの使った言い回しを、おそらくずっと誇張して通訳し、こうして三人の不快感を一層募らせてやったりした。

船上生活は私たち人間の本性とは相容れないものである。ローリングという多かれ少なかれ強い揺れでこうむる絶え間のない苦痛、運動や新鮮な食料の不足など、気分をいらつかせ、穏やかな性格の人間もついつい怒りっぽくなってしまうこうした心身の苦痛の長期化に加えて、一〇〜一二ピエという狭い部屋で顔と顔をくっつけるようにして暮らさなくてはならない恐ろしい責め苦があるのだ。それは体験してみなくては決して分からない一種の拷問といってもいいだろう。

ダヴィドは髭を剃り、髪をとき、身なりを整えるため、テーブルを一人占めしようと、いつも朝早く起きていた。洗面では必ず大きな音を立てていた。事実、汚らしく怠惰で哀れな見習い水夫を、無神論者も震え上がらせるほど口汚く罵っていたからだ。私はすぐさま彼を私の庇護下に入れてやった。ダヴィドがすんでのところで彼を打ちのめそうとした時には、仲裁に入り、そして誰もこの少年に手を出すことはまかりならぬというお墨付きをシャブリエから取り付けてやった。その日から、もうあえてこの少年をぶとうなどとはしなくなった。洗面を終えると、彼はまた、怠惰ゆえに何から何まで乱雑にしている航海士エマニュエルに向かって怒りも露にしてどなり散らしながら、食料貯蔵室に向かって行くのだった。次に雌犬のコラが罵倒の的になった。さらに、さもないありふれた事柄に話題が移り、ダヴィドは海やら、風やら、商売やら、人間やら、当たるを幸い罵り、その苛立ちを思う存分さらけ出すのだった。とりわけペルーとその住民を罵る時には、必ずといっていいくらい罵詈雑言が伴っていた。ダヴィドの声、見習い水夫の泣き言、エマニュエルの返答、犬のキャンキャン吠える声、これら全部が大きな騒音となり、安眠を願う人々は少しも眠れなかった。ブリエは、船上でこれほどひどい騒音を耳にしたことは一度もないと話した。するとシャブリエは、激した言葉でダヴィドを怒鳴りつけるのだった。ところが、ダヴィドの方も負けじと同じ調子でやり返すのだ。こうなると、二人の間で激しい口喧嘩が始まり、喧嘩の因になった騒音はなお一層激しくなってしまうありさまだった。九時になると、食事の用意が整う。被告人も告訴人も一緒にテーブルにつくのだが、そこまで延々と喧嘩は続いていた。

旅の最初から私はこうした食卓に姿を見せるのは止めにしていた。以来これが私の決まりになっていた。ほんの少ししか食べられず、朝はほとんどいつも気分が悪かったので、私は朝食がすみ、みんな甲板に出ていってしまってから起床することにしていた。部屋のドアは鎧戸だったから、船室での会話は全部聞こえ、また姿を見られずに、そこで起こった出来事は何から何まで見ることができた。

食事のため面と向かい合うや、八人の男たちの不平不満の声が再びこれまで以上の激しさと辛辣さを交えて繰り返された。ブリエは厳しく容赦のない口調で不満をぶちまけたが、この苦情の言葉が引き金となって、びくともせず、落ち着き払ってすべての人の意見に反対するダヴィドへのシャブリエの怒りが爆発するのだった。［……］

起床すると決まってミオタは私に愚痴をこぼしにやってきた。彼はダヴィドがペルーの国のことで私を侮辱していると説明し、私に怒りを共有させようと必死だった。私は全力を傾けて彼の気持ちを鎮めてやり、そしてダヴィドに返答など返さないようにと約束させた。誇り高く、気性の激しいセザリオは怒り心頭に達していた。彼はフェルナンドと並んで叔父をたきつけ、ダヴィドへの報復の計画を練っていたが、こんな幼い子供までもが喧嘩を売ったりするのを止めさせるために、私は持てる限りの影響力を行使しなければならなかったのだ。

ブリエと話す機会は以前よりずっと少なくなった。しかしそうした機会が訪れると、彼は思わず私に、もう金輪際共同作業はしない、船長が皆から尊敬されず、指揮監督という基本的な義務を怠っているような船になど、死ぬまで足を踏み入れないつもりだと話した。

三時になると、ダヴィドは私が夕食に選んだ二種類の缶詰料理はどんな具合だったか、部屋に聞きに来た。旅中ずっとこのような敬意を払ってくれるのを一日として欠かしたことはなかったが、ずる賢い彼は、他人が気に入っているかどうかなどに頓着せず、結局いつも自分のお気に入りの料理を私に選ばせてしまうというこつを身に備えていた。私はこの機会を利用して、今朝の彼の振る舞いを諌めてやった。

「お嬢さん、どうか今日のことは許してください。約束しますが今後他人を罵ったりするのは控えますから。誓って、安眠できると思います。あなたの前で決して汚い言葉で罵ったりはしないことが分かるでしょう」

「でも、ダヴィド、あなたはどうしてそんなに汚い言葉を山のように積み重ねられるんですか。一言だけで、あれこれたくさん積み重ねるのと同じ効果があるというのに。また、長時間にわたってまくしたてる下劣な言葉には一体どんな意味があるのですか。もし見習い水夫がそうした汚い言葉をすべて受けて当然な人間だとするなら、彼は並外れて異常な人ということにならないでしょうか。ああ！ 神の御名において！ どうか私たちのことを思って、罵りや下劣な言葉は一言でよしとして下さい。一時間にもわたって大声で叫んだりしないで下さい。どんなに口をすっぱくして言っても、彼が清潔好きになるものでもないし、またそのために、私たちは目を覚まさせられ、さらに精神的にとても気分の悪い思いをさせられてしまうのだから」

「お嬢さん、思いきって言いますが、あの見習い水夫を駄目にしているのは、何を隠そう、あなたちなんです。あの悪党は、あなたとあなたの望むことは何でもやってくれるシャブリエの二人が自分の味方だと感じ取っているんです。かくして、万事ご覧の通りのありさまという次第なのです」

「こんな窮屈な小船にしては、万事この上なくうまくいっていると思いますよ。いつも病気がちで、ひ弱な体つきだけれど、九人に懸命に仕え、確かに飲み込みは悪いけれど、やる気十分な子供に対してあなたは少し厳しすぎはしませんか」

「あなたのような甘いやり方をとっていれば、万事うまくいっているようにみえるでしょう。でも、はっきり言って、私はそんなやり方はとらぬつもりです。恐怖なくして人を服従させることはできないのです。とくに、あの見習い水夫の悪ガキだけは……」

「またペルー人をけなす汚い言葉を使う！　ミオタも私もそんなふうに私たちの祖国があしらわれるのを耳にして嬉しいとお考えですか」

「でも、あなたはフランス人でしょう」

「生まれはフランスだけれど、父の祖国の人間ですよ。私たちがある土地で生を受けるというのは、全くの偶然の結果以外の何ものでもないのです。私の顔をじっと見て、私がどの国の人間か当ててみて下さい」

「思わせぶりな貴女ですね！　その素敵な瞳、アンダルシア風の美しい髪を褒めてもらおうとして、そんな質問をするのでしょう」

「ねえ、ダヴィド、他人の褒め言葉にコロリと参ってしまうような私でないことなど誰よりもよく御存知でしょう。あなたは私の正当な忠告を必死になって回避しているのです。二〇回でも繰り返すけれど、ミオタは目の前で描くあなたのペルー人像にとても深い精神的痛手を受けているのです」

「お嬢さん、私にはミオタを侮辱したり、ましてやあなたを侮辱する意図など全くなかったことは信じて下さい。あなたも彼も、ペルー人がどういう人間か分かれば、きっとこう言うでしょう。『ダヴィドの意見は正しかった……』と。ねえ、フロラさん、私があなたをどれくらい尊敬しているかお分かりでしょう。あなたの御家族に対し実にたくさんの賛辞が呈されていることも承知しています。あなたの叔父のドン・ピオもとても立派な人物だという評判です。でも、全体としてみれば、ペルー人は思いつく限りで最も下劣なごろつき連だと断言していいと思います」

「だとしたら、どうして一〇年間もそんな国に滞在したり、なぜまたそこに帰るのですか」

「稼げる金があるからですよ」

「じゃあ、一財産作らせてくれた人たちのことを悪しざまに言うのは恩知らずというものですよ」

「ねえ！　彼らの手腕ときたら全く見事なものでしたよ！　私は彼らに相場で商品を売ってやりました。彼らがそれを買ったのは、それが必要だったからなんです。どんな理由で彼らに感謝しなくてはならないか、私にはさっぱり分かりません」

人間を動かす動因が物質的利益だけだと思っているダヴィドには、感謝の気持ちなど全く理解できなかった。しかし、私たちの人格、財産、労働をちゃんと守ってくれた国には好意を示すのが当然ではないだろうか。もしダヴィドがみずからの原則に忠実に従っていたら、ペルー人の正直さを咎めたりはしなかっただろうし、博愛の心があったなら、彼らの置かれた無知無学を心から悲しんだだろう。

夕食の時間がきた。各自簡単に身だしなみを整え、食事中の会話も昼食時のそれとは全く違った雰囲気だった。風向きに合わせて、陽気にもなれば湿っぽくもなり、また船が順調に進み、横揺れもそれほどひどくなければ、会話は楽しくなり、さらに厳しい毒舌もぽんぽんと飛び交った。

デザート時になると、会話は政治とか旅とか、またこの男性陣お好みの町や村とかを巡って交わされた。

シャブリエは共和主義者、ダヴィドはブルボン王党派、ブリエはボナパルティストであった。［……］論争の結果といえば、何物にも動じない平静さを保っているにもかかわらず、哀れにも、ダヴィドは他の二人の船乗りを敵に回さなくてはならず、結局いつも言い負かされてしまった。シャブリエはその猛烈な罵倒の台詞で、ブリエはその鋭い真実味溢れる観察力で格好の餌食のダヴィドを打ちのめし、こうしてその当たりをねらった言葉、そのラテン語、その学者ぶったソフィスティケートな言葉の詰まった機械のすべてを打ち負かしてしまうのだった。ところが自分が絶望的状況に追い込まれたとみるや、彼は実に巧みに対手の二人の思考の流れを変えてしまうのだった。ブリエを旅の話に、シャブリエを故郷ロリアンの話へと導いていくのである。ブリエは中国について語ることのできる唯一の人物で、かつて彼はこの巨大な帝国にしばらく滞在したことがあったが、この船に乗っている他の誰もこの国に行ったことのあるものはいなかったので、彼の話に異を唱えられるものなどいなかった。全員彼の話にじっと聞き入り、こうして興奮も鎮まっていった。シャブリエには地方の田舎人という欠点があった。幾度も旅を重ねてきた人生であるにもかかわらず、故郷の町への偏愛ぶりはいささかも和らぎはしなかった。

彼には、ロリアンほど素晴らしく立派な町はないようだった。彼は何かにつけてロリアンの名を持ち出した。［……］

私といえば、皆のこうした会話に加わることは滅多になかった。立場上つねに節度ある行動をとらざるを得なかったし、また未婚女性という肩書きをとるにあたってわが身に課した厳しい務めのことをいつも意識していたからである。実際、私は過去のすべて、八年にわたる結婚生活、子供たちの存在、要するに、未婚女性とは全く異なる既婚女性という役割を忘れてしまわなくてはならなかったのだ。びっくりするほど素直で、とても純真な心の女性という姿である。想念の熱気によって、活気に満ちた会話に思わず引きずり込まれてしまうこともたびたびだった。すると、あまり勢い込んで話すので、考えが浮かぶ端から表に出てしまい、口に出してしまってから初めてその持つ深い意味に気づくという状態で、自分ながら感情の激発ぶりに恐ろしくなり、誰ともう金輪際話すまいと決心するのだった。自分の立場を忘れて、うっかり娘のことを口に出したりしないだろうか、皆が興奮して交わしている会話の思いもかけない脱線から、現在フランスの結婚を律している諸法律への怒りが抑えきれなくなってしまうのではないか、というのが心配だった。要するに、うっかり本心を洩らしてしまうことが怖かったのだ。いつもびくびくし、思考の激発を抑えて、じっと口を閉じていようとしたのも、こうした心配があったからで、だからこそ不意の質問にもほんの一言か二言の手短な答えしかしなかったのである。

多血質な気質が置かれた私の窮地をさらに増大させた。そして私たちの意志というものは声と並んで聴覚にも及ぶことを知って後悔することもたびたびだった。ほんのちょっとした言葉、これにつけられる抑揚、ちらりとなげかける視線にさえ、これら男性陣全員の注意をひいてしまうくらい顔を赤らめてしまうこともあったりしたからである。私は苦しみ苛まれ、本心が暴露されてしまうのではないか、悪意に解釈されはしまいかなどと思って心配でたまらなかった。シャブリエだけが、時に起こるこの突然の赤面の意味を理解してくれた。私にそんなことが起こらないで済むようにと、能うる限りの心配りを示してくれた。ダヴィドの皮肉とからかい、ブリエの歯止めのきかぬ率直さ、ミオタのいささか無遠慮な質問、これらすべてが私を非常に苦しめた。

メキシカン号で過ごした船上生活は右に述べた通りである。この船上生活は、通常うんざりするくらい単調だが、私たちそれぞれの性格や社会的立場の多様性、また退屈な船上生活に耐えるために図ったさまざまな工夫によって、とても変化に富んだものとなった。日曜日になると、夕食にケーキや果物の缶詰を食べ、シャンペンやボルドーワインを飲んでこれを祝った。この夕食後、シャブリエはオペラやロマンスを何曲か歌ってくれたりした。殿方連は思いやり溢れる人たちばかりで、しょっちゅう私にいろいろな本を読んでくれた。ミオタは好みの作家たち、例えばヴォルテールやバイロンを読んでやろうと、私の部屋までやって来てくれたりした。ダヴィドはシャトーブリアンの『若きアナシャルシスの旅』やラ・フォンテーヌの寓話を読んでくれた。シャブリエと私は一緒に、ラマルチーヌ、ヴィクトル・ユゴー、ウォルター・スコット、とりわけベルナルダン・ド・サン・ピエール(3)を読んだりした。

ボルドーを発つ時には、みんなこう言った。八〇日か九〇日もあれば、ヴァルパライソに着くだろうと。しかし、ブリエは航海日誌にこう記していた。『出発後一二〇日、依然として困難な旅が継続中』と。すると、私たちの間に、次第に失望感が生じ始めてきた。水不足が心配になってきた。全員割り当て制になった。当直のオフィサー立ち合いの下でしか水を汲み出せぬようにするため、飲料水の詰まった樽には小さな南京錠がつけられた。このことが絶え間のない口論を生む原因になった。水夫たちは機会を捉えては水を盗んでいた。コックは料理のために支給される水を飲んでしまい、その結果、とても口にできぬほど濃厚なスープを出すというありさまだった。小型シガリトの数が少なくなるにつれ、ドン・ホセは自分の哲学を失っていった。ミオタにはもう読むものは何もなかった。彼の苛立ちと倦怠感は頂点に達していた。一言で言うなら、めいめいその最も感じやすい苦痛に苦しんでいたのだ。真の水夫ともいうべきルボルニュは、船に豚肉の一片でも残っている限り風向きの変わる日もあるだろうと絶えず繰り返していた。

シャブリエとブリエは、船乗りとして、航海の遅れを非常に心配していた。しかし、そのために受けた精神的苦痛こそどのような心労をも上回るものであった。三人の仲間は、一緒にボルドーの河口を出て同じ港に向かっている二隻の商船も、私たちの船と同じように航海に難渋しているなどと冷静に考えるゆとりはなかった。自分たちがヴァルパライソに着くのは、二隻のライバル船がかの地の商店をメキシカン号の積み荷と類似の商品で一杯にしてしまってからに違いないと確信していたから、自分たちの積んできた商品がうまく捌けないのではとそのことばかりが心配でならなかったからである。信義に厚く、また航海の不首尾を予測するあまり、結んだ契約が履行できぬのではという不安感が彼らを苦しめていたのだった。彼らの不安感は入港まで続いた。商人だけがそうした彼らの苦悩を正しく把握できるだろう。ダヴィドは風に向かって罵りの言葉を発し、そうして悲嘆にくれていた。ブリエは私に悲しそうにこんなふうに語ってくれた。「たいした野心などない私が、どうして海の危険一杯の賭けに身を投じられたのか分かりません。でも、フランスに戻ったところで、一人の友にも再会できず、どうしてまた発つの、と尋ねてくれる人も身近に誰もいないため、船乗りによくあるように、確たる計画もないまま、暇潰しに、惰性で、また船に乗ってしまったのですよ」。三人の仲間の中で、シャブリエだけが迫り来る不幸に冷静に耐えていた。彼は最悪のケースを予想し、有金全部で製造業者に支払いを済ませており、またそれが十分でなかったとしても、債務の返済を完了するために、疲れを知らぬ自身の活動力、船乗りというその職、商取引に関するその知識を頼りにしていた。

その時まで、商売の面でも愛情の面でも大層不幸だった私の友が、この船旅の結果また再び破産に陥るかもしれぬと思うと、私は絶望的心境になってしまった。風向きはどうかとしょっちゅう尋ねて回ったが、水夫の返事、ブリエやダヴィドの表情はどれも私の心をきりきりと突き刺すようなものだった。

このような状況にあっても、シャブリエがどれほど感情のこまやかさを備えていたか得心できた。彼を絶望させないように、同時にまたその厚い保護を確認するために、私が彼の愛をどのように受け入れたかは既に述べた。以来、私たちの結婚に幸福を見いだせると固く信じた彼は、希望に満ちた輝かしい計画を絶えず語ってくれた。最初、私はこの至福に満ちた計画が実現可能だなどとは露ほども考えず、ただじっと聞いているだけだった。そうしているうち、次第に彼の愛情は、彼と結婚してカリフォルニアで一緒に暮らそうかと思うほど私の心に深い賞賛の念を抱かせてきた。幸福に満ち溢れ、誰からも敬愛されているような安楽な夫婦生活にゆったり身を落ち着けている人々が、重婚のもたらす重大な結果に抗議の叫び声をあげ、そのような罪を背負った人間に対して軽蔑と嫌悪の感情を投げつけることくらい私は十分承知している。しかし、その罪が結婚の非解消性を定めている不条理な法にあるのでないとしたら、一体それはどこにあるのだろうか。愛情や性向が相似たものだからといって、心の問題も商売の事柄と同じやり方で扱われなくてはならないのだろうか。神は人間の内奥に共感や反感の情を植え付けておきながら、隷従や精神的不毛を余儀なくさせたのだろうか。逃亡せる奴隷は神の目に犯罪者と映るのだろうか。内奥からの感動、神の教えに従ったからといって、はたして彼が犯罪者になるのだろうか。……

シャブリエに感じた愛情とは、彼と知り合う前に私が体験したような情熱的な愛ではなかった。それは称賛とか感謝の念といった感情であった。もし彼の妻になっていたら、きっと彼を熱烈に愛しただろう。そして、乙女の頃うっとりと夢みていたあの無上の幸福が彼の中に探し当てられないとしても、少なくとも、私の求めていた休息や静寂、波乱万丈の人生での数々の辛い裏切りを体験した後では、誰しも心底大切にするあの確かな真の愛情がきっと見いだせただろう。私たちはダヴィドを私たちの計画に加えることにした。彼はシャブリエが好きで、シャブリエもこの友のユニークで愉快な性格にとても慣れ親しんでいたから、彼にとっては欠くことのできぬ人物になっていた。

ダヴィドは私のことがとても好きで、シャブリエの密かな意図に気づいていたにせよ、またそれを感じ取ろうと努めていたにせよ、彼はシャブリエにしょっちゅうこんなふうに繰り返していた。「フロラさんは本当に立派な人ですよ！　もし彼女にアメリカ大陸の中心地に住む決心をさせられたら、本当に嬉しいのですがねえ。彼女の結婚への嫌悪感の理由がどこにあるか知らないけれど、彼女はあなたをとても愛しているし、また結局はあなたとの結婚を承知するだろうと私は思っています。結婚への嫌悪を心に固く誓った私について言うなら、あなたの傍にいて、二人の間にできた子供の子育ての手伝いをし、七〜八歳になるまでたっぷりと可愛がってあげますよ」

私の方でも、次第にダヴィドという人間に馴染んできた。あれこれと親切にしてくれ、また教養も備えた人であったから、内心では彼との交際も不愉快ではなかった。彼はヨーロッパに戻ることなどに全く執着しておらず、反対に、アメリカの風土をこよなく愛し、もしそこで好みを同じくする人と暮らすことができれば、喜んでそこに身を落ち着けただろう。以上が、旅の終わりころの私の周囲の人々の状況であった。

ある晩、たぶん乗船して一二八日目のことだと思うけれど、シャブリエは私にこう言った。

「ねえフロラ、どうか私を力づけて下さい。落胆しているダヴィドの姿を見るのがとても辛いのです。ブリエは病気で、彼をこんな投機に引き込んでしまったことに責任を感じているんです」

「一体どうしたらいいんですか、ねえ。私たちの力で風向きなんて変えられるものではないし。たぶんとっくの昔にシャルル・アドルフ号とフレステ号はヴァルパライソに着いているでしょう。これは敗北の旅です。でも、ねえ、私はあなたの傍についていてあげますよ」

「ああ、なんて優しい人なんでしょう。ただ私が不運な旅と嘆いているのは、ダヴィドとブリエの二人に対してだけです！　私のこれまでの人生で、この旅は本当に至福の時でした。この旅で初めて私に幸福が見えてきたのですから」

「ねえ、今まで結婚についてあれこれ思い描いてきたけれど、二人とも結婚で見いだせるかもしれない財産の恩恵について考えたことなどなかったですね。ねえ、ここでそのことについて少し話してもいいでしょうか。私が父の遺産全部とは言わぬまでも、少なくともその一部は手に入るだろうと期待して、ペルーの親族のところに行こうとしているのは御存知ですね。もしそれが全部手に入ったとしら、百万長者になれるでしょう。しかし、私生児でも、総額の五分の一と、祖母の残してくれる贈与分を受け取れることだけは期待できます。そうなったら、私の所有分は全部あなたのものです。このお金があれば、あなたは決済を済ませ、さらにダヴィドの新規蒔直しの手だてを与えてやれるでしょう」

「あなたのその優しいお気持ちには感謝の言葉もありません。でも、フロラ、どうか私の本当の気持ちを分かって下さい。あなたが期待し、またもらって当然と考えているその遺産、それが私には恐いのです。あなたの手にそれが入ると思うだけで、身が震えてしまうんです」

「まあ！　一体どうしてですか。ねえ！」

「フロラ！　もう一度言うけれど、あなたには人間の破廉恥さ、彼らの腹黒い行為、社会を律している不条理な偏見が分かっていないんです」

「ねえ、シャブリエ、私にはあなたの言っていることがよく分からないのですが……」

「聞いて下さい、フロラ。今のあなたには何の財産もありません。もし私があなたと結婚すれば、世間ではみな馬鹿げた向こう見ずな行為だと言うでしょう。気高く寛大な心の持ち主ならきっと私の行為に賛同し、愛する人とよくぞ結婚したと言ってくれるでしょう。反対に、金持ちになったあなたと結婚したりすれば、ああ！　今度は、私を結婚に導いたのはただ利害心からだけで、何のためらいもなく人間としての誇りも捨ててしまったのだというような噂を我先にふりまくに違いありません。なぜなら、誇りという言葉の下にはまた、社会に浸み込んだ数々の不条理な偏見が含まれているからです。フロラ、こんなふうに考えると、私は苦しくてたまらないのです。ヴァルパライソに近くなればなるほど、頭がきりきりと痛んでくるのです」

「ああ！　シャブリエ、なんて恐ろしい話でしょう！　私だって、あなたと同じように、私たちの結婚から生じる結果を考えると、とても不安な気持ちになりますわ。何も知らないときは、そんなこと考えてもみなかったのに」

嘘のもたらす結果に怯えて、私は両手で顔を覆ってしまった。……

シャブリエは続けて言った。

「そんなに苦しまないで下さい。おそらく私たちの立場は辛いものです。というのも、私の性格では、いったんあなたの夫になれば、あなたに曖昧な言葉や微笑を投げかけてくるような最低の下衆野郎は[そんな男はアメリカ大陸には一杯いるのです]私の命をやるか、そいつの命をもらうか、どちらかの羽目になるだろうと予感するからです。ねえ、そんな不幸が私たちに降りかかってくるまでは、そんなことは決して考えないようにしましょう。でも、あなたはそんな莫大な財産からきっと一ピアストルも受けとろうとはしないでしょう。そうです、私も心の底からそれを願っていますよ！」

私は茫然自失の状態だった。祖国で賤民（パリア）だった私は、広大な海によってフランスと私が隔てられれば、自由という幻想が取り戻せると信じていた。そんなことできはしないのだ！　新世界でも、旧世界と同じように、私は賤民（パリア）だった。この時から、シャブリエの愛情によって私が心に抱いた平穏な生活や甘美な喜びというもくろみは放棄してしまった。孤独感のもたらす恐怖心、保護への欲求からついこの愛を受け入れてしまったとしても、いったん陸に着いたなら、五カ月間にもわたって捧げてくれた献身ぶりに心の底から感謝しなくてはいけないこの誠実な男性の財産や幸福、さらにはその生命までをも危険に晒すことなど金輪際してはならないだろう。

航海に出て一三三日目、ついに私たちは白い岩を見つけ、そして六時間後、ヴァルパライソの錨地に錨を下ろした。

4　ヴァルパライソ

ヴァルパライソ〔チリの最重要港。産業の中心地〕湾に投錨するおびただしい数の船舶を目にすれば、すぐさまこの港の商活動の持つ大きな重要性が摑めるだろう。寄港当日、そこには一二隻もの外国船が入港してきた。このような状況はかの船員諸氏の商売への希望を奮い立たせてくれる性質のものではなかった。投錨するや否や多くの人々の歓迎の出迎えを受けた。

メキシカン号の投錨が知れ渡るや否や、私たちの上陸を待つため、フランス人たちが桟橋に向かってきた。私たちと同時にボルドーの港を出た二隻の船はもう一カ月以上も前にヴァルパライソに着き、そして沿岸部を回ろうと再び海に出ていた。この船の二人の船長は、町の人々と交わした会話の中で、近いうちに私が着くことを知らせておくべきだと考え、さらに私が彼らの船で一緒に発つのを妨げた本当の理由を言いたくなかったためだろうか、破廉恥にも、私がシャブリエの船を選んだのは乗船している美青年のせいであるとか、愛想の良い仲間たちの与える魅力が、メキシカン号のような小帆船の持っているさまざまな不都合も無視させたのだとかいうことを言いふらしていた。そのためだろう、ヴァルパライソの愛すべきフランス人たちは素敵な可愛らしいお嬢さんの上陸が見られるものと期待していた。というのも、二人の意地悪な船長は復讐の仕上げに、私のことを悪意に満ちたあてこすりであれこれと描いていたからである。彼らはまた、上陸の翌日から、メキシカン号の美青年たちが決闘でもする羽目になるのではないか――そうなれば彼らを大いに楽しませただろうが――と思っていた。

私たちが上陸した時、彼らは全員埠頭に集まっていた。波止場の光景にはもうびっくりしてしまった。まるでフランスの町にいるようだった。会う人すべてがフランス語を話していたり、誰も彼もが最新流行の衣服を身に着けていたからである。その時、なぜか分からないけれど、私が皆の注目の的になっているのに気づいた。ダヴィドは私を、ヴァルパライソに家具付きの貸家を経営しているフランス人のオーブリエ夫人宅に案内してくれた。ミオタを残していくのは適当でないと判断したダヴィドは、同じように彼を別のフランス人女性が経営するホテルに連れていった。オーブリエ夫人宅は海辺にあった。窓は海岸に面し、寝室はフランス風とイギリス風ときっちり二つに分かれたとても立派な家具が備わっていた。

一三三日もの長い航海ののち地上に降り立った私は、もう歩き方も分からなかった。ローリングで次第に身体を左右に揺する癖がついていたからである。何もかもが周りをぐるぐると回り、加えてとても感じやすくなっていた両足は、立っていると、その裏に非常に激しい痛みを覚えるほどだった。

夕方ミオタが会いにきた。町に行ってアレキパの様子や叔父ピオの消息を手に入れてくれるように、特に祖母がまだ健在かどうか尋ねてきて欲しいと彼に頼んだ。

夜は眠れなかった。ある漠然とした予感、ある不可解な内心の声が、新たな不幸が私の頭上にのしかかってくるだろうと告げていた。これまでの私の人生では、重大な危機的状況が生じるたびにいつもこうした予感を覚えたからである。私たちが大いなる苦しみを受けるべく運命づけられている時、神は私たちに密かな予兆（私たちをいつも欺き、また常に私たちを導いてくれている空しい理性に惑わされたりしなければ、一層私たちはその予兆に注意して耳を傾けるようになるだろうが）を通して、その備えをさせてくれるものである。あれやこれや幾度となく推測した後、私は最悪の事態を想定した。祖母が死んでしまっていて、叔父も私を拒絶し、こうして私は一人ぼっちになり、祖国から四千里も遠く離れたところで孤立無援のまま、財産もなく、何の希望もないまま置かれた姿を思い描いた。それは考えるだに恐ろしい状況だったけれど、この恐怖心そのものによって勇気が奮い立ち、また自分の存在をはっきりと自覚させてくれることにもなり、このようにして私はこれから起こるであろう出来事をしっかりと受け止められる用意ができたのである。

　翌日昼ごろミオタがまた会いにきた。浮かべた顔の表情から、不幸な知らせを告げようとしていることが分かった。祖母が死んだのでしょう！……と私は言った。祖母の死を告げるにあたり、彼はいろいろと気を配ってくれた。にもかかわらず、私の受けた打撃は大きかった。祖母は私がボルドーを発ったちょうどその日に死んでいたのだ。ああ！　正直に言って、一瞬気力の萎えてしまう気持ちがした。彼女の死は、私の唯一つの拠り所、唯一つの庇護者、最後の希望を私から奪い去ってしまったのだ。こういう時には、人間誰しも一人になることが必要だと感じとったミオタは、引き上げてしまった。が、去り際にこう言ってくれた。「あなたに会いに来るようこれからシャブリエに言ってやりましょう」。この善良な若者は、私にとってシャブリエもまた死んでしまった存在なのだ！　というのが分かってはいなかった。……

一般に誰もがさらされている苦しみ、そのような苦しみをはるかに上回る苦しみ、そのきつい重圧は焼けるように熱く、またあまりに内奥に染み込んでくるため、どのような言葉をもってしても描写できないような苦しみも存在するのである。私の希望をすべて打ち砕いてしまったこの死の知らせを聞いて受けた苦痛こそ、まさにそういうものだった。涙は一滴もこぼれなかった。乾いた燃えるような目は眼窩におちくぼみ、首と額の血管をぴんと張りつめ、両手を冷たく握り締めたまま、二時間以上身動きもせず、私の来し方が緋色の文字で描かれている恐ろしい一枚の絵のように感じられた海をじっと見つめていた。夕食が出され、それでも私は食べた！……抑えられない苦しみに満ちたこのような危機的状況に置かれた私は、魂と肉体とがそれほどまでに完全に切り離されていたのだ。私の中では、二人の人間が住みついていた。一つは、投げかけられた問に答えたり、取り囲む事物を見たりする肉体的生活のためのもの。別の一つは、幻影、思い出、予感といった生活によって生きている全く精神的なものだった。夕方、シャブリエは私の部屋に入ってきて、傍らに腰を下ろし、私の手を愛情込めたその手でしっかりと握り締めてくれ、そして涙を流してくれた。彼もまた、涙とともに苦しみも消え去るのだというあの幸せな気質の人間だった。

長い沈黙の後で彼は私に言った。

「あなたの苦しみを和らげてあげるために何と言ってあげたらいいのでしょう。ねえ、フロラ！　私の心は全く打ちのめされてしまっています。今朝からというもの、私は二つの考えを一つに纏めることもできない状態です。気の毒なフロラ、思いきってここに来る勇気もなかったのです。自身の重みで沈む錨のように、あなたの苦しみは私の老いた胸の上にのしかかっているのです。一体どうなるのだろう！……愛の名において、私に何ができるのか、どうか言ってください」

錯乱状態のまま私は海を見つめていた。できるなら、シャブリエが私をそこに突き落としてくれたら、などと思ったりした。

「連れて帰ってあげましょうか。……」

「連れて帰るですって。……一体どこの国にですか。……」

「フロラ、どうしたんですか。ねえ、手はとても冷たいし、額もなんて熱いんでしょう！　どうか心を鎮めて下さい。苦しんでいるあなたの姿を見るなんて死ぬほど辛いんです」

彼もまた海を見つめ、そして大粒の涙が目から流れ落ちていた。

と、突然沈黙を破って、彼は言った。

「ねえ、フロラ、考えれば考えるほど、これは二人にとって幸運な出来事だと思うようになりました。もしアレキパであなたが祖母に会えたら、あなたの金銭に関わるすべての問題はあなたの望んでいたように解決され、あなたは大金持ちになれたでしょう。ねえ、こう思うだに身も震えてきませんか……あなたが金持ちで、私が貧乏だなんて！　フロラ、気づいているかもしれないけれど、そうなったら、私はあなたと縁切りしなくてはいけないでしょう。あなたと縁を切るんです！　フロラ、そんなことになれば私は死んでしまうでしょう……。でもねえ、フロラ、こうして死ねばあなたは私のものになるんです！　愛するフロラ、私のもの、この言葉が分かりますか！……ああ！　これほどの喜びが信じられるでしょうか。というのも、これまでの私の人生といえば、本当に不幸としかいいようのないものだったからです。いつも幸福をこの手に触れながら、いざそれを摑む段になると、逃げていってしまうのが常だったからです。愛しいフロラ、私の喜び、苦しみ、襲いかかっている恐ろしいほどの不安感を哀れに思って下さい。……あなたの祖母の死を知って以来、心にあまりにたくさんのことが生じたため、実際どうしたら思慮分別が取り戻せるのか分からなくなっているのです」

シャブリエは今まで一度も見たことのないほど動揺していた。部屋の中を大股で歩き回り、窓辺に行っては立ち止まり、また私の傍に引き返し、ショールで私の体を覆い、冷え切った両手を暖めてくれたり、私たちの結婚のことや、その喜びや、私たちの結婚を早めるために、とろうとしているいろいろな手筈のことなどを語ってくれたり、商売について意見を求めたり、私の望んでいることを私自身で決めるようにと懇願したりした。シャブリエは幸せだったが、その幸せな姿をみると、私は数しれぬ蛇で心臓が突き刺されるような気持ちに襲われるのだった。

彼は部屋から出ていった。私はベッドに身を投げ出した。疲労で体がくたくたになっていたからである。体は眠っていたけれど、心はずっと覚醒したままだった。そんな夜を体験すれば、本当に自分は別世界で何世紀も過ごしてきたのではないかと思うかもしれないだろう。魂は外皮から解き放たれ、広大な思念の世界を天空高く舞い上がっていくのだ。知りたいという欲求に渇望して、それはまるで彗星のように飛行を続けながら、愛しい自身の姿を遙か彼方に映し出しているあの光の波を使い果たしてしまうのだ。心は肉体とその欲求から解放され、何物もこれを押しとどめられず、神の衝動力、つまり魂から発した愛の原理の後について進み、こうして自由の中で自身の存在を意識し、そしておのれの運命を予知するのである。

ヴァルパライソに着いて二日後、三本マストの立派なエリザベス号がフランスに向けて出帆の帆を広げていた。出帆の準備を見るにつけ、私はこの船に乗って帰りたいという思いが強く胸に迫ってきた。叔父が私にしてくれるだろう歓待ぶりがどんなものかはっきりと予測できたからだった。シャブリエを深く悲しませるのが怖くて、この欲求に従うのを止めた。誰の目から見ても、こうした行為は気違い沙汰に映っただろう。しかし、私を押し止めたのは、こうした事情への配慮からではない。既にその当時、私には内心の声に従うという習慣が身についていた。私にそれを思いとどまらせたのは、この社会を律する理屈などではない。〔……〕

シャブリエの友情は私にとって一層なくてはならぬものになり、またその愛情の献身ぶりは絶えず私に新たな影響力を与えた。〔……〕

ときには、これ以上抵抗できないと感じて、シャブリエの首に抱きつき、悩み苦しむすべてを告白し、助力と保護を求める用意はできていた。航海の最初から終わりまで私のためにしてくれた彼の行為、愛情と好意に満ちたこの五カ月の船旅は、心に深い感謝の念を植え付けてくれていたから、あえて彼に辛い思いをさせる気持ちになどとうていなれなかった。私に決断させた思いもよらぬ出来事がなかったら、一体何が起きたか、また私の義務に従う勇気を持てたかどうかも分からないだろう。

ダヴィドは毎晩私のところにやって来た。私の部屋はあの殿方連の集会所になっていた。彼らの事業は将来の順調な見通しを示してはいなかった。市場には品物が満ち溢れているのが分かったからである。納金もしていなかったし、また請求書の支払い期日は彼らにとってとても不安の種となっていた。ある晩、ダヴィドが嬉しそうな様子をして入ってきて、こう言った。

「お嬢さん、伝えたい良報があるんです。支払期日については、もう何の心配もありません。ボルドー在住のルー氏からの手紙を受け取ったところですが、それによれば、彼が我々の保証人になってくれ、また債務も支払期日がくるに応じて、全部それを払ってくれると言っています。彼はシャブリエを家族の一員、もう既に自分の息子と考えている……と述べています」

付け加えてこう言った。

「我々がボルドーを発つ前、シャブリエとルー氏のお嬢さんとの結婚が話題になっていたのは御存知でしょう。この娘さんが若すぎると思ったのでしょう、この結婚は彼の意に適うものではありませんでした。いずれにせよ、この事態は我々にとってもう願ったりかなったりなんです。というのも、それで我々の取引はうまくいくからです。それにしても、長い間ほんの少しでも入金があればと願っていた我々でしたから、もしルー氏の援助がなければ、取引はきっと失敗に終わっていたでしょう」

ダヴィドが語ってくれたことは、シャブリエの将来へ新たな展望を与えてくれた。彼にとってルー嬢との結婚は申し分ないものだろう。彼はまるで自分の家族同然にルー氏の家族を愛していた。彼らの間にはとても深い信頼関係が保たれていた。二人とも同じ町に生まれ、一緒に育ち、同じ船に乗って長い間航海をしてきた仲だった。シャブリエはルー嬢より一八歳年長だったが、もしもこの乙女が彼を好きだったなら、このような年齢差など何の問題があろうか。こうした状況で、私の備える透視力が役に立ってくれるかどうか、私には分からない。しかし、この友人の娘との結婚で、シャブリエが必要としていた幸福と安息が見いだせることははっきりと分かった。この時から、私は彼にその結婚を決心させようと全力を傾けることに決めた。私はダヴィドと一緒に、彼らを窮地から救い出してくれたルー氏の温かい信頼感をうれしく思い、そしてシャブリエが来ると、私たちはそのことについて長々と話し合った。翌日、私はシャブリエに、いつまでも引き延ばしていては私の利益にもならないと思っており、もうこれ以上彼の出発の用意が整うのを待ってなどいられないから、単独で直接アレキパに向けて出発することに決めたと伝えた。

シャブリエはこの突然の決意に仰天し、しばし私の言葉を信じることができなかった。彼は私にその言葉を幾度も繰り返させた。互いの共通の利益から、どうしてもそれは必要なことなのだといって、彼の悲しみを和らげてやった。考慮する時間が欲しいので、少なくとも二日待って欲しいと彼は懇願した。どうしてもすぐにアレキパに発たなくてはいけないことをダヴィドに納得させ、そして近いうちに生じる別離については、彼の手を借りて和解の労をとってもらうことにした。心が決まってからというもの、私はあらゆる不安から解き放たれ、自分が逞しくなった気がし、そして誰しも良い行ないをしたと感じた時、大きな力を与えてくれるあの内心の満足感を覚えた。私は冷静だった。自分に打ち勝つことができたからだ。内心の善なる声が支配的だったからである。

あらゆる精神的心配事からすっかり解放されて、私は観察者という役目に専念できた。町を隅々まで歩き回ったのはその時である。どんなにとるに足りない町だろうと、一つの町を描写しようと思ったら、そこに長期間滞在し、あらゆる階層の住民と会話を交わし、その町を養っている近郊の村々を見て回らなくてはならない。ただ単にそこに立ち寄ったというだけでは、その風俗習慣を見分け、その内奥の生活を知ることなどできはしない。私のヴァルパライソ滞在はわずか二週間で、こんな短期間では、町の外観を素描することくらいしかできない。

ヴァルパライソの町を見たのは一八二五年のことだ、とシャブリエは話してくれた。当時、町は三〇〜四〇軒の木造の掘っ立て小屋からできていた。しかし今や、海沿いの高台はことごとく家で覆われている。人口は三万人にも達している。町ははっきりと区別された三つの部分からなっている。一里ほどの距離の、海辺に続くたった一本の道で形作られた港湾街または税関区。それはまだ未舗装で、雨期にはぬかるみになってしまう。税関は埠頭の正面にある。それは使用目的に適った広大な建物であるが、建築学的装飾は一切施されてはいない。さまざまな国の大商店、倉庫、小商店、贅沢品を売る専門店などが置かれているのはこの地区である。そこには活気に満ちた生活が満ち溢れ、往来もとだえることがない。この中心地を出ると、アルメンドラル街に着くが、そこは住民たちの唯一つの遊歩道である。美しい庭園のレティロスを備えた別荘があるのは町のこの一帯である。最後の三番目の地区はケブラダス［町を取り囲む山々の峡谷］と呼ばれるところである。そこには土着民（インディオ）が住んでいる。

チリ人の性格は冷たく、態度物腰は冷酷で尊大に感じられた。女たちは堅苦しくて口数も少なく、非常に贅沢な衣装を身にまとってこれを誇示しているが、そのセンスたるや最低である。話す機会はほんの少ししかなかったけれど、彼女らのこまやかな気配りに感激した経験など一度としてなく、この点では、ペルー女性よりずっと劣っているように見えた。人々は彼女らを称して、働き者で外など出歩かない素晴らしい家政婦だと言っている。これを証明しているように思われる出来事は、チリに着いたヨーロッパ人が大抵そこで結婚してしまう――それはペルーでは遙かに少ないが――からである。

5　レオニダス号

私は三本マストのアメリカ船レオニダス号に乗って渡ることに決めていた。出帆は一八三三年九月三日日曜日の正午に決まったと船長が知らせてくれた。

荷造りその他いろいろな旅支度を助けてくれる召使などいなかったから、当日の朝はとても早起きした。書かなくてはならない手紙も何通かあった。こうしたすべての作業のおかげで、しばらくの間、心にのしかかっていたいくつかの悩み事から免れることができた。この準備の最中にも大勢の訪問客があった。落ち着いて彼らを迎えられたのも、その時あれやこれやと手が塞がっていたからである。彼らのあるものは愛着の気持ちから、大多数は好奇心から、別れの挨拶にやって来たのだった。可哀相なシャブリエは一つ所にじっとしていられなかった。この迷惑な来客たちに心の動揺ぶりをさとられるのが心配で、寝室とバルコニーとを行ったり来たりしていた。彼の目から大粒の涙が流れ落ちていた。声は上ずっていた。私はあえて一言も発しなかった。苦しみ悩む彼の姿に接して私は心が締め付けられる思いだった。

レオニダス号が錨を上げようとしているのに気づいたので、来客全員に帰ってもらうことにした。私がこの人たちを知ったのはほんの少し前だとしても、異国に置かれた私たちにとって、一緒にフランスから来たり、また私と同国人で、同じ言葉をしゃべる人だったりした彼らとの別れを目にすると、心は締め付けられるような思いに捕らわれるのだった。

私はしばらくの間一人でシャブリエと一緒にいた。

彼は言った。

「ねえフロラ、私を愛している、あなたは私のものだ、近いうちにあなたと再会できると誓って下さい。もしそうしてくれなければ、あなたの出発する姿を見る気力など私には残ってはおりません」

「ねえ、あなたを愛しているなどと誓ったりする必要などあるでしょうか。私の行動をみればはっきり証明されているのではないですか。計画している結婚についていえば、私たちを待ち受けている未来は神のみが分かってくれているでしょう」

「でも、フロラ、あなたの気持ちはどうなんです！　今からでも、あなたを私の妻と思っても構わないと言ってください。どうかお願いですからそう言ってください」

守れないとはっきり分かっているような約束を繰り返すことなどできれば避けたかった。彼が苦しみを抑えきれないのではないかと心配したり、また胸を引き裂くような顔つきや、ダヴィドや部屋に入ってきた他の人々が涙にくれる彼の姿を目にするのではないかという不安感に急かされて、妻になってよろしいですわ、そしてアメリカに残り、幸運も不運も一緒に分かち合いましょうとつい約束してしまった。不幸なあの人は喜びで天にも昇った気持ちになり、感激のあまり私にのしかかっている深い苦悩に気づくことなどできなかった。見送る気力などないと感じていた彼は、その場で私と別れ、こうして私は乗船するためダヴィドと一緒に出発した。オーブリエ夫人に暇乞いをし、途中で出会ったたくさんのフランス人にも、陥っていた陶酔状態のためかもしれないが、自分でもびっくりするくらい冷静に挨拶した。

私たちはボートに乗った。私はじっと沈黙を守り、苛む苦悩を体の中にじっと抑えておくことだけに注意を払っていたが、そのときダヴィドが私に言った。「フロラさん、今メキシカン号の前を通るところです。たぶん二度と見られないこの気の毒なメキシカン号に別れを告げるつもりはないですか」。それは言葉では言い表わせないような結果を私にもたらした。私は突然抗い難い身の震えに襲われたのだ。歯がガチガチと音をたてて鳴っていた。ダヴィドがこれに気づいたが、寒さのせいだといってやった。一瞬もう立っていられないのでは思った。［……］

私たちはレオニダス号に乗船したが、そこには友人と一緒に来ていたたくさんのイギリス人やアメリカ人がいた。ダヴィドは船長に私のことをくれぐれもよろしくと言った後で、部屋のボーイと一緒に船室に連れて行ってくれ、そしてスチュワード[*1]に向かい一生懸命私に仕えるようにと話してくれた。二人して衣類の整理や船室の整頓の手助けをしてくれた。［……］

とても楽しい航海だった。八日後の夜九時、船はイズレー湾［ペルー海岸］に錨を下ろした。

6　イズレー

到着当日、ペルーの海岸は全く見えなかった。海岸に近づくと、雨がまるで霧のように降っていて、そのため浜辺が見えなかったからである。海は静かだった。私たちを曳航するためランチを送ってくれたイギリスの大型船がいなければ、一体どうやって入港できただろうか。この地域の様子が摑めないため、誰も彼もが非常に苛立っていた。

ペルーの海岸地帯はどこもかしこも極端に乾燥している。イズレーとその近郊はただもう荒涼たる景観を呈している。にもかかわらず、港は驚くほどの繁栄ぶりであった。郵便局長のドン・ジュストが断言してくれたが、この地に港が建設された当時、そこには三軒ほどの堀っ立て小屋と税関事務所が置かれた納屋があるだけだった。開港六年後の現在、イズレーには少なくとも一〇〇〇～一二〇〇人の住民が住んでいた。大多数の家は竹製で、床は土だった。しかし、十字形に仕切られた優美なガラス窓がつけられ、板張りの床の実に美しい木造家屋もあった。翌年私がイズレーに戻ったとき目にしたほぼ完成間近のイギリス領事館は実に瀟洒な建物だった。税関事務所は非常に大きな木造建築物である。教会もけっこう立派で、その規模からしてこの地の持つ重要性を十分反映していた。アリカ港よりはるかに地の利に恵まれたイズレー港には、ありとあらゆる会社や事業所が集まっていた。この六年来のような繁栄を続けていけば、さらに一〇年もすれば、四〇〇〇〜五〇〇〇人の人口を擁する町となるだろう。とはいえ、この地の持つ不毛性は長い間にわたって大きな発展への障害になることは間違いないだろう。絶対的な水不足のため、この地方には一本の樹木、いかなる種類の植物も目に入らないからである。この地方について言えば、自噴井の時代というのはまだ一度も到来したことがなかった。あまりの後進性ゆえに、誰もそれを頭に思い浮かべたことすらなかったのだ。イズレーには、水の供給源としては、ほんのささやかな水源しかない。なおまた、その水源も夏になると枯れてしまうこともしばしばである。そうなると、住民は住まいを放棄せざるを得なくなってしまう。大地は黒い石ころだらけの砂地であるが、もし灌漑が活用できれば、非常に肥沃な土地になることは間違いないだろう。

朝六時頃、船舶が着くとどこででも行なわれるように、港湾長が視察のため船に来た。パスポートの提示が求められた。パスポートを見たとたん、税関の二、三人の男たちの間にびっくりした声が上がった。彼らは私にドン・ピオ・デ・トリスタンの親戚のものかと尋ねてきた。そうですという返事を耳にすると、彼らの間で長時間にわたってひそひそと話が交わされた。私に手助けを申し出るべきか、それとも上司の指示を仰ぐべきか、どちらにしたらよいのか協議している様子がうかがえた。協議の結果、共和国のやんごとなき人間に呈されるあの敬意と格別の配慮の証しを払って私を遇してやろうという結論になったようだった。港湾長は恭しい態度で、自分はかつて私の叔父に仕えた身であった（ドン・ピオがアレキパの県知事時代、彼にその職を見つけてやったため、彼が今あるのはひとえにこの叔父の寛大な配慮のおかげなのだ）と伝えにやってきた。彼は何でも私の意に添ってくれた。叔父はアレキパにはおらず、もう一カ月も前からイズレーから四〇里離れた、アレキパからも同じくらいの距離にある海辺に建てられたカマナの大精糖工場に家族と一緒に出かけていると教えてくれた。私は港湾長の申し出を利用し、持っていた税関管理人や警察署長のドン・ジュスト・デ・メディーナや叔父の事業の代理人たちに宛てた紹介状を携えて、先にイズレーに行ってくれるようにと彼に頼んだ。一一時に昼食を済ませてから、身なりを整え、荷物を全部持ち、レオニダス号を離れた。

イズレーにはまだ埠頭がなく、そのため、接岸はいずれにせよプラヤ港とおなじくらい困難である。ペルーのこの最初の小村に入ると、叔父の肩書きと社会的地位からくることは間違いないが、もうあらん限りの敬意をもって出迎えてくれた。税関管理人ドン・バジリオ・デ・ラ・フエンテは彼の自宅を勧めてくれた。警察署長ドン・ジュスト・デ・メディーナも同じように彼の家に来るようにしきりに急き立てた。警察署長のほうがずっと好感が持てたため、彼の申し出を受けることにした。

私たちは小村を通り抜けていった。村は曲がりくねった一本の大通りからできていて、そこには海の岩礁や陸地のあらゆる起伏が残り、砂地では足の中ほどまではまり込むほどである。町では、私はヴァルパライソよりはるかに大きな注目の的になった。私の存在は世間をあっといわせるような大事件だったのだ。ドン・ジュストは家中でも一番立派な部屋をあてがってくれた。彼の妻と娘は私にとって心地よいだろうと考えたものならどんなものでも提供してやろうと熱心に尽くしてくれた。可哀相にもカスティヤック医師は私の後にしがみついて離れようとしなかった。そして旅中彼が私にしてくれたあらゆる看護に報いてやろうと思い、本当に彼を私の主治医——この肩書きがつけば、ドン・ピオ・デ・トリスタンの姪が受けた手厚いもてなしを彼にも与えてやることができるから――にしてやったのだった。こうしてこの医師にもまたドン・ジュスト家の一部屋が与えられ、それ以来もう片時も彼は私の傍を離れようとしなかった。

読者の理解を図るため、叔父と私との間柄についてよく知ってもらい、さらにまたこの国の住民と比較してはるかに高い彼の社会的地位について教えておくのも肝要なことだろう。

本書序文〔本訳書では省略した〕から、私の母の結婚がフランスで法に適った正式な手続きが採られていなかったこと、そしてこの法律上の手続きの不備ゆえに、私が私生児とみなされたことは分かってもらえただろう[1]。一五歳まで私はこの不条理な社会的差別やそのもたらす惨い結果について知らずに育ち、父の思い出に浸り、父との手紙のやりとりを通してしか知らなかったにもかかわらず、母が絶えず私に語って聞かせてくれた叔父ピオの庇護に期待をかけていた。どこをとっても美しい兄弟愛が描き出されているこの手紙を、私は幾度も繰り返し読んでいたものだった。私がどうしてもと望んだ結婚をきっかけにして、母が出自ゆえに置かれていた私の社会的身分を打ち明けてくれたのは、一五歳のときだった。そのため自尊心は大きく傷つき、当初は怒りに駆られて、叔父のピオや親族すべてとの関係を否認したほどだった。一八二九年、私はシャブリエとペルーについて長い会話を交わした後、アレキパの裁判長が言ったように、また彼の表現をそのまま使えば、みずから必死になって屁理屈を並べ立てている次のような手紙を叔父に書き送った。

ピオ・デ・トリスタン様

前略

失礼を顧みずここにお手紙を差し上げるのは、あなたの兄、あなたの愛するあのマリアノの娘です。あなたが私の存在を御存知ではなく、さらに母が一〇年間にわたりあなたに差し上げた二〇通以上の手紙のうち一通もあなたの下に届かなかったのではないでしょうか。私を不幸のどん底に投げ入れたつい最近の不幸事がなかったら、私は決してあなたに手紙など差し上げなかったでしょう。私はあなたの下にこの手紙を届けられる確かな機会を見いだせましたが、あなたがこの手紙を受け取った暁には、きっとこの手紙に無関心ではいられないだろうと思っています。ここに洗礼の写しが同封してあります。それでもまだ疑念を抱かれたら、私の両親の親しい友だったあの有名なボリバール(2)がそれを明らかにしてくれるでしょう。というのも、いつも父の家に足繁く訪れていた彼は、私が父の手で育てられていたのを目にしていたからです。また、ボンプラン氏と並んで、ヴァルパライソで補囚となる前、あなたも御存知だったに違いないロバンソンという名の私たちのよく知っている彼の友人の名も挙げることができるでしょう。その他まだ幾たりかの人物も挙げることができます。でも、ここに挙げた人たちで十分だと思います。以下簡潔に事実を述べてみたいと思います。

革命の恐怖から逃れるため、母は親戚のとある婦人と一緒にスペインに移ってきました。この二人の婦人はビルバオに居を定めました。父は彼女たちと親しくなり、ほどなくするうちに、この交際から彼と母との間には互いになしではいられぬ抑え難い愛が芽生えたのでした。一八〇二年、この婦人たちはフランスに帰国しました。父は彼女たちの後を追ってすぐさまフランスに渡りました。

軍人だったあなたの兄は、結婚するには国王の許可が必要でした。国王の許可を求めたくなかったため（父の思い出を大切にしたいと思うので、彼のその動機がいかなる理由によるものだったかなど推し量るつもりはありません）、彼は母に対し、フランスでは何の価値も持たない教会での結婚だけで一緒になろうと申し出たのでした。彼なくして生きていかれないと感じていた母はこの申し出に同意しました。教会の結婚式は、母を幼い時からよく知る思慮ある聖職者のロンスラン師の手によって行なわれました。

父の死にあたり、スペインでもフランスでも母をドン・マリアノ・デ・トリスタンの正当な妻として認めてくれていた、後にコルテスの代議士となるビルバオのアダム氏は、全員が彼女をトリスタンの正当な妻と認めることを証言する一〇人以上の署名のついた公正証書を送ってくれました。

当時の父の全財産といえば、グラナダの大司教だった彼の叔父が、トリスタン家の長男という名目で残してくれた六〇〇〇フランの年金しかなかったことは知っていると思います。彼はまた時に応じてあなたが送金してくれるいくばくかのまとまったお金も受け取っていました。けれども、その大半は失われてしまいました。二万フランはイギリス人に奪われ、一万フランは艦船ミネルバ号と一緒に吹き飛んでしまったのです。しかし、母の質素倹約のおかげで、父はとても幸せな生活を送ることができました。死の一三カ月前、彼はパリのすぐ近くのヴォージラールに家を一軒購入しました。ところが、彼が死ぬと、大使マセラーノ公は上述の資産購入を立証する資料を含む父の書類を全部――おそらくあなたはそれを入手されたでしょうが――わが物にしてしまったのです。

父はこの家の代金を一部支払っていました。もし母の手元にそれが残されていたなら、母が兄と私の二人を育てるのに大いに役に立ったでしょう。しかし、父の死から一〇カ月後、その土地は、当時両国間に存在した戦争のため、スペイン人の所有になる財産として国家によって没収されてしまいました。その後家屋敷は売却され、そして国は最初の代金を全額受け取りはしなかったものの、一万フランを越える利得を得たのです。母は相続人の名で不動産譲渡取得税五五四フランを支払ったけれど、その払い戻しも全く受けませんでした。

可哀相な母が何の財産もないまま二人の子供を抱えてどれほど苦しんだか、これでお分かりでしょう。兄は一〇歳という年齢でその一生を終えたのです。ところがどうでしょう！ 悲惨な状態に置かれていたにもかかわらず、彼女はその最も深い愛情の対象であった人の思い出が損なわれることを決して望みませんでした。戦争のせいで、父は二〇カ月来何も受け取ってはおらず、そのため非常な困窮状態に置かれていました。母の懇請で、借用書など一切要求せずに、祖母は父に二八〇〇フランものお金を貸してあげたけれど、それも父の死で法的権利は一切失われてしまいました。祖母にとって生きていくためどうしても必要だったその利子を母はきちんと払ってやりました。祖母の死に際して、母はこの金額の三分の一をその妹に、他の三分の一を兄に返却してあげたのです。

被った数々の不幸も、その特徴を概略素描しただけでは、細部に至るまでは分かってはいただけないでしょう！……まるで息子のように愛してくれていた兄の記憶が心に深く浸み込んでいたあなたなら、今の私の運命と、マリアノ……、まるで落雷に打たれたかのように突然の早すぎる死（卒中）に襲われて、「娘よ……お前にはピオがいるのだよ……」「不幸な子よ……」という言葉しか述べる暇もなかったこの兄の娘が送っただろう運命との間にあるあまりに大きな隔たりを推し量ってみれば、きっと深い苦しみを覚えるに違いありません！けれども、あなたに宛てた私の手紙の結果がどうであろうと、父の霊が私のつぶやきに立腹するかもしれぬなどとどうか思わないで下さい。私にとって父の思い出は永遠に大切で神聖なものなのです。

あなたの正義と善意に期待しております。私はよりよき未来を夢みて、あなたにおすがりしています。どうか私にあなたの保護を与えて下さい。そしてあなたの兄マリアノの娘が当然それを求める権利があるように、私を愛してくれるようにとお願いする次第です。

かしこ
フロラ・トリスタン

この手紙を読めば誰しも、社会というものへの全くの無知ぶりをさらけ出している率直さとか、誠実さへの信仰心とか、自分もそうだから他人も善良で正義感に溢れているに違いないと推測する善意に対するあの底抜けな信頼の念（父に深い敬慕の念を抱いていたと公言していた叔父が、私にその濫用を見分けるように教えてくれることになる底抜けな信頼の念）が分かってもらえるだろう。以下が彼が私にくれたその返事です。

［スペイン語から訳出[*1]］

フロラ・デ・トリスタン様

アレキパ、一八三〇年一〇月六日

敬愛するわが姪へ

六月二日のあなたのお手紙、とても驚くと同時に喜んで受け取りました。一八二三年ボリバール将軍が当地に来て以来、最愛の兄マリアノ・デ・トリスタンが死にあたって、娘を一人残していたことは承知しておりました。それ以前にも、ロバンソンという名であなたもご存知のシモン・ロドリゲス氏が、同じことを私に語ってくれていました。しかし二人とも、あなたとあなたの住んでいる場所に関するその後の情報を何一つ教えてくれなかったため、私はあなたに私たち（あなたと私）の利害関係に関わる事柄を伝えられなかったのです。私はマセラーノ公から受け取った情報に基づいて行動したスペイン政府を通じて公式に兄の死を知りました。したがって、私はゴエネシュ大佐、現在のグワキ伯爵に兄の資産問題を担当してもらうため、全権を委任しました。しかし、フランス人によるスペイン侵略の結果、重大な緊急使命を携えてアメリカ大陸に渡らなくてはならなかった彼はその問題について何も手を打つことができませんでした。同時にまた、この侵攻の結果、私たちは連絡が断たれてしまい、次いでアメリカ大陸での戦争に忙殺されるあまり、私たちは他のいろいろな事柄を考えるゆとりもなく、さらにまた私たちを隔てる距離がその終結を一層困難にしたのでした。

しかしながら、一八二四年四月九日、私はボルドーの商人シャンジュール氏に、彼のパリの代理人を介し、あなたの住居と故人の残した財産を見つけ出せるように特別な委任状を送っておきました。私は彼に兄が死んだ当時住んでいた住まいの住所を教えておきました。委任状送付の前後、幾度も繰り返しあなたとあなたの母上が存命かどうかを知るためとあらば、どんな労苦も厭わないでほしいと念入りに頼んでおきました。その証拠が今も手元に残っている、あなたについてなされた追跡の空しい出費を帳簿に記入してもらうこと以外私は何も手にすることはできませんでした。兄トリスタンの死から二〇年後、母上についてもあなたについても何の消息も入手できなかった私にとって、あなたがまだご存命であることなど一体どうしたら想像できるでしょうか。そうです、愛する姪よ。あなたの送ってくれた最初の手紙が遅滞なく私の手元に届いたというのに、母上が私にくれたたくさんの手紙が唯の一通も届かなかったこと、それも一つの運命だと考えて下さい。この国での私は著名人であり、さらにこの八年来この国の沿岸の町とあなたの国の町との交易が非常に緊密になっていることからみて、少なくとも一通くらいは届いたはずだと思います。そのことは、あなたがこの点でいささか不注意だったことをはっきりと証明しています。

あなたの送ってくれた洗礼証明書を検討した結果、その証明書が嘘偽りのない本物であることを証明する力に欠けており、さらに当然そうでなくてはならないはずの、それを交付した司祭の署名を本物であると保証する三人の公証人の署名が付いていなかったにもかかわらず、私は兄の認知した娘というあなたの資格については、これを全面的に信用しております。あなたの母上と亡き兄の正妻という彼女の資格については、あなた自身認め告白している、母上の行なった教会での結婚式という方法は無効であり、またかの国のみならずキリスト教国であればどこの国にいっても何の価値も持つものではありません。実際、ロンスラン氏のような尊敬すべき聖職者が、契約当事者に対しきちんとした職権も行使せずに、あえてこうした行為を行なったというのは信じがたいことです。あなたが洗礼時に嫡出子と宣言されたことも何の意味も持ちません。アダム氏を介してビルバオから送られてきたとあなたの述べている資料——彼によれば、ビルバオの一〇人の人物があなたの母をマリアノの正妻と認め、これを承認したと証言しているけれど——も同様に意味を持つものではありません。この証明書は、彼女にこうした資格、つまりこの肩書きが与えられたのは、単に親切心からだということを証明しているだけのものです。さらに、兄と死の直前まで交わした手紙の中にも、私が断言している事柄の、消極的ではあるけれど非常に有力な証拠も残っています。それは、私たち二人の間では互いに何一つ隠し立てすることはなかったのに、この結婚について兄は私に一度も話してくれなかったということであり、そしてそれは本当に驚くべきことだったのです。加えて、兄とあなたの母上との結婚が正式なものだったとしたら、マセラーノ公であれどんな権力であれ、正当な子孫を残した故人の財産、そして彼の国でもそのように認められ、人々にも周知の故人の財産に封印などできるでしょうか。したがって、あなたが兄の非嫡出子にすぎぬ存在なのだということを認めて下さい。かといって、そのことはあなたが私の配慮や優しい愛情を受けるに値しない理由とはなりません。私はあなたに喜んでわが愛しい姪という資格を授け、さらにはわが娘という資格をそれに付け加えてもいいでしょう。なぜなら、兄の愛情の対象だった人物に関するものであればすべて私の興味を引かずにいられないからです。時間も死も、私が彼に抱いていた、またこれからも生涯を通じて大事に持ち続けていくだろう優しい愛情を決して消し去ることはできないでしょう。

私たちの敬愛すべき母はまだ存命で、齢八九です。思慮分別もしっかりし、肉体的、精神的能力もきちんと備え、家族すべてから深く愛されており、また家族全員の喜ぶ姿が見られるようにと、生前に持てる資産のすべてを彼らに分配してやるような寛大な心の持ち主でした。あなたの手紙が私の手に届いたとき、私たちはこの資産分割に懸命に取り組んでいるところでした。私はその手紙を彼女に読んで聞かせてやりました。彼女はあなたが生きていること、置かれている境遇を知り、また家族のものにもせがまれて、あなたのために現金で三〇〇〇ピアストルもの多額なお金を遺贈し残してありますから、どうかこれをあなたへの私の特別な好意、私たちの母の息子マリアノへの尽きぬ愛、家族全員の忘れられぬ思い出の証しと思ってください。

ところで、あなたは一八〇一年一二月二〇日、ビスケーのベゴーニャ・ノートル・ダム修道会の立派な公証人アントニオ・オレーガ氏の立ち会いのもとで、兄が委ねてくれた委任権により、私の管理していた亡き兄の財産に関していささか権利を有しているため、その現状の報告書の写しをお送りすることにします。この写しを御覧になれば、兄の死亡時に残っていた全財産はイバネスの事業につぎ込まれてしまったため、その資産は一銭も残っていないことが納得できるでしょう。もし私がその事業に関していささかでも知識があれば、あるいは債権者たちが兄の死を知っていたにもかかわらず、確実な支払いを受ける処置を講じるまで、一一年間もそのままほったらかしにしておくほど無頓着でなかったなら、この事業は即座に中止されていたでしょう。こうして、負債の利子はわずか四分とはいえ、支払うべき元金を倍にしてしまったのです。この死においては、万事が不運の巡り合わせでした。生じた死の状況とその時期はあなたがたの不幸の因になり、また私にも測り知れない苦しみをもたらしたのでした。それらは皆忘れてしまいましょう、そしてできる限りうまい解決策を講じるように努力しましょう。

ボルドーの私の法廷代理人はベルテラ氏で、彼の意見に従い、私はあなたに二五〇〇フランの手形か為替を送ることにします。全額を手にするには、公証人立会の下で作成されたあなたの出生証明書を彼に送る必要があります。あなたのためを思い、またあなたの万が一のことを考えてあなたに対して行なわれた遺贈の総額である三〇〇〇ピアストルをあなたに届ける手段が手に入るまでは――その遺贈分の安全確保のため、私は適切な手段をとるつもりですが――、この金額で満足して下さい。この大金三〇〇〇ピアストルは公債かその他の債権に投資するとよいでしょう。というのも、仮に政治上の諸事件によってこの三〇〇〇ピアストルの安全が危うくなった場合でも、六カ月ごとにお金の入る仕組みになっているこうした手だてを使えば確実な収入が確保されるからです。価値は低いと思われるかも知れないけれど、こうした私の指導助言に、あなたへの愛情の明確な証拠を認めてくれるでしょうし、またもし生きてお会いできる機会があれば、どんなに私が兄マリアノの娘を愛しているか、時があなたにそれを証明してくれると思っています。

可能な限り手紙を書いて下さい。手紙の宛先はボルドー在住のベルテラ氏にして下さい。私のほうもまたベルテラ氏を介しあなたに手紙を書くようにしますから。あなたの住所、あなたの職業、抱いている計画を教えて下さい。今必要としているものなどを話して下さい。私の誠意はきっとあなたに私への信頼感を抱かせてくれると思っております。すっかりフランス語を忘れてしまったので、私はあなたにスペイン語で書くことにしました。

私はヨアキナ・フロレスという名の姪と結婚しています。私たち夫婦にはフロレンティノと呼ばれる幼子と、八歳、五歳、三歳の娘がいます。願わくば、いつの日か、彼らがあなたに口づけし、またあなたのほうでも、この国で、彼らに優しい愛撫が与えられるとよいのですが。

敬具

ピオ・デ・トリスタン記

この返事を受け取った時、人間を善意に解釈していた私ではあるが、叔父には一切期待してはならないことが分かった。しかし、私にはまだ祖母が残されており、すべての希望を彼女に託そうと思った。叔父は私の手紙を祖母と家族全員に読んで聞かせたと書いて私を騙そうとしたのだ。というのも、私が姿を見せるまでは、家族のほとんど誰一人として私の存在を知ってはいなかったし、また祖母もそのことを知らなかったという確信を得たからだった。*2 私はペルーに向けて発つことを叔父に教えていなかった。また出発を通知するゆとりもなかった関係から、彼は私がペルーに着いたことに気づいていなかった。以上が彼に対する私の立場であった。今度は、彼がこの国で占めている立場について、以下に少し述べてみよう。

ドン・ピオ・デ・トリスタンは一八〇三年、陸軍大佐の位を得てヨーロッパから戻ってきた。彼はペルー人が自由を獲得するために多大な情熱を投入したあの恐ろしい独立戦争に参加した。叔父はこれまでスペインがこれらの地域に送り込んだ軍人の中でも最も有能な一人だった。国王フェルディナンドの軍隊がブエノス・アイレスと共和国アルゼンチンの領土から撤退しなければならなくなった時、既に述べたマリアノ・デ・ゴエネシュの兄、エマニュエル・デ・ゴエネシュの命令に従い、副官として指揮をとっていたのがドン・ピオであった。当時叔父は少将だった。彼らは高地ペルー〔ボリビア〕に向けて退却し、持ちこたえなくてはならない戦闘や渡らなくてはならない大河を数多く経ながら、ブエノス・アイレスとペルーを分かつ広大な道のりを走破し、まともな道など一本もないような国々を踏破していった。国王のあの贅を尽くした兵士たち、黄金にまみれ、スペイン領アメリカの都市のだらけた生活に慣れ切った戦士たちは、荒涼たるこの領土で大いなる苦しみを味わわなくてはならなかった。異常といってもいいこの行程を通じて、彼らは銃剣を用いて入手した食糧、狩りをして殺した野性動物、最後には金を出してようやく手に入れることのできた糧秣で生き延びたのだった。叔父はしばしば物語ってくれたが、こうした場合、軍の金庫にはもはや一銭の金もないので、食糧の代金を支払うため、純金の拍車をつけていた全騎兵のうちで誰がその拍車を出すかを決めようとして、籤が使われたりしたということだった。実際、このたった一人の騎兵で、共和国の二〇〇人の兵士に必要な装備を施すのに要する以上の金を持っていたのである。アメリカ大陸におけるスペイン軍隊のこの際立った豪奢ぶりこそ、彼らに思い上がりの気持ちと、彼らがその服従を揺るぎないものとした民衆への優越感とをもたらしたのである。しかし、そうした豪奢などあっという間に磨り減ってしまうぜんまいの一つといっていいだろう。

国王は、植民地では、スペインの軍人一人に掛かる金で、ドイツ人兵士二〇人が養えただろう。土着の民衆は軍事的資質で際立つ存在ではなかったし、広大な国土に分散していたから、もしそこにもっと数多くの軍隊が投入されていたら――スペインは出費を増やさずにそれができたのだ――簡単に服従させられ、抑え込まれてしまっただろう。南アメリカに精通する人の説によれば、彼らの独立の時期はまだはるか先のことであり、さらにまたスペインは、ボナパルトによるイベリヤ半島侵攻によって誘発された叛乱なども十分に鎮圧できるほど強大な国であった。しかし事態は予想通りに進展するものではない。リエゴに導かれた叛乱は植民地を服従させようと意図した軍隊を反君主へと向かわせることで、スペイン王政の努力を無にしてしまい、こうして南アメリカの独立が達成されたのだった。デ・ゴエネシュと叔父がプラタ地域を離れた時、五〇〇〇人の兵士を指揮下に擁していた。そして、二年間にわたる強行軍や数多の戦闘や絶え間のない苦難の後ようやくペルーにたどり着いた時、彼らの点呼に答えられたものはほぼその三分の一に減ってしまっていた。ペルーでの国王軍と共和派兵士との戦争は一五年間も続いた。叔父は両陣営が交えたすべての戦闘に参加し、こうして、共和制の大義を確たるものにした最後の戦闘であり、ペルーの愛国者が勝利を収める有名なアヤクチョの戦い〔一八二四年〕に参加したのである。彼はその間総督に任命され、時には、優位に立つより危険に遭遇する機会が遥かに大きい場合でも、進んで重要な職務を引き受ける勇気を備えていた。敗戦後、王党派はすっかり消滅してしまったため、総督と全将校には国を捨てる以外選択の道は残っていなかった。その時叔父は財産をもって家族と一緒にスペインに戻るつもりだと告げた。しかし共和国の指導者たちは彼の勇敢さと軍人としての才能を高く評価し、さらにまた新政権はこのような人材を登用することがどれほど重要かを十分感じていたので、先の総督という肩書きを共和国の将軍の肩書きに変え、軍の指揮監督者として残ってくれるようにと彼に申し出た。彼はこの申し出を辞退し、クスコの司令官に任命されるほうを選び、こうして彼の地に赴き、六年にわたり統治したのである。全く個人的打算によるこの慎重な行動によって、彼はどの陣営にも刺激を与えずに済ませられると考えたのである。ところが、事態はこれとは別に推移した。革命時に人が信頼をかち得るのはもっぱら献心的行為によってだけである。その時、叔父の行政上の辣腕ぶりは、彼の政治的良心や政治への献身ぶりの欠如を覆い隠せはしなかった。彼は共和派からは大なる疑惑を持たれ、また彼を売国奴とみなす王党派からは永久に信頼を失ってしまっていた。彼は全精力を注いで両派の支援をかち取ろうとしたが、無駄な試みであった。新しい党派に仕えながら、いまだなお古い党派に愛着を抱いているというのでは、所詮敗北は当然だった。王党派は、権力を手にしていたがために彼を恐れていたものの、背誓者として否認し、他方共和派は、彼にとってその職務が苦痛以外の何ものでもないと感じられるほど、その行動すべてにわたって管理していた。叔父は長い間にわたり、私も思わず称賛せずにいられないほど粘り強く、あらゆる方面から加えられる侮辱と闘っていた。ついに怨念があまりに激しくなったため、それ以上踏みとどまっていては命も危うくなるような地位は退くのが身のためだと判断した。彼は辞表を出し、そして二〇万リーブルの金利所得を手にして、地球のどこにいってもできないような快適で贅沢な生活が送れるアレキパに帰っていった。しかし彼には司令官としての習慣が身体に染みついていたから、ただ財産のもたらす快楽だけではもう何の魅力もなかった。有能な参謀と数多くの部下に取り囲まれていなくてはならなかったのだ。要するに、何でもよいから、壮大な仕事に身を投じていなくては生を感得できなかったのである。この欲求を紛らわせようとして、所有する全精糖工場への旅を始めたり、田舎に壮大な館を建てたりもした。しかしこうした行動のどれ一つとして彼の野心を逸らすことはできなかった。陰でこっそり策謀を巡らし、密かな策謀を練り上げて、あとほんの五票あればペルーの大統領に就けるほどの大成功を収めたこともあった。すっかり失望落胆している姿を目にした支持者たちは、その償いに彼をアレキパの新しい知事に指名した。叔父は委ねられた新しい仕事を巧みにまた熱心に処理し、町の美化に大いに貢献し、民衆の経済的繁栄に役立つと思える事柄すべてにこまかく気を遣ってやったりした。にもかかわらず、怨念は鎮まるどころか、同胞たちの尊敬の的となる新たな肩書きを獲得するに従って一層燃え上がっていった。王党派は彼への非難を繰り返し、共和派もまた警戒心を解かなかった。ペルーでは他の何より手厳しいジャーナリズムは、叔父に向かい、二年後にまた辞職せざるを得なくなってしまうほど執拗に攻撃を加えていた。そして今度もまた彼の生命は脅かされた。新聞『共和国』にしょっちゅう登場するドン・ピオ・デ・トリスタンへの攻撃と侮辱の記事に憤激した激しい気性の軍人だった一人の従兄弟は、編集主幹に面会を求め、談判し、こうして危うく彼の片目をつぶしてしまわんほど強烈な平手打ちをくらわせて話にけりをつけたのだった。この新聞記者は怒り狂い、これを叔父の差し金に違いないと判断した。叔父は敵対する政治党派の怒りを十分心得ていたから、傷から回復した記者が脅しの実行に駆り立てられるのを待つのは得策ではないと判断し、チリに引きこもってしまった。[……]

私がペルーに着いた時、彼はほんの一〇カ月前に戻ってきたばかりで、当時大統領の指名を受けたいと考えていた。家族への再会の願望と並んで野心に満ちたその目論見が、少なくとも彼に帰国を早めさせた原因になっていたのである。

叔父は術策を用いて政治的諸党派の利益を相互にうまく調整することができた。だが上の記述からも分かるように、同胞のどんな階級の人間の心も摑めなかったことは容易に判断できるだろう。すべての人間——とりわけ政府の雇われ人——が彼を恐れていた。というのも、彼がほとんどいつも権力の座に就いていたからであり、同時にまた誰もが心底では彼を憎悪していたからである。

ペルー人はみな駆け引きに長け、おべっか使いで、品性下劣で、復讐心が強くそして臆病である。人々のこうした性格と叔父の与えている強力な政治的影響力とを考えれば、私に対する彼らの振る舞いも容易に推察できるだろう。

さて今度は宿駅イズレーでのドン・ジュスト・デ・メディーナの家に話題を移してみよう。

寝室からは、ドン・ジュストに会いにきたり、事務室の隣の部屋の婦人連を訪れたりする人々の姿が全部見えた。この家に出入りする人間の多さを目にしてびっくりしてしまった。同時にまた、彼らすべてが不安気でせわしげな様子なのに気づいた。スペイン語はほとんど話せないにもかかわらず、彼らの話の中身はよく分かり、通りすがりのほんの二言、三言で、私が彼らの訪問の的であることが分かった。トランクの件で税関に行っていたドクターが戻り、ちょっと謎めいた、けれども喜び溢れる様子で——私はその理由が見抜けなかったが——私のところに来て、低い声でこう言った。

「ねえ、お嬢さん。今我々がどんなに恐ろしい国にきているか、それだけでも知っていて下さいよ！ペルー人ときたらもう全くメキシコ人と同じくらいおべっか使いで品性下劣なんです。ああ！　愛しいフランスよ、パリにいたら、へぼ医者など絶対に一財産こしらえることなどできないですよ」

「この国にそんなに腹を立てて、一体どうしたというんですか！……で、あの人たちはあなたに一体どんな危害を与えたんですか」

「まだ何も。でもこれから述べる実例から、彼らに何が期待できるか判断してみてください。彼らが私の前で隠さず本音を出せるようにと、私はスペイン語が分からないふりをしてみます。するとどうでしょう！　あのろくでなし連中はドン・ピオ・デ・トリスタンに疎んじられはしまいかという不安からでしょう、あなたを歓待すべきか、それとも冷たくあしらった方がずっと安全ではないかなどとあれこれと討議していたことを肝に命じておいて下さい！　あなたにとって幸いなことに、ここには司祭で政府の一員でもある、あなたの叔父の不具戴天の敵がおります。彼は共和派のリーダーとみなされており、名前はフランシスコ・ルナ・ピザロといいます。彼はいまリマに出かけており、そしてあなたに対してどう対処してよいか分からないため、彼に相談を持ちかけてきた税関管理人のドン・バジリオ宅に滞在しています。ピザロは即座に、あなたを丁重に迎えてやらなくてはいけないと答えてやり、さらにまた彼もあなたとの会見を望んでいます。もうすぐ彼の姿が見られるでしょう」

確かに、ほんのしばらくすると、ペルーの小ラムネ(3)ともいうべき例の司祭ルナ・ピザロが、ドン・バジリオ・デ・ラ・フエンテと土地の名士たちを伴って、私に会いに来た。この公式訪問の後、イズレーに海水浴に来ていたアレキパの婦人たちが次々にやって来た。これに続き、それほど身分の高くない階層の人々が姿を見せた。ドン・ジュストは私たちに美味しい夕食を出し、また私を十分に歓待してやろうとして、この国で流行の舞踏会で楽しんでもらうため、自宅に土地の楽士や踊子を集めていた。

私は疲労でくたくただったから、会食者全員が帰宅するのをじりじりしながら待っていた。ようやくベッドに就くことができた。ところが、何ということだろうか！　ベッドに入るや否や、まるで蚤の大群の中に身を置いたかのようだった。着いて以来体の不調に悩まされてはきたが、これほどのことはなかった。夜通し眠られず、その虫の刺し傷で震えのくるほどまでに血管は熱く燃え上がったほどだった。日の出とともにすぐベッドから起き上がり、外気を吸いに庭に出た。そこには、虫に罵りを浴びせながら、顔や首や腕を洗っているドクターの姿があった。挨拶の代わりに、そこらじゅう水ぶくれになった両手を見せてやった。お人好しのジュストは蚤のせいで二人が眠れなかったことを申し訳なく思ってくれた。ジュスト夫人は困惑気味にこう言った。「お嬢さん、虫に調子を狂わされないようにするにはどうしたらよいのか、あえてあなたにお話してあげませんでした。今晩それをお教えしましょう」。

朝、叔父の仕事を取り仕切っている男が、私の到着を家族に知らせるため、カマナに手紙を出しておいたと伝えにきた。私がイズレーにいることを知れば、叔父はすぐ迎えの人を寄こすだろうと彼は確信していた。私はしばらくの間じっと考え、叔父の人柄から判断して、直ちに田舎の彼の家に行き、彼の手に身を委ねるのは得策ではないと考えた。アレキパに直接向かい、こっそりそこを調べ、情報を仕入れ、私の利害にかかわる問題を叔父の方から切り出してくるのを待つほうが有利だろうと考えた。疲労が激しく、とてもカマナに行けそうもないと感じていたから、使いの男には翌日アレキパに発つと答えた。翌日の夜明けに出発できるように旅の支度を整えておくようドクターに伝えておいた。

その日の残りの時間は、他の訪問客を迎えたり、この土地をあちこち歩き回ったりして費やされた。夜には以前お茶に呼んでくれた税関管理人宅に行った。立派なもてなしができるようにと、ドン・ジュストと同じように、彼も村の楽士や踊子たちを集め、夜中の一時頃まで舞踏会は続いた。眠け覚ましにコーヒーを何杯もお代わりしなくてはならなかった。とても美味しかったが、そのために神経が非常に昂ってしまった。部屋に戻ると、ジュスト夫人がどうしたら虫から身を守れるかを教えに来てくれた。彼女は最後の椅子がベッドの端にたどり着くように、五、六脚の椅子を順番に並べて置いてくれた。彼女は最初の椅子の上で私の服を脱がせた。下着のほかは何も身につけずに二番目の椅子に移ると、体にくっついた虫を全部はたき落とすためタオルで身体を拭くように勧め、そうして私の服を全部部屋の外に持っていってしまった。それから椅子から椅子へと渡ってベッドまで行き、そこでたっぷりとオーデコロンのかかった白い下着を着た。このやり方をとると、少なくとも二時間は平穏無事な状態が続いてくれた。しかしその後は、ベッドに襲来する何千という虫たちの襲撃にさらされるありさまだった。これらの虫に刺される苦しみを想像しようとしたら、こうした虫が溢れるように徘徊している国で生活してみなくてはとうてい分からないだろう。これらの虫から受ける苦しみは神経を苛立たせ、血をたぎらせ、そして高熱を生じさせるのだ。ペルーにはこうした虫がうようよしている。イズレーの道路には、砂の上で虫が飛び跳ねている姿も目に入ってくる。虫から完全に身を防御するのは不可能である。しかし、この国の生活慣習で、清潔さがもう少し向上すれば、そうした虫に悩まされることもずっと少なくなるだろう。

7　砂　漠

朝四時、ラバ引きが荷物をとりに来た。荷物を積み上げている間ずっと起きていた。疲労でへとへとだった。いつもの習慣通り、たくさんコーヒーを飲んで元気を取り戻した。

ラバの背に乗ろうときてみると、ラバはとても虚弱で、おまけにこんな長旅にはとうてい耐えられそうもないような粗悪な馬具がつけられていることが分かった。私はドクターに立派で程よい馬具の備わったラバを選んで良かったと褒めてやりながらも、一方では、私のためにラバを手に入れる役目を引き受けてくれたのは彼であったにもかかわらず、私の乗るラバがいかにみすぼらしかったかを分かってもらおうとした。［……］しかし彼は国中どこを探してもこれ以上のラバは一頭も見つけられなかったと断言した。私は彼の言を信じた。なぜなら、私はその時、それまでいろいろと手助けを受けた人間が、そんなにも簡単にそうした恩を忘れてしまったり、大衆を食い物にしている実業家が奪い取った品々を見ているような目で、そうした助力を見ているなどとは思いもしなかったからである。ドン・ジュストはラバの背に、鞍の代わりに置いた藁の詰まった当て布を被せた一枚の厚布を貸してくれた。この国では、こうした経済的な鞍のことを当て布と呼んでいる。荷物はできる限り整理していくつもりだった。周囲の人間は皆こぞって、こんな悪いラバに乗って発つなんて何て軽率なとか、長く苦しい旅だから、こんなラバで旅するのは延期したほうがいいですよ、と忠告してくれた。しかし、若さというものは自己に信を置き、その欲求は滅多に猶予を受け入れたりしないものである。私は自分の精神力、決して裏切ったことのないその意志を頼りにしていた。私は善良なジュストの懇願も、彼の妻や娘の懇願も――彼らはついこの間行なったアレキパの旅でも、疲労のあまりすんでのところで死ぬところだった、と繰り返し話してくれたのだが――少しも考慮に入れなかった。私は出発した。

当初はどうにかこうにかラバの背に乗っていられた。飲んだコーヒーで活力が出たと錯覚し、その選択に十分満足していた。山の奥深くに分け入ろうとしてイズレーの高地を離れるや、二人の騎兵が私たちに追いついてきた。二人はイズレーの税関管理人の従兄弟だった。一人はドン・バルタザール・デ・ラ・フエンテ、もう一人はドン・ホセ・デ・ラ・フエンテという名であった。男たちは私に近づき、道中の付き添い人として二人を同行させてほしいと頼んだ。私は彼らの優しい心遣いに感謝し、そして幸運なこの出会いをとても嬉しく思った。というのも、いくらデ・カスティヤックが勇気の持ち主とはいえ、不安な気持ちは拭いきれなかったからである。街道に追剝ぎの出没するメキシコの旅に慣れているドクターは、ペルーでも同じではないかと懸念していた。勇敢さなど柄ではなかったにもかかわらず、彼は足の先から頭に被った縁なし帽まで万全の備えをしていた。しかし、それは追剝ぎを怖がらせるためのものであって、身につけた武器を使用する意図など毛頭なかった。追剝ぎへのかかし役になろうと思っていたのであり、その滑稽な身なりはドン・キホーテ――かの気高い騎士の英雄的な勇気になど少しもあこがれてはいなかったが——と瓜ふたつだった。ベルトには拳銃が二丁下がっていた。その上に槍騎兵用の大型サーベルの吊下がった銃帯、加えて狩猟用ナイフのついた肩帯、最後に鞍のホルスターには大型拳銃が収められていた。このいかめしい装いは、小柄な背丈や粗末ななみなりと実に滑稽なコントラストをなしていた。ドクターはメキシコ旅行で使用した革の半ズボンをはき、同じくメキシコ産の長い拍車の付いた折り返し付きブーツをつけ、あまりにきつくて着古されたものだったから、体の上で破裂するのではないかと心配だった緑色のラシャの狩猟用の小さな上着を着ていた。頭にはキュロット〔頭にぴったりの縁なし帽子〕が、さらにその上に大きな麦藁帽子がのっていた。これらすべてに加えて、ラバの前部に積んだ籠や瓶類、臀部に積んだ毛布や敷物類、スカーフ、コートなどの付随物、一言で言えば砂漠の旅に慣れた人間なら一つでも欠けたら不安に感じるようなその他いろいろな品物を挙げておかなくてはならない。私はと言えば、一体この旅がどんなものなのか分からず、まるでオルレアン[1]に行こうとパリを出るような出で立ちで出発した。灰色のズックの編み上げ靴をはき、褐色の麻の部屋着を身につけ、ポケットにナイフとハンカチの入った絹の上っ張りをはおり、頭にはインド産の畝織布の青色の小さな帽子をのせていた。しかしコートとスカーフ二枚はしっかりと身につけていた。

　山を下り、険しい道を進んでいき、ようやくイズレーから一里のゲレラに着いた。そこではこんこんと湧き出る清水の水源、緑の木々、いくばくかの植物の群落が目に入った。ラバ引きの住む五、六軒の掘っ立て小屋があった。ドン・バルタザールとドン・ホセは私との会話の中で、叔父がそれまで一度も私の存在について触れなかったため、予想もしない私の到着がもたらした驚きについて語ってくれた。さらに彼らは祖母のことにも触れ、私を苦悩の淵に追いやることなど予想だにせず、寛大で正義感に満ちた敬愛すべきこの女性の死を心の底から悼んでいた。［……］祖母の死に関するドン・バルタザールとその従兄弟の話は私に涙の止まらないほど深い精神的打撃を与えた。彼らは話の結果に気づくや、会話の流れを変えて、必死になって私の気持ちを鎮めようとしてくれた。しかし彼らの話で私の深い悲しみの感情が呼び起こされ、ただもう止めどなく涙が流れるばかりだった。彼らをドクターと一緒に先に進ませ、私は一人はなれて歩きながら、手放しで泣いていた。［……］

最初は、流れ出た涙が苦痛を和らげてくれるだろうと思った。しかしその後すぐに激しい頭痛を感じてきた。暑さが次第に強烈になり始めてきた。乗っている動物の足でまき上げられた白く厚い埃で一層苦痛が増した。ありったけの力をふり絞ってラバの背に乗っていなくてはならなかった。ドン・バルタザールは、いったん山あいの渓谷を抜け平坦地に出れば、澄んだ新鮮な空気に触れることができると保証して、私の精神的な活力を支えてくれた。私は焼けつくような喉の渇きを感じていた。この地方特産の葡萄酒に水を混ぜてひっきりなしに飲んでいた。普通ならこの酒で効果はてきめんなのに、そのときは、地酒が強烈な効き目を与えるように、頭痛はその酒によってさらに激しくなるばかりだった。それほどこの葡萄酒は強く、頭もくらくらしてしまうほどだった。それまで一度として軽やかなそよ風を肌に感じたことのなかった窒息するようなこの渓谷、まるで猛火の中にでもいるように、焼けつくような太陽が砂を焼いているこの渓谷をようやく抜け出すことができた。私たちは最後の山をのぼった。頂上に着くと、広大な砂漠、コルデリエール山脈、アレキパの三大火山が突然視界に現われてきた。壮大なこの光景を目にしたとたん、それまで散々苦しんできたことなどどこかへ吹き飛んでしまった。私はただもう称賛するためだけに生きているかのようだった、否むしろ私の生などとてもこの賛美を満たすに十分なものではなかった。未知のある力が熟視させたのは天空の広場だったのだろうか、神の国はこの高い山々の堤の彼方、山々がその前進を阻んでいるこの波打つ砂の大海の彼方にあるのだろうか。私の目はこの銀色の波浪の上を漂い、それが碧空と渾然一体となるのを見てしまうまでじっと後を追い続け、次いで、あの天国への階段、そのつらなりは果てしなく、雪に覆われたその無数の頂は陽光を反射してきらきらと輝き、プリズムのあらゆる色で天空に砂漠の西の境界線を描いているあの高い山々へと向けられた。無限は私の持つ感覚すべてを麻痺させてしまった。魂には無限が浸み込み、そしてかのオレブ山の羊飼いと同じように、眼前にはっきりと神が姿を現わしたのだった。次に視線は、混沌を全き無秩序のまま提示し、陽光や、時として三位一体の象徴ともいうべき神秘的儀式のために炎を燃やしている、三つの枝を備えた巨大な松明と形容してもいいような、地上の火炎を映し出し、雪で覆われた三つの頂を天空で支える、基底で一つに結ばれたアレキパの三つの火山に向けられた。〔……〕

この自然の驚異に見とれている時、ドクターとドン・ホセはあの万年雪と焼けつくような砂丘にうっとり見ほれていたりせず、私のために絨毯の上にマットをこしらえたり、陽光を防ぐために小さなテントを張ってくれたりした。私はこのマットに横になり、そして何もかもたっぷりしつらえられた食事をとり始めた。ジュスト夫人はドクターにロースト肉、野菜、菓子、果物などがぎっしりと詰まったバスケットを渡してくれていた。二人のスペイン人もまた同様に十分な食料を備えていた。彼らはソーセージ、チーズ、チョコレート、砂糖、果物を持ってきていた。飲み物には牛乳、葡萄酒、ラム酒があった。食事には長い時間がかかった。私は飽きもせず景色に見とれていた。夕食がすむと、今度はドクターの番だった。水の形跡などどこにも見られないまま、走破しなくてはならない距離は三四里もあった。なのにたったの六里進んだだけで、もう一〇時になっていた。

ドン・ホセは彼の雌馬のほうがはるかにしっかりと前進できるという理由から、その馬を私に貸してくれ、こうして私たちは再び出発の途についた。魂も有頂天にさせられてしまう、そんな壮麗な眺望に心は虜にされ、その魔力にからめとられてしばし茫然自失の体だった。感覚は麻痺し、長い道のりをあえぎあえぎ歩んで三〇分も経つというのに、入り込んだ恐ろしい砂漠などいまだ何の印象も与えはしなかった。肉体的苦痛から、突如心的恍惚状態へと陥ってしまったのだ。ぱっと目を開けると、反射する空の色のように澄んだ青い海の真ん中にいるようだった。ゆったりとうねる海の波が目に入った。しかし、立ちのぼる炎暑、周りを取り巻く息も詰まるような大気、いらくさの綿毛のように細かくて知覚できぬくらいかすかな、ひりひりとする、顔にくっついて離れないあの埃に接すると、幻覚に欺かれて、架空のこの海は本当に流れる炎ではないかと思った。目をコルディリエール火山に転じると、天界を追放された堕天使の苦悩が感じ取れた。

「ドン・バルタザール」とこわごわ尋ねた。「私たちは今溶けた金属の中にいて、この火の海を長時間歩いていかなくてはならないのでしょうか」

「そうですよ、お嬢さん。砂はあまりに熱いから溶けたガラスかと思うほどです」

「ねえ、セニョール、この砂は液状なのですか」

「お嬢さん、あなたにそう思わせているのは蜃気楼のせいなんです。ごらんなさい、荷を積んだラバは今膝まで沈んでいるでしょう。ラバは息をきらせ、砂のため足に焼けるような痛みを覚えています。にもかかわらず、ラバはあなたと同様、遙か彼方に一面水があると思い込んでいます。すぐに消え去るはかないあの波にたどり着こうと必死に努力している彼らの姿をごらんなさい。そのため激しい喉の渇きは一層かきたてられているのです。可哀相な動物たちはこのような失望の責め苦にはとても長時間抵抗できないでしょう」

「彼らの渇きを癒してくれる水はないのですか」

「道中で彼らに水をやることは絶対にありません。タンボ[*1]の主の蓄えている水も、やってくる旅人のためだけのものなのです」

「バルタザールさん、今のあなたの説明にもかかわらず、それでもなお私には相変わらずはっきりと波の形が見えるような気がしてなりません」

「あのパンパス〔大草原〕はこちらの丘陵と似て、風の積み上げた砂の小高い丘陵に覆われています。御覧の通り、実際、それは波とそっくりの形をしていて、そして遥か彼方の蜃気楼でそれが揺れ動いているのです。また大海の波浪と同様にそれは少しも安定していないのです。風によって絶えずかき乱されているからです」

「じゃあ、風の激しく吹いているときパンパスにいるのはとても危険でしょうね」

「そうです！　そうなんです。イズレーからアレキパに向かうラバ引きがラバもろとも竜巻に飲み込まれてしまったのは数年前のことでした。でもそんな事件は滅多に起きません」

私たちは話を止めた。私はこんな無人の荒地に置かれ、数々の危険にさらされている人間がいかにはかない存在であるかを考えていた。すると一種曰く言いがたい暗い恐怖心に捕らわれてしまった。砂漠の嵐は海の嵐などより遥かに恐ろしいと思った。果てしないこの砂地の真ん中に置かれた人間は、絶えず喉の渇きと空腹に脅かされている。道に迷い、途中で歩みを止めようものなら、即命はないのだ。どんなにあがいても無駄で、どちらに目を向けても草木一本目に入ってこない。至るところ死せる自然に囲まれていては希望など生まれようもないのだ。いかに努力しても乗り越えられない広大な無限が彼を同類たちと切り離しているのだ。傲慢な人間も、神が必要なものを提供してくれないところでは無力な存在であることを、私は苦しみ喘ぎながら認めた。私は必死に神に救いを求め、天佑に身を任せた。

[……]

昼近くになると暑さは強烈になり、もうラバの背には乗っていられないほどひどい頭痛がしてきた。太陽と砂の熱気の反射で顔は黒く焼け、激しい渇きで喉はカラカラだった。もはや意思の力では乗り越えられないほどの身体全体にわたる無力感のため、まるで死んだように倒れ込んでしまった。気分が悪くなり、二度も意識を失いかけた。三人の旅の連れは悲嘆にくれていた。ドクターは瀉血を試みようとした。幸いにもドン・バルタザールがこれに反対してくれた。というのも、もしこの新式の瀉血をやられたりしたら、間違いなく死んでしまったからである。馬の背に私の身体を横たえてくれたのは彼らだったのに、私は何かある見えざる手で身体が支えられているのではないかと思ったりしていた。こうして神のおかげで進んで行くと、一度たりとも落馬したりしなかった。ついに太陽が高い火山の背後に没し、夜の冷気で次第に生気が戻ってきた。ドン・バルタザールは私に元気を取り戻させようと、こんな時しばしば使われる、旅人にタンボまでの距離を錯覚させる方法を使った。[*2] 老獪なバルタザールは、本当はまだ六里以上もあるのを承知の上で、もう三里しかないと思わせて、こう言うのだった。「元気を出しなさい、お嬢さん。もうすぐあの素敵な宿屋の戸口に下がっている灯火が目にはいるでしょう。そこまではほんの三里しかありませんよ」と。彼はその嘘を本当に思わせようとして、コルディリエール火山の上に現われた一番星を当てにしていたのだった。しかし夜もすっかり更けると、私たちの不安は本当に大きくなってきた。砂漠に道はなく、暗闇の中で案内役になってくれる星も見えなかったから、人気のない広大な砂漠の真ん中に置かれた私たちは、道に迷って、飢えと渇きで死んでしまいかねなかった。[……]

このパンパスでは、日中の太陽の熱と砂の反射が焼けつくくらい熱かったが、夜になると一転して、山に降り積もった雪を通り抜けてくる微風の影響でひんやりするほど肌寒かった。寒気で気分も爽快になり、ずっと元気が出たような気がした。ずきずきするような頭痛もおさまり、男性陣もびっくりするような力強さで馬を急き立てた。二時間前は息も絶え絶えだったのに、今では全身から力がみなぎってくるようだった。ドン・バルタザールが星をタンボの灯火だと教えて私に抱かせようとした失望感などに騙されたりしなかった。そして誰よりも先に本物のタンボの灯火を見たのは私だった。[……]私は大声を上げ、馬をギャロップで駆け出させた。距離はまだいぜんとして遠かったが、あの小さな灯火を目にして気力を支えることができた。真夜中にタンボに着いた。ドン・バルタザールは私のためにベッドとブイヨンを用意しておいてやろうと、召使いと一緒に先に行った。到着した私は、横になり、ブイヨンをとったが、とても眠れる状態ではなかった。三つの出来事が眠りを妨げたからである。そこで目にしたイズレーより遙かに大量の蚤、この宿屋で起きている絶え間のない騒音、最後に、ひょっとして力が失せてしまうのではないか、旅をまっとうできるかしらという不安感、以上の三つである。[……]

私は出発の準備を急ぎ、こうして午前四時タンボを出た。

外は非常に寒かった。ドン・バルタザールはフランネルの裏地がしっかり付いた大きなポンチョ[*3]を貸してくれた。両手にもそれぞれマフラーを巻いてくれた。このように準備万端怠りなかったから、外気にもそれほど苦痛を覚えずに前進できた。タンボを出ると、風景の様子が一変した。パンパスはそこで終わりだった。そこからまた一木一草も生えていない山岳地帯に入っていくのだ。それは自然の示す光景の中でも最も荒涼とした、死の世界と形容してもよかった。空を飛ぶ一羽の鳥もいない。大地を駆け回る小動物もいない。黒い石ころだらけの砂以外には何もないのだ。横断中に、旅人はさらにまたこうした場所への恐怖心を増大させられることになる。荒涼たるこの大地には、飢えと渇きのためこの恐ろしい砂漠で死んでいった動物たちの死骸が散乱しているからである。それはラバ、馬、ろば、牛などである。リャマについていえば、この砂漠横断は彼らにはきつすぎる仕事だから用いられることはない。リャマは多量の水と冷たい気温を必要とするのだ。これらの死骸を目にして、私の気持ちはすっかり滅入ってしまった。私たちの住んでいる同じ地球、同じ土地に繋ぎ止められている動物たちも私たち人間と同じ仲間ではないだろうか。彼らもまた同じ神の被造物ではないだろうか。〔……〕

陽がのぼり、暑気も次第に激しさを増してきた。上を歩く砂は熱を帯び、まるで灰のように細かいもうもうたる砂塵が襲来して顔を焦がし、口蓋を干からびさせた。八時頃、旅人の遭遇する多くの難所から、この地方ではよく知られた山岳地帯のケブラダスに入った。道の通じる尖峰をのぼっていく時はラバの背に身を屈め、こうして神の意に任せて進んでいった。ところが下りとなるとそうはいかなかった。ラバの足元は確かだったにもかかわらず、絶えず道が突きつけてくる危険から、最大限の注意を払わなくてはならなかった。行く手を遮るクレバスをラバに超えさせたり、巨岩をよじ登らせたり、時には、足元に土砂が崩れ落ちてきたりする狭い道を歩ませたり――そのときには、山あいの恐ろしい奈落の谷に転落するかもしれないという、本当に恐ろしい危険にさらされたが――しなければならなかった。私たちを誘導してやろうと、ドン・バルタザールはいつも先頭に立って進んでいった。私がこれまで出会った中で最も注意深くまた温和な人間だった彼の従兄弟は、まさかのときには救助してやれるようにと、できる限り私のすぐ傍らを歩いてくれた。この上ないほど用心深かったドクターは、万一誰かが転落し、それに引きずり込まれてしまう危険を恐れて、いつも最後尾を歩いていた。ラバが足を滑らせるたびに大声を出したり、神の加護を求めたり、進んでいく道や太陽や埃に罵り声を投げつけたり、わが身のおぞましい運命を嘆き悲しんだりする彼の声が耳に聞こえてきたものだった。

最初と二番目の山は快調に下っていったが、三番目の山の頂上にたどり着いたときにはぐったりし、気分も非常に悪く、ラバの激しい動きのために横腹に激しい痛みを感じて手綱も手にできない状態だった。私たちは澄んで爽やかな空気の行き渡っているこの三番目の山頂で休憩をとった。疲労に喘ぎ、汗びっしょりとなった旅人たちも、これで生気を取り戻せた。私といえば、前日と同じような苦しみを感じていた。ひきつったような息苦しさが胸を締めつけ、首と顔の血管全部が膨れあがっていた。涙は止めどなく流れ、もはや頭もじっと支えておくこともできず、四肢全体がぐったりしていた。身を焼き尽くすような渇きが、私の感じた唯一つの感覚であった。［……］

私の置かれた状態を見て、谷底に転落する危険にあわずにラバの背に乗り続けてはいられないだろうと判断したドン・バルタザールは、徒歩で下り坂を下りるようにと提案してくれた。彼と従兄弟が私の体をほとんど支えるようにしながらしっかりと腕を摑んで下りていき、他方で、デ・カスティヤックは動物たちを綱に結わえて引っぱっていってくれた。この方法でうまくいったから、後に続く越えなくてはならない残りの尖峰全部にもこの方法を取り入れてくれたが、そうした峰々がさらに七つ八つも目の前に現われてきたのだった。

前日あの不毛で孤独な世界の中で死んでいった動物たちの死骸に接して強烈な印象を受けたとしたら、翌日、砂漠で死と格闘している犠牲者たちの光景を目にして、過敏な神経でさらに増幅させられていた私の感受性がどれほど激しく揺さぶられたか、きっと分かってもらえるだろう。私たちは飢えと渇きに耐えきれず、恐ろしい死の断末魔に喘いでいるラバとろばの二頭の動物に出くわしたのだ。そうだ、この場面を目にして受けた印象はとうてい口では言い表わせないだろう！　これほど恐ろしい苦悶の中で息を引きとろうとしている二頭の動物の姿に接すれば。鈍く弱々しい呻き声を耳にして、まるで仲間の死に立ち合ってでもいるかのように、私の目からは涙が止めどなく流れ落ちてきた。冷徹なエゴイズムの持ち主のドクターでさえ、その光景に強く心を動かされたのだ。それはきっと、こんなぞっとするような場所に置かれたら、誰でも同じような危険に晒されることは間違いないからだろう。［……］

最後の峰に上ったとき、砂漠における神聖な情景である死があてがってくれたもう一つの試練に耐えなくてはならなかった。誰もそこを避けて通り抜けられないようにして道端に置かれている墓石が目に入ってきたのだ。ドン・バルタザールは私に急いでそこを通り抜けさせようとした。けれども抑え難い好奇心に駆られた私は、ついその墓碑を読んでしまった。それはアレキパに向かう途中無念にもこの場所で斃れた二八歳の青年の墓であった。イズレーに海水浴に行っていたこの不幸な病弱の青年は、道中の苦しみに耐えきれなかったのである。彼はここで死に、そして息子の味わった恐怖が忘れられてしまわないようにと、数ある苦悩のうちでも最大の苦悩、息子を哀惜する母親の悲しみが、この砂漠に置かれた墓碑に永遠に刻み込まれていたのである。墓は青年が死んだちょうどその場所に建てられていた。墓石からは青年の痛ましい最期のありさまを読み取ることができた。私も、この不幸な青年が同胞から遠く離れたこのような場所で一人ぼっちで息を引き取る今際のきわにきっと抱いたに違いない苦悩をはっきりと頭に描くことができたのだ！ それを思うと、私の苦悩はさらに一層増してくるのだった。この光景に心を深く揺さぶられた私は、一瞬死んでしまうのではないかと思うほどだった。このときほど恐ろしかったことはない！ 私は可哀相な自分の娘のことを思い出し、そして祖国から四千里も遠く離れたところで死んでいこうとしている私を許してくれるようにと懇願した。娘を神の庇護下に置いてくれるようにと必死に祈った。私はこれまで私を苦しめてきたすべての人間を許し、そして死を甘受しようと思った。私は墓標にじっと視線を注いだまま、疲労困憊といった体で、もう身動きもままならなかった。今度もまたドン・バルタザールが命の恩人になってくれた。ラバの上に体を持ち上げ、着ていたポンチョで繋ぎ止め、逞しい腕で支えてくれたのだ。そして動物たちの足を速めながら、まるで離れ業のように最後の峰の頂上に私を辿り着かせてくれた。三人の仲間は一斉に嬉しそうな口調で話しかけてきた。「ねえ、お嬢さん、目を開けてごらんなさい。ほら、あそこが緑一杯の田園地帯ですよ！ アレキパをごらんなさい。なんて奇麗なんでしょう！……」

「コンガタ川を見てみなさい、あの大木を見てみなさい、フランスにこれほど魅力的な田園地帯があるでしょうか」とラ・フエンテの男性たちは述べていた。

ところがどうだろう！ 懸命になって目を開けようとするのに、どんなにしても開けられないのだ。

身体はすっかりへとへとになってしまっていた。額の上を吹く爽やかな風も感じられず、仲間の声もほんの微かにしか聞き取れなかった。思考の脈絡もつかず、ほんの微細な物でも切断されてしまうような一本の糸によってしかもう地上と繋がってはいないような状態だったのだ。まだ水が残っていたから、誰かがそれで私の顔を洗ってくれた。両手と額の髪もラム酒できれいに洗ってくれた。オレンジの果汁を飲ませてくれ、さらにそうしたこと以上に、冷たい風が意識を蘇らせてくれたのだった。徐々に活力が戻ってきた。私は目を開けることができた。こうして晴れやかな小さな谷を見ることができ、思わず涙の出るくらい心地よい感動を覚えたのだった。涙といっても、それは喜びの涙であった。その場所で、長時間の休息をとった。その眺望は心中に再び希望を蘇らせてくれた。エネルギーも再び蘇ってきた。しかし、肉体的な疲労は相変わらずであった。私は起き上がり、この最後の山を必死に下りようと努めたが、立っているのもままならなかった。ドン・バルタザールは今度は私を馬の尻に乗せることに決めた。道はこれまでよりはずっとよく、コンガタへの道のりはほんの半時間ほどしかかからなかった。午後二時、ついに私たちはコンガタに着いた。

コンガタは村ではない。というのも、ほんの四、五軒の家と、砂漠を横断する旅人の宿駅と宿屋を兼ね、同時にたまり場の役目もしている一軒の立派な農家から構成されているだけだったからである。この家の所有者は同時にこれらの施設の主人も兼ねていて、ドン・ジュアン・ナジャーラという名だった。ドン・バルタザールは中庭に入ると、主人に私の身分と、一刻も早い応急処置を必要としている容体を伝えてくれた。セニョール・ナジャーラとその妻、さらに多くの召使いたちがあっと驚くほどすばやく私の周りに詰めかけ、一〇分もしないうちにとても美味しいスープを出してくれた。足から靴を脱がしてくれ、顔と両腕とを同じように冷たい水と牛乳で洗ってくれ、それから私のために地面にマットの敷かれている農園の小さな礼拝堂に運んでいってくれた。ナジャーラ夫人は黒人女の手を借りて服を脱がせてくれ、バプチスト派信者の着る純白の清楚な下着を着せて私をベッドに運び、そこで念入りに身なりを整えてくれ、ベッドの傍にミルクを一杯置き、礼拝堂のドアを閉めて退室していった。

イズレーで手にしていた情報から、叔父はアレキパには二カ月以内は戻ってこないだろうと判断し、そのため誰か他の親類縁者に宿を頼まなくてはならないと思っていたから、出発前日に私は従兄弟にあたる司教とその兄弟に手紙を書いておいた。この事情をよく理解していたドクターはドン・バルタザールにも、アレキパに着き次第、ゴエネシュの家族に私のコンガタ到着と、憂慮すべき私の健康状態を知らせにいってもらおうと、事情を伝えておいた。

承知しておかなくてはならない事柄をすべて知らされるや、直ちにドン・バルタザールは馬に拍車を入れ、緩慢な旅で感じていた退屈さを速歩で取り返そうとした。ドン・バルタザールと従兄弟は、ただもう私のためを思ってあんなにも緩慢な旅を甘受し、ペルー人のなしうる最大の犠牲的行為を果たしてくれたのだった。もし彼らだけなら、私たちがこの横断旅行に四〇時間もかかったところを、一六〜一八時間で済ませていただろう。［……］

人の良いナジャーラ夫人はしきりに私の身体を気づかってくれたが、ドクターはそんなことには少しも考慮を払ってくれなかった。彼女はそのままじっと寝ているようにと勧め、さらに夕食には一緒に付いていてあげようとまで言ってくれた。［……］

六時頃起床した。疲労のため体はくたくたで、足も膨れ上がっていた。けれども私はナジャーラ氏の

小さな林の中を一回り散歩してこようと思った。［……］

砂漠の中を二日間も過ごした後で、再び奇麗に耕された畑に身を置き、歩く道々沿いにゆったりと流れる小川のせせらぎを耳にしたり、美しい大木の姿を目にしたりすると、本当に大きな喜びを感じたものだった！　この魅力的な小谷の光景に接してただもううっとりとしているばかりだった。一人の黒人がドン・ジュアン・デ・ゴエネシュの来訪を告げに来た時、私はナジャーラと農業について話している最中だった。彼が握手を交わした最初の親族だった。私は彼がとても気に入った。口調はとても温和で丁重だった。彼は兄、姉、およびみずからを代表して、彼らの家をわが家と思ってくれるようにと、さらにつけ加えて、叔父ピオの姪にあたる従姉妹は、私が叔父以外の家で逗留するのを望んでおらず、翌日にでも迎えに人を寄こし、私をわが家に招きたいと話していると言ってくれた。

正午近く、アレキパから来た四人の騎手が面会を求めているから急ぐようにと、デ・カスティヤックが伝えに来た。屋敷をぐるりと取り巻く廊下の先に出てみると、誰もが思わず兄弟かと思ってしまうほど瓜ふたつの一八、一九歳の青年が私を出迎えにやって来る姿が目に入った。彼が従兄弟のエマニュエル・デ・リヴェロだった。彼はまるでフランスの土地で生まれた人間であるかのように上手にフランス語を話した。彼はかの地に七歳で送られ、ほんの一年前にそこから帰ってきたばかりだった。私たち二人はたちどころに親密な間柄になった。彼が私に投げかけてきた最初の言葉はこうだった。「いやはや！　ねえ従姉妹！　どうして今まであなたの存在に気づかなかったのでしょう。私はたった一人ぼっちで、女友達など誰一人なく、パリに四年間もいたのですよ。あなたはその町に住んでいたというのに、神様はあなたに巡り会うことをお許し下さらなかったのですね。なんと残酷な意図でしょうか！　あきらめようとしてもあきらめきれませんよ……」。私は会ったその瞬間からこの青年が好きになってしまった。気質から見れば、彼はまさにフランス人そのものである。愛想がよく善良な人間というように。と同時に、彼もまた苦しみを嘗めてきた人間であった。

エマニュエルは私に、叔父の家こそ逗留するにふさわしい家だから、是非ともそこに滞在してくれるようにと、叔父に代わって勧めている従姉妹のドーニャ・カルメン・ピエロラ・デ・フロレスからの手紙を渡してくれた。手紙にはおよそそのようなことが書かれていた。文面から、賢く、慎重で、同時にまた駆け引きに長けた女性を相手にしなくてはいけないのだなということが分かった。私をアレキパに連れていくため、従姉妹はイギリス風の荘重な鞍の置かれた一頭の駿馬を送り届けてくれた。その他婦人用乗馬服二着、短靴、手袋、またトランクを携行しないため、衣類が必要になった場合に備えるその他たくさんの品々を渡してくれていた。エマニュエルに同行してきた三人の騎兵は、従姉妹のカルメンの親友であるセニョール・アリスメンディ、セニョール・レンドン、デュランであった。しばらくこの男性たちとお喋りし、それから彼らをドクターと一緒に残して、エマニュエルと二人で辺りを一巡りしてくることにした。彼の話から、皆は私が当然父の遺産相続を要求しにやって来たのだと思い込んでいたため、私の到着が町中の関心の的になっていることを知った。この青年は叔父の性格や社会的地位なども逐一教えてくれた。というのも、彼もまた、たった三年間だけなのに、フランスで勉学を修めてくるための資金の支払いを冷酷無情にもはねつけられたことから、叔父に対して強い不満を抱いていた。エマニュエルの父は莫大な財産を蕩尽し、家族を貧窮のどん底に追いやった人間だった。その時、祖母が子供たちに救いの手を差し延べてくれたのである。彼女は彼らに生活していくのに十分足りる金額の支給を保証してくれる終身年金を残してくれたのだった。従兄弟は家族の受けた悲しみを、あたかも十年来の知己であるかのように、優しく打ち解けた態度で語ってくれた。私もまた彼を実の兄弟であるかのように愛しているのを感じていた。

従姉妹は夕食の用意をして私たちを待っていると前もって知らせてきていたので、私たちはぜがひでも出発しようと思っていた。しかし、親切なホストたちが最後の食事を一緒にとっていってくれるように切望していたため、彼らの温情と配慮に感謝し、私は喜んでそれを受けることにした。

夕食が済むと、私は濃緑色のラシャ地の奇麗な乗馬服に身をつつみ、頭には黒いヴェールのついた男物の帽子を被り、きびきびした元気の良い駿馬にまたがり、小隊の先頭に立ち、いつも一緒のドクターが殿(しんがり)をつとめながら、コンガタを後にした。

この国の他の街道と比較すれば、コンガタからアレキパへの街道はずっと快適である。がそれでもやはり旅人が数々の障害に遭遇することに変わりはない。コンガタ川の浅瀬を渡らなくてはならないが、時期によってはそれは生命にも関わる。私たちが渡った時にはほとんど水は枯れていたが、水底の石で馬が足を滑らせて川に転落したりすれば致命的な結果になったかもしれないだろう。私の乗った馬はとても血の気が多かったから、抑えるのに非常に苦労した。親切なエマニュエルが私の馬術の先生になってくれ、彼の配慮で水にも濡れず無事抜け出すことができた。

川から遠ざかると、美しく耕された畑と、貧しくてほとんど人の住んでいないようないくつかの小集落が目に入った。[……]

ティアヴァラの高地にたどり着くと、渓谷とアレキパの町の呈するうっとりするような景観を味わおうとしてしばらく足を止めた。その印象たるやまさしく感嘆に値するものだった。アラブの物語作家たちのあのファンタスティックな作品の一つが実現されているような気がした。この美しい場所については、特別とりあげて念入りに叙述してみる価値はあるだろう。別のところでそれについて語ってみるつもりである。

ティアヴァラで、私の救い主ドン・バルタザールとその従兄弟に案内されて迎えにやってくる騎馬大隊と出会った。

その他の人間は従姉妹の友達と七、八人のフランス人であった。

とうとう到着した。コンガタとアレキパ間の距離は五里で、町に入ったのは夜だった。人々の視線から私の姿を隠してくれるこの状況にとても満足だった。けれども、この大勢の騎馬大隊が道を通る際にたてた騒音のため、物見高い人々が家の戸口に出てきてしまった。しかし、真っ暗闇で、人の姿を識別することなどとうていできなかった。サント・ドミンゴ通りを通っていくと、正面が照明で明るく照らし出された一軒の家が目に入ってきた。エマニュエルが私に言った。「ほら、あれがあなたの叔父さんの家ですよ！」

たくさんの奴隷が戸口に並んでいた。私たちが近づくと、彼らは到着を知らせようとして、再び中に入っていった。私の登場は劇場で見られるような荘重で仰々しい場面にそっくりだった。中庭全体が壁に取り付けられた松明で明るく照らし出されていた。大きな応接室がこの中庭の奥全体を占めていた。その中央に、四、五段の低い階段を使ってたどり着く、玄関を形成するポーチが前に置かれた大きな出入口があった。玄関はランプで赤々と照らされ、そして灯りできらきらと輝く応接室は、奇麗なシャンデリアやさまざまな色のろうそくのともる枝付大燭台で明るく照らし出されていた。私に敬意を表し、正装した従姉妹が入口前の階段に出て、公式の場の礼儀作法が命じるしきたり通りに出迎えてくれた。私は馬から降り、彼女に向かって真っ直ぐに歩んでいった。私は感動で胸が一杯だった。彼女の手を取り、心の底から感動を表に出して、私のために尽力してくれたあらゆる事柄に対し謝辞を述べた。彼女は私を大きなソファーに連れていき、傍らに腰を下ろした。腰を下ろすとすぐに、サント・ドミンゴ修道会の修道士の代表五、六人が私に向かって進んできた。修道会の大修道院長が私の祖母の徳行や、修道院にもたらしてくれた数々のその立派な施しを語る長々とした挨拶のスピーチをした。彼が延々と演説をぶっている間、私はじっくりと時間を使って応接室を埋めているすべての人間を眺めたり観察したりしていた。それは実にさまざまな階層の入り混じった人間の集合体だった。しかし、全体からみると、女性より男性のほうが社会の上層階級に属しているように感じられた。各自私に対する奉仕への申し出を添えながら、もったいぶった言葉で――それがあまりに大袈裟だったから、どれ一つとして心のこもったものには思えなかったが――祝辞を述べた。ということは、どんなにささやかな助力を必要とする場合でも、決して彼らを当てにしてはならないこと、彼らの言葉はただ単にドン・ピオ・デ・トリスタンの姪という人間に向けられた卑屈な賛辞にすぎないということである。既に私のための夕食の用意はできており、合図をすれば、食卓に就くことができるようになっていると従姉妹は教えてくれた。私は疲労困憊で、これ以上野次馬連の注視の的になっていたくなかった。そのため従姉妹に頼んで夕食会への出席は免除してもらい、そして彼女の用意してくれた部屋に入ってよいだろうかと尋ねた。従姉妹が応ずるほかなかった私の要求は、名誉ある人々を大層不愉快な気持ちにしたことが分かった。私は非常に貧弱な家具の備わった、大きな二つの部屋からなる館の一部に案内された。修道士と並んで大勢の人々が私についてきた。彼らはさらに笑みを浮かべながら、着替えを手伝ってあげようとまで言ってくれた。エマニュエルに頼み、私のことは構わないでほしいといっていることを従姉妹に伝えてもらった。全員退室し、こうして一二時頃になってようやく、傍に仕えるようにと与えてくれた小柄な黒人女と共に、自室で一人になることができた。

8　アレキパ

このようにして父の生まれた家にやってきたのだ！　幼い頃抱いた夢がしばしば私を連れていってくれた家、いつかこの目にできるだろうという予感がしっかりと心に根を下ろし、決してそれを断念したことなどなかった家に。この予感は、私が父を愛していたその熱愛ぶり、その生きたイメージをいつまでも忘れずに頭に保ち続けていたその熱愛ぶりからくるものであった。

小柄な黒人女が寝入ってしまうと、宿舎として与えられたアーチ形の二部屋を調べてみたい衝動にどうしても逆らえなかった。たぶん父はここに住んでいたのだろうと心の中で思った。こう考えると、入ったとたん薄暗くひんやりしたその情景に思わず身も縮んでしまうようなこんな場所でも、父の家という魅力に身も心もすっかり捉えられてしまうのだった。最初の部屋の家具調度類は、ピサロのペルー遠征と一緒に到来したに相違ない、またその形状から推察して、フェルディナンドとイザベルの治世に遡るオーク材製の大型整理箪笥と、アンジュー公フィリップ四世がスペインにもたらした様式で作られた今風の椅子と、最後に部屋のほぼ全体を覆うイギリス風の大きな絨毯とから構成されていた。少なくとも縦二五ピエ横二〇ピエはあろうかというこの部屋の明かりといえば、最上部に穿たれ、四枚のガラスがはめ込んである小さな窓を通して外から取り込む明かり以外に何もなかった。二番目の部屋は、天井まで届かぬ一枚の仕切りで仕切られている最初の部屋の上部から明かりを取り入れていた。最初の部屋より遥かに小さく、家具調度は白いモスリンの帳（とばり）の付いた鉄製の小ベッド、チーク材のテーブル、四脚の古い椅子、床のゴブラン織りの古い絨毯とから構成されていた。その形状、雰囲気、暗さなどから地下納骨所とそっくりなこの巨大な部屋に、陽光の射し込む余地など全くなかった。親族の私に住居としてあてがわれた場所を観察すると、私の心には深い悲哀感が浮かんできた。私が何よりも恐れていた叔父の貪欲ぶりが脳中に浮かんできたからだった。一家の主がどんな人間であるかは、その扶養家族をみれば容易に察しがつくだろう。叔父の不在中、ドーニャ・カルメンがこんな住居を私に与えたということは、仮に叔父が自分で選んだとしても、これ以上のものを私にあてがったりしないだろうと彼女もはっきりと確信していたからに他ならない。この点について何か疑念を持ったりしないようにと、彼女は私を案内しながら、その部屋は十分満足いくものではないかもしれないけれど、それでもこの屋敷では親類縁者や友人をもてなすのにふさわしい唯一つの部屋であると話してくれた。これが叔父の特徴なのだ。大家族の長で、巨万の富を擁し、挙げた功績と就いている要職とによって、この国の重要人物たちと親しく接触しているドン・ピオが、親類縁者や友人には真昼間でも物を読むのに灯りを必要とするような冷たい地下納骨所とそっくりな場所しか宿舎として提供できないとは！　一体これはどうしたことだ！　と思わず叫んでしまった。それでは、冷酷な魂ゆえに気高い感情などとうてい理解できないような人間と姻戚関係にあるというのが私の宿命なのだろうか。しかしこんなふうに考えた後で私は、あらゆる面で気高く慈悲深かった祖母！　とても高貴な精神を備えていた気の毒な父！　心優しいエマニュエルとその素敵な母のことなどを思い浮かべ、またこの一族に私の近親と認めていいような幾たりかの人間がいるのを目にして、心地よい慰安を覚えたのだった。あれこれ考えて心が揺れ動き、そのため眠りに就いたのは明け方近くになってしまった。

翌日、慣例に従って町のお偉方たちが訪ねてくるから、朝早くから応接間に出ていたほうがいいだろうと従姉妹が伝えてくれた。気分も悪く陰鬱な気持ちに陥っていた私はとうてい彼らを迎えるような気分になれなかったから、事実をありのまま言おうと思ったものの、身支度を理由にしてこれを拒絶することにした。砂漠を横断中、灼熱の太陽、塵、海から吹きつける刺すような風で、顔と両腕は赤く焼け焦げていた。ナジャーラ夫人の好意で手に入れた軟膏で赤みは和らぎ、皮膚も元の自然な状態を回復し始めていた。それでも皆の前に姿を見せるにはもう四、五日待ってほしかった。最初の二日間は体調不十分という言い訳は通用した。が三日目ともなると、さすがに町中に不平不満のざわめきが起き、そのためアレキパ人の気質によく通じていたデュラン氏は、住民が示してくれた厚意を失う危険を犯したくなければ、姿を見せたほうがいいだろうと忠告してくれた。いまだ揺籃期にある国民とはこうしたものである。つまり、彼らの歓待には何か抗し難いところがあるということだ。イズレーでも、疲労でへとへとだったのに、真夜中まで舞踏会に残っていなくてはならなかった。アレキパでも、旅中の苦しみと祖母の死を知って受けた苦痛にもかかわらず、到着してから三日目にはもう町中の人々を迎え入れなくてはならないのである。大急ぎで黒の喪服を着せられた。親族全員と同じように喪服に身を包んで叔父の大広間に姿を見せたが、私の心の悲しみは身に纏っている着衣の示す悲哀感など遙かに上回っていた。

ペルーの上流階級の女性にあっては、自分が全くの部外者のような町に来た場合、まる一カ月間というもの、来客を迎えるために一歩も外に出ないで自宅にじっとしているのが慣例になっている。この時が過ぎると、今度は迎えた訪問客への返礼として彼女らが外に出ていくことになる。礼儀作法に厳格な従姉妹のカルメンは、私が彼女と同様にその重要性を認め、また何一つおろそかにしないで従うものと信じ、入念にそれを教えてくれた。しかしこのような状況では、私にとって習慣のくびきはあまりにもうっとうしくてならなかった。私はそうした慣習から自由になりたかった。私と同じように客を迎えるのが好きでなかった従姉妹は、自身は似たような大胆な行為には出られなかったものの、私がすり抜けた機敏なやり方には拍手喝采を送ってくれた。話を続けるのに先立って、読者に従姉妹のカルメンについて知ってもらわなくてはならないだろう。

事実に忠実であるために、心ならずもではあるけれど、気の毒なカルメン・ピエロラ・デ・フロレスが奇形と呼んでもいいほど醜い顔の持ち主であると言っておかなくてはならない。痘瘡に罹ったため、この恐ろしい病気は彼女に最も残酷な災禍を与えたのである。当時彼女は三八〜四〇歳だった。

だが神は最も多く幸運に見放されたその被造物が肉体的魅力をことごとく奪い去られてしまうことは望まなかった。従姉妹のカルメンは単にアレキパばかりでなく、おそらくペルーでも一番美しい足の持ち主だろう。その足は小さくてとても愛らしく、誰もがそうなりたいと望み、私もいまだにじっと見つめて楽しんでいるほど理想的な形をしている。長さほんの六インチ、その割に細く完璧な形の足、凸型の足の甲、下部のしなやかな細い脚を想像してみるといい。さらにびっくりすることは、カルメン嬢の極端なほど痩せた姿形と対照的に、その足と脚だけはぽってりと太っていることである。優美さと表情に満ち溢れたこの奇麗な小さな足に、いつもあらゆる色のサテンのエレガントな短靴と共に、バラ色、灰色、白色などの美しい絹のストッキングを履いていた。カルメン嬢は非常に短いドレスを着ている。もっともな話で、彼女が自然の授けてくれたこの可愛らしい傑作を隠しておくには、その足はあまりに素敵だったからである。彼女はとてもおしゃれで、またセンスのよい服装をしている。とはいえその服装は年齢の許すよりも遙かに若々しかった。

従姉妹はとても素晴らしい性格の持ち主である。というのも、教育は全く受けていなかったが、みずからの手でこれを習い修め、どんなことでも見事な知力でもって理解してしまったからである。可哀相なことに、この女性は幼い頃に母を亡くし、これをきっかけにして彼女の不幸が始まっていった。冷酷で傲慢な叔母に育てられた生活は悲惨の極みで、この桎梏を逃れたいと望んだけれど、結婚か修道院のどちらか以外選択の道がなかった彼女は、結局私の父の妹の息子との結婚を決心してしまったのだった。この男は多額な持参金の餌にひかれて彼女を妻に娶ったのだ。この従兄弟は愛想のいい美青年であった。しかし賭博好きで放縦だったため、自分の財産も妻の財産もありとあらゆる放蕩で使い果たしてしまった。誇り高く高潔なカルメンは、この結婚生活の一〇年間というもの、想像できるありとあらゆる苦しみを耐え忍ばなくてはならなかった。彼女は夫を愛していた。が、官能だけで生きていたこの男は彼女の愛を冷酷無情にはね除け、力で彼女を屈従させ、何かにつけて殴打して、彼女を大いに辱めたのだった。公然と愛人たちと一緒に暮らそうとして、何度も彼は彼女の下を去っていった。彼女の部屋の窓の下を通りながら、この女たちは彼女に嘲罵を浴びせたり、ずうずうしい態度で彼女を眺めていたりしたこともあった。結婚当初、この乙女が夫の家族や共通の友人らに不平不満を少しでも聞いてもらおうとすると、誰もが決まって、妻の醜い姿形と夫の美貌に、財産の強奪とこの不幸な女性が晒されていた絶えざる凌辱を正当化する十分な理由を認め、夫にこんな素敵な男性を迎えられたことを幸せに思い、愚痴などこぼさず、彼の振る舞いをじっと耐えていなくてはいけないと答えるのが常だった。これこそ結婚の非解消性から生じるモラルなのだ。さらに、姿形の醜いものに対して自分は何をしてもよいのだと思い込み、こうした人間に嘲弄や侮辱の言葉を投げつける男というものが、一体どんな恐ろしい精神構造からそのような行為に及ぶのか私にはとうてい理解しがたいことであった。彼らの行為は悪意に満ち、無分別で、同時に神を冒瀆するものである。嘲笑の対象となるべきものがあるとするなら、それはただ私たちの意志の力で矯正できる欠点だけなのだ。神の前では奇形の人間など存在しない。真っ直ぐな木も曲がった木もそれぞれ存在理由があるのだ。イソップもアルキビアデス[1]と同様に、与えられた運命に最も適した存在形態を神から授けられたのだ。創造主の仕事を非難すること、それは私たちの知性が神のそれよりも上にあるとみなすことである。社会を見てひきつったような笑いを浮かべる異常者でも、神の手によって作られた植物や人間やなんらかの生き物の外形に嘲笑や侮辱の対象を見いだしている者ほど常軌を逸してはいない。このように空しい試みをした後、カルメン嬢はもはや嘆きの言葉など吐かず、不平不満も決して漏らさず、そして人間の邪悪さを過度に強調しながら、以来心の中から情愛を一切追いだし、これに代わって軽蔑と侮蔑の感情のみを据え付けてしまったのである。従姉妹は気を紛らすために社交界に出入りした。富も美貌もなかったけれど、その持つエスプリで周囲には常に崇拝者の環ができていた。カルメン嬢は思慮分別溢れる女性だったから、自分に投げかけられるお世辞の言葉などはっきりと見抜き、こうして人々に愛敬をふり撒きながら、人間の本心を知る術を学んでいった。このような知識を修得すればするほど、人間に対する侮蔑感も増していった。もし従姉妹にいささかでも宗教的感情があったなら、憎悪心をかきたてるために、人間の持つ悪徳を観察しようなどとはせずに、善へと向かうその性向を見いだそうと努めただろうし、またこれを一層より良きものにしようとしただろう。しかし彼女の思考の中に神はなく、彼女は軽蔑していた当のこの人間たちの社会を必要とし、今度は彼女の方からおもねりを受けようとして労を惜しまず彼らにお世辞をふり撒いていた。

結婚一〇年後、当時三〇歳になっていた夫が家に戻ってきた。彼は夫婦二人の持ち物だった財産すべてを蕩尽し、至るところに借金の山を築き、さらにどんな医者の手でも施しようもないほど恐ろしい病気にも罹っていた。金を手にしていた間は、高級娼婦から上流婦人まで、競ってこの美青年の奪い合いを演じたものだった。だが恥じ知らずな女たちは彼の手にもう一ピアストルも残ってはいないとみるや、冷笑を浴びせ、声高に彼の行為を責めたてたりして、冷たく足蹴にして追い返してしまったのである。こうして初めて、不幸なこの男はかつて手にしていた富を惜し気もなく与えてやった卑劣な人間たちの真の姿を見抜くことができたのである。苦境を切り抜ける手段も見つからず、誰からも見放されてしまった彼は、本能的に、かつて辱め見捨てた妻のもとに安息の場を求めて戻ってきた。彼女は彼を迎え入れたが、それは愛情あってのことではなく——この感情は二度と再び彼女の心に蘇りはしなかった——、彼女のような誇り高い人間が自己の優越性を刺激する高貴な復讐を果たすことで感得できる快楽からであった。不幸なこの男の放蕩生活は高いものについた。死ぬほどの苦しみに喘ぎながら、六カ月も床にふせっていたからである。その六カ月間というもの、妻は片時たりとも彼の傍を離れなかった。彼女は病人の付き添い人にして医者であり、同時にまたその司祭でもあった。病床のすぐ傍にソファを置き、何から何まで世話のできる用意を整え、昼夜を分かたず傍にいてやった。何という光景だったことか！　こうすることで彼女は人間というものへの嫌悪感と侮蔑感を保ち続けていたのだ！　かつて彼女が愛した青年、その彼が若い盛りのうちに老いさらばえた状態で死んでいこうとしているのを目にしていたが、それほど彼の姿は放蕩生活の連続で年老いた姿をさらしており、こうして彼女は無気力に死んでいく彼の姿をじっと見つめていたのだった。このような状況でも、カルメン嬢はいささかも動揺しない強靭な性格を見せながら、素晴らしい忍耐力で、死に向かう病人のわがまま、手ひどいあしらい、絶望感の激発などにじっと耐えていた。長期にわたるこの病気のため、不幸な従姉妹は持っている最後の財産も使い果たしてしまった。夫の死後、彼女は再び彼女の生んだたった一人の娘と一緒に叔母の家で暮らさなくてはならなかった。

それからというもの、彼女の生活はもはや絶えざる責苦以外の何物でもなかった。常に社交界に顔を出し、その地位にふさわしく振る舞おうとしたのだが、財もなく、常に冷酷で吝嗇な叔母に頼らざるを得なかった哀れなカルメンは、うわべは贅沢ぶりを装いながらも、その実手元にはかろうじて食べていくだけのお金しかない状態であった。私がアレキパに着いた時、彼女は寡婦になり、惨めな現実の生活を見せかけの豪華な暮らしの下に覆い隠しながら、無気力な暮らしを続けてもう一二年も経っていた。彼女は毎年六カ月、叔父ピオの精糖所のすぐ近くのカマナの精糖所内にある叔母の屋敷に行くのが習わしだった。彼女は無理やり行かされていた田舎での滞在が少しも好きになれなかった。私が着いた時、予期せぬ出来事のため初めて町に残ることができたのだった。彼女と私の二人はこの状況に神の御心のしるしを見た。というのも、もし従姉妹が何か思いもかけない出来事でアレキパにいなかったら、叔父の家で私を出迎えてくれる人間などおそらく誰も見つけられなかったからである。当初私はこの気の毒な親戚の女性の示す素っ気ない態度と醜い容姿に不快感を感じたが、すぐに、心の底から共鳴できるある種の気品と優越感のあることが分かった。最初から彼女は私に大きな愛情を寄せてくれたり、思いつく限りのありとあらゆる心遣いを示し、さらには私のスペイン語の先生役も買って出てくれた。ほんのちょっとの間でスペイン語を覚えられたのも彼女の力があったればこそである。驚嘆すべき忍耐力で私に教え込み、間違えるたびに幾度も繰り返させたほどだった。彼女の家は叔父の家のちょうど向かい側にあったから、いつでも互いに行き来を交わすことができた。朝は彼女が朝食を私のところに運んでくれ、今度は三時頃になると私が彼女のところに昼食をとりに行った。彼女はいつも気晴らしのできる仲間がいるようにと、数人の友達を招くように心掛けていた。けれども、彼女との会話の中からこの国に関する尽きせぬ情報を見つけようとしていた私としては、むしろいつも彼女と二人きりでいるほうがよかった。

アレキパ到着の翌日、叔父に宛てて、彼の家に滞在中であること、今の健康状態からみて彼に会いにカマナには行けないこと、だから彼の帰宅を一日千秋の思いで待っていることなどを書いた手紙を送った。

ドン・ピオから何の返事もないまま二週間が過ぎた。私は不安だったが、従姉妹もたぶん同じ心境だっただろう。彼女は叔父を恐れており、彼の沈黙は彼女が私に対してとった行為への非難を意味しているのではないかと心配していた。私に対するこうした叔父の態度から、私の到着が彼の敵や友人たちに生じさせた動揺を再び蘇らすことになった。あるものは、彼は私を恐れているのだと言った。また別のものは、私を捕らえるための罠ともいうべき彼特有のなんらかの策略を仕組んでいるのではないかと考えたりしていた。不安の種を撒く人々はさらに、彼はきっと私を逮捕させようとしているに違いないとまで言った。私の部屋は朝から晩まで、そうした不安やら忠告やら途方もない計画やらを伝えに来るおせっかいやきでいつも一杯だった。私は次から次へと手紙を書いた。従姉妹やデ・ゴエネシュやその他の人々もまた書いた。それなのに、ドン・ホセからは一通も返事が返ってこなかった。当時彼はどこからも信用をなくしていた。大勢の人々が私のところに引き寄せられてきたのはこうした事情から――私にとっては好都合だったが――だろう。到着後三週間経ってからようやく返事をもらうことができた。手紙はどれも見事といっていいくらい巧みに書かれていたから、かの有名なタレイラン[2]でさえその見事な外交的手腕を着想した功績は彼のおかげだと主張しても不思議ではなかっただろう。叔父は絶対王政下の総理大臣にうってつけの人間だといってもよかった。困難な時代なら、その卓越した手腕によって最も評判の高い政治家をも遙かに凌いだことだろう。ネッセリローデ[3]やメッテルニヒ[4]のような人物でも、彼と比較したらきっと色褪せてみえるに違いない。そのため、自分には偉大な王国の国事を指揮管理するだけの才能が十分備わっていると感じているのに、哀れな小共和国の国事の指揮管理を果たすために密かに策を巡らすというような些事を強いられているわが身の運命を嘆き悲しむこともしばしばだった。彼は私にたびたびこのように話してくれた。「私がまだほんの四〇か五〇の歳であれば、すぐにでもマドリッドに発ち、ほんの二カ月もあれば聖イル・デフォンスの黒幕連の権威を失墜させることができるし、こうして私は支配権のすべてを掌中に収めてしまうだろう」と。

叔父のこの最初の手紙はおそらく彼の予期していたような結果をもたらしただろう。その中で彼は私に好意あるところをたっぷりと示し、かつて父が彼に尽くしてやった数々の助力を感謝の念を込めて語ってくれていたから、つい私は彼がどんな私の愛情にも理解を示してくれる率直な心の持ち主であり、正義を当てにできる人物だと思ってしまった。ドン・ピオの甘い言葉に騙されるなんて、なんと世間知らずだっただろう！　そうなのだ！　私には愛情が必要であり、誠実さとか感謝の気持ちの存在を信じていたのだ。時として叔父への疑念が生じることもあったけれども、皆があれこれと話している彼への悪口をあくまで否定することによって、全力でそうした疑念をはね除けようとしていたのだ。彼をじっと待ち続けていた三カ月間というもの、彼の手紙はすべて情愛に満ち、立派で誠実味溢れる口調で書かれていた。最後の最後にようやく騙されているのが分かるありさまだった。彼の行動は手紙の中身とはまるで裏腹で、こうしてこの言葉と行動の矛盾から彼が必死になって私に何を隠そうとしているのかが明らかになったのである。親類縁者たちの手紙はとても親愛の情がこもっていて、思うに、彼の手紙よりもう少し率直だった。

叔父の家に一人でいる間も、私には退屈する時間など少しもなかった。客を迎えたり誰かを訪ねたりとか、手紙を書いたり、あるいはこの国の興味あるところを何でも見てやろうとするのに忙しく、自分の時間などあっという間に消えてしまったからである。

私がアレキパに着いたのは九月一三日だった。同じ月の一八日、私は生まれて初めて地震を体験した。それはタクナとアリカを完全に破壊し、そのもたらした惨状で人々によく知られている地震だった。朝六時頃最初の揺れが来た。その揺れは二分くらい続いた。不意に起こされてベッドの外に投げ出されんばかりだった。まるで波に揺られる船に乗っているような気持ちだったから恐怖感など少しもなかった。

だが私に仕えている黒人の奴隷女が、「セ、ニョ、ー、ラ、地、震、で、す、！　地、震、で、す、！」と大声で叫びながら飛び起きてきた。彼女がドアを開けて中庭に出たので、私も肩にガウンをはおって彼女の後に続いて飛び出した。揺れはあまりにも激しく、転ばぬように地面に身を投げ出さなくてはならないほどだった。このように地面が揺れるのを感じたり、家が横揺れする状態を目にしたりすれば、どんな勇敢な人でも間違いなく恐怖心に囚われてしまうだろう。奴隷たちは全員恐怖心で身動きできず、まるで死を甘受するかのごとく、中庭で跪き、じっと祈りを唱えていた。

私はベッドに入ろうと部屋に戻った。従姉妹がすぐにやって来た。恐怖でその顔はすっかり色を失っていた。彼女は言った。

「ああ！　フロリタ！　なんて恐ろしい地震だったでしょう！　間違いなく町の一部は倒壊しているでしょう。私だっていつか住んでいる古い廃屋の瓦礫の下に埋まってしまう日が来るに違いありません。ねえ、こんなにも激しい大地震を一度も経験したことなどないあなたはどんな印象を受けましたか」

「また船に乗ったのではないかと思いましたよ。波動もこれと同じような感じがしますよ。中庭に出て、家が私の方に向かって傾いてきたり、歩道が動き、まるで海にいる時のように空がぐらぐら揺れるのを見て、初めて恐怖心に捕らわれました。そして、自分の無力さを目の当たりにして、人間の心を捕らえる恐怖心がどんなものかすっかり分かりました。この国ではこうした地震はしょっちゅう起きているんですか」

「時として一日に三、四回起きることもあり、また多少なりとも揺れを感じないですむ日など週のうち一日としてないといっていいでしょう。たぶんそれは火山のすぐ近くに住んでいるからですよ」

ドーニャ・カルメンは話を続けた。私のベッドに腰を下ろし、シガリトス〔巻葉〕をくゆらせながら、それまで地震が幾度となくこの国にもたらした大惨事を物語ってくれた。

七時頃、地底から響いてくるような鈍い音が聞こえた。それは大地のうなるような響きだった！　従姉妹は恐怖の叫び声を上げ、部屋の外に飛び出した。そのとき私は天井の中央部にできたわずかな亀裂をじっと見つめていた。すると突然その亀裂は大きく口を開け、丸天井の巨石が脱落してくるのを目にしたのだ。この巨大な塊全体が頭上に崩れ落ちてくるのではと思い、胆をつぶして逃げ出した。それは最初の揺れほど強くはなかった。私たちは部屋に戻ったが、もう体中がすっかり凍えてしまっていたから、またベッドの中にもぐりこんだ。正直に言って私は気がすっかり動顛していた。従姉妹は私の傍でまた座った。その顔を見てぞっとさせられた。

「全く最低の国だわ！」と怒りに震えた口調で叫んだ。「こんな国に住まなくてはならないなんて！」

「ねえ、最低の国だなんて、じゃあどうしてそんな国に住んでいるの」

「どうしてですかって、フロリタ！　法の中でも一番厳しい定め、生活上の必要という定めからです。お金がなければ他人に依存しなくてはならず、一種の奴隷で、主人の縛りつけておく場所で生きていく他ないのです」

こう言って、彼女は自分が奴隷としてつくられた人間ではないことを表わす怒りに身を震わせ、ガチガチと歯をならした。

私は彼女をじっと見つめ、そして表に出すまいとしてもつい出てしまうある種の優越感に浸りながら、こう言った。

「ねえ、私には貴女ほど財産はありません。でもどうしてもアレキパに来たいと思ったのです、だからこそ今ここにこうしているんです！」

「一体何が言いたいんですか」と嫉妬に駆られて彼女は私に尋ねた。

「自由とは実際には意志の中にしか存在しないということです。どんな障害をも乗り越えさせるこの強力な意志を神から授かった人間こそ自由な人といえるのです。ところが反対に、脆弱な意志ゆえに困難を前にして気力が萎えたり、譲歩したりするような人間は奴隷と呼んでいいし、また仮に思いがけなく玉座についたとしても、それでも奴隷と呼んで構わないでしょう」

従姉妹はどう答えていいか分からなかった。私の意見の正しさが本能的に分かったからだった。けれども、私にこのような意見を述べさせている力がどこにあるのか理解できなかった。彼女は一言も言わず長い間沈黙を続けていたが、一方私はといえば、彼女が気まぐれにジグザグ模様状に吹き出す煙草の煙を無意識に目で追いかけていた。彼女は突然立ち上がり、怒ったような口調でこう言った。

「フロリタ、あなたもまた私を脅かそうとするんですね。じゃあ、私はどこに逃げ場を求めたらいいんです。頭の上から崩れ落ちてくるのではないかと心配で、家にはとても戻る気にはなりません。でも、聖母マリアに誓ってもいいけれど、ここに止まって、修道士も身震いするような、狂人と言ってもいいような言葉を平然と述べるあなたの話を聞いている勇気もありません……」

「そんなふうに感じられましたか。何も心配しないでください。側にきて座り、あなたのマンティーラ〔スペインの女性が頭にかぶる絹の長いスカーフ〕で私の体をつつみ、どうして狂人なんて言うのか、その訳を説明して下さい」

「ねえ、フロリタ、自由であろうとしたら強固な意志があれば十分だと言いましたね。でも、法律や偏見に隷属し、数多くの病気の犠牲になり、ちょっとした障害にさえも抵抗できぬくらい肉体的に虚弱なあなた、そのあなたがこんな矛盾した意見を述べるとは！　ああ！　フロリタ！　あなたはこれまでその気紛れな意思に屈服し、その不当な仕打ちや侮蔑的態度や行為を甘受せざるを得ないというような仕方で、冷酷で横暴な夫の屈辱的なくびきを科されたことなどなかったでしょう。また権勢家の家族に支配されたり、敵意に満ちた男たちの意地悪な言動に晒されたりしたこともなかったでしょう。未婚で家族もないあなたはどんな行動をとろうと自由であり、自分以外に主人と呼ばれるような人など一人も持たない完璧に自由な人間だったのです。義務になど何も縛られず、社会に対する責務もなかったからこそ、誹謗中傷で傷ついたりすることもなかったのです。フロリタ、あなたのように幸せな立場の女性などほんの少ししかいませんよ。ほとんどの女性が年若くて結婚し、夫から受ける強固な支配力によって、持っている才能も生気を奪われたり傷つけられたりしてしまっているのです。世間の目に隠しておかなくてはならない、さらには家庭の中までも包み隠しておかなくてはならないこのような長期にわたる苦痛が、才長けた女性のモラルをどれほど衰弱させ無力化させているか、あなたには分からないでしょう。こうした苦しみこそ文明開化されていない私たち（ペルー）女性にもたらしている結果なのです。あなたたちヨーロッパの女性にあっては、事情はこれと異なっているでしょうか」

「ねえ、抑圧のあるところどこにも苦しみはあり、苦しみを与える力の存在するところにはどこでも抑圧はあるものです。この国と同様ヨーロッパでも、女性は男性の隷属下に置かれ、さらにそれ以上に、彼らの暴力に苦しまなくてはならないのです。しかし、ヨーロッパには、こうしたくびきから逃れられる十分な精神的力を神から授けられた女性がこの国よりはるかに数多くいるのです」

まるで神の霊感を受けたといってもいいような感情に促されてこの言葉を述べたが、そのとき私の発した大きな声と目の表情に従姉妹はただもう啞然とするばかりだった。

「フロリタ、今度こそ貴女には本当に敬服しました。なんて立派な方でしょう！ これまでの人生で、自身の感情をこれほどまで情熱を込めて表現してくれた人に会ったことは一度もありません。女性の運命を情熱に喩えるのは、まさしくおっしゃる通りです。実際彼女らは非常に不幸な存在です。けれどね、あなたはまだそれを完全には分かってはおりません。女性が生きていかなくてはならない苦悩の淵を正しく把握するには、結婚するか、結婚したことがあるかどちらかを経験しなくてはなりません。ああ！ フロリタ！ 結婚こそ私の知っている唯一つの地獄です」

この会話で心に生じた憤怒の情で顔が真っ赤になるのを感じた私は、カルメンのマンティーラの端で顔を隠した。そして彼女がまだ話を続けているというのに、私はただもうひたすら気持ちを落ち着かせようと懸命だった。

従兄弟の存命中この女性がどれほど苦しみを味わわなくてはならなかったか、そのすべてを推察するには、この最初の会話で十分だった。そして、わが身を振り返り、フランスと同様この国でも、結婚した女性は不幸で虐げられた存在であり、また神の授けてくれた知性も不毛と惰性のままに置かれてしまう運命にあるのだと思った。

地震の翌日大勢の客がきた。善良なアレキパ人たちはみな地震にどんな印象を受けたかとても知りたがっていた。多くは態度素振りから、フランスではこんな恐ろしい出来事を経験したことなどないでしょう、と言いたげな様子がありありとうかがえた。

この地震によって沿岸の町タクナは全壊した。家屋もことごとく倒壊してしまった。つい最近完成し、ほんの二週間前に公開されたばかりの教会も崩壊した。そのために一八人が死亡し、二五人が重傷を負った。アリカの町もほぼこれと同じ被害を被っていた。サマ地方やモケガ、トラタの諸県も大混乱に陥っていた。ロクンバでは大地がぽっかり口を開け、家屋をすっかり飲み込んでしまった。これらの地方でも、多数の人が死んだり、負傷したりしていた。ところがアレキパの町には全くといっていいくらい被害はなかった。というのも、この町の家屋はとても頑丈に建てられていたからで、もしこれを倒壊させようとすれば、きっとペルー国全体をえぐるような地震が発生しなくては不可能だっただろう。今回の地震はリマやヴァルパライソでも感じられたが、非常に微弱だったため何の惨事ももたらさなかった。このように恐ろしい激震が、大地をあらゆる方向に揺り動かしたり、まるで波浪のようにこれを動かし、左右に切り裂いて底知れぬ深淵を穿ったりすることで受ける恐怖心や、それから生じる数々の災害を正確に把握しようと思ったら、一度はこうした地震の頻発する国に住んだ経験がなくてはならないだろう。

九月二四日、聖母被昇天の祝日を祝うため、町にはこの国の聖職者連が最大限これ見よがしに誇示する行列が練り歩いた。この行列こそ民衆の唯一つの娯楽なのだ。ペルーの教会のお祭りを見れば、異教時代のバッカス祭やサテュルヌス祭が一体どんなものだったかおおよそ見当がつくだろう。いかに無知蒙昧な時代であっても、カトリック教会がこれほど度外れた滑稽な行為、これほど冒瀆的な分列行進を万人に知らしめたことは絶対になかっただろう。音楽隊と全員仮装した踊子たちが行列の先頭を歩いている。黒人とサンボ[*1]らがこの宗教的ファルスで一役演じたいために一レアルを借り合ったりしている。教会は滑稽な衣装を彼らに着用させ、異様な姿にしている。ピエロやアルルカン、ベネ〔間抜け人間〕とか、その他これと似たような身なりをさせ、さらに顔を隠すためありとあらゆる色の不細工な仮面を被らせている。四〇～五〇人の踊り子らがシニカルで厚かましい態度で、身振り手振りを交え、曲芸的な身のこなしをしながら、人垣を作っている黒人女や混血女たちを挑発し、彼女たちにあらゆる種類の淫らな言葉を投げかけている。彼女らは彼女らで、この一団に混じり合って、仮面の正体を見抜こうと必死である。それはまさにひきつったような叫び声や笑い声の聞こえてくるグロテスクな混乱であり、私は思わず胸をむかつかせてそこから目を逸らせたほどだった。踊り子に続き、素晴らしい衣装に身を包んだ聖母マリアが現われる。着ているビロードの着物は真珠で飾られている。頭、首、手にはダイヤモンドがつけられている。二、三〇人の黒人がこの聖母マリアを運び、そのうしろに全聖職者を従えた司教が歩いていく。さらにその後に、この厳かなる行進に一緒に付いて歩くためその日集まってきたあらゆる修道院の修道僧が続いていく。宗教的威光は、笑ったり大声を上げ、お祈りなど少しも唱えたりしない一般大衆が雑然と後に続いていく公認の行列で締めくくられていた。

　ペルー人が主に幸福感を感じ取るのは、華麗さで一際目立つこうした祭りからである。思うに、宗教が彼らにとってなんらかの精神的な意味を持つようになるには、まだ相当長い時間がかかるだろう。

　夜、野外のメルセド広場で、ある聖史劇〔中世期に流行した宗教劇＝キリスト受難劇〕が上演された。この宗教劇のテキストが入手できなかったのが返す返すも残念でならない。ただほんの少しだけれど、それが物語られる状況を見聞きしたところから判断すれば、その劇がこの分野における典型的なものといってもいいかもしれない。カルメンは芝居という芝居はどんなものにも熱狂的である。私は彼女に連れられて公演に出かけて行ったが、私たちは舞台に近づくことさえできなかった。というのも、最前列の席は、朝から待ち構えていた民衆の女たちで占拠されていたからである。よく見えるところをほんの少しでも確保しようと誰もが必死であった。私はこれまでこれほど熱狂的な場面に居合わせた経験は一度もなかった。一緒に付いてきてくれた男性の助けを借りて、ようやく縁石にのぼり、その台石から、広場で展開される壮大な場面を思う存分見物できた。教会のポーチの下に、樽の上に渡された何枚かの板で、一種の舞台と呼べるものが作られていた。町の劇場から借りてきた飾り付けで舞台装置が作られ、そして四、五基のトーチランプがこれを明るく照らし出してくれるだろうと思っていた。ところが銀色に輝く月光が請負人の経費節約の役目を果たしてくれたのである。さて今や、アレキパの美しい空の下、月は明るい光を投げかけていた。大勢の民衆を前にして、教会のポーチの下で演じられる聖史劇の上演は、ヨーロッパから来た一九世紀人たる私には全く未経験のものだった。教訓に満ち溢れた出し物は粗野で、この民衆の着ているぼろ着と呼んでもいいような粗悪な着衣、そしてその恐るべきほどの無知ぶりと愚かな迷信ぶりが、私の想像力を中世へと運んでくれたのだった。白、黒、赤褐色などのこれらすべての顔は、ある種野蛮な獰猛さ、熱狂的ファナティスムを表わしていた。言葉が切れ切れにしか耳に入ってこなかったため、台詞の素晴らしさなどについては何も言えないこの聖史劇は、内容的には、一五世紀のパリ裁判所で、パリの善良なる人々の教化指導のために荘厳に演じられた聖史劇――ヴィクトル・ユゴーがその『ノートル・ダム』で見せてくれる舞台絵――とそっくりだった。ぱっと摑んだ言葉のいくつか、楽屋の事情通が教えてくれたいくつかの説明、最後に演者の身振りなどの助けを借りて、ようやく全体を理解することができた。

キリスト教徒がイスラム教の土地に、トルコ人、サラセン人を打倒しようと到来し、彼らを真の信仰の道へと連れていこうとする。イスラム教徒は激しくこれに抵抗する。彼らはキリスト教徒より数で数段勝っている。キリスト教徒は十字を切るが、かといって戦いに負けるわけではない。するとその時、聖母マリアが聖ヨセフに腕を貸して、天空の乙女たちの長い列を伴って、キリスト教徒の軍隊に舞い降りる。この神の出現はキリスト教徒の熱狂をかきたてる。すぐさま彼らは、奇蹟だ！ 奇蹟だ！ と叫びながら果敢にイスラム教徒に襲いかかる。絶好の機会である。茫然自失したイスラム教徒は武器を使うことも忘れてしまうが、その彼らの驚愕ぶりは、頭に黄色の紙の光輪をつけ、兵士たちの中に混在する、微妙に異なるありとあらゆる肌の色のこの多数の乙女の姿を目にすることで根拠づけられる。イスラム教徒はこの天国の美女たち〔熱心なイスラム教徒にコーランが約束している天国の美女たち〕を傷つけるのを恐れ、またキリスト教徒の側にも、この機会を利用して彼らに襲いかかろうとする卑劣な心のあるのも感じられる。結局のところ、スルタンとサラセン人の皇帝は打倒され、その権力の印を無残にも剥奪されてしまう。この窮迫状態の中で、二人は玉座を失った君主であることよりもキリスト教徒の王たることのほうを選び取り、聖母マリアの慈悲を懇願し、彼らの全兵士と並んでみずからも洗礼を受けることになる。この大なる改宗の功績は聖母マリアの息子の兵士たちよりも、彼女に随伴する女性たちにあるように私には感じられた。いずれにせよ、聖母はこの多数の人間の改宗に非常に満足したようだった。スルタン、皇帝それぞれその世上の権力を保持させてやりながら、スルタンにはコンスタンチノープルの総大司教に、皇帝にはモーリタニアの首席司祭に任命する。二人は銀の皿に乗せて運ばれてきた十字架の上で、彼らの治める広大な国々にいるカトリックの聖職者に、毎年十分の一税とローマ教皇への献金を納めることを誓う。聖母マリアの示した合図に従って、トルコ人兵士、キリスト教徒、サラセン人が大声で、声を限りにこれに応答する。続いて、イスラム教徒の軍隊に多数いたユダヤ人への非難が開始される。というのも、キリスト教徒の戦利品を買い求めようと、彼らが到るところから駆けつけてきたからである。彼らが改宗しようとしないため、キリスト教徒と新たな改宗者たちは彼らを打ち据え、その金を奪い、着ている衣服を剝ぎ取り、その代わりにぼろ着をくれてやる。馬鹿げたこの場面では観客の拍手喝采は鳴り止まなかった。これに続いて、聖母が皇帝とスルタンから着ているその冒瀆的衣装を取り上げ、ものものしい儀式のうちに彼らの新たな威厳を示す祭服を着せてやっている最中に、再び賛美歌が始まる。するとこの時、聖マチウを連れ、母を迎えにやってきたイエス・キリストが到着する。イエスは唖然としているこの二つの軍隊に神の加護あれかしと祈る。食卓が整えられ、その周りにイエス・キリスト、聖母マリア、聖ヨセフ、聖マチウ、キリスト教徒の軍隊の将軍たち、サラセン人の皇帝、スルタンらが順を追って席につく。一三人分の食器が整えられているが、この夕食会に乗じようとして、まだ空席のままの一三番目の席に、一人のユダヤ人がこっそりと身を滑り込ませる。イエスはパンをちぎり、その盃を会食者たちに順々に廻したその時、皆は不正行為に気づく。すぐさまユダヤ人は席から追い立てられ、兵士らによって絞首刑に——ともかくも、人の似姿を身代わりにして——処せられる。その間にも夕食会は続き、そしてカナの婚礼の奇蹟を甦らせながら、水をカナリヤ諸島産の葡萄酒に変えるイエス・キリストの行為に観客はくぎづけになってしまう。実際には、テーブルの下に身を隠していた一人の黒人少年が実に巧みに、水瓶を葡萄酒が一杯入った別の瓶と置き換えるのである。食事の間、乙女たちの合唱隊だけが聖歌を歌っている。こうしてたぶん不十分だとは思うけれど、概略右にスケッチした笑劇は終わった。観客は陶酔状態に置かれていた。彼らは手を打ち、小躍りして喜び、思いの丈叫んでいた。イエス・

キリスト万歳！　聖母マリア万歳！　われらが主ドン・ホセ万歳！　われらが領主教皇万歳！　ヴィヴァ！　ヴィヴァ！　ヴィヴァ！

南米の民衆が無知と偏見に放置されているのは、まさしくこうした方法によってなのだ。聖職者は革命に貢献したけれども、権力を手放すことは望まなかった。こうして彼らはこれからもさらに長期間にわたってそれを保持し続けていくだろう。

種類を問わず、見世物という見世物へのカルメンの熱狂ぶりは、一晩のうちに、まず聖週間に南米の教会で行なわれる出し物であるイエス・キリストの十字架での磔刑劇を見に行き、そのあと劇場で綱渡り芸人の芸を見物し、それでもまだ闘鶏を見に行く余力が残っているほどであった。メルセド広場に集まっていた下層民を侮蔑の目で見ていたにもかかわらず、聖母マリアと兵士らが策略を弄する場面を目にして大衆の受ける喜びを彼女も一緒に楽しんでいたのだが、そのことを私たちに悟られぬようにと懸命だった。こうした愚劣な演劇をきっぱりと批判していた彼女ではあったが、本心は私がそうした場に居合わせていたことにとても苛立ちを覚えている様子だった。

一緒に聖史劇を見に来ていたフランス人たちは、これをからかったり嘲笑したりするだけで、これといって特に心を動かされたりする人はいなかった。見る限りでは、この劇にすっかりつらく悲しい気持ちにさせられて戻ってきたのは私一人だけだった。私はいつも、運命の手で私の運ばれていった社会の幸福というものに強い関心を抱き、またこうした民衆の愚鈍状態を本当に悲しく思ってきたものだった。政治指導者たちの巡らす策謀の中で、彼らの幸福がなんらかの役割を果たしたことなど一度もなかったと思っていた。もし彼らが真の共和国を作りたいと思ったなら、教育の力で社会の最下層の民にまで公徳心を開花させようと努めただろう。しかし、国事を指揮管理するこうした多数の陰謀家たちの目的が自由ではなく権力に注がれているからこそ、彼らは専制政治を継続し、こうしてさらに搾取する民衆の服従を確実なものとしようとして僧侶と手を組み、民衆を迷信の持つありとあらゆる偏見の中に繋ぎ止めておこうとするのである。この二〇年間というもの内戦によってちりぢりに引き裂かれてきたこの国は現在全く悲惨な状態に置かれており、そして人々は、その持つ財力によって社会の最上層を占める階層によりよき未来社会到来への希望を空しく探し求めているのである。この国では、極度の無知と結びついた思い上がりもはなはだしい傲慢さと、ヨーロッパの最下等の船員ですら思わず嘲笑するほどの大言壮語にしか出会えない。たぶんペルー人の中にも例外的な人間はいるであろうが、そのような人々はといえば、置かれている祖国の状態をただもう嘆き悲しんでいるばかりであり、一旦祖国を去ることができるとなると、何を措いても一刻も早くそうしようとするのである。真の愛国心、言い換えれば献身などというものはどこを探しても存在しない。大きな災禍がふりかかってきて初めてこの国民の政治的、道徳的教育はなされるだろう。おそらく日々増大する貧困が、労働への愛と、そこから生じる社会的美徳とを目覚めさせてくれるに違いない。さらにまた、神はいつかきっとこの民衆の中に、かつてボリバールが手がけたように、彼らを自由に導く意志強固な人間を出現させてくれるであろう。

毎日曜日、朝一〇時から夕食のため食卓につく時間の三時まで、さらに夕方五時から一一時まで、客をもてなすためサロンに出ていなくてはならなかった。これほどうんざりする嫌な仕事を体験したことはこれまで一度もなかった。奥方連は衣装を見せに、殿方連は暇潰しにやって来たが、どの人間を見てもいつも倦怠の情がありありと顔に浮かんでいた。この国では話をはずませてくれる有益な話題の種など何もないから、会話はいつも寒々とし、しゃちこばって単調なものになってしまう。とどのつまりは、互いの悪口を言い合ったり、自分の健康のこととか気候のこととかに帰着してしまう。倦怠感が人を詮索好きにしてしまうのである。私のところにきた客すべてが、旅の目的が何なのか知りたくてうずうずしていたことを読み取ることなどいとも簡単だった。しかし、私のほうでは、駆け引き上手で慎重な彼らの性格から考えて、言動には能うる限り細心な注意を払っていた。一番気安く接していた従姉妹をはじめとして、誰一人として私の抱える問題に気づくものはいなかった。

一〇月二八日、ル・ブリ氏宅に雇われているフランス人ヴィオリエ氏が、メキシカン号が既にイズレーに到着しており、これからすぐにそこに向かう予定だと知らせにきた。彼は是が非でもアレキパに来たいと言っているシャブリエを連れて、その翌日か翌々日に戻って来るつもりだった。ヴァルパライソを発って以来、シャブリエのことなどもう二度と考えないようにしていた。分かち合えなかった愛、私から無理やり取り付けたけれど、守り通せなかった約束が、心に重くのしかかっていたからだった。シャブリエがまだ生きていることをあえて認めようとせず、彼が痛ましい死を遂げてしまい、そのため悲しい涙を流すことができればいいのにとさえ思ったりした。思い出を消し去ろうと、幾夜空しい夜を過ごしたことだろうか！　けれども意に反し、楽しい思い出がいつも私をメキシカン号上へと連れ戻してしまうのだった。私のベッドにもたれかかり、幸福に満ち溢れた数々の希望を語って聞かせてくれ、あの美しいカリフォルニアで私たち二人で分かち合う至福の時を描いてくれたシャブリエの姿が思い出されてしまうのだった。愛と安らぎに満ちたあの素晴らしい光景は、身も心も奪われてしまうほど魅力的なものに感じられた。私に後悔の念を抱かせようとして、ある目に見えぬ力が至福に満ちたその光景を描いているように感じられた。するとまた再び、かつてヴァルパライソで体験した格闘が心中に生じてきた。私的利益と私心のない献身的な考えとが執拗に闘争を繰り広げているのだ。悪魔と天使が私の心を激しく揺り動かしていた。しかし、結局、いつも神の力が勝利を収めてしまうのだった。

ヴィオリエ氏がこの知らせを伝えてくれると、顔が赤くなり、体も震えてきて、さらには血の気の失せた状態になったため、思わず彼はシャブリエのことで思い悩んでいるのではないかと尋ねてきた。「いや、そんなことはありませんよ。私はあの人のいい船長さんが大好きです。いささか無作法だけれど、五カ月にもわたるあの苦しい船旅の間、身に余るほどの好意を示してくれたので、もう心底から彼には愛着を抱いているんです」と答えてやった。隠し通せないほどの心の動揺ぶりにもかかわらず、ヴィオリエ氏は何の疑念も抱かなかった。実際、私はずっとシャブリエに思いを寄せており、その心根の素晴らしさゆえに、大きな性格上の欠点も大目に見てやることができたのだなどと言っても、誰も信じてくれなかっただろう。

その夜から翌日にかけ、心の動揺は極限に達した。勇気も萎えてしまいそうだった私は、ひたすら神の加護を祈った。翌日もシャブリエは来なかった。こうして、しっかり決意を固め、彼を迎える心構えをする時がもう一昼夜残された。土曜日夜八時頃、いつものように、従姉妹と人生についてあれこれ話題にしながら客間をあちこち歩いていたちょうどその時、シャブリエの入ってくる姿に出くわしたのだ！……彼は私に歩み寄り、私の両手をとってしっかり握り締め、優しく手に口づけしてくれたが、その目からは大粒の涙が流れ落ちていた。幸いにしてちょうど夜だった。部屋の隅にいた従姉妹には彼のしぐさは目に止まったが、流している涙は目には入らなかった。彼を私の部屋に連れていった。入るや、彼はもう喜びを抑えきれなかった。彼にとって、喜びは苦しみと同じように、溢れる涙となって現われていた。彼は私の傍らに腰を下ろし、私の手をしっかりと握り締め、私の膝に顔を寄せ、そっと髪に触れながら、心に触れるような愛情溢れる口調でこう繰り返した。

「ああ！　私のフロラ！　愛しいフロラ！　とうとうこうしてまたあなたに会えたのですね！　ああ！　どれほどあなたに会いたかったことでしょう！　どうか話して下さい、あなたの声が聞きたいのです。私を愛していると言って下さい、そして私が夢幻などに幻わされてなどいないんだと言って下さい。ねえ！　どうかそう言って下さい。あなたの声を聞かせて下さい。ああ！　もう息も詰まってしまいそうです！……」

私もまた息がつけなかった。一本の鉄の鎖できりきりと胸が締め付けられているような気がした。私は彼の顔をしっかりと抱きしめてやっていたけれど、何といってやったらいいのか、言うべき言葉も分からなかった。

このような状態で長い間黙ってじっと見つめあったまま、まるで互いに射すくめられたようになっていた。最初にシャブリエが沈黙を破って、こう言った。

「ねえ、フロラ、あなたに涙は出てこないのですか！……」

この問いかけで、私の愛情の深さなどシャブリエには決して分かってはもらえないだろうと感じた。私の沈黙、その表情は涙などより遙かにはっきりと私の愛情を示していたからだ。……彼は心の限りに私を愛してくれていた。けれども、残念なことに、それは私の心とは大きな隔たりがあったのだ。私は苦しいため息をつき、そしてこの地上では、代わりに注いでも少しも惜しくないと感じるような愛情、そのような愛情とぴったり調和した愛情の持ち主に永遠に出会えぬのが私の宿命ではないかという苦い思いに浸っていた。

私たちはそれほど長い時間話を交わしはしなかった。ヴィオリエ氏が、六日間のアレキパ滞在中ル・ブリ氏宅に逗留するシャブリエを迎えに来たからだった。二人とも帰っていった。まっしぐらに旅をしてきたからだろう、二人は疲労でへとへとになっていた。二人に同行できなかったミオタとフェルナンドはコンガタに残っていた。翌日曜日、シャブリエには一言も声をかけられなかった。夜中まで絶え間なく大勢の人間に取り囲まれていたからだった。彼は月曜日に会いにやってきた。立てた計画を話してもらったが、それはヴァルパライソのときと同じだった。その上さらに、私と恋愛で結ばれるのだということを皆に納得してもらおうとして、叔父から何の希望も引き出せないうちに結婚してしまえるように、一刻も早い結婚を望んでいた。新たにまたこんな要求を出してくるなどと夢にも思っていなかったから、立場はさらに苦しくなるばかりだった。私は彼にどう言っていいか分からず、気が狂うほど悩み苦しんでいた。

夜は彼と二人きりにならないように、唄や楽器の演奏されている家に彼を案内していった。私を楽しませてやろうと歌を歌ってくれたが、その不機嫌ぶりは誰が見てもすぐにわかるほどだった。火曜日は、二人の問題について考えるゆとりなどほとんどなかったのに、あのように無駄な一夜を過ごさせてしまったことで、彼はさんざん私に非難を浴びせてきた。メキシカン号の出費は毎日一一〇～一二〇フランにものぼり、その三分一をシャブリエが引き受けていた。ダヴィッドは一刻も早くシャブリエを送り帰してくれるように懇願する手紙を矢のように書き送ってきたが、シャブリエは二人の結婚がまとまらないうちは決して発たないつもりであると私にきっぱりと表明していた。

これまでの人生でも、シャブリエの示した執拗な懇請で追いつめられた立場くらい辛いものはなかった。彼を説得しようと、思いつく限りの論拠を持ち出してみた。しかし、いつも次のような返事が返ってくるばかりだった。

「もし私を愛しているというなら、その証拠を見せてください。私の申し込んだ結婚が嬉しいのなら、なぜぐずぐず引き延ばしているのですか。私はもうすぐあなたの下を去らなくてはなりません。私は常に死の危険と隣り合わせの職業に就いているから、今あなたと別れたら、おそらく二度とあなたの姿は見られないでしょう。私たち二人は人生を楽しめるというのに、どうしてそうしないのですか……」

このような状況に置かれていた私は、この結婚をまとめるに先立って、彼は彼で、私は私で、各々抱えている問題を解決してしまうまでそれを待つのが相互の利益でありまた幸福であるということをシャブリエに理解してもらおうと、ありたけの力をふり絞って説得に努めたことは信じてもらえるでしょう。だが一体彼の心にどんな悪魔が取り憑いていたというのだろう。私の言葉、私の祈り、私の強い懇願もいささかも実を結ばなかったのだ。シャブリエはそれまで幾度となく手ひどい裏切りを味わわされてきたため、そうしたものに強い不信感を持っていた。加えて、嫉妬心からだろうか、物事をじっくりと省察する力も失ってしまっていたのだった。

水曜日から木曜日の一晩、私は言葉では言い表わせないほど辛く苦しい状態の中で過ごしたが、それはシャブリエへの愛情を彼の幸福のために捧げることに逡巡していたからではない。そうではなく、彼との結婚を拒否する理由づけに何を持ち出したらよいのかほとほと困り果てていたからで、またそうすることにとても不安を感じていたからだった。もし本当のことを言ってやれば、彼はそれを好意的にとらえ、そしてさらに、私を保護し、あれほど私が必要としていた安息を与えてやろうとして、私たちの結婚を一刻も早く急かそうとする動機をそこに認めるに違いないと確信していた。航海中には、これとは全く別に考えていたのだった。つまり、もし彼に私が既婚者だということを教えてやれば、彼の心はきっと私から離れていくし、この隠された秘密が明らかになれば、必ずそうなるに違いないと信じていた。それからというもの、恋心が彼の心をすべて支配してしまうほど大きな影響力をもたらしてしまっていた。シャブリエは世の偏見というものを重く考えている人間だった。というのも、これを振り払おうと考えて、フランスの外で暮らそうと提案してきたからだった。所有権に関わることはすべて法の厳格な遵奉者であった彼は、事物の所有を調整するのは法のなすべき仕事であるが、心の存りようを支配する力は法にはないと固く信じていた。だから、確信するけれど、祖国から遠く離れて暮らせば、彼もまたきっとこうした暴虐のくびきを振り払うことができただろう。もしこの推測が間違っており、彼にとって既婚者という私の身の上がどうしても乗り越えられない障害だとすれば、その場合には、外の誰にも漏らすまいと大切にしていたある秘密を一緒に巻き添えにしないで、そのことを彼に打ち明けられはしないだろう。というのも、後に証明されたように、未婚の女性などと思わせたりしたら、きっと私への怒りは限度の見境もつかないくらいになってしまったに違いないからである。

シャブリエの愛情を受け入れたりすれば必ずや彼を貧困生活に追いつめ、さらに祖国と家族を棄てて私と一緒にカリフォルニアの沿岸地帯に追いやられたことを一生後悔する羽目になるだろうと信じたが、この確信こそ私の勇気を奮い立たせてくれたものだった。このように考えて、私は彼を永久に私から遠ざける方法を頭の中で考えていた。彼は清廉潔白な人で、その誠実さは絵に描いたほど厳格だったから、私はこの点をついてみようと思いついた。ああ！　人力のすべてを注いでもできないような計画を追求するには、どうしても神の助けが必要だった。シャブリエにその愛情を断念させようとすれば、同時にその敬愛の念、この八カ月来私の魂の唯一つのそして甘美な慰謝だったその敬愛と愛情を失いかねなかった。さあ！　勇気を持たなくては!!　神のみが私の犠牲的行為の大きさを分かってくれるだろう。

木曜日の夜、シャブリエは息せききって私のところにやってきた。前日、翌日になったら決定的な答えを出すからと約束しておいたからだった。

自分の運命を知りたくて仕方がない人間特有の高まる心の動揺を満面に表わして、入ってくるなり「決心は決まりましたか」と彼は言った。

「シャブリエさん、私の決心はこうです。あなたが誓ってくれたように、もし私を愛しているというのなら、これから言う通りに私のために役立ってくれることでその証拠を見せて下さい。知っての通り、私の洗礼書は嫡出子として認めてもらうのに十分なものではありません。私には母と父の結婚を証明するさらに別の証明書が必要です。もしそれを出せなければ、私は一ピアストルも期待できず、叔父もびた一文渡してはくれないでしょう。ところがどうでしょう！　あなたは私に百万もの大金をもたらしてくれることができるのです。カリフォルニアのどこか歳老いた宣教師の手で、この結婚証明書を作ってもらうのです。これに実際の日付より以前の日付を付けてもらえば、ほんの百ピアストルで私たちには百万フランもの大金が転がり込んでくるという訳です。ねえ、シャブリエ、これこそ私の愛情と結婚承諾が決まる条件なのです」

不幸なこの男は肘をテーブルにつき、茫然自失の体で、一言も口をきかず、まるで死刑の判決を下された無実の人間のような状態で、じっと私を見つめていた。私は彼と視線を合わせないようにしながら、そして心底優しい気持ちで愛していた男性にもたらした恐ろしい苦痛に死ぬほどの苦しみを感じながら、部屋の中をあちらこちらと歩き廻っていた。とうとう深い怒りを込めた口調で、彼は言った。

「こうして子供もいて財産もない今のあなたの置かれた立場、そういうあなたとの結婚を望んでおり、あなたのためならすべてを犠牲にできると言っているのに……、あなたのほうではそのような愛情に条件を……それも何という条件だろうか！……付けようというのですね」

「シャブリエさん、あなた尻込みするんですか」

「尻込みですって、全くもう！　とんでもありません。老いたこんな心臓でも、胸の中で鼓動を打っている限り、名誉と恥辱のどちらを選ぶかといわれて、迷ったりなど絶対しませんよ」

「では、公正にみて、本来私に属するものを私の手に取り戻す手助けを依頼したからといって、一体その申し出の何が不名誉にあたるのですか」

「私はあなたの権利の裁定者ではありません。あなたは私を道具に使い、抱いている野心的目論見に利用したいと思っているだけなんです。あなたはこうやって私の愛情に応えようとしているんです。……」

「もし私を愛しているなら、ねえシャブリエさん、一瞬たりともためらったりしないで、依頼した助力に応じて下さい。もしそうでなければきっぱりとこれを断って下さい」

「ねえ、フロラ、愛するフロラ、あなた正気なんですか。熱で脳髄が焼け焦げてしまっているのじゃないんですか。野心のために何もかも忘れてしまったのでしょう。私に破廉恥行為を強いるなんて！ ああ！ フロラ、あなたのためなら命を投げ出してもいいくらい愛しているんです。あなたと一緒なら貧乏にも耐えられるし、愚痴など一つもこぼさず耐えてみせます。でも、人としての誇りを失うような行為だけは決して求めないで下さい。なぜなら、あなたに抱いている愛情からして、そんなことには絶対同意できないからです」

シャブリエのこの答えは予期していた通りだった！ このような男性と一緒であれば、砂漠の果てでも暮らしていけるし、そこで心地よい時を享受できるだろう。なんと優しい思いやりだろう！ なんと大きな愛情だろうか！ 私はまた気力が揺らぐような気がした。最後の力を振り絞り、皮肉混じりの厳しい口調で、既に私の提案によって大きく傷つけられていた自尊心を一層苛むようなやり方で、私は話を続けた。シャブリエの激怒ぶりは、私に向かって本当に厳しい非難の矢や、ぞっとするような呪いの言葉を浴びせかけるほどにすさまじく、この最後の失望落胆で受けた苦痛の激しさに思わず我を忘れ、かっとなり、一瞬私に向かって何か暴力行為に及ぶのではないかと感じさせるくらいだった。

ようやく彼は帰宅したが、私のほうは疲れ切ってくたくただった。それが彼の姿を見た最後であった。彼が私に投げかけた最後の言葉はこうだった。「あなたを愛していただけに今はもう憎しみの気持ちでいっぱいです」。

私の奇妙な提案がいかに突拍子のないものだったか、だからそれを本気で受け取らないでほしいと思いながらも、とにかくシャブリエに言い寄るのを止めさせ、彼の愛に終止符を打たねばならなかったから、やむをえずそれを彼に提案してしまったのだった。後になって考えたけれど、カリフォルニアで作成された証書を使い、本気で母の結婚を正式なものと認めさせることができると思うほど私が分別のない人間だなどと、彼はどうして思ってしまったのだろう。文書偽造に助けを求めることができたとしても、ヨーロッパにいたらそうした構想も思いついただろうが、アレキパでは決してできなかっただろう。そんなこと実行に移すなど全く不可能ではなかっただろうか。母が結婚前に住んでいたスペイン国境の町のどこかの教会に司祭として配属されていたような人間を、一体カリフォルニアの海岸でどうしたら見つけられるというのか。法律上の体裁や証印その他諸々の手続きをどうやって取り替えたらいいのか。ただスペインだったら、このような計画に多少なりとも成功の可能性はあっただろう。もしほんの一〇分でもシャブリエにそれについて考える冷静さが備わっていれば、それは私の方からの別れるためのごまかし、口実にすぎないことなど簡単に見抜けただろう。しかし、興奮のあまり、彼には理性の働く道は一切閉ざされてしまっていたのである。私の申し出は彼の自尊心を深く傷つけ、そのためこう繰り返すばかりだった。「これまで一度として誰からもそんな条件など受けたことのないこのシャブリエにあなたは条件を突き付けているのですよ！　あなたは私を野心の道具にしたいんです！　すべてを投げうってあなたに一身を捧げる用意のあることを十分立証した上で、無一物のあなたと結婚したいと言っているのに、あなたは損得勘定でしか私を愛してはくれないんです！……」。他の女性からもそうした辛い思いを抱かせられたことがあったためだろうか、私に騙されたという思いが彼に自制心を失わせてしまった。嫉妬心、自尊心が彼の心を制圧し、激しい苦悩が彼を突き動かした。私たちがなんらかの情熱の勢いにかられて行動する場合、ともすると他者ばかりでなく、自分自身にもだまされてしまうのはこうしてなのだ。［……］

彼は翌日イズレーに発っていった。

シャブリエは私への恋心を心から排除してしまった。だから、もし望めば、彼は打算的な結婚もできるだろうし、またたぶん幸福にもなれるだろう。なぜなら、彼のような優しい心根の人間なら、その幸福には家族団らんと子供たちとの生活があれば十分だからである。私の真に愛した男の将来がもう私の過酷な運命に縛られていないということが分かると、心に感じていた数々の苦痛はすっかり和らいでしまったような気がした。娘のことをよろしくと彼に頼んでおいた。もし私が死んだりしても、きっと彼が娘をしっかり見守ってくれるだろう。その自信が私に大きな安心感を与えてくれていた。ああ！ 世にもまれなこのように立派な人に巡り会えたなんて何て幸せだっただろう。さらに、このような状況に置かれてもなお徳高き人間たらんと思えるとしたら、きっと超人的な力が必要だろうとも感じていた。

喧嘩別れした後にシャブリエに書き送った手紙で、彼のこの気持ちはさらに一層強まった。アレキパを出発して六週間後、彼はカリフォルニアに向かってリマを発っていったが、その後の消息については、彼のフランス帰国まで――私の帰国の三カ月後――何も入手できなかった。〔……〕

この町〔アレキパ〕の起源に関してはかなり作り話めいている。しかし、クスコのインディオの口承伝説を集めた年代記には、西暦一二〇〇年頃、太陽の都の帝王マイタ・カペがその王座を倒されたと記されている。彼は首尾よく逃亡し、敵の手から脱し、臣下の何人かを供にして森や凍てついた山々の頂をさまよっていった。四日目、疲労で身はくたくたとなり、飢えと渇きで死の寸前の状態で、ある火山の麓で足を止めた。突然マイタは神の啓示を受け、手にした槍を放り投げ、こう叫んだ。アレキパ！――ケチュア語〔ペルーなどの南米インディアン語〕で、私はここで歩を止める、という意味――。こう叫んで後ろを振り返ってみると、後についてきているものは供の中でわずか五人だけだった。しかしインカ皇帝はもはや神の声しか信じようとはしなかった。彼は決心を曲げず、そして手に持つ槍の周囲に集合した男たちは、四方を砂漠に取り囲まれた火山の山腹に彼らの住居を集めたのである。帝国の創設者である征服者たちと同様に、マイタは神の隠れた意図の盲目的な道具でしかなかった。この地上で大きな発展を遂げた都市が、そこで育った人間と同様に、ときにはその偉大さを彼ら人間の功績に負うこともあったが、同時にまた、理性の目から見て、とうてい容認できそうもない偶発的な理由に負うこともしばしばだった。

アレキパは南緯一六度一三分二秒の位置にあるにもかかわらず、海面より上であること、山脈に近いことなどで、気候は温暖である。この町はうっとりするほど美しい小さな谷のちょうど真ん中にある。その谷は幅一里長さ二里を超えない。周りを高い山々に囲まれているため、それは火山の麓に水源を発するチリ川の水でたっぷりと潤っている。流れるこの川の水音はピレネー山脈の激流を想起させてくれる。その河床は一風変わっていて、ある場所では非常に幅広いかと思うと、また別の場所ではぐっと狭くなっていたりする。ほとんどどこでもといっていいほど巨岩がそそり立ち、小石に覆われていたりしているが、時として若い娘の足元に心地よい静かな砂地を見せてくれることもある。雨期の後はまるで激流と形容してもいいほどになるこのチリ川も、夏の間は大抵いつも干上がってしまっている。この渓谷では、小麦、トウモロコシ、大麦、アルファルファ〔ウマゴヤシの一種〕、野菜などが栽培されている。ペルーでは、人はありとあらゆる権謀術策に没頭するあまり、田園生活を愛でるようなゆとりなどない。

この町は渓谷の中で大きな場所を占めている。ティアヴァラの高台から見ると、なお一層大きな場所を占めているように見える。そこから見ると、ただ一本の狭い帯状の土地が町を山の麓と隔てているようだ。渓谷の多種多様な緑の色調、山々の呈するねずみ色の真ん中に点在するあの真っ白い一群の家々、陽光にきらきら光るあのたくさんの円屋根は、見る人にこの世の事物ではとうてい生み出せないような効果を与えている。初めてティアヴァラからアレキパをながめた旅人なら、思わずそこには別種の生き物が神秘的な生命を宿しているのではないかと想像してしまうであろう。また、あまりに高いために、思わず茫然自失させられてしまうその火山も、こうした生き物たちを守ったり、あるいはその生命になんらかの傷を負わせたりしているのではないかと想像してしまうだろう。

アレキパの火山はコルディリエール山脈のうちでも最も高い山の一つである。周囲とすっぽり切り離されたこの山は全くの円錐形を呈している。どこからどこまでも陰鬱な色調のその単調さがこの山に一種もの寂しい雰囲気をもたらしている。灰色の山頂はほとんどいつも雪で覆われている。多かれ少なかれ厚く降り積もったその雪も、日の出から日没にかけて減少する。時として火山が噴煙を発することもある。特にそれが起きるのは夕方である。この噴煙中に炎を見ることもしばしばだった。長期間噴煙を上げないままだと、地震の発生が予想される。大抵いつも雲が山頂を覆い、その雲で山が切り裂かれているように見える。そのため、山頂と彩り豊かな地帯とは完全に切り離されて見える。たった一つの色調のこの円錐形の上にのっているあらゆる色合いを帯びた空気の塊、天空にその威嚇的な顔を隠しているこの巨人は、地球が人間の目に差し出している光景の中でも最も壮大な光景の一つである。

従兄弟のアルトハウスは火山の頂上まで登り、噴火口を見物し、深い穴の中の三番目の火道まで下りていったことがある。彼はその火山見学行に関してとても興味深い記録やデッサンを残しているが、今手元になくて読者にそれを伝えることができないのがとても残念である。彼は手鉤を持った一〇人のインディオを伴ってこの山に登った。彼の後についていけるほど屈強なものはたった五人だけだった。三人は途中で止まり、二人は転落して死んでしまった。頂上まで登るのに三日もかかったが、頂上にはほんの数時間しか止まれなかった。それほど寒さが厳しかったからである。下山の困難ぶりは登りをはるかに上回った。全員負傷していたり、どこかにひっかき傷を負っていた。アルトハウスも危うく死ぬところだった。特別な名のついていないこの火山は高さ海抜一万二千リューである。一つは右手に、もう一つは左手にあり、万年雪に覆われた頂上が陽光の下できらきらと無数の反射光を放っている隣接する二つの山は、火山から遥か彼方にあり、さらに一層巨大であった。最初の山はピチャンピチュ、二番目はチャチャウールと呼ばれていた。二つとも完全な死火山である。麓自体がパンパスの遥か上方にあって一際そびえ立つ孤立したこれら三つの山は、この点から見れば、互いに手をつなぎ合っているようだった。

新大陸発見時にフランシスコ・ピザロはアレキパに司教館と総督府の一つを設置した。さまざまな時代に発生した地震がこの町に恐るべき被害をもたらした。一五八二年と一六〇〇年の地震はこの町をほぼ壊滅状態にし、また一六八七年と一七八五年の地震もそれに劣らずこの町に致命的な被害をもたらした。

アレキパの通りは幅が広く、直角に交わり、とても立派な敷石で舗装されている。それぞれの通りの真ん中には小川が流れている。主な通りには大きな白い敷石でできた舗道が敷かれている。[*2] どの家主も戸口の前にランプをつけておかなくてはならないから——これに違反すると罰金に処せられることになる——、どの通りも灯火で明るく照らし出されている。町の広場は広々としている。大聖堂はその北側を占めている。市庁舎と軍刑務所はその正面にある。個人の住宅が残りの両側を形作っている。大聖堂は別にして、これらの建物は全部アーチ形をしている。歩廊の下にはさまざまな品物を並べた商店が見られる。広場は町の市場や祭りや閲兵式などに使用される。チリ川にかかっている橋は粗末な作りで、季節によっては、その下を流れる激流に耐えられぬほど脆弱である。

　アレキパには男・女修道院がたくさんある。それらはどれも立派な教会を備えている。大聖堂は非常に壮大であるが、薄暗く、陰気で、重苦しい建築様式である。サンタ・ローザ、サンタ・カタリーナ、聖フランシスコ寺院はその丸天井の美しさ、壮大な威容ぶりで一際目立つ建物である。どの教会に行っても、ペルーのカトリック教の偶像を具現する木製や石膏製のグロテスクな人物像を目にすることができる。そこで目に止まる雑で下手くそな絵は、それらが表現している聖人に想像しうる限りで最も滑稽な外観を与えている。この点から見れば、イエズス会の教会は例外的である。信者の祈りにそれが差し出している聖人像の表現は遙かにまともなものだからである。独立以前、豊かな装飾の施されていたこれらすべての寺院には、純銀製の燭台、手すり、祭壇の列柱や、その他黄金製のさまざまな装飾品が備えられていた。この二つの金属はどんな場所にも惜し気もなくまた多大な美的感覚を発揮して使われていた。だが信仰心などこうした富を保護してくれるものではないのだ。幾たりかの大統領や政党の指導者たちは相互の紛争対立の最中に、共和国の財宝を売り払ってしまった後で、さらに何のためらいもなくこうした教会の備品を強奪したのだった。兵隊の給料の支払いや将軍連の悪行を養うため、祭壇の正面、列柱、蠟燭立てなども鋳潰されてしまった。人々に崇拝されていた貴重なさまざまな装飾も、後にはいずれ同様な運命を辿る恐れは十分にあるだろう。オルベゴゾとベルミュデスの間で交された最近の戦いでは、童女たちから首飾りやダイヤモンドまで取り上げてしまおうという話までもちあがっていた。

アレキパには病人用の病院、精神病院、孤児院がそれぞれ一つある。これら三つの救済院は概して劣悪な管理状態に置かれている。病院見学についてはまた別のところで述べる機会があるだろう。私はまた孤児院も見学に行ったが、病人への看護と並んで、孤児らになされている看護に対しても満足させられはしなかった。裸で痩せ細ったこれら孤児の置かれている悲惨な状態は見るも哀れだった。弱り切ったその命を支えてやるためにほんのいくばくかの食糧を支給して、それで慈愛の義務を果たしていると思い込んでいるのだ。加えて、彼らには教育など少しも与えられず、いかなる職業訓練も教え込まれてはいない。したがって、生き残ったとしても、このとがむべき放棄状態の必然的結果として浮浪者になるほかないのである。こうした不幸な犠牲者をこの救済院に収容するために用いられている仕掛けは非常に巧妙だった。揺り籠状の箱がそれである。幼児は外の入口に置いてあるその籠に棄てられるが、子供を棄てた人間は救済院の中からは姿を見られる心配がないという仕掛けである。この方法をとることでわが子を棄てた不幸な母親は止むに止まれず犯した罪とはいえ、わが身を明らかにすべき責務から免れられるというわけだ！〔……〕

美しい白い石材でとても頑丈に建てられた家々は、地震の発生に備えてどれもアーチ状の平屋である。それらの家の内部は概してゆったりとしていて使い勝手がよい。正面の中央に馬車の出入りする両開きの正門がある。窓にはすべて鉄格子がはまっているが、窓ガラスはついていない。建物は三つのブロックからなっている。最初のブロックには客間、寝室、執務室がある。中庭のある二番目のブロックには食堂、礼拝堂、気候に応じて開けられる歩廊、礼拝堂、洗濯場、さまざまな配膳室がある。奥の三番目のブロックには台所と奴隷たちの住まいがある。家の壁は厚さ五、六ピエもある。アーチ形とはいっても部屋の高さは非常に高い。壁の半分の高さまで壁紙が貼られている部屋はほんの数部屋である。外の部屋は全く飾り気もなく、石灰で白く塗り込められているだけである。その円天井を見ると、住居も地下倉庫に思えてきてしまう。そして単調な白の色調にうんざりして気も滅入ってしまう。家具調度からはどっしりとした感じを受ける。巨大なベッドと整理箪笥、重々しい椅子、テーブルは然るべきところに据え付けられるかのように作られている。鏡は金属製で、カーテンも野暮ったいものばかりである。この国では、数年前からイギリス製のカーペットが非常に低価格で売られるようになったため、住居の窓をすべてそれで覆っている。床が板張りの部屋は一つもない。

アレキパ人は非常な食道楽である。にもかかわらず、その快楽を手に入れるのが下手くそな人種である。彼らの料理ときたらもう全くひどい代物なのだ。食べ物は美味しくなく、料理法はいまだ未開状態にある。アレキパの渓谷は非常に肥沃である。しかしそこで採れる野菜は劣悪である。じゃがいもには澱粉質など含まれていない。キャベツ、サラダ、えんどう豆は硬くて風味もない。肉もまた汁気がない。皮のように硬いその肉は火山の影響でそうなったのかもしれないが、鶏肉までも汁気がない。バター、チーズは遠方から運ばれてくるため、新鮮なまま到着することなど決してない。海岸からもたらされる果物や魚についても事情は同じである。使用されている油は悪臭がし、精製も十分されていない。砂糖の精製も粗雑である。パンも貧弱である。結局のところ、いいところなど何もないのだ。

彼らの食生活の様式がどんなものか以下に述べてみよう。朝食は朝の九時である。この食事は玉葱（煮物であれ、生であれ、何にでも玉葱を入れる）を入れた米、ローストした羊肉から出来上がっているが、あまりに汚らしく、どうしても私はそれを口に入れることができなかった。次にチョコレートが出る。三時に夕食としてオラポドリダ（プチェロというのがペルーでこれにつけられた名である）が出される。これは雑多な食料がごったに入り混じったものである。すなわち米、七、八種類の野菜、りんご、梨、桃、プラム、レーズンなど何でもいいからたまたま手に入った果物などと一緒に煮込んだ牛肉、脂身、羊肉のことである。こうした粗雑な寄せ集めの料理の外観、臭気、風味と並んで、調子外れの声と不協和な楽器の演奏で胸もむかむかしてくる。続いてトマト、米、煮込んだ玉葱、唐辛子などで料理したざりがに、ぶどうの実、桃、砂糖で調理された肉、唐辛子入りの魚、煮込んだ玉葱、玉子、唐辛子などの入ったサラダが出る。最後に挙げた調理の原料の唐辛子は、他の多くのスパイスと並んでどんな料理にもふんだんに使われている。そのため口に焼ごてをあてられているような感じがする。これを我慢しようと思ったら、口蓋の感覚を無にしなくてはならないだろう。飲み物は普通は水である。夜食は九時である。そこに並ぶ料理は夕食と同じである。

　食卓のサービスや習慣上のマナーは料理の調和と同様に心のこもったものとはいい難い。多くの家では今でもなお、すべての会食者に対して一つのコップしかないのだ。皿もナプキンも不潔である。奴隷たちの汚さだけがその原因ではない。この主人にしてこの召使いありである。イギリス人の奴隷はとても清潔である。皿からとった肉片をフォークの先に取り、礼を尽くそうとする人に渡してやるのが上品だとされている。ヨーロッパ人はこのような習慣に非常に反発した結果、今ではもうこの習慣はすたれてしまっている。しかし、吐き気を催すようなソースの臭いを撒き散らしながら、オーラや魚肉の塊、鶏の手羽肉が奴隷たちによってフォークの先につけて食卓の周りを回されていたのはまだほんの数年前のことである。

何でも高くつくから、客を招くような夕食会はまず滅多にないが、夜会への招待は、その風潮が移入されるとあっという間に幅をきかせるようになった。毎日曜日、叔父宅では、親しい友を招いての親戚一同の集まる夕食会が催され、夜には一同紅茶やココアを飲んだり、ケーキを食べたりしていた。私がアレキパで美味しいと思った唯一つのものは修道女のつくるケーキと砂糖菓子である。多彩な交友関係のおかげで、滞在中私はそれを一度も欠かしたことがなく、またそのおかげでとても美味しいスナック菓子をつくることができるようになった。

アレキパ人はどんな種類であれ観劇は大好きである。劇場の劇であれ、宗教的な劇であれ、区別なくいそいそと出かけていく。教育の全的な欠如が彼らにそれを必要とさせており、またそれが彼らをたやすく喜ばせることにもなっているのだ。劇場は木造で、しかも建て付けが非常に悪いから、そこで雨をしのぐことなど不可能である。人口のわりにはとても小さな劇場だから、席を確保できないことなどしょっちゅうである。とはいえ劇団の演技は下手くそ極まりない。それはスペインの劇場の廃物と形容してもいいような七、八人の俳優から構成され、さらにこの国では、これに二、三人のインディオが加わるために下手くそぶりは一層つのるのだった。そこではコメディであれ、悲劇であれ、オペラであれ、ありとあらゆる出し物が上演される。ローペ・デ・ヴェーガ[5]やカルデロン[6]も下手な翻訳で作品の価値を台無しにされたり、神経発作を起こさせるような耳障りな音楽が奏でられているにもかかわらず、どれもこれも観客は拍手喝采を浴びせている。私はこの劇場に五、六度足を運んだ。そこでは悲劇が演じられていた。私は俳優たちがコートの代わりに古い絹のショールを身にまとっているのに気がついた。

闘鶏、綱渡り芸人、いろいろな力業をしてみせるインディオなどこうした見世物という見世物すべてが大衆を引き寄せている。あるフランス人曲芸師は妻と一緒にペルーで三万ピアストルもの大金を稼いだこともあったという噂も耳にした。

ペルーの教会は国民の嗜好につけこんで支配力の増大を計っている。盛大な祭礼に行なわれる大行列とは別に、アレキパの通りでそうした行列が行なわれない月など一月もない。ある時は陰気なベネディクト派の修道士が夜死者のための礼拝行列を行ない、死者のための施しを求めたりするが、すると人々は死者のためということで喜んで彼らに喜捨をする。またある時には、それが聖母マリアのために宗教的散策を行なうドミニコ派の修道士であったりする。さらには幼きイエスのための行列であったりする。次いでまたあらゆる聖人のための行列もやってくる。こうしてみると、それはもう全く果てしがないくらいである。盛大な祭の行列についてはもう既に描写済みだから、さらにここでまた同じような行列を取りあげて読者をうんざりさせたりしたくない。聖人のための行列は祭の行列ほど豪華で壮麗ではないが、それでも、そのグロテスクな中身や、人を不快にさせる下品でみだらな場面は、祭りの行列と同様に破廉恥の極みである。これらの行列すべてに共通する一つの特徴がある。それは、善良なる修道士がいつもそこで施しを求め、すると人々は喜んで喜捨を行なうという構図である。ペルーのカトリック教会でも最大の乱痴気騒ぎが繰り広げられるのは聖週間の時である。アレキパのどの教会でも、土と石で大きな山を築き、その上にオリーブの木を植え、そこに石と木でキリストの十字架像を作り上げる。この人工の山上で、聖金曜日に、イエス・キリストの受難劇が演じられるのである。キリストが捕らえられ、鞭で打たれ、二人の盗賊と一緒に磔刑に処せられる情景が目に入る。それは事態を一つも省略せずに行なわれたキリスト受難の歴史的解説である。全体を通じて歌とレチタチーボの伴奏が入っている。次いでキリストの死が到来する。大蠟燭が消えて、深い闇が支配する……。教会にすし詰めになった民衆の軽薄な道徳観に接すれば、この時教会のいろいろな場所で一体何が起こっているのか推察できるだろう……。しかし神は慈悲深き存在であり、修道士や司祭たちはその罪の許しを自由に使うことができるのだ。キリスト降下図が第二幕である。白人、インディオ、黒人など男女入り混じった大勢の人間が悲痛な叫び声を上げながら、キリストの十字架像を取り囲んでいる。ほどなくすると、地面から引き抜かれた木、そこから取り上げられた岩が彼らの手中にある。彼らは兵士を追い払い、十字架を奪い、そこから肉体を剝ぎ取る。厚紙製のこのキリストの傷口から血がしたたり落ちている。群衆の叫び声は一段と激しくなる。民衆、司祭連、十字架、オリーブの木の枝、こうしたもの全部がごちゃ混ぜになり、宗教の寺院で目にできるとはとうてい思えない何かとてつもない無秩序、喧騒、混乱を作り上げている。またほとんどどんな時でも、このような大混乱の場面では、多かれ少なかれ重傷者が幾人か出るのが常である。

夜ともなると住民たちがあらゆる教会に立ち寄る姿が見うけられる。そこに向かいながら、彼らは大声で祈りを唱えている。熱狂的な信者ともなると、跪いて大地に口づけするものまでいる。自分の胸を何度も激しく叩いているものさえいる。こちらのものは頭にぼろ切れをのせているかと思えば、あちらのものは背に十字架を背負ったりしながら、裸足で歩いているといった按配であり、そしてどの家庭にあっても、迷信に基づいたある信仰心がこれら熱狂的な人間に提示しているのは、さらに一層無分別な途方もないような行動なのだ。彼らがおのれの義務を探し求めているのは決してその良心の中ではなく、信仰の奇跡なのだ。彼らがこうした行為に全力を傾注しているとき、自分が社会的美徳を備えぬ人間だなどとどうして思えるだろうか。……信仰を慈愛と切り離している宗教のたどり着く結果がまさしくこれなのだ。

　復活祭になると、誰もが知人という知人を訪ねて回り、そして交わされる会話といえばもっぱら聖週間の祭りに関するものばかりである。要約すればこんなふうである。《「ねえ、お嬢さん、十分楽しまれましたか。サント・ドミンゴやサンタ・ローザは本当に素敵でしたよ。本当にもう、それは楽しかったですよ」。「セニョール、例年ほど楽しいことなど何もありませんでした。宗教は壮麗さを失ってしまっています。大聖堂でも少しも愉快ではありませんでした。サンタ・カタリナでは彼女たちはもうキリスト降架をやらないんです。そしてあのサンボたちが十字架の切れ端を手に入れようとしてお互いに相争う情景を目にしてきた私には、状況はとても陳腐なものに見えたんです。苦労して十字架の道行きの留〔キリストが十字架を背負ってカルヴァリの丘に登った時に休んだ所〕をたどるには及びません」。「セニョーラ、良き時代は過ぎ去り、私たちの教会もかつてほど豊かではないのです。サンタ・カタリナの奥方たちもフランスから輸入されたピアノを購入するのにお金を使ってしまい、もうキリスト降架はやらないのです」》。

　日曜日のミサでは、男たちは皆立って、互いに仲間同士で話し合ったり、身体を半ばマンティーラで隠して彼らの前で跪いている可愛らしい女たちを眺めたりしている。女たちも人の話など上の空で聞いており、聖書なども決して手にしていない。ある時には隣の女性の衣装を眺めていたり、あるいはまた背後の席にいる黒人女に話しかけたりしている。ときには、自分の敷物に無造作に身を横たえて居眠りしたり、お喋りしたりしている姿も見うけられる。

ミサを行なう司祭はいつも薄汚い身なりをしている。ミサの支度をする哀れなインディオも裸足で衣服らしい衣服は身につけていない。どの教会の音楽を聞いても決って不快感を覚えてしまう。オルガンに二つのヴァイオリンと一種のアコーデオンと呼んでもいいような楽器が加わって演奏されるが、これらの楽器はどれも調子外れで、また一緒について歌われる歌もとても耳障りなので、たった一五分耳にしただけでも、終日神経にぴりぴりくるような苛立ちを感じずにはいられないほどである。ヨーロッパの教会では、少なくとも、絵画、彫刻などの諸芸術が宗教的儀式の味気なさを補ってこれを優美なものにしてくれている。ところが、ペルーでは、教会とは人が集まる場所であって、それ以外の働きは何もしていない。

どんな事物をとってみても、その国の民衆の到達した文明開化の度合いがそこに反映されているものである。アレキパのカーニバルの娯楽も、聖週間の笑劇やおどけたしぐさと同様にこの上ないほど品位に欠けている。

一年を通じ、せっせと卵の殻を割って中身を出し、それを商売にしている人たちがいる。カーニバルがやってくると、彼らはこの殻の中にピンクや青や緑などさまざまな絵の具を流し込んで一杯にし、そして開口部を蠟で塞いでおく。婦人連は卵の入った籠を携行し、白い服を着て、家の丸屋根にのぼって、そこに腰を下ろす。こうして道を通っていく人たちに向かって卵を投げつけて楽しむのである。裸足であれ馬上であれ、通行人たちも常にそれと同じ砲弾を手に持ち、攻撃をしかけてくるものに向かって反撃を加える。しかしこの遊びをもっと行儀の良いものにしてやろうと考えて、この卵にインクや蜂蜜や食用油が、時には実に胸のむかつくようなものが詰められている場合もある。この新種の格闘技で片目を失った人も何人か生じたりした。このような災難に遭った人を三、四人見せてくれたことがあったが、そんな事故があっても、相変わらずアレキパ人はこの遊びに狂おしいほど興味を持ち続けている。乙女らは衣服に付いた無数の染みをこれみよがしに見せびらかし、そして粋を表わすこの奇妙な印に鼻高々である。奴隷もまたこの娯楽に参加する。彼らは小麦粉を互いにかけ合うのだが、この攻撃方法のほうがずっと安上がりである。そのため、多くのものがこのやり方をとっている。小麦粉を浴びた汚れた縮れ毛の黒い肌をした黒人女の姿ときたらもう全くぞっとするほどだ！　夜ともなると、人々はみだらなことこの上ないダンスが行なわれる舞踏会に集まってくる。多くのものは奇妙な仮装をしている。とはいえ、地方色豊かな民族衣装などは一つも見られない。こうした気晴らしが一週間ずっと続くのである。

この不潔極まる卵とローマの通りを通行人で一杯にする大量のドラジェ〔出産、洗礼、結婚などの祝に配るアーモンドを糖衣でつつんだボンボン〕の雨との間には、またこの粗野な娯楽とイタリアの仮面劇との間には、聖週間にアレキパの教会が見せてくれる滑稽なコメディ、そこで聞く粗野な音楽、みすぼらしいクルート、それらの飾られている粗野な飾り付けと、荘厳な儀式、うっとりする音楽、壮麗な数々の芸術作品、ローマがその老朽化した宗教を支えているあの輝かしい詩情豊かな威光の数々との間にみられるのと同じくらいの隔たりが存在するだろう。

アレキパの人口は郊外地区を含めると三、四万人にのぼる。ほぼ四分の一が白人、四分の一が黒人か混血人、二分の一がインディオから構成されている。アメリカ大陸全体にわたって見られるように、ペルーでもヨーロッパ人の血が流れていることが貴族の大いなる資格となっている。この国の貴族の言葉によれば、白人とは先祖にインディオも黒人も一人も混じっていない人間を指している。生姜入りケーキ、のような肌の色であったにもかかわらず、父親がアンダルシアやヴァレンシア王国の生まれだったため、白人とみなされていた幾たりかの婦人に会ったことがある。したがって、自由人は、ヨーロッパ人、インディオ、黒人という明確に区別された三つの人種に由来する三つの階層を形作っている。奴隷については、生まれがどんな人種だろうと、自由を奪われ、不幸な生活を送らなくてはならないという点ではすべて同じである。

四、五年前からペルーの風俗習慣に大きな変化が生じてきた。パリのモードが支配的になったことである。パリモードに反逆の姿勢を示しているものは、少数の金持ちとか、異端取り調べの裁判所の土牢のように、出自を示すために現在もなお存在している、樹液の失せた古木と形容してもいいような旧家にしかもう残ってはいない。上流階級の衣装はヨーロッパのそれと少しも変わらない。そこでは男も女もパリと同じ服装をしている。婦人連は無帽で行動し、教会にはスペイン風の全く飾り気のない服装をし、マンティーラをはおり、黒一色で行くのが普段のしきたりになっていることを別とすれば、細心綿密といっていいくらいきちんとパリの流行を追っている。フランスのダンスがファンタンゴやボレロ、また品位に欠けるこの国のダンスにとって代わっている。わが国のオペラの楽曲もサロンで歌われている。ついには小説も読まれるまでになった。もう少ししたら、彼らはよい音楽を聞かせてくれる時にしかミサには行かなくなるだろう。裕福な人々は煙草をすったり、新聞を読んだり、ファロ〔親が銀行を務める古い賭けトランプ〕をしたりして時を過ごしている。男は賭けごと、女は着道楽で身代をつぶしてしまう。

一般にアレキパ人は生まれついて知性を十分に備え、巧みな弁舌の才を備え、記憶力にも長け、性格は陽気で態度物腰は上品である。思うがままに人生を楽しみ、生まれながらの策謀家といっていい。アレキパの女性はリマの女性と同じく、男性よりはるかに能力があるように私には思えた。彼女らはリマの女性ほど可愛くなく、またリマの女性とは異なる癖があり、性格もまた相異なる。風格があり威厳に満ちたその態度物腰には畏怖の念さえ感じさせられる。一見したところ、それは冷たく他者を見下しているような感じを受けるかもしれないが、よく知ってみると、この重々しい外観に埋め込まれている精神の鋭敏さ、感情の繊細さは新たな価値を得て、より鮮烈な印象を与えることになる。情事や遊興でいつも自宅の外におびき出されているリマの女と異なり、彼女たちは家にひきこもり、かつ働き者である。アレキパの婦人は自分の服飾品はみずからの手でこしらえるが、それはわがフランスの服飾商もびっくりするほどの出来映えである。彼女らは優美にまた品よく踊りを踊り、音楽をこよなく愛し、またその鍛え方といえば見事という他ない。もしパリのサロンに行ったら、そのみずみずしい歌声で人々の拍手喝采を浴びるに違いないような女性を四、五人私は知っている。

アレキパの気候は身体によくない。赤痢、頭痛、神経症、なかでもとりわけ風邪が頻繁に発生する。住民もまたいつも自分が病気に罹っていると思い込む癖がある。これこそ彼らがしょっちゅう旅に出るに当って持ち出す口実である。教育の欠如と一体化した想像力の働きから、狂おしいといっていいほどの彼らのこうした場所移動の欲求の説明はつくだろう。場所を変えることで初めて彼らは自身の思考力を養い、新しい物の見方を獲得し、他のさまざまな感動を覚えることができるのである。婦人連はとりわけイズレー、カマラ、アリカのような海辺の村々に出向いて、そこにある鉱泉で水浴をしている。アレキパ近郊にはこうした泉がいくつかあり、その持つ効能はとても名高い。ウラの鉱泉では素晴らしい治療法が行なわれている。その水は緑色をしていて、焼けるように熱い。上流階級の人々が入浴に行く海岸や内陸部の場所ほど汚くまた不便なところはない。にもかかわらず彼らはみんな実に頻繁にそこを訪れている。そうして三週間か一カ月の滞在のために莫大な金を落としている。

アレキパの女性はボリビアであろうとクスコであろうとリマであろうとチリであろうと、どこであろうと構わず、ありとあらゆる機会をつかんでいそいそと旅に出ていく。どれほど出費がかさもうと、どんなに疲れようと、そんなことは彼女たちの旅を押し止める理由には決してならない。思うに乙女たちの外国人男性好みは、旅に対するこうした嗜好からきているのだろう。外国人男性と結婚することで、その男性の生まれた国、フランス、イギリス、イタリアなどの国を訪れてみたいと思うのである。長い間にわたり夢の中で彼女らの想像力に微笑みかけてくれていた旅が実現できるのだ。そして、結婚それ自体はさほどの魅力がなくとも、このような期待が結婚にある特別な魅力を与えてくれるのである。婦人たちの間にフランス語をはやらせているのも旅への思いがあればこそである。多くのものはいつかフランス語が必要になる時がくるだろうと思ってこれを学んでいるのである。当面はフランスの良書を幾冊か読むことでこれを享受し、そしてその優れた知性を発達させながら、さほどの倦怠感を覚えずにこの国の単調な生活にじっと耐えている。上流階級の男性もまたすべてフランス語を心得ている。

新しく作られた美しい墓地のパンテオンは町から二里のところにある。そこは火山と真向かいの丘の斜面にあり、広大な面積を占めている。遠くから見ると、これを取り囲んでいる白い鋸歯状の高い壁の眺めほど風変わりで陰鬱なものはない。この壁の上部の厚い部分に、三列のニッチ〔彫像などを置くため壁面につくりつけたくぼみ台〕が配置されている。棺はこのニッチに置かれ、その入口ははめ込み式の石で塞がれている。故人の親族が墓という虚無の世界に彼らの虚栄心を結びつけているのはまさにこのはめ込まれた石の上である。

大理石やブロンズのプレートに金文字でこんなふうに記されているのが読み取れるだろう。《ここに名高き元帥閣下にして著名な将軍、かつまた敬愛すべき司祭が眠る》と。これほど立派な出来栄えではない他の墓碑銘には、故人の徳行が長々と列挙されたりしている。世界のどこの墓地でも見られることだが、ここでも良き父親、愛すべき妻、優しき母等々……にしか出会えない。私たちが死者のうちに存命中は気づかなかった諸々の美徳を、言葉がその時の情念に強いられながら、誇張して述べてしまうのはこうしてである。貧者には共同墓地があり、それが一杯になった時点で、どれもこれも同じようにしてふさがれていく。プロテスタントの遺体はこの墓地では受け入れてはくれない。教会で埋葬が行なわれなくなったのはほんの数年前からである。幾たりかはこれに不満をもらし、高額な献金をして修道院からその教会の一画を買い取ったりしている。私の祖母がサント・ドミンゴに墓地を得たのもこのようにしてである。金さえあれば、この国では、宗教の掟だろうと法律の掟だろうと簡単に免れることができるのである。とはいえ、宗教の掟の買い取りの方が安上がりでできるが。

　アレキパでは、裕福な人間の死を喜ぶのは単に相続人ばかりでなく、灰色や黒や白や淡褐色など、死体を覆うための屍衣を高い値段で売りつけられる機会が見いだせるため、修道士にとっても大歓迎である。ここでは修道衣につつまれて埋葬されるのが習慣でありまた上品な作法になっているから、聖職者たちはほとんどいつもといっていいくらい手元にある衣装と驚くほど対照的な新しい上衣を持っている。瀕死の人間が息を引きとるとすぐに、性別の如何を問わず、これらの着衣が死者に着せられる。このようにして死者は衣服を身にまとい、顔に何の覆いもかけないまま三日間ベッドに横たわっている。この間に弔問が行なわれる。縁者でも一番遠縁のものが服喪の役を務める、つまり客を迎えるために死者の安置されている部屋に残っているのである。この客たちは男であれ女であれ喪に服している。彼らは部屋に入ると、壇上にいる縁者にうやうやしく会釈し、それから部屋の隅に腰を下ろしにいったり、お祈りを唱え始める。遺体は教会まで人の手で運ばれ、また葬式終了後、同じように人の手で町の外に運ばれていく。遺体はそこから放下車〔傾けて積荷を落とすことのできる荷車〕に乗せて墓地まで運ばれていく。

アレキパに馬車はない。かつては地位の高い人物はアーム付きの椅子に乗って運ばれた。現在叔父の家には、私の祖母のために使用されていたのだが、病気の際には叔父もみずから使用しているそのような椅子が一つある。それは革命前のフランスにあった轎とよく似ている。みんな馬かラバに乗ってでかける。ロバは山で荷物を運ぶためにしか使われない。インディオはそのためにリャマ*3を使っている。

リャマはアンデス山脈に生息する駄獣である。このリャマによってありとあらゆる荷物の運搬が行なわれ、またインディオは渓谷での交易にもこれを利用している。愛くるしいこの動物は考察に値する十分な価値がある。それは数ある動物の中でも人間と調和でき、また人間が品位を落とそうとしてもそうできなかった唯一つの動物である。リャマはぶたれたり手荒く扱われたりするがままになっていない。リャマは喜んで人の役に立とうとするが、それはあくまで命令されてというのではなく、懇願されてという条件があった上でのことである。この動物は群れをつくってしか前に進んではいかない。多い少ないは別としてその群れはかなりの頭数からなり、リャマから大きく離れて前を歩くインディオに先導されていく。群れは疲労すると歩を止めるが、するとインディオもまた足を止める。停止が長引き、日が沈むのを見て不安を感じた場合、インディオは用心のためありとあらゆる手だてを打ってから、動物たちに旅を続けてくれるように懇願しようと決心する。インディオは群れから五、六〇歩離れたところに身を置き、控えめな態度でリャマを優しく手で愛撫するようなしぐさをし、情愛溢れる眼差しを投げかけ、また私も思わず賞賛せずにはおれないほどの忍耐強さで、優しくイ、ッ、ク・イ、ッ、ク・イ、ッ、ク・イ、ッ、クと叫ぶ。リャマは再び出発の用意が整い、きちんと同じ歩調でインディオの後についていくが、脚が非常に長いため、速度はとても速い。しかしリャマの機嫌が悪かったりすると、ただ単に愛情を込めて忍耐強く呼びかける声の主から顔を背けてしまうだけではない。この驚くべき生き物たちはもう一つの生命、もっとよい生き方を知っているのではないかと思えてしまうくらい優しいメランコリックな眼差しで天を見つめながら、ある時は立ち、ある時は横になり、お互いに身を寄せあったままてこでも動かぬ状態でじっとしている。優雅に威厳を示しながら持ち上げているその太い首、常に清潔できらきらと輝くようなワイン色の剛毛、しなやかでかつおずおずとしたその動きは、誰もが思わず崇敬の念を抱いてしまうような気高さと繊細な感性をこの動物にもたらしている。人間に仕える動物の中にあって、リャマは叩いて言い聞かせてやろうなどと思う人など一人もいない唯一の動物なのだから、そうであるのも当然だろう。滅多にないことだが、もしリャマがして欲しくないことを、インディオが怒りにまかせて（それは滅多にないことであるが）力ずくでとか脅かしたりして要求したりすると、言葉や動作で手荒い扱いを受けるや否や、誇り高い態度で首を上げ、手荒な仕打ちを避けようと逃げたりせず（リャマは決して縛りつけられたり足枷をはめられたりしてはいない）、身体を横たえ、目を空に向けてしまう。大粒の涙が美しい両の眼からしたたり落ち、深い吐息がその胸から吐き出され、こうしてせいぜい三〇分か四五分もすれば息絶えてしまう。なんと幸せな生き物だろう！　死によってこんなにも簡単に苦痛から逃れられるなんて！　優しい愛情につつまれているという条件の下でしか生を受け入れない生き物なんて、なんと幸せなことだろう！　この動物は山地のインディオの唯一の交通手段であるから、交易上とても重要である。しかしそれが受けているほとんど盲目的といっていいほどの畏敬の念は、たんに有益な動物であるという感情だけからもたらされたものではないと誰しも思うだろう。私は時々、町でも一番人通りの多い通りをリャマが三、四〇頭の群れをつくって遮っている光景を目にしたことがあった。傍にやってきた通行人は遠慮がちにこれをじっと見つめ、そして引き返していってしまった。あるときは、私たちの家の中庭におよそ二〇頭も侵入してきて、そこに六時間も居座っていた日があった。インディオは悲嘆にくれるばかりであった。当家の奴隷たちももう役には立ってくれなかった。意地悪な視線を投げかけようとする人など誰もおらず、リャマの侵入によってもたらされた不都合をひたすらじっと耐えているだけだった。要するに、どんなものにも敬意など払おうとしない子供でさえ、あえてリャマには触ろうとはしないのだ。インディオが背に荷物を積もうとすると、中の二人の子供がその傍に近寄り、背に荷物が積まれる状態を見えないようにしてやろうと、その顔に覆いをかけてやったのだった。もしリャマがそれに気づいたら、間違いなく死んでしまっただろう。積み荷を下ろすときも同じようにしなくてはならない。積み荷が一定の重量を超えた場合でも、この動物はすぐさま地面に身を投げ出して死んでしまうだろう。この動物はとても少食である。ほんの一握りのトウモロコシがありさえすれば三、四日は十分に生きていける。それでも、その身体は頑丈で、実に敏捷に山々をよじ登り、寒さや雪やありとあらゆる疲労に耐えられるのだ。また彼らは長命である。あるインディオは三四歳まで生きたリャマを所有していたことがあると話してくれた。リャマを利用するのにアンデス山脈のインディオくらい大きな忍耐力と優しさを備えているものはどこを探してもいないだろう。インディオがしようと望んでいる以上のことを要求されたとき、死を選ぼうとする習慣を身につけたのも、神からペルー原住民に与えられたこの類稀なる仲間からである。私たちのような人間にはきわめて稀な、死によって抑圧を免れようとするこの精神的な力――これについては後でしばしば触れる機会があるが――は、インディオにあっては至極あたり前になっている。

既にみた通り、アレキパの生活は退屈きわまりない。いつも行動力に満ち溢れた私のような人間にとってはとりわけそうだった。私はこうした単調な生活にはどうしても馴染めなかった。

ル・ブリ氏宅だけがいくばくか気晴らしの見いだせた唯一の家だった。その家の男性諸氏は皆本当に愛情のこもった好意を示してくれ、また競って私を楽しませようとしてくれた。アレキパに見知らぬ人間が来る毎に、ヴィオリエ氏は知らせにきて、その人物描写をしてくれ、紹介してほしいかどうかと尋ねてきた。その人物に興味を持つかどうかに応じて、私はこれを受け入れたり断ったりした。[……]

義理の従兄弟の一人で、既に触れた、これまでの人生で出会った中でも一番個性的な人物のアルトハウスがリマからやってきた。一目見た瞬間から、私たちは友人になった。アルトハウスはドイツ人ではあるが、生涯の大半をフランスで過ごしてきたため、フランス語を完璧に話すことができた。彼が着いてからというもの、私にはもう暇な時間などなくなってしまった。[……]

アルトハウスは一七歳から軍隊に入り、従軍経験を積み重ねていた。フランス軍や同盟国軍の工兵将校として仕えてきた。彼の目には、軍人という職は他のどんな職もその下位にきて然るべき最上級の職と映っていた。彼にとって戦う理由などどうでもよく、ただ戦闘が面白いという理由から、好きでその職に就いているのだった。[……]

一八一五年の騒乱からは、彼はドイツ国のために仕えていた。軍では高い階級や高給が保証され、またどこの駐屯地でも快適な生活を送れたであろうが、戦士としての彼の活力は休息を甘んじて受け入れることなどできなかった。その持つ手腕を発揮する機会、戦闘での駆け引き、成功や失敗の可能性、勝利の喜びや敗北の教訓が生み出す強烈な感動などが彼には必要だったのである。〔……〕

彼は職を辞し、優しく愛してくれていた家族の下を去り、こうして真の冒険家として、戦闘の機会を求めてペルーに渡ってきたのである。〔……〕

アルトハウスがペルーに住んで一四年が経っていた。ありとあらゆる戦闘に参加したが、どの戦いでもかすり傷一つ負わなかった。一八二五年ボリバールの後についてアレキパにきた彼は、ボリバールと周知の間柄だった叔父ピオの家に投宿することになった。彼はそこで父の妹の娘である私の従姉妹マヌエラ・デ・フロレスと知り合い、そして彼女に恋をし、またこの乙女も彼を愛してくれたから、立ち塞がる障害を乗り越えて、親のないマヌエラの後見人役を務めていた私の叔父から首尾よく彼女を手にすることができた。一八二六年、アルトハウスは従姉妹と結婚した。私がペルーにきた時、二人の間には息子二人と娘一人の三人の子供がいた。

アルトハウスは人の誉れとなるすべての美徳を備えていた。それらの美徳は彼の備える真心と受けた教育から手に入れたものである。同時に彼にはそうした美点と相容れない、長期にわたる軍人という職業のせいだと皆のいう欠点もいくつか認められた。〔……〕

叔父は海水浴のためカマナからイズレーに行っていた。いろいろな口実を設けてアレキパへの帰宅を引き延ばしながら、彼が私など恐れていないということをこれ見よがしに示すそぶりをしているのは明白だった。私はもう三カ月も前から彼の家に住んで彼を待っていたのだった。ようやくイズレーを出発したこと、もし都合が良ければ、旅の途中で立ち寄る予定にしていた田舎の別荘に会いに来るようにと彼は知らせてきた。

今や私の希望のすべてがかかっており、また授かった教育や昇進、この世での栄達などすべてが私の父の尽力があればこそだったこの叔父に会いに行くことになったのはこうしてである！ 彼はどんなもてなしをしてくれるだろうか。彼に会ってどんな感動を受けるだろうか。こう考えると、心臓は早鐘のように鳴った。乙女の頃、私はこの叔父を第二の父と思うくらい深く愛していたが、母が《お前の叔父さんはお前を見捨ててしまったのだよ》と話してくれたときには、苦しみのあまり、もう二度と叔父のことなど頭に思い浮かべないようにしよう、ときっぱりと考えたりしていたのだった。

一月三日午後四時頃、親しい従兄弟のエマニュエル、アルトハウス、親切なヴィオリエに付き添われ、さらに私に対する好意とか、ドン・ピオ・デ・トリスタンへの心遣いからというよりもむしろ好奇心を満足させようとやってきた他の大勢の人々を後ろに従えて、私は馬に乗った。叔父がシャクラ[*chacra*]*4と呼んでいる美しい別荘に向かって進んで行ったが、そこは町から一里半のところにあった。住居に近づくと、エマニュエルとアルトハウスが先に私の到着を知らせに行った。ほどなくすると、馬に乗った一人の人物が全速力で向かってくる姿が目に入ってきた。私は大声で叫んだ。「叔父さんだ！」馬に蹴りを入れて走らせると、あっという間に彼の傍まで来た。そのとき受けた感動を言葉などではとうてい十分に表わすことなどできないだろう。私は彼の手をとり、愛情を込めてこう言った。「ああ！叔父様、私にはあなたの愛情が必要なのです！……」。「娘よ、その愛情はもうすっかり手にしているのだよ。実の子と同じようにあなたを愛しているのだから。いや、実の妹と呼んでもいいですよ、というのも、あなたのお父さんは私の父親代わりになってくれたからです。ああ！ 愛しい姪よ、あなたに会うことができ、どこをとっても亡き兄の面影が呼び起こされてくるあなたの顔がみられるなんて何て嬉しいことでしょう。フロリタの中にあるのは彼、私の兄、愛する兄マリアノの姿そのものです」。彼は私の体を引き寄せてくれ、また私のほうは落馬の危険も顧みず、彼の胸に頭をもたせかけて長い間そのままじっとしていた。涙で顔を濡らしたまま私は再び身を起こした。それが喜びの涙であったのか、苦しみの涙だったのか、それとも追憶の涙だったのか、私には分からない……。心の動揺はあまりに激しくまた混乱していたため、その理由をはっきり述べることなどとうてい不可能である。かの男性陣が私たちに追いついてきた。私は目の涙を拭い、必死になって落ち着きを取り戻そうと努め、そして一言も喋らずに叔父と一緒に先頭に立って進んでいった。中庭に入ると、叔母（マヌエラの姉妹だから、彼女もまた私の従姉妹にあたるが）が出迎えに出てきて、とても愛想よくもてなしてくれたが、その心の奥底にある魂の冷ややかさははっきりと見抜くことができた。私は彼女の子供の三人の娘と一人の男の子を抱擁してやったが、四人とも温かみのない人間に感じられた。従姉妹のマヌエラに関していえば、そんなことは決してなかった。彼女は私の腕の中に飛び込んできて、優しく抱きしめ、目に涙を一杯浮かべながら、感動に震える声でこう言ってくれた。「まあ！ あなた、私は一刻も早くあなたとお近づきになりたいと思っていましたよ！ あなたの存在を知ってからというもの、私はあなたを愛しく思い、その勇気を賞賛し、その苦しみに涙したものです」。私たちはこの田舎に二時間ほど止まった。叔父と一緒に散歩に出たりした。私は飽きずに彼の話に耳を傾けることができた。正確にまたうっとりするくらい優美にフランス語を話したからである。私は彼の持つ才知に魅了され、またその心遣いにうっとりとさせられてしまった。

七時頃私たちはアレキパに向かって出発した。叔父は美しい血気盛んなチリ産の雌馬にまたがっていた。巧みにまた優美にこれを操る姿を見ると、その乗馬訓練がアンダルシアで行なわれたものであることがはっきり分かった。今度もまた私は大勢の騎馬行列の先頭に立った。右側を進んでいく叔父は好意溢れる態度で終始私に語りかけてきてくれた。

館に着くと、従姉妹のカルメンが大広間で、ドン・ピオとその家族を出迎えようとやってきた大勢の来客のもてなしに没頭している姿が目に入ってきた。従姉妹は豪華な夜食の支度をさせていた。叔母は居合わせた人々をこの夜食に誘った。幾たりかは申し出を受け入れた。が、他の幾たりかはお喋りしたり煙草を吸ったりしてその場に居続けた。私はずっと叔父と一緒にいた。私にとって彼のお喋りは抗し難いほどの魅力があったからである。しかし退室しなくてはならない時間になり、また夜も更けてきていたにもかかわらず、私は不承不承仕方なくといった体で彼の傍を離れていった。私は彼との会話にすっかり満足し、彼の傍にいられる幸福感をかみしめながら、彼のもたらした魅力にすっかり虜にされてしまい、私が彼に要求すべきものは何かなどあえて考えてみようともしなかった。

9　ドン・ピオ・デ・トリスタンとその家族

叔父はヨーロッパ人的な顔だちをしていない。大地と気候が自然界に存するすべてのものに影響を与えるように、彼もそれらが人間の有機組成に与える影響を受けていた。とはいえ、私たちの親族は純粋にスペイン人の血をひいていて、また親族を構成する大多数の人間も皆どこか互いに相似たところがあるという際立った特徴を備えていた。ところが、従姉妹のマヌエラと叔父の二人だけは他の人間と全く異なっていた。ドン・ピオの背はわずか五ピエしかない。とても頑丈な体格をしていたが、体はすらりとしていて手足も細い。頭は小さく、近年白いものが目立ち始めてきた頭髪がこれを覆っている。皮膚の色は黄味を帯びている。顔はほっそりし、整った顔だちである。青い瞳は才知できらきらと輝いている。アンデス山地に住む人間特有の敏捷さをことごとく備えている。(当時六四歳だったが)二五歳のフランス人の若者より身のこなしは若々しく、また遙かに活動的だった。背後からその姿を見たら誰でも三〇歳くらいだと思ってしまうだろうし、正面からでも、せいぜいのところ四五歳くらいではないかと感じるだろう。

彼の精神には山岳人特有の頑固さと狡猾さ、そしてまたこれとは異質なフランス人的優美さの二つが混在している。その記憶力とすべてのものへの適応力は驚くべきほどである。彼にあってはすんなりと理解できぬものなど何一つない。人付き合いは柔和で、愛想よく、魅力に溢れている。会話は生き生きとし、巧みな表現力でひときわ輝いている。とても陽気で、時にいくらか冗談を差し挟んだりもするが、どんな場合でもそれは趣味の良いものである。こうした魅力的な外観は決して変わることはない。彼の話すこと、その言葉に伴う身振り、また煙草を吸う仕草までが教育の行き届いた上品な人間であることを示している。だが人生のうちでも二五年間という長年月を荒くれ兵士どもに混じって過ごしてきたこの軍人のうちに、卑屈な追従的人間像を認めて驚かされることになるのだ。叔父はどんな人間に対しても相手に応じた言葉で話せるという見事な才覚の持ち主である。彼の話を聞いていると、誰しもその言葉の魅力にすっかり虜にされ、浴びせかけようとしていた不平不満もつい忘れてしまう。まさに彼は正真正銘のセイレン〔半人半魚の海の魔女、船人を美声で魅了して難船させたという〕といっていいだろう。いまだかつてまだ誰も、彼が私の全存在に与えたほど不可思議な印象を私に与えた人間はいなかった。

ドン・ピオ・デ・トリスタンを、他者を導くよう神によって運命づけられた選良の一人としていることうした輝けるすべての美質には、野心をもってしても制御できなかった、これとは対照的な大きなある情念が結びついている。強欲さが彼を冷酷無常な行為に走らせているのだが、彼という人間を台無しにしてしまいかねないこの強欲ぶりを覆い隠そうとする努力が、時として彼に非常に寛大な行動をとらせたりしている。もしそれが人の目に入らなければ、これを欺く必要性など感じはしないだろう。さして注意を払わぬ観察者には、たまたま行なう気前のよい行為に接したりすると、彼の性格の奥底に何かわからぬ曖昧なものを感じて戸惑ってしまうが、親しい人間や彼と長く付き合ってきた人間の目はそんなものにごまかされたりはしないだろう。

叔父がマヌエラの姉妹である彼の姪と結婚したのは、スペインから帰国して間もなくのことだった。叔母の名はヨアキナ・デ・フロレスといい、疑いもなく親族中でも一番の美女だった。私が彼女に会った時、おそらく四〇歳くらいになっていただろう。かつての美貌はまだ衰えていなかったとはいえ、年齢のわりには出産経験が多かったため(彼女は一一人もの子持ちであった)、それもすっかり色褪せてしまっていた。黒く大きな瞳は形といい表情といい素晴らしく、金色のきめ細かい肌と真珠のように純白の歯は眩いばかりに輝いていた。叔母の姿に接した私は、マダム・ド・マントノン(1)もかくやという思いにとらわれたほどだった。初等教育も等閑にされてきた身だったが、叔父の厳しいしつけを受けて鍛えられ、今ではもう先生の誉れとなる生徒になっていた。ヨアキナは王国の摂政かそれとも七〇歳の国王の愛人にぴったりの人間といえるだろう。

彼女の大いなる才能とは、どんな人間にも——抜け目のない夫に対してさえも——無知で、ただひたすら子供や家事にいそしむ女性ということを信じ込ませていることである。深い信仰心、控え目で穏和で従順な外観、貧しい人間に語りかけるその思いやり、道を通る際彼女に挨拶してくれる庶民に表わす好意、内気な態度物腰、衣服の極端といえるほどの質素ぶり、こうしたものすべてが彼女が信心深くてつつましやかで野心のない女であることを表わしている。ヨアキナは権力を手にしようと争っているどの陣営の人間にも近づいて話しかけようとし、人なつっこい笑顔をふりまき、人におもねるような声を発したりしている。その態度、言葉遣いも気取ってはいない。常にしっかりと抑制された精神は鋭敏で、その雄弁ぶりは説得力に溢れ、美しい眼はほんのちょっとした感動を受けても涙で一杯になるほどである。もしこの女性が能力に見合った地位に就いていたなら、当代で最も傑出した人物になっていたであろう。その性格はペルーの風俗習慣を手本にして形成されたのだった。

一目見たときから、私は本能的にこのヨアキナに嫌悪感を抱いた。どんな場合でも私は、どんなに愛らしい微笑もそのまなざしと調和のとれていないような人間は信用できなかったからである。叔母はその声音を唇に浮かべた微笑と調和させようと細心の注意を払っていたにもかかわらず、熟練した肥えた目の持ち主にとっては、彼女こそこうした不調和の典型的事例であることは一目瞭然だった。彼女を知る人間は一様にこうしたやり方に惜しみない賛辞を送っている。というのも、ペルーにあって最も評価の高いものといえば、それは二枚舌なのだから。[……]

ヨアキナは信仰心を大いに誇示している。取り巻きたちの言によれば、彼女は本当にうんざりしてしまうくらい几帳面に、迷信に満ち満ちたカトリック教の宗式を守っている人間である。しかし、それは聖職者からの特別な好意、信心で凝り固まった大衆の尊敬を得んがためであり、野心のためとあらば、叔母にとって苦痛と感じられるものなど何もないのである。優しい言葉で貧者のご機嫌を取り結んでいるが、その所有する巨万の富ゆえに、そうするのがまさに彼女にとってふさわしいやり方だというようにして、彼らの貧苦を和らげようとはしていない。彼女にとって、宗教とは同胞への愛によって表現されるあの心の奥底の動きではないのだ。宗教心は彼女をいかなる献身、いかなる自己犠牲にも駆り立てはしない。彼女にとって、それは情念に役立たせるための道具、良心の呵責を抑制するための手段なのだ。夫以上に強欲なヨアキナは数々の胸のむかつく冷酷無常な行為を犯している。物惜しみしない寛大な心の働きは強欲なエゴイズムで麻痺させられてしまっているのだ。謙虚さという外観の下に、度外れた傲慢さと野心が隠されているのである。上流社会とそれが備えているあらゆる華美を好み、賭け事に熱中し、狂おしいまでの美食家である。子供らも、うるさがられまいとして、甘やかし放題にしている。そのため彼らの行儀はすこぶる悪い。全員したい放題で守銭奴根性まる出しにもかかわらず、両親はそんなことに一向頓着してはいない。またアレキパには絵や音楽やフランス語の先生がいて、さまざまな教育手段を提供してくれているにもかかわらず、子供たちはそうしたものに何一つ通じてはおらず、さらにまたどんな種類の才能の基礎も身につけてはいなかった。にもかかわらず、長男は一六歳に、他は一二歳、九歳、七歳になっていた。

ヨアキナの妹マヌエラ・デ・フロレス・ダルトハウスは彼女と少しも似ていなかった。彼女は、芸術が模倣はしても創造することはできない、万物を美化し、活性化させ、また周囲に与える幸福感だけで幸せに思うようなあの魅力的な神の創造物の一人である。従姉妹マヌエラのアレキパでの存在は、言うならばパリのガン通りやブッフ通りでのエレガントな女性たちのそれと同じである。アレキパでの彼女は、女性という女性の誰もが羨望のまなざしを送り、必死になって模倣しようとする模範的女性なのだ。最新のモードに通じるためとあらば、マヌエラはいかなる心配りも出費も厭いはしない。最新のモード向けの新聞もとっているし、さらに新しい服が出るや、彼女の代理人がすぐさまそれを届けてくれたりしている。［……］常時自宅にいる腕のいい縫子が挿絵に描かれた衣装を模作しているが、それも従姉妹の姿を見て、しばしばコック通りにあるマルチネのショウウィンドーを飾っているあの優しく可愛らしい婦人たちを見ているのではないかと思ってしまうほどの正確さである。こうした模倣への盲従は他の多くの女性たちにとってはおそらく益するところは何もないだろう。しかし、マヌエラはとても素敵な女性だったから、身につけているものは何でも美しくなり、何でも魅力的になってしまうのである。愛らしく素敵な顔だち、才気煥発で快活なうっとりとする表情、気品のある態度、愛想のいい物腰、敏捷でコケットな歩き方によって、どれほど奇妙な服装であっても、不思議とぴったり調和してしまうのである。

叔父と同様に、マヌエラは顔立ちをとっても性格をとっても親族の誰とも似ていない。彼女の浪費癖は濫費と形容してもいいほどである。贅沢な趣味、どんなものでも手にいれたいと思う感情は彼女にあっては自然な欲求になっている。事実、レースの飾りのついたバチストの肌着、奇麗な絹のストッキング、最上の出来映えのサテンの短靴を自分が持っていなかったりしたら、不幸な女性になるのは間違いないだろう。パリのどんなしゃれ者でも、彼女ほど自分のためにありとあらゆる香水、練りおしろい、化粧クリーム、入浴剤、美容材を使用している女性はいないだろう。その身体から発散する香水を嗅げば、まるでもくれん、薔薇、ヘリオトロープ、ジャスミンに取り囲まれているような気がするし、いつも頭を飾っているみずみずしい奇麗な花を目にすれば、そうした花への崇拝に一身を捧げているのではないかと思ってしまうだろう。家庭の維持管理にも贅の限りを尽くしている。奴隷たちも立派な身なりをし、子供たちも町で一番立派な服を着ている。とりわけ可愛らしくてめかしこみ、キューピットと呼んでもいいような娘は特にそうである。マヌエラにはスペイン人特有の生真面目さはどこにもなく、並外れて陽気で、そそっかしく、軽率で、子供っぽく、その無邪気さといったら、あの心身を憔悴させる陰険なペルー社会の駆け引き上手とは全く対照的な女性だった。ひたすら気晴らしを追い求め、気晴らしとあればどんなものでも区別なく好む女性といっていい。観劇、舞踏会、夜会、散策、参観が彼女の一番好きな時間の過ごし方であるが、かといってそうしたものだけで彼女の旺盛な活動力を満たすのには十分ではない。政治に関心を抱き、あらゆる新聞を読み、自国やヨーロッパの出来事すべてに精通する時間も見いだしている。フランスで出ている新聞が読めるようにとフランス語までも勉強したのである。さらに、いつも不在がちな夫やその他大勢の人たちと絶えず数多くの手紙のやりとりをしている。その文章は見事で、またびっくりするくらい流麗である。こうした長所に加えて、心が広く、一般のペルー女性には滅多に見られない豊かな感受性も備えている。マヌエラはヨーロッパの大都市が提供する選り抜きの上流社会で暮らすのにふさわしい人間だったし、もしそこで生活していたら、きっと眩いくらい強烈な光できらきらと光り輝いたことだろう。ところが、なんと残念なことだろう！　哀れな従姉妹は、彼女の柄ではないつまらぬ陰謀の充満する社会の中で、持てる豊かな資質をすり減らしていかざるを得ないのだ。きらめくようなパリのサロンだったら、周りを取り囲む魅力的な数多くの人々の魂を虜にしてしまうような美しいその装いも、アレキパの人々の中では全く無駄で無意味なものになってしまっているのだ。そうした人々の中に入れば、彼女はさほどの金を使わないでも済ませられるかもしれない。しかし、羽毛の美しさが小鳥の美しさとなっている国にあっては、装いの美は彼女の本性といってもいいものなのだ。女王たるべく生まれた彼女は、砂漠のオアシスにあってひときわ目立つ存在である。ここに述べた従姉妹に関する人物描写から判断して、あんなにも愛らしく、服装に凝り、香水もたっぷりとつけたこの女性が、そうした態度物腰と共鳴するところなど全くないアルトハウスのような一介の兵士を夫に選んだことを知って、おそらく誰もがびっくりしただろう。ところが二人の夫婦仲はとてもよかったのである。マヌエラは夫を非常に愛し、彼からどれほどつれない扱いをされても、少しも怯えたりせずじっと耐え忍び、またどんな勝手気ままな行為にも言うなりに従っている。一方アルトハウスの方でも、妻を愛し、彼女にありとあらゆる配慮を示し、その愛の証を立ててやっていた。彼は妻を絶対的な女主人にさせておき、彼女の気に入ると思ったものは何でも買い与え、その美貌を一段と引き立たせる装身具を見て楽しんでいた。コントラストも時としては類似というものより遙かによく調和するものなのだということを、この夫婦の例は証明してくれていた。

叔父が到着してから数日間はおしゃべりで過ぎていった。私は飽きもせず彼の話に耳を傾けていた。彼は親族全体の沿革について語ってくれたり、もっと早く私の存在を知ることができなかった運命の巡り合わせを嘆いてみせてくれたりした。要するに、あり余るほどの慈愛と愛情を込めて語りかけてくれたから、ついそれまでの彼のふるまいも忘れてしまい、私に公平な態度を示してくれるのではと期待してしまった。ところがどうだろう！ ほどなくして私は誤りに気づくのである。ある日私たちが親族の資産のことを話題にしていると、叔父は私がどうしてペルーにきたのか、その動機をどうしても知りたい様子がうかがえた。そこで、フランスに親族も財産もない私は、祖母の援助と保護を求めてやってきたこと、しかし、ヴァルパライソでその祖母の死を知ったため、すべての希望を叔父の愛情と正義に託そうと思ったことなどを語ってやった。

この答えを聞いて叔父は不安に陥った様子をみせたが、この件について彼が最初に述べた二、三言を耳にしたとたん、私は驚きと苦悩で立ちすくんでしまった。彼は私にこう言ったのだ。「フロリタ、財産に関しては、私が重視するのは法律だけで、私的配慮というのは一切脇に除けておくことにしています。あなたに対し公平であるようにと求めてきましたが、それを決定してくれるものは、あなたの所持しているいくつかの証明書だけなのです。あなたが嫡出子だと述べている洗礼書を見せてくれましたが、あなたの母上の婚姻証書は示してはくれなかったし、また戸籍謄本もあなたが非嫡出子に間違いないと証明しています。この資格では、法律上は、あなたの受け取るものは父上の遺産の五分の一となります。そういう訳で、私はあなたの父上の残された財産、そして私が管理を負わされたその財産の収支報告書をあなたに送ったのです。フランスに渡る遙か前に、彼がスペインでこしらえた借金を私がかろうじて支払ったという状態もそれで分かったでしょう。ねえフロリタ、私たちの母の相続財産に関して言えば、非嫡出子にはその両親の尊属の財産に対しては何の権利もないことはご存知でしょう。したがって、あなたの母と私の兄との結婚を証明する法的形式をすべて備えた証明書を私に提示してくれない限り、私はあなたに何もしてやれないのです」

叔父はこんな調子で三〇分以上も話し続けていたが、話す声の冷淡さや顔の表情を見れば、人間が支配的情念に丸ごと虜にされているときと同じ状態に彼も置かれていることが分かった。それはまさしくウォルター・スコットの描く守銭奴、財布の中の金貨を一枚一枚数えているレベッカの父親、そして財布を見つけてやった人には一銭もやらず、また金貨を財布に戻してしまう父親そのものだった。ああ！人間がこのように本来備え持っている感情を抑えつけてしまう情欲に支配されてしまった場合、なんと卑小で堕落した存在になり果ててしまうものだろうか！　私はドン・ピオの書斎のソファーに腰を下ろしていたが、彼のほうはというと、何もやましいことはしていないのだと必死に自分に言い聞かせているかのように、盛んにしゃべり続けながら、あっちに行ったりこっちに来たりとせわしなく歩き回っていた。私には彼の心中で何が生じているかなど先刻承知済みで、そして彼への哀れみの気持ちで一杯だった。悪意ある人は不幸な存在であり、そうした人間は同情すべき存在なのだ。悪徳は彼にあるのではない。それは社会制度がもたらしている国の指導者たちであり、彼らのくびきから逃れられるものはよき本性の持主だけである。

私は彼に言った。

「叔父様、私があなたの兄上の娘であることははっきり信じていらっしゃいますね」

「ああ！　もちろんですよ、フロリタ。あなたには誰一人疑うものなどないくらいはっきりと彼の面影が残っていますよ」

「叔父様、あなたは神を信じていらっしゃいます。毎朝、あなたは神を誉めたたえ、宗教のしきたりをしっかりと守っておられます。神はその兄弟に、兄の娘を見捨てたり、否認したり、見知らぬ女とみなすようにと命じたりするとお考えでしょうか。父の遺産を子供に返すことを拒否しても、私たちの心中に聖なる刻印の穿たれた法に背いてはいないなどと思ったりするでしょうか。そうですとも！　叔父様、確信していますが、あなたは魂の声に耳を貸さなかったり、良心に背いたり、神を冒瀆したりする方では決してないでしょう」

「フロリタ、人間が法律をつくったのです。それは神の掟と同じくらい神聖なものなのです。もちろん、私はあなたを愛すべきだし、また事実兄の娘として愛しています。しかし、法律は兄が手にしたかもしれぬ財産に関しあなたに何の権利も認めてはいないのだから、私には彼が手にしたであろう財産をあなたに返してやる義務は何もないのです。彼の亡くなった時、彼の所有していた資産の五分の一だけがあなたのものなのです」

「叔父様、父と母との結婚は紛れもない事実です。それはただ死によってのみ解消されたのでした。ご存知のように、ある司祭の手によってとりおこなわれたその結婚は、人間の作った法の定める形式を備えていなかったことも私は承知しています。最初からそのことはあなたに言ってあります。でも、誠意ある人間が父親のないみなし子からパンを奪い取る口実に、このような手続きの遺漏を持ち出したりして、それが当然だといえるでしょうか。もし私が当然のごとくあなたの公正さに疑念を抱いたとしたら、いかなる手段を講じてでもこうした手続きの遺漏を補う手だてを見つけようとしただろうと思いますか。スペインのどこかの教会に行き、母の結婚を正当なものと認める証明書を入手するのが困難な作業だなどとお考えでしょうか。その書類を持っていたら、あなたはどうあがこうとも当然父に帰すべき相続分を拒否することはできなかったでしょう。あなたはビタ一文私からは奪えなかったでしょう。出発前、私は幾たりかのスペイン人弁護士に相談してみました。彼らは皆こうした証明書を——彼らはそれを入手するためとるべき方法を教えてくれたのです——持って行くようにと助言してくれました。ところがどうでしょう！　叔父様、私はそれをきっぱりと断わったのです！　また私の手紙をごらんになれば、私の言ったことを信じてもらえるでしょう。あなたの愛情を信じればこそ、私はそのような助言をはねつけたのです。そして私の手に入るかもしれぬ財産を、あなたの公正さによってのみ手に入れたいと思ったのです」

「ねえ、フロリタ、どうしてあなたは執拗に私を公正さの欠けた人間だと思い続けているのか、納得がいきません。私があなたのお金の管理人とでもいうのでしょうか。あなたには私にお金を要求する権利などあるでしょうか」

「分かっています、叔父様。あなたが法律の字句に忠実である限り、あなたのおっしゃることはもっともですし、さらに、非嫡出子の身である私には祖母の遺産相続に何の権利もないことは百も承知しております。しかし、あなたが今あるのはひとえにかの兄のおかげであり、その兄の娘として、私はあなたに特別な配慮を求めてもいいのではないでしょうか。そうです、叔父様！　私の訴えているのはまさにその点なのです。私はあなたにも、共同相続人たちにも、それぞれが取り分として受け取った八〇万フランを要求しているのではありません。ただ私が自立して生活していくのに十分な額であるその八分の一、それだけでいいから、分けていただけないでしょうかといっているのです。私の生活費はとてもつましく、嗜好も質素そのものです。社交界やそのきらびやかな生活も好きではありません。五千フランの年金があれば、どこでも自由にまた幸せに暮らしていけるでしょう。叔父様、これを贈与していただければ、私の願いはすべて叶えられるでしょう。私はこの義務をあなた一人だけにお願いしたいのです。そうしていただけたら本当に嬉しいし、また私がどれほど長く生きようとも、受けたご恩への感謝の気持ちを満たせはしないでしょう」

こう言って、私は彼の傍に近寄っていった。彼の手を取り、胸にしっかりと抱き締めた。涙で声も途切れがちだった。身を震わせながら、熟慮する彼の返事を待つ間、私は優しさと不安と感謝の気持ちの入り混じった一種形容し難い表情で、じっと彼を見つめていた。

「叔父様、私を幸せにしてくれることに同意してくれますね。ああ！　神の御加護であなたに長寿が授けられんことを！　私の幸福と謝意はきっとあなたの人生に喜びと安らぎとをたっぷりともたらしてくれるでしょうし、またそうなればあなたが私のためにしてくれたすべてのことに対して十分報われることにもなるでしょう」

叔父は不意に身を動かし、沈黙を破って言った。

「ねえフロリタ、じゃああなたはこの相続の件をどのように理解しているのですか。あなたに二万ピアストルものお金をあげられるなどと思っているのですか。途方もない金額ですよ！……二万ピアストルだなんて！」

不意に出た冷酷なこの返事が私にもたらした突然の結果について説明しろといわれてもとうてい私にはできないだろう。言えることといったら、それは二人の会話が始まってからというもの私の置かれていた過敏な精神状態からだろうか、あっという間に強烈な憤怒の激発――それによって受けた肉体的、精神的衝撃はまるで生の最後の瞬間に近づいたのではと思うほど強烈だった――が生じたことだった。私はしばらくの間ものも言えぬ状態で、部屋の中をあちこち歩き回っていた。両の眼はらんらんと輝いていた。筋肉はぴんと張りつめていた。そのとき、たとえ雷が落ちても、耳には入りはしなかっただろう。叔父が何を言っているかも分からなかった。私の身は、魂がある超人的な力とつながっているあの瞬間に置かれていたのだった。

私は叔父の前で立ち止まり、その手をぎゅっと摑み、ほとんど聞き取れないような声でこう語りかけた。

「そうですか、ドン・ピオ、あなたは平然としかも熟慮した上で、あなたの父親代わりとなり、あなたの教育や財産、そして今あるあなたのすべてがその尽力のたまものである恩人たるべき兄の娘を厄介払いしてしまおうというのですね。一体どれほど兄の恩義を受けたか測り知れぬほどなのに、三〇万フランもの年金を手にしているあなたは大恩あるその兄の娘である私を無情にも貧苦に追いやろうとするのですね。当然私のものとなるべき一〇〇万フランがあるというのに、あなたは私を貧困生活の恐怖に追いやり、絶望におちこませ、こうして否応なくあなたへの侮蔑感を抱かせようというのですね。父が私に愛するようにと教えてくれたあなた、私の希望のすべてがかかっている唯一人の親族であるあなたなのに！　ああ！　なんと不誠実で、無節操で、思いやりのない人でしょう、そんなあなただったら、今度は私の方からごめんこうむることにし、もうあなたと血のつながった娘でも何でもなく、こうしてあなたを良心の呵責に委ねてしまおうと思います。私はもうあなたに何も期待しません。今夜からあなたの家を出ていくことにします。そして明日になれば、町中の人間は、あなたがその名を口にするたびに思わずあなたに涙を流させてしまうあの兄の思い出に対する忘恩ぶり、私への冷酷な仕打ち、私があなたに寄せた軽率な信頼感をどのようなやり方で裏切ったかを知ることになるでしょう」

私は彼の書斎を出て、丸天井の大きな私の部屋に戻っていった。私の置かれた激しい苛立ちと苦悩のありさまは、言葉ではとうてい言い表わせないでしょう。私はすぐさまヴィオリエに手紙を書き送った。彼が来ると、もうこれ以上叔父のところにはいたくないと打ち明け、どこか泊まるところを見つけてほしいと頼んだ。ル・ブリ氏が明後日イズレーから到着するはずだから、もう二日ほど待ってほしいと彼は懇願した。

叔父はすぐさま家族全員に私の敵意に満ちた意図を告げ知らせに行った。アルトハウスが仲介の労を負わされたので、私はドン・ピオとの間に起こしたいさかいの様子を逐一語ってやった。彼は言った。

「私はそんなことにびっくりしたりはしませんよ。彼の人となりについて手にしていた情報から考えれば、そのような事態は当然予期すべきだったと思います。でも、ねえフロリタ、スキャンダルを引き起こしたり、さらにもっと深い悲しみを抱いたりする前に、事態を解決することが可能かどうか検討してみましょうよ。もしあなたになんらかの権利があった場合、私もマヌエラも決してそれに異議を唱えたりはしないでしょう。相続の再配分をしますから。各自それぞれの相続分を手にいれ、一件落着となるでしょう。ドン・ピオとマルガリータ（私の従姉妹カルメンの娘）の叔父にはとても狡猾な二人の弁護士がついています。でもあなたは彼らと闘えるだけの力量を十分備えた法学博士のヴァルディヴィア氏を選べるでしょう。もしどうしてもドン・ピオの家を出るというのなら、あなたに私たちの家を提供するし、また仮に私たちが互いに相手に対して訴訟を起こしたとしても、それでも私たちは良き友であることに変わりないつもりです」

マヌエラも同様に助力を申し出てくれたり、多大な好意を示してくれたりし、さらには能うる限り勇気づけの言葉もかけてくれた。

その夜は一時も安らげなかった。興奮で血はかき立てられ、ベッドに横にもなれなかった。その場にじっとしていることもできなかった。行ったり来たりしているうちに夜も明けて、爽やかな朝の空気を吸おうと中庭に出て行かなくてはならないほどだった。ああ！　私の受けた苦しみは一体どれほどだったことか！　あれほど遠い国からはるばる探し求めてやってきたこの家族全員が、エゴイズムをその持つありとあらゆる様相、ありとあらゆる姿の下で剝き出しにし、まるで大理石の彫像のように、他人の不幸に対し冷酷で無感覚な態度を示しているのだ！　親族の中でも父と一緒に暮らしたことのある唯一人の人、父からいつくしまれ、全幅の信頼を寄せられていた叔父、その愛情に一身を委ねていた叔父、社会的肩書きを数多く備え、心から私の苦しみに同情を寄せてくれるに違いないと思っていたその叔父が、全く剝き出しの吝嗇ぶりと忘恩ぶりを見せたのだ！［……］

朝、体は疲労でくたくたで、眠りたいとか、何か食べたいなどという気持ちも生まれてこなかった。五日間というもの、脳髄の興奮のため、こうした状態がずっと続いたままだった。

翌日、私は法律に詳しい裁判長に面会にいき、私の置かれている立場を打ち明けてみた。叔父が私の最初の手紙を受け取った時、まず彼に意見を求めに来たこと、かつて弁護士をしていた彼はその手紙を読んで、兄の娘には兄の残した財産の五分の一しか請求する権利はないから、娘の申し立てている請求には少しも心配しなくてよいとドン・ピオに伝えておいた、と彼は私に言った。

しかし、裁判長は私が批判を浴びないですむようにと、誰か優秀な弁護士に相談してみたらと勧めてくれた。そうした弁護士の二人に相談してみると、判決が売買されるような国にあっては、とりわけドン・ピオのような人間に訴訟を起こしても勝訴はおぼつかないと話してくれたが、それでもまだ訴訟の余地は残っているというのが彼らの見解だった。自身の取り分に加え、妻の代理として、さらにまた三分の一の取り分があったから、祖母がヨアキナに残してくれていた一〇万フランの個別の遺産を勘定に入れなくても、叔父が最大の利害関係者であった。彼は訴訟に勝とう思ったら、必要とあれば、その遺産の四分の一、さらには二分の一さえも犠牲にできるような人間だった。裁判長と並んで、この二人の弁護士も私の行動が全く理解できなかった。彼らはこう言った。「お嬢さん、この不運な手紙、この手紙であなたには一縷の望みも残ってはいません。あなたが父上と母上との結婚を周知の事実と証明する書類をもって来て下さったら、それがここでは真の結婚証明書とみなされ、それがあればあなたに向かって加えられるどんな異議申し立てにも勝つことができるんです」。私が期待していたのは叔父の愛情、感謝の気持ち、正義感なのだ、などと私はあえてこの弁護士たちに言わなかった。そんなことを言えば、彼らはきっと私のことを気が狂っているのではないかと思っただろう。そんなことなら、粗忽者とみなされるほうがましだった。

ル・ブリ氏が来た。私のとるべきよい方法は何か、彼に相談した。彼は面識もあり、正当に評価していた叔父のそのような態度に非常に立腹した。誇り高い性格のためだろうか、即刻ドン・ピオの家を出ていくように勧めてくれた。彼は年長の友として私の望みうるあらゆる便宜を図ってくれ、こうして彼の示してくれた好意のうちに、真に心の慰安を見いだすことができたのだった。

ところが叔父のほうは、私に家を出ていってほしくはなかった。というのも、どんな争い事もできる限り円満に解決しようというのが彼のやり方であり、また自分がいかに交渉に長けているか、経験上よく分かっていたからである。だから親族全員、彼、アルトハウス、そしてカルメンの娘マルガリータの代理人である老弁護士らのいる場に私が出席できるかどうかを尋ねる手紙を書いてきたのである。上に述べた場面以来、私はもう二度と彼に会おうという気持ちにはなれなかった。食事は部屋に運んでもらい、いつでも出ていく用意はできていた。

しかし、アルトハウスの懇請に負け、私は再度叔父の執務室に出向いた。軽蔑せずにはいられなかったこの男と再び会った時、私の受けた苦痛はいったいどれほど辛く厳しかったろうか！　嘘偽りなく心の底から優しい気持ちで愛そうと思っていたその彼なのだから。彼はそれまでなかったような優しさと友愛の気持ちに満ちた態度で話しかけてきた。この二人の証人を前にして、彼はそれまで私にどれほど立派に振る舞ってきたか、繰り返し語ってみせた。遺産分割時に、祖母が私のために残してくれた一万五千フランが私に支給されることになったのはひとえにドン・ピオの懇請のおかげだということを、アルトハウスと老弁護士は認めた。

さらにまたこの二人は、五年前から私の受け取っている二五〇〇フランの年金は、もっぱら私の叔父ただ一人の寛大な気持ちのおかげであるとも話してくれた。叔父側から示されたこうした愛情の証しに私はとても感動させられてしまった。眼は涙で一杯になった。これに気づいた彼は、毎年無償でこのお金を受け取って、私の自尊心が傷つけられはしまいかと心配し、急いでこの二人の証人に向かい、それは彼の側からの贈与などではなく、返済している借金である、と答えた。付け加えてこう言った。「というのも、兄とフロラの母との正規の結婚の手続きにいささか遺漏があるため、フロリタに嫡出子の権利がないとしても、少なくとも非嫡出子として、彼女には疑いもなく扶養料を受け取るだけの権利は残されています。その支払いは私一人で引き受けますから、相続問題に関しては、どうかこの私を彼女の代理人としてお認め下さい」。叔父は私を実の子のように愛していること、私への振る舞いはどんな場合も誠実公正で寛大であり、かつ私の父がしてくれたあらゆる恩義に対して感謝の気持ちで一杯であることなどを、私を含めて全員に納得させてしまうような辣腕ぶりを示した長い会話の後で、さらにまた思わず涙のこぼれてくるほど私を感動させたり、アルトハウスの心をも激しく揺さぶったりした後で、実に優しいしぐさで、どうか私たちの間で生じた出来事は全部忘れてくれるようにと頼み、そうしてまるで実の娘同様に、彼の友でありまたその妻の良き友として、そして子供らの第二の母として、いつまでも彼の家にいてくれるように懇願した。このような台詞をうっとりとするような真実味溢れる口調で述べたため、思わず私は彼の求めてきたことを全部約束してしまった。続いてヨアキナが、実に巧みに叔父が手がけた作業の仕上げをしてみせたのである。こうして二人のセイレンは、私が訴訟をすっかり放棄し、彼らの公正さにではなく、口にした約束に身を委ねてしまうほどに私の心を眩惑してしまったのだった。

ル・ブリ氏や私と仲のいい人たちは皆私の決心を誉めたたえてくれ、さらにまた私がそれまでの自分をやすやすと捨ててしまったことにびっくりした。誇り高い精神、独立不羈の性格から考えれば、彼らにとってそんな事態はとうてい予想もできなかったからである。彼らの驚きは私にもよく分かった。実際、誠実そのものといっていい私の人柄から判断すれば、行動を促す源には野心と金銭欲しかなく、利害心の命ずるまま時に応じてどのようにでも性格を変えてしまう叔父や叔母のような人間に共感する私など想像の埒外だったからである。私の性格はそんなにやすやすとたわんだりするものではなかった。それは生まれながらに独立不羈の精神を保っており、天使のようなこの自己放棄はそこから生じたものではなかった。そうではなく、ル・ブリ氏に対してであれ誰に対してであれ、本心を打ち明けることができないのだという私の置かれていた立場からくる厳しい掟に譲歩してしまったからだった。

私はわが子の利益に支配されていたのだ。もし叔父を法廷に引き出し、スキャンダルを起こしたりしたら、私は永久に彼に疎まれてしまっただろう。彼の影響力を打ち負かす見込みなどほとんどなかったし、また訴訟を起こすと同時に彼が私の子供たちに与えてくれる保護も失ってしまっただろう。確かに、もし私が自分のことしか頭になければ、一瞬たりとも躊躇しなかっただろう。私は洗礼抄本に基づいて権利の要求をしていたから、その抄本だけが嫡出子を証明できるほぼ唯一の証拠とされている国であれば、軽率な手紙で台無しにしてしまった立場をどんな手段を使ってでも回復させようとしただろう。もし家族の正当な一員に認められなかったなら、酷薄な親族などとはすっぱりと縁切りし、さらにまるで私の飢え死にを妨げるためかのように、支給されていた毎年の金銭的援助さえも怒りを込めてはね除けてしまっただろう。けれども、私にはこのように自由に行動することはできなかった。訴訟に勝つか、和解に至る公算がない限り、自尊心に沈黙を命じ、子供らの教育の必要に応えるために、不十分とはいえ、私にとって不可欠な援助金を巻添えにしてはならなかったのだ。その上、訴訟を始めるにしても、お金が、それも莫大なお金が必要だった。ボルドー出発時に、ベルテラ氏は寛大な心根と、私という人間に抱いた大いなる好意に抗しきれず、アレキパのゴエネシュの保証する五〇〇〇ピアストル（二五〇〇〇フラン）の信用状を渡してくれていた。その上、ヴァルパライソ到着時に、二万ピアストル（一万フラン）の別のもう一枚の信用状の入った彼の手紙も見つけることができたのである。こうして、私の手元には、訴訟に必要なお金をはるかに上回るお金があった。しかし、心配して当然のことだが、もしうまくいかず、ベルテラ氏に借金を背負ってしまったりしたら、これをどのようにして返済したらいいか困り果ててしまうだろう。同じ理由から、私はまたル・ブリ氏の好意も受け入れられなかった。私に提示してくれた前貸金も、返済の確信が持てるまでは決してそのような申し入れなど受け入れまいと務めただろう。同時にまた、私の陥っていた健康の衰えも考慮に入っていた。五カ月にもわたる長期の航海で受けた苦しみは健康を損ない、さらにペルーの土地に上陸してからも、私は絶えず病気がちだった。火山熱を帯びたアレキパの大気、相容れない食事、祖母の死を知って受けた激しいショック、シャブリエの離反、そして最後に叔父の冷酷無情な忘恩行為によって受けた大きな失望感、こうした原因が全部一つになって疲労も極限に達し、死期も間近なのではと感じたりしていたが、かえってこの確信が私に落ち着きを取り戻させてくれた。このような状況に置かれた私は、子供たち、とりわけこの地上に一人ぽっちで残されている娘に一身を捧げようと思った。私の死という悲しい光景がひょっとして叔父の心を動かす力となるかもしれないし、また、死の間際には、子供らを庇護下に置き、彼らを貧困から守ってくれる手だてを与えてくれる約束が取り付けられるのではと期待したのである。

そうこうするうちに、政治上の諸事件が発生し、私の立場をややこしくし、訴訟の勝利をさらに一層疑わしいものにしてしまった。叔父は一月三日アレキパに戻ってきていたが、同じ月の二三日、私たちはリマに革命が起きたことを知った。現大統領ベルミュデスは前大統領ガマラの策謀で政権の座を支えられていたが、その座を追放され、彼にとって代わりオルベゴゾが承認されたのである。この事件を報じる新聞を読んで、アレキパに動揺が生じた。大多数はオルベゴゾの側に立つことをはっきりと宣言した。ニエト将軍が地方部隊の司令長官に任命された。一言で言うなら、わずか二四時間のうちに、つまりこの決定から生じる結果に対して十分考慮する時間も割かずに、にわか仕立ての政権が樹立され、ウノ、クスコ、アヤクチョ、その他の諸県と袂を分かってしまったのだった。この革命的大変動は町を激しい恐怖に投げ込んだ。わが身の財産に危険を感じた人々は、もう他人の立場など構ってやるゆとりなどなかった。この危機的状況が生じる以前は、一風変わった私の立場は皆の関心の的であった。ところが、アレキパ人はわが身を案じなくてはならなくなるや否や、もう私のことなど眼中にはなかった。弁護士のヴァルディヴィアは一旗上げようと目論んで事件の渦中に身を投じ、もう私のことなど構ってはいられないと伝えてきた。他の弁護士といえば、信頼できるものなど一人も見つからず、しかもまた、彼らはドン・ピオとの係わり合いを心配して、私の弁護を拒否してきた。自己本位という古典的な土地柄にあって、警報が出されるような事件が生じた場合、こうした人々がわが身の利益以外のことを考えてくれるなどと期待できるものだろうか。この革命で、私に残されていた僅かな成功のチャンスも失われてしまったことを見てとるのに大した洞察力は必要ではなかった。叔父はたぶん権力の座に復帰するだろう。この予測は、裁判官たちに公正さを見いだす一切の希望を私から奪ってしまっていた。新たな未来が眼前に姿を現わしたが、こうした神の出現の後、さらに抵抗しようなどと考えるのは狂気の沙汰であり、神をも恐れぬ行為のように思われた。私は生まれてこの方わが身にのしかかってきた数々の運命に頭を垂れ、そうして回教徒のようにこう叫んだ。神は偉大なり！……と。叔父の寛大さや良心の呵責などには一切期待できぬことが分かっていたから、訴訟を起こそうという考えや財産を得ようとかいう希望は一切棄ててしまった。私は彼に次のような手紙を書き送った。

「……叔父様、私は釈明してもらおうというよりも、むしろ温情溢れる情愛、思いやりに満ちた庇護をあなたに求めてやって来ました。私の希望は裏切られてしまいました。法律の字句を盾にとり、感情になどいささかも揺り動かされず、あなたは私と私が避難所を求めてやってきたその親族とを結びつけているすべての資格を一つ一つ剝ぎ取ってしまったのです。あなたは敬愛する亡き兄の思い出への敬慕の念に心が引き止められるような人ではありませんでした。先祖の責めらるべき怠慢の罪なき犠牲者への同情心にも心を動かされたりしませんでした。私を追い払い、まるでどこかの見知らぬ女のように扱ったのです。叔父様、このような行為はただ神の力によってのみ裁かれるものです……。

当初、誰が見ても当然な憤怒の情に駆られた挙句、私はこうした不公平の中でも最も忌まわしい光景を法廷にさらしてやりたいと思いましたが、遙か前から衰弱していた体力のため、このような醜悪な訴訟がもたらすに相違ない恐ろしい苦痛にはとても耐えきれぬだろうと感じていました。

［……］

私の出生の正当性に疑義が差し挟まれたため、また父への思い出は子供への配慮を怠ったことで損なわれていたから、その過失に覆いを掛けるためにも、私は嫡出子としての認知を熱心に求めたのでした。けれども、繰り返しますが、叔父様、私の要求を退けようとしてきっと使われるに違いない手段を調べてみて、ぞっとして尻込みしてしまいました。それもそのはず、おそらくあなたは、あなたの兄が不誠実な人間でかつ犯罪的な父親であり、革命の斧を逃れて避難してきたものの、庇護者など誰もいない異国の地での苦しい立場を重んじてやらなくてはならない一人の乙女、その乙女を卑劣にもだますという醜悪な行為を犯し、そして恋心と未経験につけ込み、秘密の結婚というまやかしによってその不実を覆い隠したのだ、ということを証明してみせるに違いないからです。なおまた、あなたの兄が神の授けたもうたわが子を見捨て、貧困と嘲りとそして野蛮な社会の侮蔑の中に晒したことも明らかにするでしょう。彼が今際のきわに娘をくれぐれもよろしくと頼んでいたのに、あなたは彼の名誉を不当にそしり、その手抜かりを計画的なものとして責めたてるに決まっています。ああ！　たとえ法廷で優位にたてたとしても、私は断念します。今までしてきたように、私は威厳をもって貧困に耐えていく勇気があります。これとひきかえに、父の祖霊は安寧が得られるでしょう。

これからもずっとあなたの家で暮らしていくようにと勧めてくれましたが、私に陽気であるように求めたりしないこと、不幸な私の身の上に対し当然の敬意が払われることを条件にこれを受け入れたいと思います。あなたには私の不平不満の声など決して耳には入らぬだろうし、またそれを表わすしるしも目に止まりはしないでしょう。

フロラ・トリスタン」

正直に言って、この手紙を出して私の気持ちは楽になった。というのも、私の誇り高い気質は、抱いている私の考えを親族すべてに知らしめるように求めていたからだった。

叔父はこの手紙を家族に見せた。これに腹を立てたのはヨアキナ一人だけだった。夫は彼女に、置かれていた辛くて気持ちの高ぶった状態のため、つい私がいろいろな言い訳を言ってしまったのだと説明して納得させ、また私が彼に投げつけた厳しい言葉にも少しも不満な態度を見せぬことで寛容の手本を示してやった。

夜、その家の司祭ドン・ホセがまるで内密の話でもあるかのように（だが、指示を受けていたことは一目瞭然だった）、私がまずまず暮らしていけるささやかな土地を購入できるようにと、親族内で、私に給付金を支給してやろうという話が出ていると知らせにきた。

とはいえ、ル・ブリ氏を除き、従姉妹のカルメン、マヌエラ、アルトハウス、ドン・ジュアン・デ・ゴエネシュなど全員そろって、私が叔父、とりわけ叔母にしたような振る舞いについて厳しく私を叱責した。彼らはこう言った。「彼らから何かを手にしようと思ったら、そんなやり方はとるべきではありませんでした。訴訟を起こす意志がないと決まったら、穏やかな態度をとり、叔父のご機嫌をうかがい、ヨアキナにお世辞を言い、ドン・ピオが皆の見ている前であなたに対し大いに気前のいいところをみせることができるときを辛抱強く待ち、それを摑まなくてはいけなかったのです。それをせずに、彼らの最大の泣き所をつき、皆の前にその貪欲ぶりをさらけ出してみせたのです。どうして彼らから憎まれないように――隠されていればいるほどいっそう危険な憎悪感――しないのですか」と。彼らの言い分はもっともだった。私の代わりに別の女性だったらきっと叔父から一〇万フランを手にし、またヨアキナからも優しい庇護が受けられただろうが、しかし、そのような女性には自尊心や、私の性格にあるような率直さなどを備えている必要はなく、また私のように阿諛追従の手腕への抗しがたい嫌悪感を覚えたりする必要もなかったでしょう。もし叔父が崇高な気持ちで一〇万フランを与えることに同意してくれたなら、そうすれば、私は嬉しさいっぱいでこの寛大な贈与を受け取り、心の底から彼に感謝の念を抱いたことでしょう。けれども、このお金を手に入れようとして、思考の自由や、神が授けてくれた個性を至高の価値と考えていた私が、それを僅かばかりの金銭と交換するくらいだったら、貧に甘んじる方が遙かにましだと思うだろう。なぜなら、そのお金を目にしただけで、悔恨の情に苛まれるに違いないから。

叔父は家族全員の前で、支払ってくれている二五〇〇フランの年金を確実に保証すると誓ってくれた、とアルトハウスは伝えてくれた。彼の言葉を大して当てにはしなかったが、これから子供たちのためにいくばくかの援助を頼むようなことが起きた場合、いずれその言葉を彼に思い出させることにして、ひとまず礼を言うことにした。

そのとき私は、不幸せというものを、頂から見れば、周囲の山々などもはや小さな丘陵としか映らず、またそこからカシミールやラホールの美しい国々を見渡すことができるヒマラヤになぞらえているベルナルダン・ド・サン・ピエールの言葉が含む真理がすっかり分かった。私は苦痛の頂点にあったが、身の不運の慰謝として、そうした極限状態に置かれたにもかかわらず、私は苦痛の中に、えもいえぬ、言うならばこの世のものならぬ快楽、想像力をもってしてもその存在が全く予測できなかった快楽を見いだしていた、と言っておかなくてはならない。私はある超人的な力でもち上げられ、遙か上方の場所へと運ばれ、そしてそこから地上の事物を、人間の情念がまとわせているみせかけの威光が剝ぎ取られた真の姿で捕えることができるように感じていた。これまでの人生でも、これほど冷静だったことは一度もなかった。もし孤独の中で、書物や花々と一緒に暮らすことができたとしたら、私の幸福は完璧なものだっただろう。

10　共和国と三人の大統領

一八三四年一月にリマに起きた革命と、それに続く内戦の原因を読者に示すのは私にとってなかなか困難である。大統領位継承権を主張する三人の人物が、支持者らの眼前で、どのようにして彼らの権利を正当化できたのかが私には皆目理解できなかったからである。この点に関する叔父の説明はあまり明快ではなかった。アルトハウスにこの件について質問すると、笑いながらこう答えてくれた。「フロリタ、私がペルー共和国に仕える光栄を得て以来、資格の怪しくないような大統領になどいまだお目にかかったことはありません……。ときには、われこそ合法的に選ばれた大統領であると主張する人間が五人もいたくらいだったのだから」

要するに、分かったのはこういうことである。大統領の妻ガマラはもはや夫を権力の座に止めておけないことが分かると、支持者の手により、お気に入りの人間ベルミュデスを候補者に仕向け、こうして彼が大統領に選ばれたのだった。彼女の政敵は、どんな理由か私には分からないものの、ベルミュデスの任命は無効だと主張し、彼らの側では、オルベゴゾを指名したのだった。こうして紛争が発生したのである。

そのニュースがリマから届いた日、私は気分が悪く、服を着たまま、カルメンとこの世の俗事の空しさについて語り合いながら、ベッドに横になっていたことを覚えている。四時だっただろうか、突然エマニュエルが怯えきった表情で部屋に飛び込んできて、こう言った。「何が起こったのか知らないんですか。郵便局員がつい今しがた、リマに恐ろしい革命が起きたというニュースを伝えてくれたところなのです！　ぞっとするような大虐殺が起きているんです！　それを耳にした人たちは憤激し、町全体にある動きが自然発生的に生じたところなのです。人々は皆寺院の広場に集合しています。ニエト将軍が県の司令官に任命されました。何を信じたらいいのか、誰の言うことを聞いたらいいのか、もう全く分からないような混乱ぶりです。父は私に叔父のピオを呼びにいかせたのです」

「そうですか」、と巻煙草の灰を落としながら、動揺した素振りもみせず、従姉妹は言った。「ドン・ピオ・デ・トリスタンにそれらのことを全部伝えにいってらっしゃい。攻撃側かそれとも敗者の側か、どちら側に金を支払ったらいいのかが心配の種である彼、彼にとってはそれこそが重大事なのです。でも、私たちには、そんなことが一体何だというのでしょう。フロリタは異国の女性ではないでしょうか。また、もう今はビタ一文も持ってはいない私、その私にオルベゴゾ、ベルミュデス、ガマラのどの側について殺し合いをしたらいいのかを知る必要などあるでしょうか」

エマニュエルは退出した。すぐ後にヨアキナが入ってきた。

「聖母マリアよ！　ねえ、あなたたち、また私たちの国にふりかかった災いを知っていますか。町には反乱が起きています。新しい政権が打ち立てられ、蜂起の先頭に立っているろくでなし連中は不幸な地主たちから金を絞り取ろうとしているのです。ああ！　何という災難でしょう！」

「もっともですね」、とカルメンは言った。「このような状況では、誰しも地主でなくって本当によかったと思っていますよ。というのも、自分の金を不幸な人々の苦しみを救済するのに使えるというときに、内戦をするためにそれを差し出すなんて耐え難いことなのだから。でも仕方ないじゃないですか、これはメダルの裏側〔物事の醜い側面〕ですから」

続いて叔父とアルトハウスがやって来た。二人とも見るからに不安気であった。叔父は金を供出させられるのが心配だったから。従兄弟のほうは、どちら側の党派についたらいいか、態度を決めかねていたから。二人とも私をとても信頼し、この錯綜した状況での私の見解を求めてきた。

叔父は私のすぐ側に近寄り、こう言った。

「ねえフロリタ、私は今不安でしょうがないんです。いい助言があったら、どうか教えて下さい。あなたには万事を正確に見通す洞察力があるし、また実際これほど重大な要件についてここで話し合える人間といったらあなた一人くらいのものですから。あのニエトという男は無節操で情けない奴で、有能ではあるが策士で熱烈な革命家の弁護士ヴァルディヴィアの言いなりになっている意気地なしの男です。あの悪党連中は我々地主から金品を強奪しようとしているのです。でも、一体どれくらいか、さっぱり見当がつかないんです。フロリタ、うまい考えを思いついたんです。明朝早くあの泥棒連中に二千ピアストル差し出してやると同時に、残りの地主全部からも税を徴収するようにと提案してやるんです。そうすれば、見かけは彼らの側についていることになるし、その結果、おそらく多額の税を私に押しつけてくる防御策にもなるのではないでしょうか。ねえ、この考えをどう思いますか」

「叔父様、その着眼点は素晴らしいと思います。でも、ただ差し出す金額が不十分じゃないでしょうか」

「ねえ、フロリタ、じゃああなたは私を教皇と同じくらい金持ちだと考えているのですか。一体どうしてですか！　彼らは一万フランでも満足しないんですか」

「叔父様、彼らは財産に応じて要求を出してくるのだということを考えてみて下さい。町で一番の金持ちのあなたがたったの一万フランしか出さなかったら、この割合でいけば、彼らの実入りはそれほど大した額にならないことくらい分かるでしょう。彼らは腕ずくで奪ったりはしないでしょう。こういっていいかもしれませんが、彼らの意図は支配者の影響力を行使して残らずかっさらっていくことなんじゃないでしょうか」

「それは一体どうしてですか。何か知っているのですか」

「はっきりとではありませんが、証拠はいくつかありますよ」「……」

ヴァルディヴィアとの付き合いで、彼がどういう人間であるか分かっていた私は、樹立された政権への彼の入閣を知ると、これからきっと地主連は絞り取られることになるだろうとはっきり推測できた。私が確信を込めて叔父に話したのはその点だった。

彼が出ていってしまうと、今度はアルトハウスが近寄ってきて、こう言った。

「……」フロリタ、どうしていいか分からないんです。あの三人のいんちき大統領のどれについたらいいんでしょうか」

「選択の余地はありませんよ。ここで承認されたのはオルベゴゾなのだから、彼の旗印とニエトの指揮の下に歩んでいかざるを得ないでしょう」

「それこそまさに腸の煮えくり返るところなんです。あのニエトは大馬鹿で、間抜け人間すべてにみられるように、あのうぬぼれ屋で三百代言のヴァルディヴィアの言いなりになっているような男なのです。一方、ベルミュデスの側には、一緒に進んでいってもいいような兵隊が何人かいるのです」

「いいでしょう。でもベルミュデスはクスコで、あなたはアレキパにいるんです。もしあなたがオルベゴゾとニエトと一緒に進んでいくのを拒めば、彼らはすぐにあなたの地位を剝奪し、そうしてあなたから金を絞り取り、ありとあらゆる面で迫害を加えてきますよ」

「心配なのはそれなんです。ドン・ピオはこの政権の寿命をどう考えているのでしょうか。私は彼に何も言ってはいません。というのは、彼は今まで何度となく嘘をついてきたので、もう彼の言葉など何も信用していないからです」

「ねえ、少なくとも、彼の行動は信じられるでしょう。あなたの決心を促すのは、この政権に金を提供しても引き合うだけの十分な寿命があるとドン・ピオが考えていることでしょう。彼は明日ニエトに四千ピアストル持っていきますよ」

「あなたにそう言ったんですか」

「そうですよ」

「ああ！　それなら事情は変わってきます。あなたの言う通りです。ドン・ピオのような策士がニエトに四千ピアストル差し出すというのなら、私のような一介の取るに足りない兵士なら、参謀長から提供されたポストは当然受諾しなくてはならないでしょう。明日八時までに将軍のところに行ってきましょう。全く手練手管などくたばってしまえ！　このアルトハウスともあろうものが！　ライン軍の中尉であった時なら、ただの伍長にでもなってほしいと思わなかったような人間の下に仕えなくてはならないとは！……ああ！　泥棒連中め！　誓ってもいいが、お前たちのためにしてやった測りしれないほどの仕事に対して、支払うべき報酬のほんの半分だけでもいいから支払ってくれたら、呪うべきお前たちの国を出て二度と再び戻ってはこないつもりなのに」

一度話し出すや、アルトハウスは前大統領ガマラ、新大統領オルベゴゾ、最後に軍事権力を握った大統領ベルミュデスの三人の大統領への怒りをどっとぶちまけた。彼はこの三人を皆等しく軽蔑してはばからなかった。しかし、そのすぐ後、事態を面白おかしくとらえ、この件に関し実に独創味溢れる道化話を披露してくれた。

アルトハウスが立ち去ってしまうと、私の思考は一層深刻な経過を辿っていった。どこにいっても、人間および所有物を保護する政府がいまだ安定して樹立されたことのないスペイン支配下のアメリカの不幸を嘆かずにはいられなかった。［……］現在アメリカ人とスペイン人が闘っているのは原理原則のためではなく、同胞からの略奪に報いてくれる指導者のためなのだ。［……］いつかきっとこれらの国民が労働の旗の下に結集する神の定めた日が到来するであろう。願わくば、そのとき、彼らが過ぎ去った災禍を思い起こし、道徳的感情に溢れた怒りを込めて、血と略奪にまみれた人間を憎悪してくれんことを！［……］

翌日、朝になるとすぐに叔父は私の部屋に入ってきた。私はまだうとうとしていた。［……］

「……フロリタ、あなたの言ってくれたことをじっくりと考えてみました。二千ピアストルでは十分じゃないのではないかと心配しているんです。でも、四千ピアストルにしたら、これはとんでもない額でしょう」

「そう、たぶんね。でも、アルトハウスは昨日、彼らはその金をただ前借り金として受け取るだけなのだと言ってくれましたよ」

「全くもう！　また大袈裟な言葉を使うもんだね！　それを貸し付け金と言うだなんて……。恥知らずの下司野郎たちめ！　ボリバールもまたその略奪に貸し付けという名を当てたんですよ。じゃあ、あの名高い解放者がここに来て、私から奪っていった二万五千ピアストルを一体誰が返してくれたというのですか、また返そうと思ってくれた人が誰かいるんですか。同じように、シュクル将軍が我々の金を奪っていったのも貸し付けという名目だったんです。でも、こうして私から借りていった一万ピアストルに以後お目にかかったことはないんですからね。ああ！　フロリタ、こんな恥知らずな行為には本当に頭にきてしまいますよ。武器を手に人の家に盗みに入り、卑劣な上にさらに馬鹿にしているのは、盗んだ金を前借り金などという名目で記録しておくなんて、それこそ厚かましいといってこれ以上のことがあるだろうか……」

「叔父様、今何時ですか」

「八時ですよ」

「じゃあ、出ていかれた方がいいですよ。というのも、地主に協力を求める布告が一〇時に町から出されるからですよ」

「本当ですか。じゃあ、ぐずぐずしている暇はない訳だ。四千ピアストルに決めよう」

こうして、思いもかけぬうれしい収支調整作用により、不当にも私に拒絶されたお金、そのお金が力づくで彼から奪い取られていくのだ、と私は思った。もし天罰がくだるとしたら、これこそその典型的事例ではないだろうか。叔父は持っている一番大切なもので罰を下されたのではないだろうか。あたかも不公平が巡り巡って今度はその不公平の犠牲となることを神が望んでいたかのように。

叔父はすっかり満足して戻ってきた。

「ああ！　フロリタ、あなたの忠告に従って本当によかったですよ。何とあのごろつき連はもうリストを作成していたのだから。将軍は私を歓待してくれました。でもあのヴァルディヴィアは私が来た理由を見抜いているようでした。その視線はこう語りかけているように感じられました。『我々がもっとたくさんの金を要求するのが恐いから、金を持ってきたんだろう。そんなことをしても何の得にもならないよ』と。幸い私は彼と同じくらい抜け目のない人間なんだから」

一〇時に、町からエル・バンド（布告の形でなされた命令書）が出された。これまでの人生でも、人々のこれほどの興奮ぶりを目にしたことは一度もなかった！　アルトハウスはまるで気でも狂ったように笑いながら私のところにやってきた。「ああ！　金がなくって本当にあなたは幸せですね！　金持ちたちは今では見るも哀れな顔つきをしているけれど、あなたのように心優しい人までそんな浮かぬ顔をしているのをみたくありませんよ！　さて、今や私はニエト将軍の参謀長になったのです。それだけでもう八〇〇ピアストルの収入になるのです！　悪辣なヴァルディヴィアは、そのリストに、総計八〇〇ピアストルとして、マヌエラ・フロレス・フォン・アルトハウスの名を載せていましたが、このように幸運な時には、万事が軍事的権力の名においてなされるものだから、この命令書が司令部に届き、それに署名する前に、犠牲者の名前に目を通しておくのはうまい考えだと思いついたんです。著名な妻の名にたどり着いたとたん、私は線を引いてそれを抹消し、こうして将軍のところに出向いて、命令書には将軍の妻も最高機関の他のメンバーの妻にも一レアルの金額も記載されてはいないというのに、私の妻だけが八〇〇ピアストルでリストに載せられているなんてとんでもないことだ、と大声で喚き立てたのです。ヴァルディヴィア先生は、『ドン・ピオの姪は……』と言って反論しようとしたんです。私は彼の話を強い調子で遮って、こう叫びました。『ここでは、ドン・ピオの姪というのではなく、ただ単に参謀長の妻として考えてもらわないといけません。もし狼が共食いするようなことにでもなれば、誓ってもいいけれど、そのときは、私は皮を脱ぎ捨て、別の巣穴に入ってうめき声を立てることになりますよ』と。穏やかな声でこの言葉を述べてしまうと、私はサーベルを地面でガチャガチャと鳴らし、さらに拍車を非常に強く響かせてみせたため、修道士は思わずペンをとって、妻の名を抹消してしまったのです。妻の名が消されてしまったことに気づいた彼は、怒りで口をぎゅっと締め、蒼白になり、そしてその視線は私の確信が一体何に由来するのかを必死に見抜こうとしているようでした。しかし、ワーテルローの戦闘時と同じように、私は岩のごとき態度を示し、彼をきっと正面に見据えながら言った。『ねえ君、こうした事柄では、我々にはそれぞれなすべき仕事があるのです。あなたはブルジョアから金を奪ってくる命令書を作成する仕事、私のほうはこれを実行させることなのです。こうした状況では、私のサーベルはあなたのペンと同じくらい有効だと思います』。こうして結局同志は了解してしまったのです。フロリタ、誓って言うけれど、あなたの名づけているこうした不作法な軍隊用語がきっと非常にいい結果をもたらしてくれたんです」

昼頃、従姉妹のカルメンが喜色満面の体で入ってきた。

「フロリタ、あなたを迎えに来ました。ねえ、起きなさい。是非ともサント・ドミンゴ通りで繰り広げられている光景を一緒に見物するため、居間の窓に腰を下ろしにきて下さいよ。それこそあなたの日記に記しておかなくてはいけないような出来事が起きているんだから。あなたのために面白い事件を既に二つメモしておいてあげました。さあ、コートを着て、頭に大きな黒いヴェールを被って下さい。窓のへりにじゅうたんとクッションを置いてあげるから。そこでベッドにいるようにしてればいいんです。そうして王女気分で楽しみましょう」

「ねえ、一体サント・ドミンゴ通りで何が起きているの」

「何が起きているんですって！　最高に愉快な見せ物ですよ。手に金の詰まった袋を持ち、青ざめた顔つきをし、落胆の面もちで、まるで処刑場に連行される人間のように歩いていく金持ち連中の姿が全部見られるんです。さあ！　早く、フロリタ。この期を逸したら大損ですよ」

彼女の懇願に負け、私は部屋の窓枠に腰を下ろした。カルメンの言う通りだった。そこで本当に興味深い出来事を観察できたからである。

従姉妹は、その犠牲とされている社会にあえて公然たる闘いを挑もうとしない人間ならごく普通に見られる、心中に密かに隠し持つあの辛辣な精神に満ち溢れた女性だった。彼女は嫌悪するこの社会に機会をとらえては復讐しようとしていた。そのため、目の前を通りかかる人間には誰であれ近寄り、そうしてその痛いところをえぐり出しては喜んでいた。

「まあ、いっぱい持って、ガミオさん。金の詰まったそんな大きな袋をどこに運んでいくの……。それで娘さんたちに素敵な別荘でも買ってあげるんですか」

「とんでもない、カルメンさん、連中が不当にも私に六千ピアストルもの金を押し付けてきたのをご存知ないんですか！」

「本当なの、ガミオさん！　ああ！　なんて恐ろしいことでしょう！……あれほど生活態度も真面目で、節約家で、日々の衣食を切り詰めてまでもお金を貯めてきた一家の長が。全く言語道断な不当な仕打ちですね！」

「その通りです、ご承知の通り、衣食を切り詰め、蓄財に努めてきたのです。ところがどうでしょう！　ほら、蓄財の成果は一瞬にしてふいになってしまうんです！　彼らは私から何もかも奪っていってしまうんですよ！」

「でもねえ、ドン・ホセ、そのお金だけで済んだと思っているんですか。……」

「ええっ！　じゃあまだ私から奪っていくというんですか」

「ドン・ホセ、私たちは真面目な人間も自由にものの言えない時代に生きているんです。聖母に加護を求め、そしてお金を持っている不幸な人々のために祈らなくてはなりません……」

セニョール・ガミオは目に涙をため、不安でがたがた震えながら、心は絶望感に打ちひしがれ、カルメンのいる窓から去っていった。

彼の後に続いて、叔父と同じくらい裕福であるが、ケチぶりにかけては遙かに彼の上をいくセニョール・ウガルトが通りかかった。普段であれば、ウガルトは青い靴下に穴のあいた靴を履き、つぎはぎだらけの服を着ているところである。その日は、おそらくあらゆる痛みの中でも一番強烈な、ケチという痛みに苦痛を募らせたのだろう、所有する財産に応じて課税されると思い込んだ彼は、ぼろというぼろの中でも一番のぼろを残らず身にまとっていた。ありとあらゆる色のぼろ服を身につけた奇妙な出で立ちのその外見風貌はグロテスクとしかいいようがなかった。珍妙なその姿を目にして、私は思わず大声で笑い出さずにはいられなかった。私はヴェールで顔を隠していたが、ところがその間、心の動きを制御することなどお手のものだった従姉妹のほうは、誰が見ても乞食と思うかもしれないが、実際は五、六百万の大金の持主であるこの哀れな男にしきりに話をさせていた。

「セニョール・ドン・ウガルト、どうしてそんなに重い金袋をへとへとになって運んでいるの。そんな苦労をしないでも、黒人やロバがいるじゃないですか」

「まさか、冗談でしょう、カルメンさん、金袋を黒人に任せるなんて！　この金袋をその窓に置くのを少し手伝って下さいよ。ここには一万ピアストルも入っているんですから！　カルメンさん、ほとんど全部が金貨なんですよ！」

「ねえ！　セニョール、黄金なんて私にとってはどうでもいいですわ。でも、どこか知らない地下室の奥深くに静かに眠っていたたくさんの金貨を手放し、それをこの世に流通させようとする人間の手に渡してしまうのが耐え難いことくらい理解できますわ」

「これを差し出してしまうんですよ！　ねえ、これを私から盗んでいくんです！　とにかく、聖母マリアはイエス・キリストとともに天にいらっしゃるから、彼らが投獄するといって私を脅したり、また投獄中に、妻が私の金をかすめとっていってしまうかもしれぬという事態を別にすれば、彼らに一マラヴェディ〔スペインで一八世紀まで使用されていた銅貨〕でもくれてやるくらいなら、焼身自殺をしたほうがまだましですよ！　哀れなわが金よ！　私の唯一つの心の慰めよ！　彼らはそれを奪っていってしまうんだ！」

苦悩の頂点に達したこの気違いは、まるでわが子の死を前にした母親のように、金袋を見つめながら泣き始めた。従姉妹は思いの丈笑い転げられるようにと、居間に戻っていった。私といえば、不幸なこの男を憐憫の情をもってじっと見つめていた。彼はまるで精神的な自己喪失状態に陥っているように感じられ、そしてその心身喪失状態のありさまが私の興味と同情の念をかき立てていた。しかしほどなくして、私はただもう彼の中に、黄金の卑しき奴隷、同胞に少しの愛情も持たず、すべてのものから孤立し、私たちの本性の中でも一番大切な情愛にも無縁な男の姿しか認められず、六百万もの大金持ちなのに、薄汚ないぼろ着を身にまとったこの男に対して深い侮蔑の念を抱くだけだった。思うに、この内戦は神命だったのだ。秩序と安寧へのすべての人間の一致した欲求が民衆を庇護する政権の樹立を導いていくようになるまでは、軍事権力による強奪の唯一の効用は、少なくともその直接的な結果として、諸種の貨幣を世に流布させることになるだろう。

再び窓に戻ってきた従姉妹は彼に葉巻を一本与えてやった――それが彼を我にかえらせる最良の方法だと知っていたから。これまで葉巻など誰にも一度として与えたことなどなく、反対に、誰かが恵んでくれるようにと、いつも忘れてくるような男がウガルトであった。まさしくケチの一文無しなのだ。

「どうぞ、セニョール・ドン・ウガルト、非合法のハバナ産の上物ですよ。二スーもするんです」

「ありがとう、セニョーラ、私にとって何よりのプレゼントです。うまい葉巻をくゆらすのは本当に楽しみですが、私だったらこれにそんな値段はつけないでしょう」

「まあ！　セニョール、その袋のどれでもいいから、そこに入っている中身の四分の一で、サント・

ドミンゴの鐘楼ほどもある巨大なハバナの葉巻が買えるんですよ。でも、そんな略奪にあっては、もう生涯美味しい葉巻もくゆらせなくなってしまったわけですね」

「全くその通りですよ！　一番恐ろしいことといったら、ねえカルメンさん、それは私が受けているような不公正を体験することです。一万ピアストルもの税を課すのだから！　着る物もないような貧乏人のこの私にですよ。敵どもは私のことを金持ちだと言いふらしています。この私が金持ちですって！　聖母マリアよ！　二、三のささやかな農地を所有しているからといって、入ってくるより出ていくほうが大きいんだから。この六年間というもの、小作人からは一ピアストルも手にしてはいませんよ。持っていた現金も人に貸してやったら、返してもくれないんです。とうとう今では、妻も市場に買い出しに行く金もないほどなんです」

「でも、セニョーラ、朝一〇時からお昼までのほんの短い時間で、どこやらの片隅から、この金貨の詰まった袋を探し出してきたんでしょう……」

哀れな気違い男はぞっとするような顔つきで従姉妹を見つめた。［……］その顔の表情は陰鬱でまるで精神錯乱でも起こしたようだった。全筋肉がこわばり、全身をガタガタと震わせていた。恐ろしいほどの苦しみに苛まれているのは誰の目にも分かった。この乞食男は持っている黄金の重圧に喘ぎながら、荷物の重みが許す限りの急ぎ足でその場を去っていった。

「カルメン、あなたって本当に意地悪ですね」

「［……］汚れたぼろ着を身にまとい、いつも溜め込むばかりで、決して楽しもうとはせず、富をしまい込んで不幸な人々から仕事を奪っている億万長者を見て、胸がむかつきませんか。この町にはそうしたとてつもない金持ちが五、六人いるけれど、そのうちでも一番の強欲が彼でしょう。そうした金持ちの誰も彼もが常にこの世の金銀を切望し、そしてびた一文たりともそれを社会に還元してやろうとしない吸血鬼だといっていいでしょう」

カルメンの怒りはもっともである。労働の媒介物としてのお金が、紙幣を扱う銀行の樹立によって、働く用意のできている人であればどの人間の手にももたらされるような国にあっては、守銭奴など誰からも嘲笑される愚者にすぎない。ところが、黄金が絶対的な力を保持している後進国では、守銭奴はその欲望の法外ぶりによって貨幣の流通を止め、労働を高くつくもの、あるいはこれを不可能にさえしてしまう国民の敵といっていいだろう。したがって、少数の金持ちの強欲さの餌食にされている大衆が、富者から搾り取る軍の指導者の姿をみて喜んだり、これを積極的に支持していたりしても驚いてはいけない。大衆は、日々彼らの耐え忍んでいる権力強奪戦に、金でわが身を売り渡しているからである。現代の最も豊かな発明といえば、印刷術に次いで、紙幣の発明になるだろう。それは黄金に競争を挑み、その支配力に歯止めをかけたのである。それは敏腕でたゆまぬ労働に対して富の獲得を常に可能にしてくれたのだった。一言で言うならば、才能の損耗と隷従とを根絶したのだ。公的信用制度により、貨幣またはこれを表示する記号物が労働する人間の手に入るようになっていない国では、金持ちというのは、ローマ人に対してそうであったように、さらにユダヤ人が中世人にそうだったように、国民にとって憎むべき存在になるし、またどんな場合でも、国民は金持ちからその資産をまきあげる権力には喜んで支援の手を差し出すだろう。

セニョール・ウガルトの吝嗇ぶりをきっかけにして行なっていた事物のさまざまな省察をきりあげよ

うとしていたちょうどそのとき、ドン・ジュアン・デ・ゴエネシュが近づいてきた。げっそりした顔つきをし、今にもぱったりと倒れ込みそうな様子であった。カルメンは中に入るようにと勧めた。彼は言った。

「ドン・ピオの家に行ってきます。彼はきっとお金を貸してくれるでしょう。さもなければ、私たちの家族に何が起きるか分かりません。知っての通り、ねえ……ちょっと、ドーニャ・カルメン、誰か聞き耳をたてている人はいないでしょうね。私たちの話を聞いているものがいやしないか、窓に行って見てきて下さい……破廉恥にも彼らは私たちの敬愛すべき兄の司教に二万ピアストルも課したんです！　姉妹は五千、私は六千も課税されたんです。かくして、私たちの財産から一挙に三万一千ピアストルが奪い取られてしまったんです。ああ！　フロリタ！　我々の兄マリアノの代わりになるためだったとしたら、一体どれほど出せばいいのやら！　彼のほうは泰然自若としたものです。ボルドーでのいろいろな収入で、穏やかに暮らしているのだから。彼がここに所有している全財産を彼のために買ってやったことを後悔しているのは何も今日に始まったことではありませんよ。この革命が起きてこの方、こんな国に縛り付けられてこざるをえなかった自分の馬鹿さ加減が残念でなりません」

「ねえ、もう少し賢くならなくてはいけませんね。当たりも外れもくじ運次第なのだから。誰もが常に当たりくじがつかめるわけではないのです。あなたの父上は一文無しでこの国に渡って来ました。彼はここで莫大な財を築いたのです。現在ド・グアキ男爵である、あなたの兄弟のドン・エマニュエルは二千万もの資産家だという評判です。それらは全部ペルー国からもたらされたものです。ねえ、ドン・ジュアン、実際、もしあなたの父がスペインに残っていたら、あなたの兄弟の一人が司教に、もう一人

がスペインの実力者になれたと思いますか」［……］

嫌われているカルメンから慰めなど少しも期待できぬことが分かって、彼は立ち上がった。［……］カルメンから二スーの葉巻をもらったり、夕食やパーティーなどを受諾しておきながらも、彼女の生き方に非難を加えたりしていたこうした守銭奴に仕返しをするという密かな喜びを彼女が味わっているのは明らかだった。

彼女はしきりに窓際に来るようにと勧めてくれたが、心理的圧迫と闘っている守銭奴根性の示しているこの光景は胸がむかつくほど不快だった。その光景を目にして、あまりにも惨めな様相下での人間の姿がわかったから、私はカルメンの要請をきっぱりと断った。

「フロリタ、少なくとももう一度、老いた隣人のユルタドの姿を見にいらっしゃい。あの老人は毅然としてロバの背に六千ピアストルを積み込んでいるんです。あの人は達観しているんです……。だから、彼がこれから何を話してくれるのか見てみましょうよ」

私は好奇心に駆られ、所有しているピアストルを提供するにあたって、世俗を超越したこの老人が一体何を考えているのかどうしても知りたいと思った。

「ブラヴォー、ユルタド爺さん！　支庁舎に金袋を運ぶのが辛くてたまらないなんてことはないでしょうね」

「カルメン、哲学者が屈すべきなのは知恵の重圧だけなんです。私のロバは荷物を運ぶのが運命であり、鉄、銅、鉛その他もっとたくさんの有用な金属が駄獣の背に積まれて運ばれているのに、なぜ金銀だけが例外的にもっぱら人間の手で運ばれるのか私には分かりませんよ」

「ねえ、あなた、あなたのように墓を見つけたような人の場合には[*1]、お金など喜んで簡単に支払えるでしょう。でも、感じているでしょうが、ドン・ピオ・デ・トリスタン、ジュアン・デ・ゴエネシュ、ウガルト、ガミオなどのように哀れな人々はそんなに簡単にはあきらめきれないんです」

「そうです、カルメン、あなたのおっしゃる通りです。私は墓を所有しています。でも私の貴重な発見物とは真の英知であり、それは昔のインカの金持ちの墓などよりずっと豊かなものなのです」［……］

「ウルタド爺さん、また私を怒らせようとする。あなたと話をするたびにいつもこうなんだから。あなたが市中に持っている立派な七、八軒の屋敷、田舎の美しい別荘、大きな精糖工場などを購入する手だてを与えてくれたのは知恵があればこそだということを証明してみせようと思っているのでしょう。一一人もの子供を育て、全員に教育を授け、娘らに持参金を持たせてやれたのも、知恵があればこそだということ、サンタ・カタリナ修道院の修道女の娘を町中が眉をしかめるほどの贅沢ぶりで養っていたり、あらゆる修道院に寄進し、別荘のある村に教会を建設したりするようなお金を見つけたのもあなたの知恵のうちだと思っているのでしょう。ねえ、お願いですからもう知恵のことなど話題にしないで下さい。キリストの愛のおかげなんです! 誰もが賢くなれるのは愛があればこそなんです」

「そうです、英知への素質が万人に与えられていたらの話ですが。でも、周りのどこを探しても賢者などは見つからず、目につくのは愚者ばかりです。……さようなら、愛しいフロリタ……今はもう元気になっているのだから、また私に会いに来て下さい。［……］ねえ、あなたは賢者になるために必要な資質を全部備えています。私があなたと話すのがとても好きな理由もそこにあるんです」

こうして彼は去っていった。［……］

アレキパの誰もが、老ユルタドが巨額な出費をまかなってくれている墓を発見したに違いないと信じている。私についていえば、ラ・フォンテーヌの老人と同じように、彼は仕事の中で、いや、彼の言うように、知恵の中に宝物を見つけたのだと信じている。確かに、賢い労働は人間の最良の知恵である。敬愛すべきこの老人は貪欲さなど備えていない節約家であり、また非常な勤勉家である。彼はこの国の人々が持っているよりずっと幅広く、また遥かに優秀で応用力に富んだ知識を所有している。彼は長い人生を働き通してきており、かつ企てた数多くの事業も成功裏に導くことができた。思うに、その資産の由来は、墓の奇跡的発見などに頼らずとも十分に説明のつくものである。さらに、運命が彼にそれを授けてくれたとするなら、彼がその富をこうして立派に活用しているのであれば、人はそれを嬉しく思って当然だろう。しかし、人は他者より優れた知性を持っている人間に対しては、これを嫉妬羨望するのが常である。そうして、彼らの成功を誹謗中傷できぬとなると、そこに優越性を認めようとするよりもむしろ奇跡のせいにしたがるものである。

叔父が迎えの人をよこしたため、家に戻った。家族に送った手紙にもかかわらず、ドン・ピオは私に全幅の信頼を寄せ、心の奥に秘めた不安を打ち明け、私自身どう説明していいか分からぬくらい打ち解けた、好意溢れる態度で、何事にも助言を求めてきた。彼は私の遺恨が不安だったり、与える影響力を和らげようとしていたのだろうか。できればそう思いたかった。私は数々のつき合いから、ささやかではあるが彼のために役立つことができたが、ドン・ピオは、たとえ相手がどんなに取るに足りない人間であろうとも、それが自分にとって有益となると、その憎悪心を和らげ、同時にまたこれを上手に利用してしまうという特別な才を備えた人間だった。

最近のいくつかの出来事以来、町の様相は一変してしまっていた。革命前は、静かで、単調で、耐え難いほどの倦怠感に覆われていたこの町も、異常なくらい絶え間のない不安、動揺、喧騒の町へと移り変わっていた。オルベゴゾの名で樹立された政権は、地主連中からかき集めた大金を、ベルミュデスの軍隊と対抗できる強力な軍隊の編成に投入することになった。私は司令部で生じている事柄はすべて承知していた。というのも、アルトハウスが、持ち前の誠実さと、高名なリーダー連中をなんとしてでも笑い物にしてやりたいという気持ちから、どんなに些細な出来事であっても逐一報告してくれていたからだった。連中のうぬぼれ、無能力、怠慢ぶりは私の想像を遙かに上回るものだった。エマニュエルの方でも、私が他の誰よりもこの国の事情に通じているようにと、アルトハウスの知らない出来事すべてを打ち明けてくれていた。もしニエトとヴァルディヴィアがその持つ才能で今の政治的地位にまで到達できたのだとしたら、彼らは哀れな地主連から奪い取った巨額な金を利用して、手際よく、効率的に、かつダイナミックに、現下のあらゆる要求を満たすことができただろう。しかし、労せず手に入れた金というのは湯水のごとく使われてしまうものである。この二人の男は数えきれないくらい多くの失策や常識外れの行為を犯したのである。一艘の大型船がイズレーに着いたのだが、するとすぐさま将軍は、運ばれてきた武器弾薬がどんなものか大袈裟に尋ねさせ、そうして船上にあるかもしれぬサーベル、鉄砲、火薬、弾薬、布地類……などを即座に購入する命令を出したりした。こんなやり方をすれば、金庫などすぐにからっぽになってしまうことなど誰でも簡単に想像がつくだろう。ヴァルディヴィアも同じように賢明な行動をとらなかったが、それでも自分の私的利益のことだけは忘れはしなかった。彼はアレキパで、編集にとても費用のかかる新聞を刊行していたが、実際のところは、自分の執筆する記事に対して受け取る報酬とは別に、月給千ピアストルで自分がその編集長に納まっていたのである。

名高い布告が出てようやく一カ月も過ぎた頃だろうか、ある日アルトハウスが言葉も出ないほど笑い転げながら部屋に入ってきた。

「ねえ、あなた、その馬鹿笑いを生じさせた主は誰なの。賭けてもいいけれど、また総司令官が何か大失策でもしでかしたんでしょう。一緒に笑ってあげるから、早く話してみてちょうだい。［……］」

「じゃあ言うけれど、今朝、われらの愛すべき先見の明のある将軍は、それまで私に立ち入りを禁じていた大武器庫［……］と称するところを整理整頓するようにとの命令を下したんです。立ち入りを禁じていたとはいっても、隠蔽されていたわけではありません。さて、この武器庫で何を発見したと思いますか」

「サーベル、鉄砲等々でしょうか」

「そうです。サーベルなんです。でも、その数までは当てられないでしょう。ニエトが部下を六百人も八百人も集められるわけはないのに、なんと武器庫には、購入したばかりのサーベルが二千八百本もあったのですよ！　さらに、そこには銃が千八百丁もあるんです、それもなんという代物だろうか！　ああ！　心配ご無用、バーミンガムで製造されたあんな銃で同胞など殺せやしないでしょう。あんなもの二二フランほどの値段しかつかないような代物なんだから。確かに、美しいイギリス風の光沢のある安価な製品ですよ！　でも、そんな銃一〇丁よりも、そこら辺りにある葡萄の添木の方がまだずっと恐ろしいといってもいいかもしれませんよ。さらに、サーベルときたら！　全くもう！　蕪でも切るのにぴったりの代物なんです。フ、ラ、ン、ス、産の柘榴色をした青いラシャ布のうず高い山、何千という剣帯や肩帯——でも、どこを探しても弾薬入れなど一つも見当たらなかったが——のことまでは話さなくてもいいでしょう。畜生め、イギリスやフランスの商船の船長などのほら吹き連中がペルーの国をこうしたありとあらゆる売れ残りのきず物で汚染しようとやってきたということは、伝書鳩でも飛んでいって、リマの革命のニュースを彼らに伝えたに違いないとでも考える以外に考えようがありませんよ。ひょっとしてあなたはこれらの武器が全部維持管理に必要な秩序を保って整理されていたとか、あるいはまた例を挙げれば、銃が錆び付かないように配置されていたとか考えるかもしれませんね。金輪際そんなことはありません。雨水が四方八方から落ちてくるような古いチャペルにごちゃまぜに積まれていた武器庫のこれらすべての品々は、まるで干し草の束のように、投げ込まれていたんです。でも、雨に濡れようが濡れまいが、そんなことどうでもいいんです、これらの銃の撃鉄が下りることなぞ決してないからです。[……]」

こうして二時間以上にもわたって、アルトハウスは共和国の著名な指導者連中の言動をからかい続けたが、それも思わず私も彼と同じようにこれを茶化して笑わずにはいられないようなユニークさと陽気さを込めてそうしたのだった。[……]

「ねえアルトハウス、あの連中に助言してやらなくてはいけませんよ。無知ゆえの無謀な行動で追い込まれてしまった深刻な事態の中にあって、自分たちが一体何をしなくてはならないのか、彼らは全く何も分かってはいないことがはっきりと見て取れるでしょう」

「助言ですって！　ああ！　フロリタ、あなたがこの国の人間の精神構造をまだ摑みきれていないことは誰がみても明らかですよ。彼らときたら、学ばずして何でも知っていると信じ込んでいる、自惚れもはなはだしい大馬鹿者なのだから。アメリカに来た最初の頃は、私もあなたと同じように、彼らの犯す数々の過ちを目にして心を痛め、もっと別なやり方をすれば事態はずっとうまくいくだろうと率直に教えてやったものです。一体私がどうなったと思います。こうした愚者連中すべての仮借なき敵にされてしまったのです。彼らが武器に対してとった行動からも推察できるように、私を警戒し、もうなんでも一切秘密にするようになってしまったのです。そして、もし私の知識が今すぐ是が非でも必要でなかったなら、まるで忌むべき人間のように私を追い払ってしまったでしょう。当初はこのような連中にとても苦痛を感じました。でも、結局、こうした事態を甘受し、そんなことなど気にせずに彼らがへまをするに任せておき、嘲笑も時宜を得て巧みに使えば力になることをフランス滞在時に知っていたから、彼らをからかうことでよしとしたのです」

「でもアルトハウス、今お話を聞いていると不安を感じてなりません。そんな常軌を逸した行動をとったら、きっとアレキパの住民に厄介な結果をもたらすに違いないでしょう。もしニエトがそんなふうにヨーロッパ人の船長らからありとあらゆる古物を買ったりすれば、いずれまた新たな金品強奪に訴えざるを得なくなるでしょう。こうして、状況に応じて、絶えず強奪が繰り返されていきますよ」

「おっしゃる通りです。厚かましい修道士のヴァルディヴィアはもう既に二度目の布告を出しているんです。今度こそドン・ピオも逃げられないでしょう。ウガルトもガミオもすかんぴんにされてしまうでしょう。でも、ねらわれているのは特に司教とその家族ですよ。ああ！　市民諸君、あなたたちが共和制を望んだのだ！　結構、結構、共和制がどれほど高くつくものなのかこれから諸君に示してあげることにしよう！」

アルトハウスはこの統治制度をもの笑いの種にし始めた。アルトハウス男爵としての彼の本心は絶対主義にあり、共和主義について彼の目にしたものは彼の心を変えてくれるような代物ではなかった。耕地も住民もない、広大な面積の領土で相互に切り離されているスペイン領アメリカの諸都市は、今もなお共通の利害関係などほとんど持ってはいない。その最も緊急な必要事とは、それぞれの民衆の知的進歩の度合いと調和して発展していける都市の統治組織が与えられること、そして既に都市相互の間に存在している関係に基礎を置いた連邦制で一つに結ばれることである。だが、スペインからの解放を成し遂げるために、彼らは軍隊を集めなくてはならなかったが、そうした場合決まって起きるように、軍事力が優位を占めてしまったのである。もしこれら共和国の国民が相互に親密な関係になれば、より多くの意見の一致が見つけ出されるだろうし、そうなれば、これらの国々はこの二〇年来繰り返してきた絶え間のない痛ましい戦争の光景を繰り広げたりはしなくなるだろう。

独立という大事件はあらゆる期待を裏切ってしまった。イギリスはこれをもたらすために莫大な金を投入したが、スペイン領アメリカの独立以来、スペインの圧制を振り払おうとしてこれらの国民が駆り立てられた感情とは、彼らがその必要性を感得するにはいまだほど遠い政治的自由への愛でもなければ、あまりにも貧しくてとうてい享受できない一般大衆の経済的自立への愛でもなかった。それはスペイン人が受け取ってきた特恵的待遇を目にして醸成された憎悪心だったのである。

自由が北アメリカにもたらした数々の奇蹟に目を注いだとき、南アメリカが実に長い間にわたり政治的混乱や内戦にさらされたままであったことを知って誰も一様にびっくりするが、気候風土の多様性や両大陸の国民のモラルの相違についてはさほどの注意は払われなかった。南アメリカでは、生活必需品は限られていて、それも簡単に満たすことができる。富はいまだに非常に不均等に分配されており、スペインのカトリック教と切っても切り離せない随伴物としての物乞いがほぼ一つの定職になっている。独立以前のペルーには、種々の公職、貿易、とりわけ密輸で、さらにはまた鉱山開発などによって財をなした巨大な資産家が存在していた。こうした資産家の中でも、農民出身者はごく少数であった。大多数の国民はぼろを身にまとったままで、その後も彼らの運命は一向に改善されなかった。他方、イギリス領アメリカでは、風俗習慣は政治的にも、宗教的にも、リベラルな理念の下に形成されてきた。そこでは、国民は相互に親密な関係を結び、多くの生活物資をもたらしてくれる気候の下で暮らし、ヨーロッパの勤勉な習慣を保ち続け、また富も農耕や規律正しい商取引きによってはじめて取得されたから、その配分も十分な平等が行き渡っていた。

人間の備える慎重さという世の通例に従えば、スペイン統治政権が去ると同時に、富裕階層すべてがアメリカから退去してしまう事態にならなかったことに驚いても当然の話である。確かに彼らが社会のあらゆる動乱の犠牲者であることは明白であった。事実、彼らの富は戦争の補給源になっており、もう略奪できる大富豪がいなくなってしまったときにはじめて戦争は終わりを告げるだろう。鉱山の開発は日毎に減少している。戦争のためそのいくつかは水浸しになってしまっており、こうして秩序が回復しても、住民のほぼすべては農耕に従事せざるを得なくなるだろうが、この農作業こそが彼らの間に少しずつ秩序と理性的自由の概念を生み出してくれるだろう。

リマの事件のニュースがアレキパに届いた時、町にオルベゴゾ支持を宣言させた人々は、公共の利益への愛からとか、この大統領が彼のライバルたちよりもずっと優れた人間であると考えたからでもなかった。彼らは権力を奪って資産を手にするチャンスに気づき、そうして急いでこれを利用しようとしただけのことである。ニエト将軍に多大な影響力を持っていたヴァルディヴィアは、ニエトにその地方全体の軍の指揮権を奪取するようにけしかけていた。彼自身は将軍の援助の下で、市民統治のトップの座につき、取り巻きのお気に入りたちにありとあらゆる職を分配してやっていた。この二人の男、否むしろヴァルディヴィア一人だけで、サン・ロマンに率いられた敵軍到着までの三カ月間、あらゆる問題を処理したのである。［……］

アルトハウスが告げてくれた通り、最初の布告が出てから一カ月後、ヴァルディヴィアは二度目の布告を出した。今度は、叔父ピオの額は六千ピアストルと決まった。叔父は抗議したが、即刻その日のうちに支払わなくてはならなかった。滞納者は投獄されるというのが布告の内容だった。なんと司教には三万ピアストルもの大金が課せられたのだ！　彼の兄弟は六千、姉妹も同額、ウガルトは一万であった。彼はそのため狂気の発作を起こし、妻は彼を田舎に連れていかざるを得なかった。哀れなガミオはそのためにもう少しで死んでしまうところだった。グチエレスという名の私の従姉妹だけが気骨を示した唯一人の人物だった。彼女はてこでも金は払わぬと言い張り、結局誰も彼女にそれを強いることはできなかった。町全体が怒りの頂点に達し、ニエトでさえもはや通りに出ていく勇気も持てぬほどだった。また、ずっと前から大抵いつも私服を着用していた豪胆なヴァルディヴィアも再び修道士になるほうがよさそうだと判断したりした。修道士の服は下層民にはまだそこその影響力を保っていたし、またヴァルディヴィアは地主たちの怨念をほとんど心配していなかったからである。最初の分担金同様有効に使われなかった二度目の分担金を徴収した後に、雄馬、次いで雌馬、雌ラバなども徴発された。最後にはロバまでももぎ取られてしまった。このようなありとあらゆるゆすり行為のため、不幸なアレキパ住民はもうへとへとの状態であった。彼らはただもうぶつぶつと口ごもるだけで、そこから解放されようとする勇気もなく、ただじっと耐えているだけだったが、ニエト将軍の命令による人間の徴発で彼らの苦痛と憤怒はその極に達した。ペルー国民は反軍国主義である。誰もが軍人という職を嫌悪している。インディオ自身兵役に就くくらいなら自殺するほうがましだと考えている。[*2] アレキパ人はまず最初将軍の召集に従うことをきっぱりと拒否した。するとヴァルディヴィアは説得という手段に訴えることにし、所有する新聞の社説で非常に巧妙に彼らの自尊心をくすぐってやった結果、すべての若者が自発的に募兵に応じてきたのである。抜け目のない修道士は彼らの虚栄心や無知につけ込み、彼らをスパルタ人とかローマ人、ついには一八三〇年の不滅のパリ人になぞらえたのである！［……］

　これこそ、自惚ればかり強く、空威張り屋で、疑うことなど全く知らず、どんなことにも言葉の上では厳しく批判するが、勇気ある決断をするほどの根気も、行動に移す際の断固とした態度もないペルー人の性格の見本である。

　騒然とした町の雰囲気、多くの人たちとのつき合い、叔父やアルトハウスやエマニュエルらとの会話など、こうしたものすべてが変化に富んだ多忙な日々をもたらしていた。しかし、そこには心の奥底を揺り動かすようなものは何もなく、そのためだろうか、恐ろしいほどの空虚感、曰く言い難い寂寥感に捕らえられていた。心優しい人間というものは、外的な出来事でもたらされた興奮状態だけで生きていけるものではない。そうした人には情愛が必要なのだ。今さら遅すぎるかもしれないけれど、もはや私には感じ取ることのできなかった隠やかな情愛の中でのみ見いだせる静寂や幸福をペルーに探し求めに来たというのに、悲しみにせき立てられて、うかつにもやすやすと我が身の妄想に負けてしまったことに気づいた。まだ若く、独身としても通用する私なら、財産などない私とでも結婚してもいいと言ってくれる男性からの愛も期待できただろう。反駁を恐れずに言えば、アレキパの男性たちの幾人かは、この点に関して疑問の余地のないくらいはっきりと彼らの気持ちを私に示してくれたとさえ断言してもいいだろう。もし自由の身だったら、私は彼らの誰かと愛情を分かち合い、喜んでその保護を受け入れたことだろう。しかし、私は結婚というくびきの重圧を身に感じていたからこそ、身を委ねた主人と私との間にいくら大きな溝があったとしても、私は神の授けてくれた優しい感情を抑えつけ、冷酷でつれなく、しばしば全く愛想がない人間だとさえ思われなくてはならなかったのだった。極端なくらいざっくばらんだった私は、苦しみをさらけ出したい気持ちに責め苛まれていたけれど、誰か愛する人の胸の中で涙を流したい思っても、同胞たちに囲まれた中では、本心を切り離し、いつも身を縛った状態の中で生きていかなくてはならなかったのだった。確かに、出発時には、未婚女性という役割で受ける苦痛などは予想すらできなかった。乗船中置かれた立場から感じていた苦痛は、少なくともシャブリエへの愛情によって緩和された。しかし、彼と縁を切って以来、私はもうこの種の愛情は誰に対しても抱くまいと固く心に決めていた。それは私にとっても、またその対象になった人間にとってもあまりに大きな危険事になるからだった。

　私は生きていなかった。生きるということ、それは愛することであり、また満たされることのなかった心の求める数々の要求をぬきにしては、生の実感を抱くことはできなかった。これをごまかそうとして、もし持っている愛のすべてを娘に向けたりしても、私はまたこの愛に引きずられて生きてしまうという危険に気づいていた。だから、あえてこの娘のことは考えないようにしていた。私はいつもこの娘のことは記憶から追い払おうと努めていたが、話のついでにふと彼女のことが話題にのぼり、思わず本心を漏らしてしまうのがとても心配だった。ああ！　八年というその年月、とりわけ彼女の母親としての役目を忘れてしまうのはなんて難しいことだろう！……ヨアキナの末娘は私の娘と同年齢だった。彼女は優しくていたずらっ娘だった。あどけない彼女の話しぶりを耳にしたりすると、私はすぐに可哀相な娘のアリーヌが想い出されてくるのだった。それを思っただけで目には涙が溢れてきた……その娘の遊んでいるところから逃げ出し、母親だけが感じる苦しみに苛まれながら自宅に帰ったこともたびたびだった。私はわが身にこう問いかけたものだった。ああ！　不幸な女よ、一体どうしたのだ。苦しみのあまり意気地なしの薄情者になってしまったのか。苦悩の重みに耐え切れず、逃亡してしまったのか。娘を見も知らぬ他人の手に委ねてきてしまったのか。哀れなあの娘は今頃病気になっているかもしれないし、ひょっとしたら死んでしまっているかもしれないのだ！　そう思うと、娘に対して犯した数々の過ちや、彼女の遭遇するかもしれぬ幾多の危険で頭はふくれあがり、こうして私は一種精神錯乱にでもなったかのような状態になって、絶望のどん底に落ち込んでしまうのだった。

周りを取り囲むもの何から何までもが一層苦しみをかき立てるばかりだった。私はもう子供たちに話しかけたりせず、できれば彼らの姿も見たくなかった。叔父の子供やアルトハウスの子供らにも非常に素気ない態度を見せたため、可哀相にも、幼子たちは私に話しかけてきたり、さらには私を見ようとさえしなかった。父の生まれた家、当然私のものになるはずだった家、にもかかわらず私をよそ者とみなしていたこの家は、私の心のあらゆる傷をひりひりとかきたててきた。家長らを目にするたびにいつも、彼らが無常にも私に対して犯した恥ずべき不公平な行為がしっかりと心に浮かんでくるのだった。彼らの歓待の代償は私にとって辛く厳しいものだったから、あんなにも残酷に私から一切合切略奪していった盗賊たちの巣窟を出ていくためならば、どんな苦痛や危険も厭わなかった。フランスも、頭に思い浮かべるだけで、思い出されてくるのはそこで受けた数々の苦しみだけだった。……一体私はどこに逃げたらいいのか、どうなるのか分からなかった！　この地上のどこにも、避難所も安息所も見つけられなかった。長い間もう間近だと信じ、そして神の恩沢として待ち望んでいた死も私の願いを拒否し、健康も回復してきていた。希望にも何の展望もなかった。苦しみを胸のうちで打ち明けられるような人もいなかった。陰鬱なメランコリーが私を捕らえて離さなかった。私は寡黙になり、そして嘆かわしい計画をもくろんでいた。私は生を嫌悪していた。生はその重圧で私を圧しつぶしてしまうほどの重荷になっていたのだった。自殺への強い誘惑と格闘しなければならなかったのはそのときである。それまで自殺を称賛したことなど一度もなかった。自殺など苦しみに耐えることのできない結果だといつも思ってきた。私にはあたり前のことに思えたが、人が苦しみに陥っているとき生命をないがしろにしたりすることと、そんな行為は意気地なしの仕業だとしか考えられなかった。しかし苦しみはその怒りを爆発させるものであり、また知性も信仰心の支えがなければ、時としてはこれに抗せられないほど無力である。当時私は人間の理性を信じていた。ところが、人生をしっかりと一歩一歩歩むどころか、すべてをあきらめ、生じた出来事の中に神が定めてくれた道を探しながら、未来が澄んで明るく見えるか、それとも雷鳴に覆われているかで、希望を抱いたり、あるいは投げやりになったりしていたのだった。このような生への嫌悪感、このような死への渇望に打ち勝つため、私は必死に格闘しなくてはならなかった。悪魔のような亡霊が過去の私の生活のあらゆる不幸、いまだなお待ち構えているあらゆる不幸を私に描いてみせ、そしてその殺意のこもった手を私の心臓に向けてきていた。私は一週間というもの昼夜の別なくこの死の重圧の中で過ごし、そしてその凍ったような冷たい手を絶えず体に感じていた。この恐ろしい力に心を捕えられたまま、ようやく長い葛藤から抜け出すことができた。

私もまた社会闘争の道に踏み込んでいこうと決心し、そして長い間社会とその偏見に欺かれ続けた後では、今度は私の方からそれを利用し、他人の生活を糧にして暮らし、彼らと同じように強欲で野心家で無情な人間になり、自分をあらゆる行動の中心にしてやろうと決心したのだ。彼ら自身がそうであるように、ためらいになど一切押しとどめられまいと決心した。自分は今革命の渦中にある社会の真ん中にいるのだと言い聞かせた。どんな方法を用いたらそこで重要な役割を果たせるのか、使える手段は何かを考えてみようと。

当時カトリック教など信じていなかった私だったが、悪の存在は信じていた。私は神、その全能性、その創りたもうた生命への限りなき愛など理解してはいなかった。私の眼はまだ開いてはいなかった。苦しみと快楽とは生の分かち難い二つの存在様態であることが分かっていなかったのだ。必ず一方が他方を導き、このようにしてあらゆる存在は進歩発展していくこと、またすべてのものには必ず通らなくてはならない進歩の段階があり、またすべてのものはなすべき使命を、そしてそれを回避すれば必ず神の力をおとしめることになる使命をになった神の盲目的な主体であることも分かっていなかった。

どんな役目のためであるにせよ、私たちを作り上げているのは意志なのだと考えていた。当時まで私は心の奥底からの欲求というものにしか信を置いていなかった。野心とか強欲とかその他諸々のまがいの情念は、錯乱した心の幻想の産物だと思っていた。私はいつも優しい愛情につつまれた生活、ゆとりあるつましい生活を望んでいた。けれどもこうした願望の実現は私には不可能だった。既に触れたように、一切の抵抗も許されないような年齢時に、否応なく一人の男の隷属下に置かれてしまったからだった……。正式な結婚の法的手続きを踏まなかった両親から生まれた私は、まだほんの幼い時から、優しい愛情や貧しさから解放された生活を永久に諦めなくてはならなかった。孤独が私の宿命であった。世間に姿を見せるのもこっそりとという仕方をとるほかなく、また父の財産も百万長者の叔父の餌食になってしまっていた。忍耐の限度を超した私は、私をとてもつらく厳しい犠牲者にしていた社会秩序、か弱い女性の隷従、孤児からの強奪を容認する社会秩序に向かってはっきりと相対峙し、こうして、野望渦巻く権謀術数の世界に入り、大胆かつ巧妙に修道士と対決し、彼と同じように辛抱強く、また彼と同じように情け容赦のない人間になってやろうと決心したのだった。

私の魂に地獄が宿ったのはまさにこの時からだ！……地獄、それは神が私たちに定めてくれた道から逸れたときいつも出会うものであり、その道から遠ざかるに従って私たちの苦しみも増大していくものである。私たちがいくら自分の本性を変えようとしても空しいことである。思うに、神が私に授けてくれた意志よりももっと強い意志を表わせる人などほとんどいないだろう。にもかかわらず、冷酷になろう、野心家になろうと固く決意したのに、結局そうすることはできなかった。私は持てるすべての注意をヴァルディヴィアに注いだ。彼をじっくりと考察し、こうして彼の持つ強い支配欲、司教に対する憎悪心が分かった。けれども、このような感情のどれ一つとして私の中に入り込めなかった。修道士の生き方には本能的な嫌悪感を覚えるだけだろうと感じていた。アルトハウスの立場に立ってみても、彼の追い求めている激しい情動は恐ろしいほどの苦痛をもたらすだろうというのが分かった。叔父に関して言えば、彼がその人生を陰微な策謀や下劣極まる行動ですり減らして一体どんな喜びを感じているのか、私には全く理解できなかった。

それでもなお私は、政治運動に入っていくだけでなく、さらにその運動の中で主要な役割を果たしてやろうという以前から描いていた計画に執着していた。目の前には、私を勇気づけてくれる格好の実例として、共和国大統領になっていたセニョーラ・ガマラの存在があった。ガマラとその妻は彼らの支配体制を樹立しようとして、ベルミュデスを隠れ蓑にして、オルベゴゾを打倒したのである。セニョーラ・ガマラが政治の実権を握り、さらには軍隊も指揮していた。こうしてベルミュデスとオルベゴゾの名の下で、戦いは実際にはセニョーラ・ガマラと修道士ヴァルディヴィアとの間で始まろうとしていた。

ヴァルディヴィアを押し退け、オルベゴゾの支持者を私の周囲に集める必要があった。この計画を成功させるには剣の力による他なかった。自分が行動できると感じているのに、他人の手に頼らなくてはならないという状態は私にとってとても辛く苦しいことだった。持っている強靱な性格、兵士に与える影響力によって、私を補佐してくれるのにぴったりの軍人を見つけだす必要があった。彼に恋愛感情を抱かせ、その野望をふくらませ、そして私の手足となって働いてくれ、なんでも請け負ってやってくれるようにするのだ。叔父宅を訪れる将校連や、毎夜アルトハウスの家で親しく会話を交わしている将校たちを真剣に観察し始めた。

とはいえ、身につけていた行動規範をもってしても、これから身を投じようとしていた活動の場で一切抵抗できぬほど自己の存在を無にしてしまうことなど私にはできなかった。一人ぼっちになって、嘆かわしい考えに思いを巡らせたりすると、権力を奪い、これを保持していくために殺さなくてはならないたくさんの犠牲者たちの姿が頭に浮かんできた。夢で描いた大衆の幸福という立派なプランで必死に空しい幻想を抱こうとした。内心の密かな声がこう問いかけてきた。人殺しを代償に実現を図ろうとして、そんなプランの成功を一体誰が教えてくれたのか、私の置かれた不幸な立場を理由にして、否が応でもその破滅を企てざるを得ない人間たちを非難することができるのか、と。もう既に喉を切り裂かれた敵の死霊が私に向かい抗議の叫び声を上げているような気がしていた。女としての心が大きくふくれあがり、髪の毛は逆立ち、こうして行動に移す前から激しい良心の呵責に責め苛まれていた。[……]

心をかき乱す内奥の苦しみやうるさい政治上の会話からどうやって逃げたらいいのか分からなくなると、決まっていつも従姉妹のカルメンに会いに行き、一緒に町を一巡りしてくれるように頼んだりした。どんな場合でもいつも汲み尽くせぬほどの思いやりを示してくれる女性だからだった。どんなに嫌なことでも、彼女は私の願いを聞いてくれた。アレキパには散歩道と呼べるようなものはどこにもないから、女性には外を出歩いたりする習慣はない。また足の美容を気遣うあまり、出不精になってしまっているのである。歩き回って足が太るのが心配だからである。

私たちの大好きな散歩は川縁の水車小屋の辺りで、ときにはその水車小屋に入っていったりした。私はこの丸太小屋をあれこれと調べて楽しんだりしていたが、その小屋は私たちの国にあるものとは似ても似つかぬ代物だった。ある日、小麦粉を挽く小屋の隣にあるココアの水車小屋に入っていった。中に入って改めて文明の進歩に喜びを見いだしたものだった。カカオをこまかく砕き、甜菜を圧縮し、そして全体を混ぜ合わせてココアにする光景が見られた。機械はイギリスからの輸入品だった。それは実に立派な機械で、水力で動いていた。この建物の主人は私に一方ならぬ敬意を払ってくれた。それは私が興味津々に機械についてあれこれと質問し、その問いに対する彼の説明に熱心に耳を傾けていたからだった。彼の家を出ていこうとすると、いつも決まって少量のとても美味しいカカオと、女性への気配りの印として素敵な花束をもらっていくことができた。

対岸に渡れるくらい川が浅瀬になっているときには、岩伝いに飛び越えたり、黒人女たちに体を支えてもらったりしながら、その麓を川が流れ、そしてアレキパの小谷全体が見渡せる丘に上っていこうとして、対岸に渡っていった。頂上に着くと、私たちは足を止めた。カルメンの横に腰を下ろし、この国の習慣通り、東洋人のように足を組み、煙草を吸っているカルメンとお喋りしながら心地よい夢想に浸り、何時間もこうしてじっとしていることにえもいわれぬ喜びを感じていた。［……］

私たちの会話の中で、カルメンが自分の国の抱える数々の不幸を話してくれたときには、私の苦悩はさらに一層強まった。もし高潔で毅然とした魂の持主が権力の座に就いたなら、この不幸な国の災禍は終わりを告げ、繁栄に満ちた未来が約束されることは明白だった。もし私がカルメンの立場なら、私の成し遂げられるに違いないあらゆる善事が頭に浮かび、必ずそれをやり遂げてみせるだろうとかつてないほど固く心に誓ったりした。

叔父やアルトハウスの家にやってくる軍人の中で、期待に応えてくれそうなのはたったの一人きりだった。たとえどんなにむしずの走るような人間に感じられても、彼に恋愛感情を抱かせることに少しも躊躇したりしなかっただろう。それほどまでに私は自分のなし得る役目の神聖さに確信を持っていた。しかし、神は別の使命を私に定めていたのだと思わざるを得なかった。というのも、その将校は既婚者だったからである。役立ちそうな人間がアレキパにはいないことが分かると、もくろんだ計画も断念せざるを得なかった。けれどもまだ一縷の希望が残っており、私はそれにしがみつくことにした。リマに行こうと決めたのである。

私は叔父と親族全員に、フランスに帰国したい気持ちを伝えた。けれども、ペルーの首都を知っておきたいので、リマ行きの船に乗る予定だと伝えた。

この知らせは皆をびっくりさせた。叔父はこの事態をとても悲しんでいるようだった。計画を思いとどまるようにと懇願してきたが、とはいえ、彼の家で受けていた地位よりもっと自立した地位を私に与えてやろうなどという気持ちはなかった。アルトハウスはこの知らせを耳にして心底悲しんでいた。彼の妻も悲嘆にくれていた。親族中でこのことを最も残念がったのはエマニュエルとカルメンの二人であった。〔……〕

従姉妹のカルメンを残していくことがどれほど辛かったか、言葉ではとうてい表現できないだろう。他の人々は私など全く必要としていなかったが、彼女にとって私は必要不可欠な存在になっていたからである。

出発は少なくとも政治的な紛争がどんな成り行きになるのか、その目鼻がつくのを待ってからにしてほしいと叔父は頼んできた。私はこれに同意した。

修道士は金力と発行している新聞での大言壮語の威力で、以下のような大隊の編成に成功した。

歩兵隊……………………………………一〇〇〇人

騎兵隊……………………………………………………八〇〇人
アレキパ選り抜きの青年から成る近衛兵部隊……………七八人
郊外のシャカレロス（野戦兵）部隊…………………三〇〇人

総計　二一七八人

その他に、町の防衛に当たる三、四百名の古参兵で構成される国民軍があった。

立派な戦士たる体裁を保とうと、ニエト将軍は野営地を設営していた。配下の兵士を兵舎から出してやれば、疲労にも慣れるだろうと信じていたからである。軍事的観点から見て非常に悪い位置に設営されていたこの野営地はアレキパから一リューのところにあり、また村のすぐ近くに設営されていたため、何軒ものチチェリアス（細かく砕いたトウモロコシ[*3]を発酵させてつくった酒のチカを売っている酒場の一種）に周囲を囲まれているという重大な欠点があった。司令部はセニョール・メナオという男の家に設けられていた。雨期に入った時兵士の健康が損なわれる危険性と、そのため生じる莫大な出費をニエトに理解してもらおうと、アルトハウスは彼に野営地の設置を思いとどまらせようと必死であった。傲慢な将軍は野営に適した場所についての参謀長の賢明な意見を初めとして、この種のアドバイスなど軽視して受け入れようとはしなかった。ニエトはこうした戦いの姿を通じて、人々のうけをねらい、偉大な指揮官のようにみられたいという思いと同時に、兵士たちのテントやたくさんの取り巻き将校連の中で自己の権力を誇示したいという馬鹿げた虚栄心に抗しきれなかったからである。将軍は優秀な参謀長を背後に従えて、好んで人々の前に姿を見せた。それは町から野営地へ、野営地から町へという具合に絶え間のない往来で示され、私たちは毎日勇壮な騎馬行進が展開されるその喜劇を実に愉快な光景だと感じたものだった。黒の駿馬にまたがった将軍は、まるでミュラ〔元帥（一七六七―一八一五）。イタリア、エジプト両遠征でナポレオンの副官を務め、ナポレオンの妹カロリーヌと結婚、ナポリ王（在位一八〇八―一四）となる〕の外観そっくりだったが、それほどまでに衣装のバラエティーに凝り、またそれに金をかけていた。しょっちゅう修道士の衣服に身をつつみ、いつも白馬にまたがっているヴァルディヴィアはペルーのラファイエットを象徴し、また黄金で覆われ、ごてごての羽根飾りで満艦飾の大勢の将校連もこれに劣らず滑稽きわまりなかった。

アルトハウスと将軍の好意のおかげで、私は自由に馬を使って、いつでも好きなように野営地を見学に行けた。市民のところにはもう馬はなかったが、それは持っている馬を供出するか、それとも徴発を免れるために隠しておくか、どちらかの方法をとらなくてはならなかったからである。叔父一人だけがチリ産の雌馬をずっと所有していた。というのも、それはあえて騎乗してみようなどと思う将校など一人もいないような癇の強い馬で、さらに騎兵隊の中にこの馬を入れたりしたら事故が起きるのは明らかだったからである。私にとって野営地の見学は大好きな散歩の一つだった。私はそこに叔父やアルトハウス、あるいは既に将校になっていたエマニュエルたちとかわるがわる出かけていった。将軍はいつもにこやかに出迎えてくれたが、修道士は私の意図や、彼に抱いている侮蔑感を見抜いている様子だった。というのも、私の姿を見ると、生まれついての偽善的で執念深い、恥知らずなその顔立ちが一種独特の表情にかわったからである。私が彼を毛嫌いしているのを見抜いているのは一目瞭然だった。ヴァルディヴィアはよそよそしい儀礼的な挨拶をし、少しも気にしていないふうを装いながらも、私の話を一つも聞き漏らすまいと注意深く聞き耳を立てていたが、かといって会話には決して加わろうとはしなかった。私のこうした訪問や、アルトハウスと一緒になってのあの罵り合いのゲームがこの殿方連の気分を害していたことは、エマニュエルから耳にして知っていた。しかし、あれほど信じられぬほど馬鹿げた将校たちの姿を目にして、一体どうしてこれを笑わずにいられようか！　ニエトは野営地に一八〇〇人の兵士しか入れていなかったにもかかわらず――シャカレロスと近衛兵はキャンプには加わってはいなかったが――、まるで五〇〇〇人の大軍と対決するヨーロッパの将軍が要求するような陣地を構築していたからだ。メナオの家の左手の丘陵に、五台の野戦砲を備えた方形堡が構築されていた。そんなものを目にしたのは生まれて初めてで、それはまるで屋根の樋の管そっくりだった。この方形堡はまさに自然の地の利を生かして要塞化された位置から町を見下ろしていたが、敵がこれに通じる道を通って進入してくれれば、やすやすと中に侵入できてしまうような代物だった。ところで、アレキパは誰でも異なる一〇本の道路から簡単に入っていけるような無防備な町だったから、どの道を使って敵が侵入してくるのか、それを予測するのは非常に困難だった。

方形堡のそばに幾列にもわたってキャンプを張っていた歩兵隊の姿は実に悲惨だった。哀れな兵士たちは頻繁に襲来する雨期の雨から身を守るには全く不十分な、隙間も塞がれておらず、かつ目の粗い布で作られた小型のテントの下で寝起きしていた。カリロ大佐に指揮された騎兵隊はそれよりずっと広い場所を占めていた。それは方形堡の向こう側に配置されていた。将軍は私に、列を組み、また互いの間隔を大きくとって並んだこの長い騎馬縦隊の前をギャロップで駆け回らせてくれた。歩兵隊の兵舎同様、そこには何の秩序も見られず、すべてが見るも哀れなありさまであった。キャンプのはずれのテントの背後に、料理道具一式を持ち、子供を連れたラバナスが宿営していた。陽に干された下着類、洗濯に忙しい女や繕いものをしている女などが目に入ってきたが、それも大声をあげていたり、歌を歌ったり、お喋りしたりして、とてつもないほどの大騒ぎだった。

ラバナスとは南アメリカの従軍女商人のことである。ペルーでは、兵士はそれぞれ欲しいと思うだけの女を一緒に引き連れている。これを四人も持っているような兵士もいる。彼女らは軽視できぬ重要な部隊を形成しており、本隊のための食糧を確保して、これを煮炊きしたり、また本隊の占めようとする宿営地の用意万端手筈を整えておく時間を確保するため、本隊より数時間先に出発していく。女性の前衛部隊の出発という事態は、すぐさま、この哀れな女性たちがどれほど苦しみに耐えているか、彼女たちの送っている危険と労苦に満ちた生活がどれほどひどいものであるかを想起させてくれるだろう。ラバナスは武装している。彼女らはラバの背に鍋や釜など、要するに荷物のすべてを乗せている。その背後にありとあらゆる年齢の子供を大勢引き連れ、速やかにラバを始動させ、走ってその後ろについていき、こうして雪に覆われた高い山々をよじ登ったり、背中に一人、ときには二人も子供を背負いながら、川を泳いで渡ったりしていく。指定された場所に到着すると、まず最初にキャンプに最適な場所の選定にとりかかり、次いでラバから荷を下ろし、テントを組み立て、赤ん坊に乳をやって寝かしつけ、火を起こして食事の準備にとりかかる。もしそれが人里離れたところでなければ、分遣隊が出向いて必要な品々を徴収する。まるで飢えた獣のように村を急襲し、住民に向かって軍に必要な食糧を要求するのである。進んで差し出されれば、何の危害も加えたりしない。ところがこれに抵抗しようものなら、まるで雌ライオンのように挑みかかり、容赦のない勇猛さを発揮し、どんな場合だろうと抵抗を排除してしまう。こうして彼女らは村を略奪し、破壊し、戦利品をキャンプに持ち帰って、仲間内でこれを分配してしまう。

兵士に必要なすべてのものを与えてやり、彼らの衣服を洗ったり、繕ってやったりするこうした女たちは、給料などは一銭ももらわず、報酬として与えられるのはただ何の咎めも受けずに略奪できるという権限だけである。彼女たちは南米インディオ族に属し、仲間内の言葉を話し、スペイン語は一言も知らない。ラバナスは結婚はせず、したがって特定の人間に身も心も捧げるのではなく、彼女たちを欲しいと思う人間すべての所有物であるといっていい。それはあらゆるものの枠の外の存在である。兵士と一緒に寝起きし、食事をし、彼らの逗留する場所で足を止め、彼らと同じ危険に身をさらし、さらにそれより遙かに大きな労苦を堪え忍ぶ。軍が行進を開始すると、ほとんどの場合、その命運は四、五時間先を行くこうした女性たちの勇気と大胆さにかかっているといっていい。このような労苦と危険に満ちた生活を送りながら、なおかつ母親としての務めを果たしていることを考えれば、彼女たちに太刀打ちできる人間など誰もいないと断言しても驚きはしないだろう。男のインディオが兵士になるくらいなら死んだ方がましだと考えているのに対して、女のインディオはみずから進んでこのような生活を選択し、労苦を耐え忍び、同じ仲間の男たちがとうてい示せないような勇気をふるって、危険に敢然と立ち向かっていくという事実ははっきりと指摘しておかなくてはならない。揺籃期にある民族の中で、女性の優越性を示すこれ以上の明白な証拠をあげることはできないであろう。遙かに文明の進んだ民族においても、もし男女両性に等しい教育が与えられたなら、同じことが言えるようになるのではないだろうか。そうした試みの試される日の到来を期待して待たなくてはならない。

有徳な幾たりかの将軍がラバナスの奉仕に代わるものを見つけようとして、彼女たちに軍に付き従うのを禁止しようとしたことがあった。しかし、いつも兵士たちがこうした種類の企てにことごとく抵抗したため、結局彼らに譲歩せざるを得なかった。彼らは自分たちの必要品を支給してくれるという軍当局を全く信頼していなかったから、ラバナスと縁を切るように説得することなどとうてい不可能だったのである。

この女たちの容貌の醜さといったらもうぞっとするほどである。これは彼女らが耐え忍んでいる労苦の性質を知れば納得できるだろう。実際、彼女らはパンパスの焼けつくような太陽の熱気や、アンデス山脈の凍てついた山頂の冷気というように、全く対照的な悪天候に次から次へと身をさらし、これに耐えているのだから。そのため、肌は焼け、ひび割れ、目は充血している。しかし、歯だけは真っ白である。身につけているものといえば、裾が膝までしかないウールの小さなスカートと、真ん中に穴を開けて頭を通し、その両側で背と胸を隠している羊の皮をはおっているだけである。余分なものに関心を向けたりしない。足、腕、頭はいつも剝き出しのままである。仲間内では和やかな雰囲気がただよっていることが分かる。しかし、時として、嫉妬によるいざこざから、殺傷事件にまで発展することもある。彼女らの強烈な恋情はどんなブレーキもきかないくらいだから、こうした事件が起きてもびっくりすることではない。規律など少しも保たれていない、こうした女性と同じような生活を送っている同数の男性社会だったら、殺人事件など遙かに数多く生じることは間違いないだろう。ラバナスは太陽を賛美しているけれど、いかなる宗教的儀礼も守ってはいない。

司令部は賭博場に変わっていた。カーテンで二つに仕切られた階下の大広間は、一つは将軍と上級将校が、他方は下級将校が占めていた。どの部屋でも、全員が大金を賭けたファロに興じていた。アルトハウスはめかしこんだ共和国の将軍連の姿を見せてやりたくて、夜中の一一時近く、メナオの館に私を案内してくれた。私たちは中には入らず、姿を見られないようにして、窓から見物を始めた。もう全く！　この集まりのなんと恥ずべき光景だったことか！　ニエト、カリロ、モラン、リベロ、ロスの五人が、山積みの金貨を前に、手にトランプのカードを持ち、テーブルの周囲に腰掛けている姿が目に飛び込んできた。テーブル上は、酒瓶やなみなみとつがれた葡萄酒やリキュールのグラスで一杯だった。この男たちの顔は賭博熱がどれほどすさまじいかをはっきりと物語っていた！　一点に集中させた激しい情熱、言い換えれば、何をもってしても満たすことのできぬこの強欲ぶりは、たまたま出された食べ物によって一層その強度を増していく。全員口に葉巻をくわえ、紫煙に煙る部屋にさし込む青白い灯火は、この男たちの顔つきにどこかしら悪魔のような残忍さをもたらしていた。[*4] 修道士は勝負には加わらず、ゆっくりした歩調であちらこちら歩き回り、ときおり男たちの前で立ち止まっては腕組みし、こんなふうにつぶやいているようだった。一体こんな連中に何が期待できるのか！　と。長い黒の法衣を身にまとい、その顔の表情、またその身を置いている場所で、悪の道において悪癖がもたらす障害に憤怒の叫びを発している彼の姿を目にすれば、誰でもまさしくこれを悪の権化と思ったに違いない。顔の筋肉はぞっとするほどひきつり、小さな黒い目はくすんだ輝きを発し、上唇は侮蔑と高慢さをはっきりと表わしていた。こうしてまた再び彼はあきらめた表情を見せ、冷静さを取り戻した。私たちは長時間じっとこの場面を観察し続けていた。私たちの姿を見て咎めたりするものなどおらず、召使いの奴隷も寝ており、勇敢なる祖国の守護者らは賭に熱中し、修道士はひたすら物思いに耽っていた。帰宅すると、

アルトハウスと私の二人はあのような指導者連中の手に委ねられた国の不幸を語り合わずにはおれなかった。［……］

三月も終わりの頃、大統領オルベゴゾがアレキパの地方軍に指揮をとりにやってくる決心を固めたという知らせがリマから届いた。このニュースを聞いたニエトはがっくりしてしまった。彼の言うには、サン・ロマンと一戦交えて確実に手にできる栄光を大統領が奪い取りにくるからだ、ということだった。自惚れ屋の将軍もみずからこれに逆らおうなどとは考えず、党派の首領らしくふるまい、みずからの責任で行動できるほどの影響力など備えてはいなかった。しかし恥辱と思った事態を未然に防ごうとして、頭に浮かんだある手段を用いることにした。彼はこっそりと内密の手紙を書かせ、これをサン・ロマンの手に渡してやろうという手段を講じたのである。その手紙には、ニエトの軍隊には武器弾薬はなく、恐るべき悲惨な状況に置かれており、戦闘など全く不可能なありさまであると記されていた。この内密の通信文を送ってから、将軍は敵軍の到来を今か今かと期待して待ち続け、その焦燥感は頂点に達していた。

この三カ月来、どの人間もよるとさわると例のサン・ロマンがアレキパに仕掛けようとしている攻撃のことを話題にしていた。最初の二カ月は、この首領の名は幼児の頭に浮かぶ妖怪と同じ効果を与えていた。オルベゴゾの支持者は彼のことを、自己の快楽のために哀れなアレキパ人をみずからの手で切り殺し、自陣の復讐を遂げるためとあれば、町に砲火を浴びせて血の海にもできる、残忍で恐ろしい人物のように描いていた。さらに彼の人間像に関して言えば、こうした類いのさらに多くの中傷が浴びせられていた。

大衆の中には、互いに恐怖心を抱かせようという目的で、またこの国民を極端へと走らせようとするあの誇張と驚異とを好む性向から、サン・ロマンに関するお伽話をこしらえて喜んでいるものがいたとすれば、同時にまた、修道士や将軍やその部下たちのように、計算ずくでこうした風評を流す人間もいたのである。

両軍のそれぞれが守っていた党派の希望のすべては軍隊の如何にかかっていた。どちらも一度で勝負の決着をつけようとしていた。勝利は勝者の側に完全な成功を保証し、敗北は取り返しのつかぬ破滅をもたらすだろう。どの点からみても疲労困憊の極にあったオルベゴゾ派は、頼みの綱はアレキパ住民の勇気しかなく、すべての視線は彼らの上に注がれていた。一方セニョーラ・ガマラのほうはどうかといえば、その組織した政治的権威も、軍の抵抗が存在する限り保持できないだろうと感じ取っていた。そして、リマで支配者になるためには、何を措いてもまずアレキパの支配者とならなくてはならず、かつその手にある三歩兵大隊でこの町を制圧してしまえば、オルベゴゾは首都への帰還を望めなくなるだろうと考えていた。アレキパ軍の指導者、町のお歴々、オルベゴゾを支持した方が得だと考える人々にとって、市民を死ぬ気で徹底的に戦闘に駆り立てるためには、サン・ロマンの勝利によって被るだろう災禍の過大なイメージを彼らの心に植え付けておく作業がどれほど重要な意味を持っていたかは手に取るように分かる。だからこそ、修道士によって毎日作成された文書（署名は一つもついてはいなかったが）が手で回されたのである。そこには、サン・ロマンが部下の兵士に町の略奪を約束したなどと述べられていた。こうした文書に描かれた虐殺、暴行、残虐行為の描写は、臆病な住民の心を絶望の淵に追いやるほど激しい恐怖心でがんじがらめにしていた。このような手だてを講じて修道士は目的に到達できたのである。というのも、絶望はいかなる臆病者にも勇気をもたらしてくれるからである。将軍は兵士に訓示を垂れ、知事と市長も同様な趣旨の声明文を発表した。最後に、各地の修道院の修道士たちも、時の勢いに抗しきれず、死ぬまで徹底抗戦するようにそれぞれの教会で説いていた。

こうした演説や説教のことごとくが、民衆に期待通りの結果をもたらした。蜂起後の一カ月は、最強の三歩兵大隊を率いるサン・ロマンが不意にいつ襲ってくるかも知れぬという恐怖心のために、耐え難い不安感をかき立てられた彼らは熱烈な防御体制に突っ走っていった。アレキパ住民はその防御体制と、彼らの勇気に対して請け合ってくれた勝利に自信を持ち、これから身を投じようとしている戦闘のイメージにも慣れ、いささかもたじろぐことなく敵の襲来を待ち構えていた。しかし、三カ月目ともなると、彼らの苛立ちはもはや際限がなくなってしまったのだ！　サン・ロマンが襲撃を引き伸ばしているのは、アレキパの住民が彼に抱かせた恐怖心の証拠のように感じられたのだ。そのため彼らの勇気はさらに増大した。こうして、経験不足の国民に必ず生じるように、思慮深い人間であれば間違いなく危惧の念を抱くであろうが、彼らと言えば、恐怖心に心を捕らえられ怯え切った人間から高慢で空威張りな人間へとすぐさま変身してしまったのである。彼らは敗北を恐れ、また卑劣で傲慢なかの敵側の人間が勝利するような事態が生じた時の結果についてもたまらないほど不安を抱いていた。盲目的な自信に満ち溢れ、戦うべき敵についてよく知りもせずに戦闘に勝利したと思い込んだ瞬間から、上は総司令官から下は市役所の木っ端役人にいたるまで、みな先を競って愚行に走るのだった。それは全く見るも哀れなくらいだった！　そのときから、情勢がどうであれ、この国はもう駄目だ、ニエトが勝利しても、サン・ロマンが勝利しても、必ずや巨額な納付金の強要、所有物の強奪、ありとあらゆる略奪が生じるだろうと私は思った。

三月二一日、アルトハウスは私に言った。「フロリタ、とうとう将軍は正確な情報を摑んだようです。サン・ロマンは明日か明後日にはここにくるでしょう。今までスパイに莫大な金を使いながら、敵陣に何が起きているのか、真実が何も入手できなかったなんて想像できますか。将軍は私が口出しするのがいやなんです。あの間抜け男の自尊心は賢明な助言を受けると深く傷ついてしまうから、自分のできることは全部私には隠してしまうんです」

この二日来、部隊は兵舎に戻ってきていた。彼らを兵舎に戻さざるを得なかったのも、キャンプでのあてどない逗留中に被った疲労感や種々の不自由な生活で衰弱の極にあったからである。きわめて信頼度の高いと思われる見解に基づいて、離れてきたばかりの陣地に再度部隊をつかせるためであれ、状況の求める新たな陣地に配置するためであれ、いずれにせよ将軍は部隊を急いでまた出すべきだっただろう。敵の奇襲、部隊の混乱、住民の混乱を回避するため、何があろうと用心深い適切な防御措置を等閑にすべきではなかっただろう。要するに、万事を予測し、勝利であれ敗北であれ、町に生じる混乱を防ぐための手だてが講じられるべきであったのだ。これが常識を備えた軍人であれば誰もがとる行動だった。しかし、ニエト将軍の脳中にはそんなものは何もなく、戦闘配備など全く等閑にし、仕事を放ったらかしにしたまま、他の指導者連中と聖週間のお祝いにティアヴァラへと出かけてしまったのである。

翌日午後四時頃、スパイの一人が、敵がカンガロにいると大急ぎで伝えにきた。あっという間に噂が広まった！　大急ぎでニエトを呼びに行くものがいるかと思うと、他方では、近衛兵は集合し、歩兵部隊はてんでんばらばらに出ていった。怯えきったチャカレロスたちは前進を拒んでいた。市庁舎の時代遅れの老人連は愚行に愚行を重ねていた。混乱は頂点に達していた。

民間人であれ軍人であれ、不幸なこの国の重大事を指揮管理しているこれら高慢な指導者連の完璧な無知蒙昧ぶり、徹底的な無能さぶりが示されたのはこのときであった。[……]

その晩と翌日の夜に起こったすべての出来事は、ヨーロッパ人にはとうてい信じられないだろう。細部にわたってまで述べはしないけれど、その混乱ぶりといったら、もしサン・ロマンがこれを知ったなら、その日のうちに町を占領し、戦闘を交えずに部隊を駐屯させることができたほどだったと断言してもいいだろう。これを妨げようと一発でも銃の引き金を引けるものなど一人もいやしなかったのだから。こうすれば戦争もほんの三時間足らずで終わってしまっていただろう。そうならなかったのは確かに悔やんでも悔やみきれぬことに違いない。多くの血も流されずに済んだだろうし、取り返しのつかない多くの惨禍も回避できたであろうから。

11 アレキパの修道院

既に述べたように、アレキパは男・女の修道院を最も数多く抱えているペルーの都市の一つである。大多数のこれらの僧院の外観、それらをつつんでいる常に変わらぬ静寂ぶり、そのかもし出す宗教的雰囲気は、社会の激動に思いを馳せたとき、もし平和と幸福がこの地上にあるとするならば、その存するところはまさしく主のいましますこの安息の場所に違いないと誰しも信じてしまうであろう。ところが、ああ！ この世に幻滅した心の持ち主が安息を見いだすのはこのような僧院の中ではないのだ。こうした巨大な建築物の内部では、その暗く冷たい外観から当然想定される墓地の静寂の代わりに、宗規に捕らえられているが、窒息させられてなどいない熱い心のゆらめきだけが見いだされるのである。物言わず、ヴェールで覆われてはいるけれど、そうした心のゆらめきは、内に秘めた火山の横腹の溶岩のように、熱く沸き立っている。

これらの僧院の中に入る前、いつも開け放たれているそのポーチの前や、高さ三、四〇ピエもある大きな黒い塀沿いを通るたびに、私の胸はぎゅっと締め付けられたものだった。私はこの積み上げられた岩の堆積の中に、生きながら葬られている不幸な犠牲者に対し、思わず両の眼が溢れる涙で一杯になるほど深い同情の念を抱いたものである。アレキパ滞在中、私はしばしば私たちの館のドームに腰を下ろしにいったことがある。私はこの場所に身を置き、火山から遙か彼方を流れる清流まで、さらにその潤す清らかな渓谷からサンタ・カタリナとサンタ・ローザの二つの壮麗な僧院まで、視線を投じるのが好きだった。なかでもとりわけサンタ・ローザ僧院は私の心を惹きつけ、しっかりと捕らえて離さなかった。興味あふれるドラマ――そのヒロインは美しくて愛らしくかつ不幸な、ああ！　本当に不幸な一人の年若い乙女だったが――が生じたのは、まさしくその陰気な回廊の中だったのだ！　その乙女は私の親族だった。彼女に心底憐憫の情を抱いたけれども、取り囲む社会の狂信的な偏見に従わざるを得なかった私は、こっそりと隠れてしか彼女と会えなかった。私がアレキパにやって来たとき、彼女が修道院から脱走して二年が経っていたが、この事件のもたらした印象からするとまだほんの最近の出来事のようだった。だからこそ、私もこの盲信の犠牲者に関心を寄せるにあたっては十分配慮しなければならなかったのである。他のやり方をとっていたら、彼女の力になどなれなかっただろうし、さらには、彼女の迫害者たちのファナチスムを一層あおり立てるような危険を冒すことにもなっただろう。ドミンガ（それが若き修道女の名だった）が恐るべき身の上話を洗いざらい語ってくれたことで、私はその不幸な女性が一一年間にもわたり悶々とした生活を送っていたこの修道院の内奥をどうしても知りたいという欲求が生まれたのだった！　だからこそ、毎夜、館の屋上に立ち、太陽が三つの火山の背後に没しようとして、その万年雪を緋色に染めているとき、アレキパの美しい峡谷にその最後の光が投じている優美でメランコリックな色調にうっとりとさせられながらも、視線は自然とサンタ・ローザ修道院に向けられてしまうのだった。私の頭には、カルメル派の修道女の着ているゆったりとして重々しい着衣を身につけた可哀相な従姉妹のドミンガの姿が浮かんでくるのだった。長い黒のヴェール、銅の留め金付きの皮の短靴、不幸な乙女がその計画を実行に移すにあたって、助力を乞うために神に祈りを捧げたとき、ときおり熱く抱き締め、そうして怒りと絶望に駆られ、固く握り締めた両の手で圧しつぶしてしまった大きなロザリオが目に浮かんできた。彼女が美しいサンタ・ローザ寺院の鐘楼の最上部にいるかのように思えた。毎晩、管理を任されていた鐘と時計に異常が起きていないかどうかを調べることを口実に、若き修道女の出向いていったのがまさにこの鐘楼だったからである。乙女はこの鐘楼の最上部から、少女時代に幸福な日々を楽しく過ごしていた狭いけれど美しいこの小谷を、心いくまで眺めることができたのだった。彼女は母の家や、姉妹や兄弟が庭で浮かれ走り廻っている情景を見つめていた……。ああ！ あのように自由に走ったり遊んだりできる姿を目にして、姉妹たちがなんて幸せに思えたことだろうか！ 彼女たちの着ている色とりどりの服、花や真珠の飾りの付いた奇麗な髪をどれほどうっとりと見とれたことだろう！ その優美な靴、絹の大きなショール、紗の軽やかなスカーフをどれほど好んだことだろう！ こうした姿を見て、不幸な乙女は今自分が身につけている堅苦しい着衣の重圧に息のつまるような思いだった。この下着、ストッキング、長くて幅の広いドレス、ごつごつした毛織物でできたこうした着衣のすべてが彼女にはおぞましく思えたのだ！ 履いている皮の靴は足を傷つけ、さらにまた規律によって毎日必ず着用するようにと厳命されている黒く長いヴェールも、昏睡状態の人間を生きたまま棺に閉じ込める板のように感じられた。彼女の胸の内からは、にぶいうめき声が発せられていた。彼女は鐘楼の通路を閉じる格子の柵の間で、懸命になって両手を動かそうとしていた。世を捨てて修道院に閉じこもった哀れな乙女は、ただ神があらゆる生き物に与えてくれたほんの少しの大気と、麻痺した四肢を動かせる小谷でのほんの僅かな空間、それだけでいいから欲しかったのだ。山間の民謡を歌い、姉妹らと一緒に踊り、彼女らと同じように可愛らしいピンクの短靴を履き、軽やかな白のスカーフを巻き、髪に野の花をさしてみたかった、ただそれだけだったのである。ああ！　乙女の抱く願望としてはなんとささやかな願いだったことか。しかし、いかなる人間の力をもってしても断ち切れぬ、恐ろしい、そして厳粛な神への誓いが、彼女から永遠に清らかな空気、楽しげな歌、同世代の乙女が季節の変化に応じて身につける衣服、健康に必要な運動などを奪い去ってしまったのである。この不幸な乙女は、一六歳のとき、恋の恨みと傷つけられた自尊心に駆られて、後先も考えずにこの世を捨て去ろうと決心したのだった。何も知らぬこの幼い娘は、みずからの手で長い髪を切り落とし、これを十字架の前に投げ出して、キリストの前で、神こそみずからの夫と考えるつもりだと誓ってしまったのだった。この修道女 [monja][*1] の物語はアレキパ、さらにはペルー中の大評判となった。この物語は私の旅行記の然るべき場所に置かれて当然と思えるほど注目に値する出来事だった。しかし、従姉妹のドミンガの言動のすべてを読者に知ってもらう前に、まず私と一緒にサンタ・ローザ修道院の中に入ってみることにしよう。

通常これらの修道院は何人といえど近づくことさえ困難である。誰もアレキパの司教の許可――かの修道女の脱走事件以来かたくななまでに拒絶されてきた許可であるが――なしにはそこに入ることはできない。しかし、町の置かれた緊迫した状況から、どの修道院もその聖堂を不安に陥った住民の安息の場所として提供していた。叔母とマニュエラは大事をとってそこに避難したほうがよいと判断し、私もその機会を利用して修道院での生活ぶりを詳しく調べてみることにした。いつも私の頭の中にあったのはサンタ・ローザ修道院であった。私は彼女たちがサンタ・カタリナ修道院に入りたがっているのは十分承知していたが、それでもサンタ・ローザ修道院のほうを選んでくれるようにと必死になって説得した。［……］嫌がる彼女たちを説得するのは本当に骨の折れる仕事だった。ようやくのことで彼女たちの説得に成功した。夜七時頃、私たちの到着を知らせるために、念のため事前に黒人女を送る配慮をしてから、私たちは修道院に向かった。

サンタ・ローザ修道院に入ってまずその光景に驚かされたのは、完璧な君主制国家といえども、位階の区別づけにおいてこれほど尊大で無礼な貴族制は存在しなかったのではないかと思ったことである。そこでは出自、肩書き、皮膚の色、財産などの階層制が完全に行き渡っていた。なんと無意味な区別づけであろうか。この修道院内に入り、誰も彼もが同じ制服を身につけて歩いているこの共同体の多数の構成員を見れば、きっと万事にわたって差別のない平等が行き渡っていると思うに違いない。しかし、どこでもいいから中庭に入ってみるといい、そうすれば、爵位を得た女性が庶民の女性とつきあう際に示す傲慢な態度にびっくりさせられるであろう。さらにまた、白人女性が有色女性に、金持ちがそうでないものに示す侮蔑的口調に。［……］

サンタ・ローザはアレキパでも最も広大でかつ裕福な修道院の一つである。内部の配置は単純である。それぞれ広々とした中庭を取り囲んでいる四つの内部回廊がある。大きな石柱がこの回廊のかなり低い丸天井を支えている。これに沿って修道女の個室が続いている。小さな低い扉を通ってそこに入っていく。個室は大きく、壁は純白に保たれている。明かりは扉と同じく、回廊に面した四枚の彩色ガラスがはめ込まれた格子窓から取り込まれている。個室の家具といえば、コナラのテーブルと腰掛け、陶製の水差し、錫のゴブレットである。テーブルの上方には大きな十字架がある。キリストは年代を経て黄ばんだ骨製で、十字架は黒ずんだ木製である。テーブルの上には髑髏が一つと、砂入れ、日禱書、時としてその他幾冊かの祈禱書などが置かれている。上長者を除き、修道女は誰一人個室で寝ることはできない。彼女らにとって、個室とはただ孤独と沈黙の中での瞑想や黙想、あるいは休養のためにだけ存在するものである。彼女たちは大食堂で共同で食事をし、正午に正餐を、六時に夜食をとる。食事の間、中の一人が聖書の何節かを朗読し、そして全員サンタ・ローザ修道院内の三つの共同寝室で就寝する。

　この共同寝室はアーチ形の天井が上に乗っていて、L字形に作られており、陽光の差し込む窓は一つもない。隅に置かれた陰気なランプが、周囲六ピエの空間をぼんやり照らし出しているだけといっていいくらいの微光を投げかけている。そのため共同寝室の両側は深い闇につつまれたままである。この共同寝室には部外者だけでなく、この共同体の下働きの女さえも入室できず、またもしその長く連なる側廊の薄暗くひんやりとした小部屋にそっと忍び込んでいったりすれば、周囲を取り囲んでいる品々から、まるでカタコンベにでも下りてきたような気持ちに襲われるだろう。それくらいそこは恐怖で思わず身もすくむような不気味な場所である。共同寝室の両側には、墓石[*2]がそれぞれ一二〜一五ピエの間隔を置いて並べられている。それらは一段と高い壇上に建てられていて、その形状と並べられた配列の仕方から見て、教会の地下納骨所に見られる墓石とそっくりである。それらは葬式の際の幔幕に使う布に似たウールの黒い布で覆われている。墓の内部は横五、六ピエで高さもそれとほぼ同じで、縦一〇〜一二ピエである。墓には四本の鉄の杭の上に置かれた二枚のナラの厚い板でつくられた寝台がしつらえられている。この板の下には大きな布袋が一つあり、安置された人間の徳性の等級に応じて、遺灰、小石、刺、藁、羊毛などがそこに詰められている。私はこのような墓に三つ入ったが、そこでは藁の詰まった布袋を見つけたことを伝えておこう。寝台の端に黒い小さな木製の家具があり、全体がテーブル、祈禱台、戸棚の役目を果たしている。個室の中と同じように、この家具の上方には、寝台の頭部と向かい合って大きなキリスト像がある。キリスト像の下に、髑髏、祈禱書、ロザリオ、鞭が並べられている。どんな事情があろうとも、灯りを手にして墓の中に入ることは厳禁されている。修道女は病気になると、看護室にいく。哀れな従姉妹のドミンガが一一年もの年月を送ったのは、まさにこうした墓地の一つなのだ!

修道女の送る生活は想像を絶するほど厳格である。朝は朝課に向かうため四時に起きる。続いて、参加を義務づけられた一連の信心業がほぼ間断なく続く。これは食堂への呼び出しがかかる正午まで続く。正午から三時までしばらくの間休息を味わう。それからまた再び夜中まで延々と続く祈禱が始まる。さらにこうした義務に加えて、この共同体に聖体祝日の行列やら式典やらを強制するたくさんの祝日もある。以上がサンタ・ローザ修道院での修道生活の苦行と責務である。こうした隠遁者たちの唯一の息抜きは壮麗な庭園内での散策である。彼女らはそうした庭園を三つも持っており、そこで美しい花々を心を込めて手入れしながら育てている。

サンタ・ローザの修道女は、カルメル会派の修道女となるにあたって、清貧と沈黙の誓いを立てる。互いにぱったり出会ったりしたら、一方はこう言わなくてはならない。「シスター、私たちは死すべき存在なのです」。すると他方はこう答える。「シスター、死こそ苦痛からの解放の道です」。そうしてもうそれ以上一言も発してはならない。とはいえ、修道女たちも会話を交わすことはある。それも大いに。だが、それは庭園での作業中か、台所に下働きの女を監視に行ったときか、それとも義務を果たすために塔や鐘楼のてっぺんにのぼったときに限られるのだが。こっそり人目を忍んで長時間友を訪ねていった個室でも大いにお喋りをする。要するに、善良なる修道女たちも、誓いを破らずにできると思ったところであればどこでもお喋りをし、そして良心にやましさを感じないですむようにと、中庭、食堂、教会、特に共同寝室では死のような沈黙をしっかりと守っているから、そのためそこからは人声は一切聞こえてこない。私は彼女たちがカルメル派の規律に少し違反したからといって、そのことで彼女たちを責め立てようなどとは全く思っていない。長時間沈黙を強いられた後で、彼女たちが何か会話する機会を見つけようとするのはきわめて自然なことだと考えている。けれども、彼女たちの幸せのためにも、その話は育てている花々や、上手にこしらえた美味しいジャムや素敵なケーキ、壮麗な聖体行列や聖母の豪華な宝石、さらには告解のことだけにしてほしいと思っている。ところが、残念ながら、この女性たちの話は決してこうした話題だけに止まってはいないのだ。他人のあら探し、悪口、中傷が会話の中心になっているのである。互いに抱いているありとあらゆる些細な嫉妬心や妬み、絶えず投げ掛け合っている恐ろしい意地悪な言葉などを正確に摑みとるのはなかなか困難な仕事である。この修道女たちが互いに結んでいる人間関係ほどべとべとした関係は他にはない。さらにまた、こうした関係のどれからも潤いのない冷淡さ、とげとげしさ、憎悪の念がはっきりと現われ出ている。修道女たちはみずからの立てた清貧の誓いを守るという点でも厳格ではない。誰かが教えてくれたが、規則上、彼女たちは皆付き添い女を一人以上所有してはいけないことになっている。ところが、幾人かは住み込みの奴隷女を三、四人も持っているのだ。その他に、各人は使いに行ったり、欲しいものを買いに行ってもらったり、家族や俗世の人間と連絡をとってもらったりするために、外に奴隷女を一人抱えていたりする。この共同体にはとてつもない資産家の修道女さえいて、僧院や教会に豪華な贈り物をしたり、町の知人らにありとあらゆる種類の砂糖菓子や修道院の中で作ったこまかな細工物などを送ったりし、こうして、とりわけ彼女らにお気に入りの人間には、時としてとてつもないほど高価な贈与品にありつくこともできるのである。

アレキパのサンタ・ローザはペルーでも最も裕福な修道院の一つと思われている。しかし、そこの修道女はそれまで私の見学してきたどの修道院の修道女よりもはるかに不幸な存在に思えた。［……］

まず最初に、修道院長はとても敬意溢れる態度で出迎えてくれたことを言っておかなくてはならない。当時彼女は六〇歳で、一八の歳からこの共同体の指導監督にあたってきた人物であった。若い頃は大層な美人だったに相違なく、顔立ちは気品に溢れ、そのすべてから強固な意志の持主であることがうかがえた。セヴィリヤ生まれで、七歳のときにアレキパにやって来たのだった。彼女の父は人間形成の教育をしてもらおうと考えて彼女をサンタ・ローザに入れ、以来彼女は二度と再びそこから出ることはなかった。この修道女は見事と言っていいくらい正確かつ優雅にスペイン語を操ることができた。彼女は修道女の到達しうる最高の教養人である。彼女が私に投げかけてきたヨーロッパに関する質問のどれをとってみても、サンタ・ローザの修道院長がこの二〇年来スペインとペルーとの間を揺り動かしてきたさまざまな政治的事件に大きな関心を抱いていたことが私には分かった。その政治的見解は宗教的意見と同じくらい狂信的で、その宗教的ファナティスムぶりといったら理性の限界のすべてを超え出ていた。

[……]ドミンガのことが話題にのぼると、彼女はこう言った。「あの娘は悪魔にとり憑かれていたのです。悪魔が私の修道院を好んで選んでくれたことをうれしく思っています。この手本はここに再び信仰を蘇らせてくれることになるでしょう。というのも、愛するフロリタ、あなただからこそ私は苦悩の一部を打ち明けられるのです。若い尼さんたちの心には、奇跡を信じ込ませられる唯一のあの強力な信仰心が日毎に揺らいできていることが私には分かるのです」[……]厳しい謹厳実直さに満ち溢れたこの女性は鉄のごとき手で支配することによって、修道女らを服従させ尊敬もかちえられたのであった。けれども、指導監督にあたってきたもう何年も前から、彼女は修道女の誰からも心からの愛情を手にすることはできなくなっていた。

叔母や従姉妹たちはこの修道院でたった三日間過ごしただけだったが、どんなに危険な目にあってもいいから、もうこれ以上長くここに止まっていたくないと思うほどその生活に退屈し飽き飽きしていた。一方私はといえば、そんな短い逗留期間でも、せっせとたくさんの観察記録の収集に精出して、退屈することなど少しもなかった。いかめしいあの修道女らは私たちを迎えてくれたときにしてくれたと同じしきたりと礼儀作法を示しながら一緒に付き添って見送ってくれた。とうとう、私たちは城塞の門のように差し錠をかけ、鉄で覆いをかけられた巨大なこの柏の門の敷居を通り越していった。門番の女が門を閉めるやいなや、私たちは皆こんなふうに叫びながら、サンタ・ローザの長い幅広い道を駆け出していった。「神よ！　自由でいられるというのはなんという幸せでしょうか！」。この女性たちは全員涙を流していた。子供と奴隷の女たちは通りではしゃいで跳びはねていた。そして私はというと、正直なところ、それまでよりずっと楽に呼吸をしていた。[……]

サンタ・ローザに入った翌日、アルトハウスは私たちに、情報は誤りで、これをもたらしたインディオはサン・ロマンに買収された人間であり、二週間のうちにはサン・ロマンはやってこないだろうと知らせてくれた。だから私たちはまた自宅に帰れると思ったのだった。しかしちょうどその夜、また別の警報が出たため、今度は私の親類縁者らはサンタ・カタリナ修道院に入ってしまった。サン・ロマンがカンガロにいるのは確実だった。彼がアレキパからほんのわずかの距離(四リュー)のところに着いたことで、危険はさらに切迫してきた。その知らせが広まるや否や町とキャンプ地に生じた混乱ぶりといったら、スパイによってもたらされた最初の警報と同様、それはもう尋常なものではなかった。[……]修道院と教会は住民の家具保管所と化していた。この二週間以来、彼らが自宅に持っているもので運べそうなものはことごとくそこに隠してしまい、そのためすっからかんになってしまった彼らの家はまるで略奪に遭ったかのような観を呈していた。私も叔父の衣類と一緒にトランクをサント・ドミンゴに運んでもらった。敵軍のカンガロ到着を知らされたのはちょうど正午で、誰もが六時か七時頃には敵の姿が見られるだろうと予想していた。家々のドームではあらゆる方角を見つめる大勢の人々で一杯だった。しかし予想は外れた。敵は小休止していたからである。

キャンプから戻ると、アルトハウスはこう言った。

「ねえ、サン・ロマンがカンガロにいるのは今度こそ確実ですよ。でも配下の兵士たちは疲労でくたくたになっています。体力回復のため二、三日はきっとそこにいるでしょう」

「じゃあ、敵軍は今日はやって来ませんね」

「四、五日の間はやって来ないでしょう。だからあなたもマヌエラにもう一度会いに行ってきてもいいですよ。いずれにせよ、修道院の鐘楼の上からでも、叔父さんの家の上からでも、白兵戦が見物できますよ」

彼の忠告に従い、私はサンタ・カタリナの親族に合流しに行った。

こうしてまた再び私は修道院に入ることになってしまった。だが、そこは今しがた出てきた修道院となんと対照的だったことか！　入るや否や、なんとけたたましい騒音！　なんたる歓声が湧き上がってきたことか！　あちらからもこちらからも、至るところからラ・フランチェジータ！　ラ・フランチェジータ！　の叫び声が発せられたのだ。扉が開くとすぐに、たちまち一二人ほどの修道女に取り囲まれ、そうして彼女たちは大声を上げたり、笑ったり、小躍りしたりして喜びを全身に表わしながら、全員が一斉に私に向かって話しかけてきた。［……］

周囲をずらっと取り囲むこのけたたましい修道女や大勢の黒人の奴隷女やサンバたちのため、私の動ける空間はほんの少ししかなかったから、もう熱気で窒息してしまうのではないかと不安になり、誇張でも何でもなく、望楼の役目をしている入口のところでたっぷりと一五分間もそのままじっとしていた。

［……］

正直言って、もう気を失わずにここから出られるなんて望み薄じゃないかと思い始めていた。両脚から力が失せていくような気がした。汗が身体中からしみ出し、皆が私の耳許で立てたわめき声で頭もくらくらして、今自分がどこにいるのかも分からないくらいになっていたちょうどその時、修道院長が迎えに出てきてくれた。彼女はサンタ・ローザの修道院長の従姉妹にあたり、私たちと同親等の親族だった。彼女が来てくれたため騒ぎも少し鎮まり、群集は道を開けて彼女を私のところまで来させようとしてくれた。その時はもう本当に気分が悪かった。これに気づいた善良な修道院長は修道女たちを厳しく叱りつけ、黒人女を全員引き下がらせるようにとの命令を下した。そうして、私をとても広くて立派な彼女の個室に案内し、その豪華な絨毯とふかふかのクッションに私を坐らせてから、パリ製の美しい盆の上に、修道院でこしらえたいろいろな種類の素敵なお菓子や、美しいクリスタルの酒瓶や、同じくスペインの武具の彫り込まれた見事な黄金のグラスに入ったスペイン産の葡萄酒をもってきてくれた。

少し元気を回復すると、修道院長は私に当てられた個室まで一緒について行くといってきかなかった。ああ！　それはなんて素敵な部屋だったことか！　これなら、わがフランスの気取りやの娘たちでも、私室に欲しがること間違いなしだろう！　横一〇〜一二ピエ、縦一四〜一六ピエで、全体がトルコ風の図柄の入った美しいイギリス製絨毯で覆われ、真ん中に尖塔アーチ状の小さな入口、両側にも同じ形で黒とブルーの房飾りの付いた朱色の絹のカーテンが取り付けられた二つの小さなガラス窓のあるアーチ形の小さな寝室を想像してみるといい。寝室の片側には、イギリス製のかつらぎ織のマットレスと、スペインのレースで飾られたバチストが敷かれ、ニスで艶出しされた鉄製のベッドが置かれている。正面にもまた、クスコ産の華やかな絨毯で全体が覆われたイギリス製のかつらぎ織のソファーがある。ソファーの傍には、客に使ってもらうためのクッションやつづれ織のきれいなスツールが置かれている。奥には、小さな祭壇図がとても巧みに描かれ、上部が白大理石の美しいコンソールテーブルの占めるニッチが作られている。コンソールテーブル上には、自然の花や造花などが一杯入ったきれいな花瓶がいくつかのせられている。青蠟燭を付けた銀のシャンデリアもある。紫のビロードで装丁され、黄金の南京錠で施錠されたミサ典書もある。コンソールテーブルの上方には、柏で作られた立派な出来栄えの小キリスト像が、キリスト像の上には、銀の額に入った聖処女像が、そしてその傍らには豪華な額縁の中に入った聖カテリナ像と聖テレジヤ像が置かれている。キリスト像の首には細かくて実に可愛らしい果実の粒でできたロザリオが掛けられている。最後に、この優美な室内装飾に欠けている物が何一つないようにと、部屋の中央に大きなテーブルクロスのかけられたテーブルがあり、その上には、四人分の紅茶茶碗ののった大きなお盆、クリスタルカットの水差しとグラス、そして喉を潤すに必要なすべてのものが置いてあった。この魅惑的な隠れ家が修道院長の別荘であった。私がロッシーニの生きている国の出身だというただその理由だけで、この修道女は私に友愛の気持ちを抱いてくれたのだった。こんな快適な住居を受諾するわけにはいかないと再三懇願したにもかかわらず、彼女はどうしてもこの別荘に腰を落ち着けてもらいたいといってきかなかった。親切な修道女は夜遅くまで私とつき合い、こうして私たちは主に音楽、次いでここの修道女たちがとても大きな関心を寄せているヨーロッパの諸問題について語り合った。こうして彼女は大勢の修道女に取り囲まれながら部屋を出て行ったが、それというのも、修道女たち全員が彼女をまるで母であり良き友であるかのように愛しているからだった。

この一〇年来旅から旅への生活の中で、私は住居もベッドもしょっちゅう変えなくてはならなかった。しかし、サンタ・カタリナの修道院長の小さな素敵なベッドで寝た時に感じたほど心地よい気持ちに浸れたことは記憶にない。まるで子供のように祭壇の二本の青い蠟燭に火を灯してみたり、小さなロザリオや美しい祈禱書を手にとってみたりした。また、周りのすべてのものをじっくりと眺めたり、あるいはまた、レースの飾りのついたシーツから立ちのぼる甘美な香りをうっとりと胸に吸い込んだりするために、途中でたびたび中断しながらも、長時間読書にふけっていた。その夜だけは、もうほとんど修道女になってみたいという気持ちを抱いてしまったくらいだった。寛容な修道院長が、サンタ・ローザ修道院で求められているミサ出席のための六時起床など厳守しなくてよいと前もって教えてくれていたから、翌日の起床はとても遅かった。修道院長は「一一時のミサに出ていただければ十分です。それも健康が許さなければ、出ていただかなくても結構ですよ」と言ってくれたからである。最初の日は修道女全員への訪問に費やされた。誰もが競って私の姿を見ようとしたり、身体に触ったり、話しかけてきたりした。修道女らはありとあらゆることを質問してきた。パリではみんな今どんな服を着ているのとか、どんなものを食べているのとか、修道院はあるのかとか、とりわけ音楽はどんなものが演奏されているのかなど。どの個室でも大勢の仲間に出会った。そこでは、笑い声や縦横に機知の飛び交う中で、誰もが同時に話を交わしていた。どこにいっても、あらゆる種類のお菓子、果物、ジャム、クリーム、氷砂糖、シロップ、スペイン産葡萄酒などを出してくれた。それはまさしく絶え間のない祝宴の連続といってよかった。修道院長はその夜のために、彼女の小さな礼拝堂でコンサートの段取りをつけてくれ、そこでロッシーニの作品中でも最も美しい楽節から作られたとても心地のいい音楽を聞くことができた。それは修道院長に負けず劣らず音楽好きだった三人の若く美しい修道女によって演奏された。ピアノはロンドンでも一番の腕利きの楽器作りの手で制作されたもので、四千フランもの大金を投じて修道院長が手に入れたものだった。

サンタ・カタリナ修道院もまたカルメル修道会派に属している。だが修道院長が指摘してくれたように、非常に多くの修正を受けた修道院である。確かにそうだ！ 計り知れないほどたくさんの修正を受けた修道院だ……と思った。

ここの修道女はサンタ・ローザの修道女と同じような修道服を着てはいない。法衣は純白でとてもゆったりとしていて、裾は地面にまで垂れている。ヴェールは通常は淡褐色であるが、祝典日に限って黒である。ウールの生地しか使用してはいけないと宗規に定められているのかどうかは分からないが、断言できるのは、法衣は彼女らの着用している衣服の中で唯一つのウール地だといっていい。それはとても薄くて艶のある生地で、眩いばかりの白さである。縁なし帽は黒のちりめん製で、とても可愛らしい襞がついていたため、思わず珍品として持って帰りたいくらいだった。その優雅な形は彼女らに魅力的な外観を与えている。ヴェールもまたちりめん製である。彼女たちはこれを下におろしてしか決して教会にも式典にも出ていかない。敬虔なこうした修道女は沈黙とか清貧の誓いをたてたりしていないということも信じておくべきだろう。なぜなら、とてもお喋りで、ほぼ全員が大いなる浪費家だからである。修道院の教会は大きい。その装飾は華やかであるが、手入れが十分に行き届いてはいない。オルガンはとても立派で、また修道女たちの依頼により、合唱団および教会の音楽に関するものすべてが特別な配慮の対象になっている。修道院の内部の配置はとても風変わりである。それは二棟の建物から構成され、一つは旧修道院、他は新修道院と呼ばれている。新修道院は非常に優美な作りの三つの小さな内庭回廊から構成され、個室は小さいが、風通しも良くて非常に明るい。中庭の中央には周囲全体に清らかさと清潔感をもたらしている円形花壇と二つの美しい噴水がある。内庭回廊の外側は葡萄の木で覆われている。旧修道院との行き来は険しい小道を使って行なわれている。これこそまさしく本当の迷宮で、あらゆる方向に走るたくさんの道や小路から構成され、そしてそこをほぼ階段といってもいいような一本ののぼりの主要な通りが横断している。これらの道や小路は、どれも独特の構造をした小さな母屋となっている個室から形成されている。そこに住む修道女はあたかも小さな田舎の別荘にでもいるかのようである。その中でも、玄関先にかなり広い庭があり、そこで鶏を育てていたり、奴隷たちの台所や住居が建てられているような個室を目にしたこともあった。次いで二番目の中庭があり、そこには二つ三つの寝室が建てられていた。さらに続いて、庭園と、屋根がテラスになっている小別荘があった。二〇年以上前から、この修道女たちはもう共同生活をしていなかった。食堂は使用されておらず、規則の求めに従い、各自まだ形式的には白のベッドを使ってはいるが、共同寝室も同じく使用されていなかった。またサンタ・ローザ修道院のカルメル派修道女のように、持てる全時間を注ぎ込むあのたくさんの信心業も強制されてはいない。反対に、修道院での責務を果たした後には、家事仕事、衣服の手入れ、慈善活動、要するに自分たちの楽しみに割くゆとりが十分に残されていた。この共同体には野菜とトウモロコシだけが栽培されている三つの広大な庭園があるが、それというのも、修道女たちはそれぞれ個室の庭園で花を育てているからである。しかも、彼女たちの送っている日常生活は本当に骨身を惜しまないと形容してもおかしくないほど勤勉そのものだった。どんなにこまかい針仕事にも従事し、部屋に寄宿生を置いてその教育にあたったり、その他無償の学校を運営して、貧者の子女の教育に従事したりしている。彼女たちの慈善活動はあらゆるところに及んでいる。病院に下着を提供したり、乙女たちに育英資金を支給したり、貧者に毎日パン、トウモロコシ、衣類などを配給してやったりという具合である。この共同体の収入は途方もないほどの金額にのぼっている。しかし、巨額な収入に比例してその出費も大きい。院長は当時七七歳であった。幾度となく指名と罷免が繰り返されてきたが、それというのも、彼女の持つ限りない善意ゆえに、修道院に権威を持つ司祭たちによっていつも彼女の指名が拒否されてきたからだったが、しかし他方でまたこの善意ゆえに、投票で院長を選ぶ権利を持つ修道女たちからいつも指名される結果になったからであった。

あらゆる点でサンタ・ローザ修道院の従姉妹とは正反対だったこの感じの良い女性は、とても痩せてきゃしゃな体つきだったため、長くて幅の広い法衣を着ると、まるで身体全体がすっぽり隠れてしまうほどだった。[……]

サンタ・カタリナでは修道女は各自自分のしたいと思うことをしている。院長はとても優しかったから、修道女に気詰まりを感じさせたり、また苛立たせたりすることすらもない。どこの国にあっても——民主主義国家の内部でさえも——、それを支配している制度と形容しても不思議ではない富者の持つ諸特権が、この修道院で私の気づいた唯一の特権的な制度であった。サンタ・カタリナの修道女は現実に進歩向上しつつある。修道女の中には、故国ではおそらく王女だったのではないかと思えるような三人の女性がいる。最初の修道女は二歳の時にこの修道院に入れられ、私がここを訪れた時にはたぶん三二〜三六歳になっていただろう。彼女はボリビアでも最も裕福な家柄の出で、側に仕える黒人女、つまりサンバを八人も抱えていた。二人目は二八歳の娘で、背が高くてすらりとし、バルセロナの女の備える生き生きとした奔放な美しさを備えた美女だった。おそらくカタロニア地方の出身だろう。孤児ではあるが四万リーブルもの年金が入ってくるこの魅力溢れる女性は、五年前からこの修道院に住んでいた。最後に、お人好しで、陽気で、笑い声の絶えない二七歳の感じのいい三番目の女性は、七年前からここの修道女だった。一番年長のマルガリータという名の修道女は、この修道院の薬剤師を務めている。二番目のロジータは修道院の受付係である。一番年少のマヌエリータについて言えば、もう全く調子外

れの軽率人間だったため、どんなに些細な仕事でも、とても彼女一人になど任せてはおけないような女性だった。［……］

私たちの着いた翌日から、話が始まると決まって、この仲良し三人娘は可哀相なドミンガの正確な身の上話を是非とも聞いてみたいという強い気持ちを表に出してくるのだった。ドミンガの事件以来修道院内には、この三人の修道女もまたそれぞれ自分のために、協力して、ドミンガと同じような忌まわしい計画を練っているのではないかという噂が流れていた。ロジータはドミンガと同じ歳で、まだほんの幼い子供の頃から、もうすでに互いによく知っていたから、ドミンガの事件にはとても強い関心を抱いていた。おそらく二〇回目になるだろうか、この話を物語るにはうってつけの人物である従姉妹のアルトハウスが、喜んでこの修道女たちの好奇心を満たしてあげようと申し出てくれた。［……］

マルガリータは旧修道院の素敵な小さな住居で私たちを迎えてくれた。その夕食会はアレキパ滞在中私が招待された中でも一番豪華で、とりわけ美味しい料理の出された夕食会の一つだった。美しいセーヴル焼食器、ダマス織テーブルクロス、優美な銀食器などが渡され、そしてデザート用に金メッキの施された銀のナイフもあった。食事が終わると、愛らしいマルガリータは別荘に来るようにと誘ってくれた。彼女は庭の扉を閉め、そしてお抱えの筆頭の奴隷女に、どんな事情があっても私たちの話が中途で邪魔されることがないようにと命じておいた。

この小さな別荘は院長のものほど奇麗ではなかったが、はるかに独創的であった。私が異国の女性だったため、修道女たちは是非ともそれを私に使ってもらいたいと思っていた。ソファーベッドは私一人で使ってほしいと言ってくれたので、私は絹のクッションに身体をもたせかけ、そこにゆったりと身を横たえた。幅の広い襞のある修道衣に身を包んだとてもエレガントな三人の修道女は私を取り囲むようにして腰を下ろした。この国の習慣通りに足を組んで床に座ったロジータは、ソファーの脚に身をもたせかけていた。心優しいマヌエリータは何度も解いたり編み直したりしながら、私の髪と遊び戯れていた。ちょうど真ん中に座った重々しい顔つきのマルガリータは、光沢のある黒の大きなロザリオの上をせわしく動かしているぽってりした美しい白い手を自慢げに見せていた。主役の私の従姉妹は、足下に上等なタオルを敷き、大きなアンチークの肘掛け椅子に腰を下ろし、聞き手たちとちょうど向かい合いになっていた。

従姉妹はまず、ドミンガに修道女になろうと決心させた動機を語ることから始めた。

「ドミンガは三人の姉妹の中でも一番の美人でした。もう既に一四歳という年齢で、皆に熱い恋心を抱かせるほどその美貌ぶりは豊かな発達を示していたのです。彼女はとあるスペイン人の青年医師に好意を持たれていたが、彼女が金持ちだと分かったとたん、彼は死にものぐるいになって彼女の愛をかちとろうとしたのです。彼にとってそんなことはいとも簡単な仕業でした。ドミンガが上流階級の生まれだったからです。彼女は心優しい娘だったし、同じ年頃の娘が恋するように、誠実にそして疑念など少しも抱かず、この哀れな娘は相手に抱かせた恋心が自身の感じたそれと同じものだと馬鹿正直に信じ込み、彼を愛してしまったのです。このスペイン人の青年は彼女に結婚を申し込みました。彼女の母はその申し出を受け入れました。でも、娘がまだ少しばかり若すぎるのではないかと心配したため、母親は結婚は一年後でいいのではと考えたのです。この国にやってくるほぼすべてのヨーロッパ人と同様に、このスペイン人もまた金銭欲に支配された人間でした。巨万の富を手に入れたいと望み、そしてドミンガを自分のものにすることがこれに到達できる絶好の手だてと思った彼は、何でも信じてしまう幼い娘の純真さにつけ込んだというわけです。この異国人が、何の美点もないけれど、ドミンガよりはるかに金持ちのとある未亡人のために、この幼い娘の真実の愛を足蹴にした（それも、彼女がそのことでどれほど心に深い痛手を負うかなど少しも考えずに）のは、彼が結婚を申し込んでからまだほんの数カ月しか経っていませんでした。このスペイン人の不誠実さはドミンガの心を恐ろしいほどに傷つけてしまい、予定の結婚式はもう既に親戚全員に公表されていて、彼女の自尊心はこの手ひどい侮辱にとうてい耐えられはしませんでした。乙女は激しい屈辱感を受け、そして皆が必死になって投げかけてくれた慰めの言葉も、かえって心のうちに隠しておこうとした苦しみを一層強くかき立てるばかりでした。絶望の淵に沈んだ彼女は、もう修道院の生活以外どこにも逃げ場はないと思ってしまったのです。彼女は家族に、神が自分を求めていること、だから修道院に入ろうと決心したのだと伝えたのです。ドミンガの親戚縁者はこぞって必死に彼女の決心を覆そうとしました。しかし、彼女の頭は興奮の極にあり、心の苦しみはどんな懇願も聞き入れられる状態ではありませんでした。どんな試みも無駄でした。乙女はさまざまな懇請にも耳を貸さず、またいろいろな助言や忠告にも無関心でした。家族の中で出くわした抵抗も、逆に、こうと思い込んだ一途な彼女の意思を、カルメル派の中でも一番厳しい修道院に入らせる結果にしかなりませんでした。こうして一年の修練を経た後、ドミンガはサンタ・ローザの修道女になったのです」

従姉妹はさらに話を続けた。

「熱烈な宗教的愛に魂を奪われたドミンガはサンタ・ローザ修道院における最初の二年間の生活は幸

せそうでした。しかし、二年も過ぎると、彼女は道徳称揚のあまりの厳しさにうんざりし始め、もはや遅きに失した軽率な自身の行為を幾度となく振り返りながら、みずからに課した過酷な運命に涙するばかりでした。彼女は身に感じた悲哀や憂愁を家族になどとうてい打ち明けられませんでした。なぜなら、彼らにすれば、彼女の選び取った道にあれほど強硬に反対していたからでした。また、家族のものに打ち明けて一体どれほどの益があったというのでしょうか。［……］

不幸なドミンガは苦痛をじっと胸の奥にしまい込み、誰からも苦痛を和らげてもらおうなどとは思わず、死がおのれに降りかかった不幸に終止符を打ってくれることを期待しながら、おとなしく苦しみに耐えていこうと思っていました。もはや地獄としか思えなかった修道院での日々が過ぎていくにつれ、あれほど健康だった彼女の身体も次第に弱っていってしまいました。俗世で暮らしていたときには、その美貌にあれほどの輝きを与えていた頰の鮮紅色も、死人のように青白く変わってしまっていました。美しい眼も修道院の苦行で、疲れはてた贖罪者のように生気を失い、眼窩に落ちくぼんでしまったのです。三年目も過ぎようとしていたちょうどその頃、ある日たまたま食堂で本を読んでいたそのとき、ドミンガは聖女テレサ〔一五一五—八二、スペインのカルメル会修道女。神秘思想家〕の一節に解放への希望の糸を見つけたのです。

そこには、悪魔がしばしば幾多の策を弄して修道女を誘惑する話が語られていました。聖女はその一例として、修道院脱出の誘惑に負けたサラマンカの一人の修道女の話——ある一人の修道女が一人の美青年の姿に身を借りた悪魔の使いの助けを得て、神聖な宗教裁判所の治安警察官から身の安全を図るため、自分がもう既に息をひきとってしまった存在であることを修道院の全員に信じ込ませようとして、部屋のベッドに身代わりの女性の死体を置いておくという妙案を悪魔から授けられた話——を載せていたのです。

この話は乙女になんと素晴らしい妙案をもたらしてくれたことだろうか！　自分もまたサラマンカの修道女と同じ方法を使って、この牢獄、この墓場から脱出できるのだ。この瞬間から、彼女の心には再び希望が甦ってきたのです。またこの時からというもの、もう憂鬱な思いに浸っている暇などありませんでした。頭を思う存分働かせ、計画を実現する手段をあれこれと考える時間などほとんど残されていなかったからです。捕囚生活も最終段階にきていて、果たさなくてはならない厳しい信心行や苦しい務めはそれまで以上に多かったからです。修道女全員を熟知しておこうと、会話の機会を探りながら、彼女らへの接し方も徐々に変えていきました。ドミンガはとりわけ受付係の修道女と仲良くしておこうと努めました。サンタ・ローザ修道院では、彼女たちの職務の継続期間はわずか二年間にすぎないのです。交代のたび毎に、彼女は心を込めかつ熱心に、新しい受付係から快く招いてもらえるように努めました。修道院と外部との取り次ぎ役をしてくれていた黒人女に対しても、限りない献身を取りつけようとして、とても寛大で優しい態度で接していました。要するに、用心深くて辛抱強いこの乙女は、計画の実行を容易にしてくれると思ったものはどれ一つとして疎かにはしませんでした。とはいえ、この計画を実行に移すまでには、なんと八年もの年月を要したのです。［……］彼女の抱いた不安の数々、希望と恐怖の入り交じった体験をここで全部話そうと思ったら、とてつもないほど長い時間がかかってしまうでしょう。［……］

とうとう持てる力も限界にきたと感じた彼女は、心を決め、他の誰よりも愛しており、またつい最近受付係になったばかりの仲間の一人に思いを打ち明けることにしました。幸いにして彼女が寄せた信頼は的を得ており、こうしてドミンガはこの受付係の助力と沈黙をはっきりと確信できたため、今はもう計画の実行に必要なものを確保する手段を考えるだけでよかった。取り次ぎ役の黒人女にも意中を打ち明ける必要がありました。というのも、この奴隷女の助力なしには成功はあり得なかったからです。この秘密の告白も危険に取り囲まれていたけれど、こうした状況にあっても、脱走計画の実行に関連するすべての状況と同様、ドミンガの示した勇気と根気は実に見事でした。彼女は黒人女とは面会室、それも格子のはまった窓越しでしか連絡が取れませんでした。ドミンガの言葉はしょっちゅう面会室に出入りし、いつも聞き耳を立てている修道女に聞き取られてしまう恐れがありました。冒さなくてはならない危険に報いるために多額な報奨金を約束して、大胆にもこの黒人女に打ち明けたドミンガの抱いていた計画とは次のようなものです。

黒人女は一体の女性の死骸を手に入れる必要がありました。これを夕方日暮れに修道院に運び入れるのです。受付係が扉を開けてくれ、死体の隠し場所を指示してくれるでしょう。続いてドミンガが夜中に死骸を取りに来て、これを自分のベッドまで運んでいって火を放ち、火炎が死骸と墓場のように陰気な場所を焼き尽くしている間に、脱走するという段取りなのです。黒人女が死骸を持ち込むことができたのは、女主人の計画に加わってから大分時がたってからのことでした。アレキパには医学校がないため、外科医に、それも指定された用途のためにしか死体など与えなかった病院にそれを求めることほど危険な仕事はなかったでしょう。自分のところで女性の死体を手に入れることなどほとんど不可能だったのです。だから、断言してもいいけれど、信頼を寄せていた青年外科医の助力がなければ、奴隷女が修道院の皆に女主人の死を信じ込ませられる死体を入手できないまま、ドミンガの親友は二年間の受付係の務めを終えてしまっていたでしょう。どんよりと暗いある晩、奴隷女は約束の報償金を頭に思い浮かべて恐怖心に打ち勝ちながら、三日前に死んだばかりの一人のインディオの女の死体を肩に背負ったのです。修道院の戸口に着くと、黒人女は彼女は約束の合図を送りました。受付係が恐怖心でがたがたと身体を震わせながら扉を開けると、奴隷女が指で指示してくれた場所に運んできた死体を黙って置きました。そうして奴隷女は主人を待つために、サンタ・ローザ通りの曲がり角で見張りの配置についたのです。[……]

夜になると、受付係は扉に差し錠はしたが、鍵はかけておかなかった。それから規則に従いこの鍵を院長に渡しにいき、そして陰気な個室に戻っていった。夜中の一二時頃、修道女が全員熟睡したのを見定めると、ドミンガはほのかなにぶい光を放っているランタンが置かれた個室から抜け出し、受付係が教えてくれた場所に死体を取りにいった。それは年若い修道女のか弱い四肢にとっては本当に重い荷物でした。けれども、自由への愛のためとあらば不可能なことなど何があろうか。ドミンガはまるで花籠でも担ぐかのように、そのぞっとするような荷物を担ぎ上げた。彼女は死体を自分のベッドの上に置き、着ていた服を死体に着せ、そしてぬかりなく準備しておいた一揃いの服を身にまとい、ベッドに火をつけ、修道院の扉を開けたまま逃走したのです」[……]

従姉妹はさらに話を続けた。

「事件に気づいたものは一人もいませんでした。約束通り寝ずに起きていた受付係の修道女がドミンガの後を走っていき、差し錠で扉を閉めてくれました。そして巧妙な受付係は、個室の火事で生じた混乱を利用して、院長のところで再び鍵を手に入れ、いつも通りに扉に鍵を掛けることができたのでした。

誰もがドミンガは焼死したものとばかり思い込んでいました。発見された遺骸は見分けのつかないほど焼け焦げており、こうして修道女の葬儀の慣例にのっとり、ものものしい葬儀のうちに遺体は埋葬されました。それから二カ月後、事件の真相が徐々に広がり始めていきました。しかしサンタ・ローザの修道女は誰もこれを信じようとはしませんでした。ドミンガの生存が誰の目にも疑問の余地のない事実となっても、修道女たちはなお、彼女は本当に死んだのだ、言われている修道院からの逃走についての噂は中傷にすぎないと主張していたのです。ドミンガがみずから持参してきた一万ピアストル（五万フラン）にものぼる資産の返還を院長に強く迫って、彼女たちにその過ちを認めさせようとした段になって初めてこれを納得したのです」［……］

　私たちはこの女性たちを深い瞑想の中に置いたまま——というのも、それをかき乱すのは慎み深いやり方とは思えなかったから——部屋を出ていった。

　私は従姉妹に言った。

「賭けてもいいけれど、あの三人の修道女は二年もすればもうきっとここにはいないでしょう」

「私もあなたと同意見です。その返事を聞いてとても嬉しく思います。あの女性たちも修道院で暮らしていくにはあまりに美しくて気だてがよすぎるからです」と従姉妹は答えてくれた。

　翌日私たちはサンタ・カタリナを後にした。そこには六日間滞在したけれど、その間修道女たちは皆私たちができる限り楽しい時が過ごせるようにといろいろ気配りしてくれた。豪華な夕食、美味しいおやつ、庭園や修道院内のありとあらゆる興味深いところへの散策など。愛すべき修道女らは私たちに気にいられようとして、また修道院から提供してよいと許可の出たさまざまな息抜きを私たちに味わわせようとして、何一つ怠らず努めてくれた。修道院の全員がごちゃまぜになり、格式ばらず、堅苦しいところなど少しも見せず、私たちを戸口まで見送りに出てくれた。しかもそれは本当に真実味に溢れ、心に浸み入る情愛に満ちていたから、別離の辛さに私は思わず彼女らと一緒に涙を流してしまうほどだった。私たちの印象はサンタ・ローザを発つ際に受けたそれとは全く異なっていた。今度はただもう修道院を出ていくことが名残惜しくてならなかった。私たちは途中で幾度も足を止め、今し方出てきた優しく迎え入れてくれたあの避難所に目を向けていた。私たちの子供や奴隷たちも悲しそうだったし、また女性たちもあの愛すべき修道女たちの善意をしきりと褒め称えていた。

修道院を出てから一週間というもの、かの修道女らが私たちにありとあらゆる種類のプレゼントを送ってくれない日は一日たりともなかった。素晴らしいあの修道女たちの寛大さを心に思い描くことなどとても困難だろう。サンタ・カタリナで受けた心のこもったもてなしには嬉しい思い出ばかりだったから、私はアレキパを発つ前、かの面会室に幾度も足を運び、かつての友達とお喋りに花を咲かせたものだった。そんな時には、修道女らはまた私をプレゼント攻めにし、このためとうとう、フランスからロッシーニの楽譜を送る役目を引き受けさせられてしまったりした。

12　カンガロの戦い

四月一日火曜日、私たちはサンタ・カタリナを離れた。夫や家事が気になり、焦燥感を抑え切れなかった叔母は、何としてでも自宅に戻りたがっていた。しかも誰もが、サン・ロマンはニエト軍の兵員数と立派な軍服に恐れを抱いているから、あえて接近することはないだろうし、クスコからの援軍がくるまではカンガロに止まっているだろうと言っていた。将軍もまた人々の意見に与し、相変わらずオルベゴゾが来るのではないかとそのことばかりに気をもみ、遅々たる敵の進軍ぶりに苛立つばかりで、これを迎え撃つ手だてなど何も講じていなかった。修道士は新聞紙上でもう既に勝利の唄を歌い始めていた。アレキパの才人らはニエト、カリロ、モランらを誉めたたえるシャンソンや、どれもこれもおどけたり茶化したりする調子の唄で、七月革命後のパリの流しの歌手が想い起こされたサン・ロマンへの哀歌をこしらえていた。

祭日だった同じ火曜日、軍に給料が支払われ、ニエトは兵士を上手に召集できるようにと、彼らにたっぷりと楽しんできてよろしいという許可——彼らはその特別な計らいを十分に堪能したが——を下した。彼らはチチェリアスにチカを飲みに出かけ、右にあげたような唄をあらん限りの声を張り上げて歌い、夜通し酩酊と騒乱状態の中で過ごした。そもそも彼らはこうしたことでは、集まっては酒を飲み賭け事をしていたお偉方の手本を真似するだけでよかったのだ。援軍をもらうまではサン・ロマンもあえて進軍してはこないだろうと信じ切っていたから、戦闘の準備など全くされていなかったし、予防策もなんら講じられてはいなかった。前哨にも同様な怠慢が行き渡っていた。四月二日水曜日、ぐっすりと眠りこんでいた祖国防衛軍が前日の酔いから覚めようとしていたその時、突如として敵軍の接近が知らされたのだった。全員屋上に出た。けれどもこれまで幾度となく将軍に騙されてきたので、彼の伝える情報には誰もが疑念しか抱かなかった。［……］

私は塀の縁に身を置いて、陽光から身を守るため赤い大きな傘をさしていた。そうしてシュヴァリエ望遠鏡を身に備えていた。備えはもう完璧であった。火山や渓谷を見つめていると、思わずうっとりとさまざまな夢想に陥ってしまい、もうサン・ロマンのことなど頭から消えてなくなってしまいそうだったその時、全員の注意をひくようにして、「奥様、ほらあそこに来てますよ！」と私に向かって叫ぶ黒人男の声ではっと我に返った。叔父ののぼってくる足音が聞こえた。すぐさま黒人の指差す方向に望遠鏡を向けると、火山に隣接する山々の頂にくっきりと浮かび上がる黒い二本の線が目に入ってきた。渡り鳥が飛行の列を絶え間なく変え、黒い点の列を空中に描き出すように、糸のように細いその二本の線は、進むに従いあるときは曲線を、またあるときは別の曲線を描きながら、時として乙字形になるけれど決して途切れず、砂漠の中に広がっていった。

敵の姿を目に止めて、町中が歓喜の声を上げた。修道士とニエトが住民を陥れていた不幸な状況は耐え難く、彼らはいかなる代償を払ってでもそうした状態から抜け出したいと思っていたからだった。ニエトの陣営でも喜びは大きかった。将校と兵士たちは再びチカを飲み、これから打ちのめし、せん滅しようとしている人々への葬儀を祝い、勝利の賛歌を歌い始めていた。三時頃アルトハウスが急いで中庭に入ってきた。私たち全員が屋上にのぼっているのを目に止めると、不安に駆られた人間が示す非常に動揺した様子をして私を呼んだ。私はもらった情報を報告しにもう一度上に来るからと叔父に約束して、下りていった。

「ねえ、フロラ！ これほど危機的状況に置かれたことは一度もありませんよ。どうみてもあの連中は正気の沙汰ではありません。哀れなあの男どもは酔いつぶれているんだから。命令を下せる将校など一人もおらず、銃に弾を込められる兵士もいない状態なんです。もしサン・ロマンに有能なスパイがいたら、我々の勝負は負けです。二時間もたたぬ間に彼は町の支配者になるでしょう」

サン・ロマンの小隊はほぼ二時間かかって山を下り、火山の左方のラ・パチェタと呼ばれる丘陵で配置についた。それこそアルトハウスが敵が占拠するだろうと予想していた場所である。サン・ロマンは自軍の兵員数を欺こうとして、彼らを何列か途方もなく長い隊列に配置していた。しかしその隊列といったら、一人か二人くらいの幅しかないことなどすっかりお見通しだった。同時にまた彼は、その全騎兵隊を構成している七八人の兵隊を方陣に組み立てていた。一言で言うなら、兵員数を四倍に見せかけるため、巧みな策士のなしうるあらゆる方策を取ったのだった。丘の頂ではラバナスが無数の火を焚き、大騒ぎしながらその装備全部を並べてみせていたが、あまりに騒がしかったためその叫び声は渓谷の麓からでも聞こえるくらいだった。

ところがひとたび面と向かい合うや、両軍は互いに恐怖に襲われ、双方対決している敵軍の優勢ぶりを信じてしまうありさまであった。確かに、サン・ロマンのとっていた軍事的外観を目にしたら、自軍の優雅な近衛兵などではとうてい敵の古強者の突撃を持ちこたえられないとニエトに思わせたに違いないだろう。他方サン・ロマンの側はというと、ニエトの軍が兵員数で圧倒的に勝っているのを認め、軽率な行動に出てしまったのではないかと思い込み、それが彼に正気を失わせてしまった。良き兵士ではあったが、サン・ロマンはニエトほど賢くもなければ、彼ほど自惚れ屋でもなかった。スパイの情報に従って、彼は楽々と勝利の道を進んでいけると信じていた。戦闘も交えずに勝利が得られるとさえ思っていたのである。将校の幾人かは、自分たちはみなその日の夜にはアレキパの町に入ることができると信じ切っていたため、朝カンガロを発つ時には、着いたらすぐにでも奥方たちのところを訪問できる用意をしておこうと、こまごました身なりの用意しか頭にはなかった。これと同じように自信満々の兵士連は残っていた食料を棄ててしまい、「アレキパのスープ万歳!」と叫び、鍋の中身もひっくり返してしまっていた。そのため、ラバナスの女たちが料理をこしらえようとして互いにせわしく動き回っているにもかかわらず、煮炊きする一人分のトウモロコシも、連れ合いたちに与えてやる何の食料も残ってはいなかった。おまけに不幸だったのは、軍は一滴の水も確保できぬようなところにキャンプを張っていたことである。自陣の状況を把握すると、サン・ロマンはただもう悲嘆にくれるばかりで、以前から私たちの知っていた通り、まるで赤子のように涙を流していた。しかし彼の陣営に幸いだったのは、備える勇気、精神力、才覚で窮地を脱出させてくれる青年将校が傍にいたことである。その立派な資質から大義に仕えるのにふさわしい人間であったトレス、モンタヤ、キロガの三人が指揮権を掌握し、兵士のモラルを蘇らせ、ラバナスのこれみよがしの不満の声も鎮めてしまった。そして軍人であれば誰もが持たなくてはならない忍従の手本を示しながら、山にたくさん生えているラクティーをサーベルで切り取り、喉の渇きを癒すためまず最初にこれを噛んでみせ、そして兵士やラバナスにそれを与えてやると、全員おとなしく受け取り、口答えなどしようとはせずそれを口にもっていった。しかし将校たちは、こうした手段は部下の喉のヒリヒリするような痛みをほんの数時間しか和らげてくれるものでないことなど十分承知していた。こうして彼らは渇きで死ぬより戦って死ぬ方を選び取り、思い切って戦闘に突入しようと決心した。キロガ中尉は兵士たちに、敵の姿を目の前にして、戦わずして退き、恥ずべき逃亡を図り、カンガロへの帰還中に飢えと渇きで倒れてラバのように砂漠の中で身を死にさらすか、それとも数で勝ってはいるが抵抗もできぬあの空威張りの敵の部隊にわが軍の腕の強大ぶりを思い知らせてやるほうがいいか、どちらを選ぶかと問いかけた。どんな状況であろうとも、こうした敵兵の数を目にしたらただもうひたすら逃亡することしか考えなかった兵士たちも、この軍隊式演説に歓呼の声で答え、闘いを求めたのだった。

夜ももう七時になろうとしていた。私は今しがたいた場所に再び戻ってきたところだった。両陣営には静寂が支配しているように見えた。夜も遅いことから判断して、衝突が起きるのはきっと翌日の昼間だろうと予想された。突然サン・ロマンの陣営から、足下に一群の騎兵隊を従えた連隊旗手のようなものが離れていく姿が見え、するとまたすぐさまニエトの軍から、カリロ大佐に指揮された竜騎兵がこれと激突すべく進んでいった。二群の騎兵隊は駆け足で突進していった。両者互いに射程距離にはいると、マスケット銃の一斉射撃が開始された。するとさらに別の一斉射撃が始まり、こうして次々と射撃が交わされていった。戦闘が始まったのだ。そのとき両陣営に大きなどよめきが起こったのが分かった。しかし煙が非常に厚く立ちこめたため、この恐ろしい殺戮場面は私たちの目には入ってこなかった。

夜になったが、何が起こっているのか分からないままだった。〔……〕

九時頃戦場からやってきた一人の男がサント・ドミンゴ通りを通りかかった。呼び止めると、万事休すとの返事が返ってきた。すぐサンタ・ローザ修道院に戻るようにとの伝言を伝えるために、将軍が彼を妻のところに送り出したのだった。付け加えて言うには、わが部隊には恐るべき混乱が生じており、モラン大佐の砲兵隊が敵と間違えて味方の竜騎兵に向けて砲を発射し、そのために多数の兵が死んでしまったと伝えてくれた。このニュースはあっという間に町に広がった。誰も彼も恐怖心に捕らわれた。自宅に残れるものと思っていた人々はわが身の大胆さにおびえうろたえ、我勝ちにそこを出ていった。銀の皿や銀のおまるを背負い、まるで気違いのように走っていく彼らの姿が見られた。あるものは小さな宝石箱を、またあるものはブラセロ[*1]〔火桶――スペインではブラセロは家の暖房に使われる一種の火鉢で、カミーラと呼ばれるテーブルの下に置かれることが多い〕をといった案配だった。黒人女のサンバは絨毯やら主人の衣服やらをごちゃ混ぜにして運んでいった。幼児の叫び声、奴隷の発するわめき声、主人の呪いの言葉などが、この混乱した場面にぞっとするような情景をもたらしていた！　金貨の持主や奴隷の所有者、要するに支配階層は恐怖の虜になっていた。一方、インディオや黒人は間近に迫った破局に心はずませながら、復讐の機会に思いを馳せている様子で、その開始をゆっくりと楽しもうとしていた。インディオの口からは脅迫の言葉が漏れ、白人はこれに怯え切っていた。その残忍な笑いと陰気で獰猛な視線に射すくめられて、主人はあえて彼らを打擲しようとはしなかった。こうした白人や黒人の顔つきから、彼らの品性の下劣さぶりが読み取れたのは、おそらくこれが最初だっただろう。このような混乱の中でも私は冷静さを保ち、抑え切れぬ嫌悪感を抱きながら、人間生来の悪しき情念のパノラマをじっと眺めていた。命以上に富を失うのが怖いこの守銭奴たちの苦悶や、身を守ろうとするエネルギーなど全く失せてしまったこの白人住民すべての無気力ぶり、さらにはそれまで卑屈でぺこぺこし、へつらいおもねる態度物腰の下に隠し持っていたインディオのあの憎悪心を。前日までは、わが身を打擲する人間の手にも、まるで犬のように口づけしていた奴隷たちのあの復讐への渇望は、人間というものに対してかつて持ったことのないほど深い軽蔑の気持ちを私に植え付けてくれたのだった。私はいつもと変わらぬ口調でサンバに話しかけた。同じように喜びに酔いしれていたこの娘も、私が少しも怯えていないことに気づいたからだろうか、素直に言いつけに従った。叔母と私はもうどこの修道院にも行こうとはしなかった。従姉妹たちだけが子供を連れてそこに出かけていった。上述の身の毛もよだつ喧騒に続いて、砂漠のような静寂が訪れた。三〇分足らずのうちにすべての住民は男・女修道院や各々の教会にすし詰め状態になった。市中には人の住む気配のする人家は二〇軒も残っていないことは確かだった。

何よりもサント・ドミンゴ教会に隣接していることからくる安全性からと、さらにアルトハウスがドン・ピオにいろいろと情報を届けてくれるだろうという期待から、私たちの家が全員の集会場所になっていた。全員通りに面したアーチ形の大部屋に集まっていた。そこは叔父の執務室であった。通行人に気づかれないようにと、灯りは灯していなかった。その晩の灯りといえば、喫煙者が絶えず口にくわえていた葉巻きの火だけだった。それはまさしくレンブラントの絵筆にふさわしい場面だった。部屋に充満する厚い紫煙を通して、白く長い僧服を着、黒い玉の大きなロザリオをし、銀の留め金付きの大きな短靴を履いたサント・ドミンゴ修道院の四人の修道士の大柄で愚鈍な顔が見られた。片手で葉巻の灰を落とし、もう一方の手は苦行の鞭を玩んでいた。向かい側には、読者も既に承知の三人の哀れな百万長者の青白くやつれ果てた姿が見えた。ジュアン・デ・ゴエネシュ、ガミオ、ウガルトである。他にまだ一二人ばかりがそこに集まっていた。叔母は手を組み、両陣営の死者のために祈りを捧げながら、ソファーの端に座っていた。叔父はといえば、荒々しいそして生き生きした身振りを交えて喋りながら、部屋の隅から隅を行ったり来たりしていた。私のほうは、コートにくるまり、窓の縁に腰掛けていた。通りと部屋の見せてくれている二つの光景を楽しんでいたのである。その晩は私にとって教示してくれる事柄で一杯だった。ここの住民には彼ら独特の特徴がある。不可思議なものと誇張への嗜好である。この長い夜の間、一体どれほど恐ろしい話が語られたり、いろいろな虚構――それも全部が落ち着き払い、もったいぶった調子で語られたが、そんなものに私は驚かされはしなかった――が喋り散らされたか、とても言葉で表現などできないだろう。［……］

しかし、真実であれ、虚偽であれ、キャンプ地からなんらかの情報がもたらされるたびに、作り話はおしまいになるのだった。ある負傷兵が病院内で苦しそうに歩きながら、アレキパ軍はもう負けだと伝えると、すぐさま部屋に滑稽極まるどよめきが生じるのだ。皆臆病のろくでなしで大馬鹿者のニエトへの罵り声と、立派で勇敢な誉高いサン・ロマンへの賛美の声をあげていた。サント・ドミンゴの善良な修道士たちは主人の権威を笠に着たあのニエトの犬が殺されるようにと天に向かって祈りを捧げ、そして名高いサン・ロマンのためにしてやろうと考えた盛大な歓迎会の計画に取りかかったりするのだ。一五分後、今度は別の兵士がこんな大声をあげながら道を通りかかっていった。「ニエト将軍万歳！ 勝利は我々のものだ。サン・ロマンは撃破されたぞ！」すると会衆は拍手喝采を送るのである。修道士たちは厚ぼったい手を打ち、お互い大声でこのように叫んでいた。「おお！　勇敢な将軍よ！　何と勇気ある人だろう！　何と才気ある人だろう！　哀れなインディオ、あのサン・ロマンのサンボなど地獄に落ちてしまえ！」と。叔父はこんな滑稽で哀れな非常識極まるお喋りに巻き込まれるのが心配でならなかった。彼はありたけの弁舌をふるって彼らのお喋りを止めさせようとしたが、それも空しい徒労に終わってしまった。この国の人間の気質にはこのように敗者をとことん容赦なく打ちひしぎ、勝者をとてつもなく褒め称えようとするところがあるのだ。

午前一時近く、アルトハウスが私たちのもとに副官の一人を寄こし、前夜の八時来戦闘は止んでしまっていること、兵員の数に怖じ気づいた敵軍はあえて夜中に危険を冒そうとはしなかったこと、我軍は士官一人を含めてもう既に三、四〇人の兵士を死なせたけれど、モランの致命的な敵・味方の見誤りがその原因であること、目下部隊内に憂慮すべき混乱状態が生じていることなどを伝えてきた。従兄弟は鉛筆で書きなぐった伝言を私に届けてきたが、そこには、この戦いは負け戦だと考えていることが述べられていた。

二時頃疲労感がはなはだしくなったため、自室に戻った。このような状況下で生じた出来事は全部どうしてもこの目で見ておきたかったから、夜が明けてきたらすぐに起こしてほしいと叔母に頼んでおいた。

朝四時館の屋上にのぼった。私は日の出とともに、この町の数多くの教会や修道院の見せてくれる素晴らしい光景に見とれていた。黒から白まであらゆる肌の色を呈し、身分に応じてそれぞれ人種の身につけるさまざまな衣装に身を包んでいるが、この瞬間その心を占めている同じ思いによって対等の存在となった男と女と子供たち、これらすべての人間は、ある調和のとれた全体を形作り、表わす表情はただ一つだけだった。ドームも鐘楼も、それが本来備え持つ生気の失せた表情は認められなかった。そこには生命が宿り、同じ一つの魂によって活気に満ちたものとなっていた。全員同じ姿勢でじっと動かず、身を屈め、口は半開きの状態で、目は両陣営の方向に向けたままで、ドームと鐘楼をすっぽりと覆いつくし、それが彼らにある崇高な姿を付与していたのだった！〔……〕

私は陣地に背を向けていた。熟慮、省察に没頭し、戦いも戦闘員のことも忘れていた。まるで墓場から漏れてくるかのように、これらのドームから生じる長い微かな音で、ようやく夢想から抜け出した。同じ感情につき動かされているこれらの人々の集合体からはたった一つの声しか生じてこなかったのだ！　幾千もの人々の胸からは、苦しそうに震える声だけが漏れ出ていた。この場面に心揺さぶられて、私は思わず涙してしまった。戦場に目を向けるまでもなく、人殺しが行なわれているのだ！……人殺しが行なわれようとしているのだ！……ということは分かっていた。この苦悩の叫び声に続いて死のような沈黙が訪れ、ドームと鐘楼は最高の緊張感に置かれていることを告げていた。突如二度目の叫び声が聞こえ、そしてその声の調子、それに伴う動作から、戦闘員の運命については大丈夫だと一安心できた。振り返ると、両陣営に大きな動きが起きていることが分かった。叔父に頼んで、望遠鏡を貸してもらった。空中に銃を何発も発射し、一方の陣地からもう一方の陣地に走っていく将校たちの姿が目に入った。次に部下の将校を従えたニエト将軍の姿が見えたが、彼は敵陣の将校連に会いにいこうとしているところだった。彼らが互いに抱擁を交わし一つに混じり合う場面が目に入った。その時私たちは、サン・ロマン軍は降伏したのだ、そしてこれからは万事うまくいくだろうと思った。

私たちがあれこれと推測を巡らしていたちょうどそのとき、アルトハウスがありたけの大声を張り上げながら、馬に乗り全速力で中庭に入ってきた。「やあ、そんなところに！　早く下りてきなさい、大ニュースがあるんだよ！」「……」私は誰よりも先に中庭に着くと、アルトハウスの首っ玉に飛びついて、初めて優しく彼を抱擁した。彼は手傷など一つも受けていなかった。しかし、まあ、一体何という姿だったことか。いつも身奇麗な出で立ちで一際目立つ彼が、全身埃、泥、血まみれの状態だったのだ。顔かたちも見分けがつかなかった。顔からは赤く膨れた目だけが浮き出ていた。鼻と唇は膨れ上がっていた。皮膚は引き裂かれ、いたるところ打ち傷だらけだった。両手は火薬で真っ黒になり、声はかすれ、言葉もかろうじて分かるというほどだった。

深く心を痛めた私は、こう言った。

「まあ！　いくら戦争を憎悪する私だからといっても、こんな状態のあなたを目にする必要などなかったですよ。昨日来目にしたすべての出来事から判断して、戦争を起こした人々に手厳しい懲罰が下るとは考えられませんね」

「フロリタ、今日はもう私にとってあなたは手にあまる相手ですから、何も物はいえません。でも後生ですから、一人として大砲の向け方も分かっていないようなあの青二才連中の行なっている滑稽な乱戦に対して、戦争などという名をつけたりしないでください！　ちょっとこの私を見て下さい。これじゃあ押し込み強盗と思われかねませんよ！　でも、最高に気分がよかったのは、愛すべき妻が私の最後のシャツに至るまで、何から何まで隠しておいてくれたことなんです」

アルトハウスは不幸にもめげず、お茶を四、五杯飲み、バターつきパンを一二枚も食べ、それから煙草を吸い始めた。そうして、いつものように妻に不平不満をぶつけたり、大声で笑ったりしながら、昨日来生じた出来事をすっかり語ってくれた。

彼は言った。

「昨日の局地戦はただの押し合いへし合いにすぎなかったんです。しかし、その後言葉ではとても言い表わせないような混乱がどれほど生じただろうか！　幸いなことにガマラの軍隊は恐怖にかられて退却してくれました。わが軍に多少なりとも秩序を取り戻すのに一晩もかかってしまいました。今朝、戦闘配置についていたわが軍は、どこからみても有利な防御位置を背景にしていた敵軍なら必ずや襲撃に出てくるだろうと予想していたのですが、なんと案に相違して、サン・ロマンの名で、将軍に話し合いを求める休戦交渉委員のやって来る姿が見えたのです。ニエトは誇りもかなぐり棄てて、うっかりすぐさまこの誘いにのってしまったのです。修道士はこれに反対し、また他の人々も同意見でした。急いで議論を遮って、私はこう言ってやりました。『指令部の長として、そこに出向くのはこの私だ』と。こうして返事も待たずに、私は軍使のほうに向かって馬に拍車を入れました。軍使はサン・ロマンが将軍と一対一で話し合いたい意向であると伝えてきました。軍使からはこれ以外の言葉は聞き出せなかったため、私は将軍の下に引き返し、こう伝えました。『私の言葉を信じてくれるなら、会談の結果がどうであれ、我々は彼らに向かって銃弾を発射できる用意はできています。どんなときでも、この言葉を頭に入れて置いて下さいね』と。ところが、愚かなニエトは私の意見なぞ考慮しようとしませんでした。彼は善人で鷹揚な人間であろうとし、かつての仲間やクスコの兄弟たちに会ってみようとしたのです。

修道士は歯ぎしりし、いきり立っていました。しかし彼を任命し、目的のための道具に使っている以上、当てにしていた男に譲歩せざるを得なかったのです。ニエトはこう言って彼に沈黙を命じたのです。『セニョール・ヴァルディヴィア、ここの指揮官はたった一人、それはこの私なのだ』。怒りに震えたパードレ〔軍隊つき牧師〕はこうはっきりと伝えるような視線を彼に投げつけた。『お前の喉を締めあげられるものなら、必ずそうしてやるつもりだ』と。それでも祖国を見捨てたくはなかった彼は、あきらめて情にもろいニエトに従った。敵側との交渉に当たり、新聞記者のキロスとロスの二人が加わった。しかし、私は食糧、物資の補給に忙しく、いささか疲労気味だったため、キャンプに戻り、戦うのか、それとも両軍互いに抱擁を交わすことになるのか、報告が来るまで寝ていようと思っています」

アルトハウスのもたらしたニュースはあっという間に町中に広がり、さらにすべての修道院にも行き渡っていった。両指導者の話し合いから、和平が到来するだろうと誰もが信じていた。〔……〕

敵軍が中庭に入ってきたら起こしてくれるようにとサンバに頼んでから、ベッドに入った。その日は四月三日で、木曜日だった。

夕方六時頃、まだ熟睡中の私の部屋にエマニュエルと叔父が入ってきた。

叔父は言った。

「さあ！　どんな情報を教えてくれるのかね」

「確かなものは一つもありません。将軍は朝五時から夕方三時までずっとサン・ロマンと一緒でした。けれども、戻ってきても、将軍はすべてうまくいくだろうと言う以外、長時間にわたるこの会談について何も話してはくれませんでした。側近の一人から、両者の会談が非常に感動的なものだったことを知りました。彼らは祖国の被った数々の災厄や将校モンテネグロの死亡に大いに涙し、そしてその遺骸を囲んで、モンテネグロの霊にかけて、団結と友愛の誓いをたてたのでした。要するに、双方美辞麗句の投げ合いで一日が過ぎたのです。ガマリストは世間知らずのふりをし、小羊のようにおとなしくしています。ところがニエトのほうはかつてないほど情にもろくなり、サン・ロマンが人馬をアグア・サラダの泉に水を飲みに行かせるのを許可してやったりしました。果ては彼らのもとに食糧までも届けて、ついにはサン・ロマンと彼の兵隊をまるで兄弟扱いしているような始末です」

エマニュエルは私をキャンプ地の見学に誘ってくれた。もちろん叔父も同行を希望し、こうして私たちは出発することになった。チチェリアスやメナオの家が破壊し尽くされ、またキャンプも大混乱状態であることが分かった。現場を見れば、誰もが敵に占拠されたのかと思っただろう。トウモロコシ畑は荒れ放題であった。哀れな百姓たちはやむなく逃避しなくてはならなかったからである。彼らの掘っ立て小屋はラバナスで一杯だった。参謀本部では、普段はエレガントなあの立派な将校たちが、薄汚い身なりをし、目を充血させ、声もかすれ声になっていた。大多数は一般兵士と同じように、地べたにひっくり返っていた。ラバナスの宿営地が一番大きな被害にあっていた。混乱状態の中で、モランの砲兵隊がこれに砲を撃ち込み、何もかも破壊してしまったからである。この女性たちのうち三人が死に、他の七、八人が重傷を負っていた。将軍にもヴァルディヴィアにも出会わなかった。彼らは眠っていたのだ。

戻ると叔父は私に言った。

「フロリタ、こうした状況は気に入らないね。ガマリストがどういう人種なのかよく承知しているからで、彼らは譲歩するような人間ではないんです。サン・ロマンには有能な人間がついています。ニエトは彼らと巧みに戦うことなどできません。もし私が間違っていなければ、こうした親愛の情の下には必ず罠が隠されていますよ」

翌日ニエトは再度サン・ロマンに会いに出かけた。彼はサン・ロマンの部隊のため葡萄酒、ハム、パンなどを届けてやった。誰しも将軍がこの二日来敵軍と行なってきた交渉の結果を軍と市民に知らせる布告を正午に発表するものと期待していた。人々から歓呼の声で総司令官に任命されたが、この三カ月間というもの、市民の財産や自由や生活を思うままにし、そして大統領、否むしろ独裁者の姿をまとってこの信任に応えていたこの男への人々の非難の声は次第に高まり始めていた。

こうした行動はニエトへの怒りを頂点にまで導いていった。日常の仕事やしきたりを放棄してやむなく僧院や教会に身を隠さなければならなかった三万にものぼる民衆は、どちら側に身を置いたらいいのか知りたくてうずうずしていたのだった。私たちのように自宅に残っていた少数の人々は、本当に窮屈な生活を強いられていた。何から何まで修道院に隠してしまっていたからだった。下着もスプーンも椅子も、さらにはベッドさえもないありさまだった。しかし、私たちがこれほど不自由な生活に喘いでいるとしても、僧院にごちゃ混ぜに詰め込まれている数千人もの可哀相な人々はそれよりもっと苦しい思いをさせられていたのだ。彼らには着物も食事の支度に必要なものもなかったからである。男、女、子供、奴隷などすべての人間がほんの僅かの空間に一緒に詰め込まれていたのだ。彼らの置かれた立場は本当に身の毛もよだつほどだった。

このような現実の苦痛とは別に、この民衆は、どちら側に与したらいいのか分からないという本当の精神的な苦痛、運命が香をささげる側と、手ひどい侮辱と呪いを与えて打ちひしぐ不運な側とが見分けられぬという苦痛を味わっていたのだった。二人の指導者のどちらが優位を収めるのか予測がつかぬため、じっと待っていなくてはならなかったのだ。そして、喋ることもできずただじっと待っているというのは、このお喋り好きの人々にとってそれこそ本当に過酷な責め苦であった。

三時頃、サン・ロマンがオルベゴゾを正式な大統領と認め、アレキパの兄弟と友好関係に入ったため、万事解決し、神への感謝の祈りを捧げるため歌ミサが聞けるようにと、彼の入市は次の日曜日に延期されたという噂が町に流れた。このニュースを知ると、人々は歓喜にわき返った。ところが、なんということだろう！　この喜びもほんのつかの間でしかなかった。五時、一人の副官がアルトハウスの依頼で、両首脳間の交渉は決裂したこと、夜にもアルトハウスみずから事の次第すべてを話しに来る予定だということを伝えにきた。この結末を知り、憤怒と恐怖心で押しつぶされた民衆は一種茫然自失の状態に陥ってしまった。彼らは立ちすくみ、まるで身動きもできない状態であった。

私たちは叔父の書斎に集まっていたが、多くの矛盾する情報を手にした後では、事態がどのような成り行きになるのか分からず、ただもう不安な気持ちでアルトハウスを待つばかりだった。たまたまその時、悲しげな様子をした将軍が修道士と幾人かの伴を連れて通りかかった。私は窓辺に近寄り、彼にこう言った。

「将軍、戦闘が本当に起こるのでしょうか、どうか教えてくれませんか」

「起こりますよ、お嬢さん、明朝夜明け、間違いなく戦闘になりますよ」

その声の調子にびっくりしながらも、そんな彼が哀れに思えてならなかった。彼が叔父と話している間、私は注意深くじっと彼を観察していた。その姿を見て、精神的な苦悩が頂点に達していることが分かった。その存在すべてが悲しみで一杯だった。血走った目、まるで弦のようにぴんと張った額の血管、こわばった筋肉、引きつった表情は、茫然自失したこの哀れな男が恥ずべきやり方で欺かれたばかりだということをはっきりと表わしていた。彼はもう鞍にまたがっているのがようやくといった状態であった。額からは大粒の汗の玉がしたたり落ちていた。声もあまりに悲痛な響だったため、聞き取るのも難儀だった。手綱もつぶれるほどきつく手で握っていた。一瞬気がふれたのでは、と思ったりさえした……。修道士は陰鬱でしかも顔は無表情だった。その視線にはとても耐えられなかった。その目を見ると身体が縮み上がってしまうほどだった……。彼らが立ち止まっていたのはほんの数分間だけだった。彼らが遠ざかってしまうと、叔父は私に言った。

「ねえ、フロリタ、あの哀れな将軍は病気だよ。明日指揮など絶対にとれはしないよ」

「叔父様、戦は負けですよ。あの男は正気ではないのだから。手足も言うことを聞かないんです。絶対彼を更迭しなくてはいけません。さもなければ、明日になると、どんな馬鹿な行動に走るか分かったものではありません」

思わず衝動に駆られて、叔父に知事、市長、軍の指導者らに会いにいき、ニエトのために置かれた危機的な状況を彼らに検討させ、彼から指揮官の職を取り上げ、代わりに別の将軍を任命するためにすぐに集合してもらうように頼んだ。

叔父は怯えたような目で私を見、そうしてこんな行動をとらせて事件に巻き込もうとするなんて、今度は私の方が気でもふれたのではないかと問いかけてきた。ああ！　こんな連中が自由な国を望んでいるとは！……この問題について話していたちょうどそのとき、アルトハウスが到着した。［……］

兵士全員が将軍に怒りの声を上げており、キャンプでは彼から肩章を取り上げてしまおうということも話題になっていた、とアルトハウスは話してくれた。[……]

「事の次第を簡潔に述べてみましょう。サン・ロマンには食糧がありませんでした。彼はそれを手に入れようとニエトにご機嫌をとり、オルベゴゾの承認を約束したけれど、わが軍のお人好しの将軍はこの必要に迫られて出された約束を信用してしまったのです。ようやくにしてニエトが戻ってきました。我々全員じりじりしながら彼を待っていたのです。モランが彼に尋ねました。『将軍、戦闘は確かに起きるのでしょうか。今夜と想定して準備しておかなくてはいけないんでしょうか』。『明日の日の出の頃になるだろう』と彼は答えた。彼はサン・ロマンの将校三名を一緒に連れてきていました。この三名の将校を逮捕し、そして今晩にも銃殺してしまおうというのです。繰り返すけれど、あの男は気がふれています……。急いで彼から指揮権を取り上げてしまわなくてはいけません。けれども他の指導者を選ぶといっても非常に厄介な作業です。どのようにしてこの指令を伝えたらいいのでしょうか。知っての通り、祖国のために死ぬはずのあの市民らは皆修道院に隠れてしまっています。あなたの叔父さんは寝ているし。ゴエネシュやガミオなどはただ泣いているばかりだし。ねえ、お聞きしますが、こんな涙まみれの若鶏のような民衆に、一体あなたはどうしてほしいというのですか。私はわが軍の敗戦は確実だろうと思っているし、またそれが悔しくてたまらないんです。というのも、私はあのガマラという人物がたまらなく嫌いだからなんです」

アルトハウスは私の手を握り、「私のことは何も心配しないでください。ペルー人は追いかけることはできても、殺せはしないから」と述べ、彼の身の上については何も心配を抱かせず、キャンプに戻っていった。

夜明け前一人の老シャカレロによって目を覚まさせられた。彼はアルトハウスの依頼を受けて、サン・ロマンが夜陰に乗じて陣地を離れてカンガロに退いたこと、そしてニエトはラバナスまで従えて全軍一緒になって彼の追跡に向かったことを知らせに来たのだった。

夜が明けると、私は館の屋上に上ったが、平野にはもうキャンプの名残りは一つも見えなかった。ついに彼らは戦闘に向かって出発したのだった。[……]

九時、大砲の音が聞こえてきた。射撃が恐ろしいくらいの早さで繰り返された。するとこの群集全体は水を打ったように静まり返った。それはまるで死刑台を前にした死刑囚そっくりだった。三〇分もすると、パチェタの背後に立ちのぼる一条の煙が目に入ってきた。一一時頃、パチェタの台地に多数の兵士が現われた。三〇分もするかしないうちに、彼らは山の背後に消えてしまい、そしてある者は徒歩で、またある者は馬に乗ってというように幾たりかのてんでんばらばらの人間の姿しかもう目には入らなかった。老ユルタドの素晴らしい望遠鏡を使うと、これら不幸な人間たちの幾たりかが負傷している様子がはっきりと見分けられた。一人はハンカチで腕を縛ろうとして腰を下ろしていた。もう一人は頭をぐるぐる巻きにしていた。彼方では馬上に身を横たえている者もいた。全員狭く険しい山の道を下りてきていた。

一二時半、ようやくアレキパ人は自分たちの敗北を確信した。嵐のように壮麗な、また嵐のようにすざましい潰走の光景が私たちの目に入ってきた！　かつて私は一八三〇年七月革命の現場に居合わせたが、その時は民衆のヒロイズムに熱狂し、危険など思いもしなかった。ところがアレキパでは、町が脅かされている災難しか目に入らなかったのだ。

立派な馬を持ち、槍先にペルーの国旗をつけたカリロの竜騎兵が突然パチェタの山頂に現われた。彼らはこの山頂からギャロップで、恐怖心から生じた大混乱の中に突進してきた。彼らの後に続いて、雌ラバやロバにまたがったシャカレロスが来た。次いで、軍馬やラバの中を走り回り、身軽になろうとして、持っている鉄砲や軍装を投げ捨ててしまう歩兵と、最後に、撤退を援護しようとしてしんがりを努める砲兵隊が目に止まった。背に一、二人の子供を背負い、ニエトが一緒に軍に連れていくように求めた荷を積んだラバ、牛、羊などを追い立てている哀れなラバナスが全軍の後について歩いていた。

この状態を目にして、町は叫び声を発した。今なお私の胸に響いている恐ろしい恐怖の声を！ たちまち群衆の姿は消えてしまった。大聖堂はもはや死んだように動かない物の塊でしかなかった。沈黙が辺り一帯をおおい、そして寺院の鳴らす沈痛な早鐘だけが聞こえてきた。［……］

一時半頃になって負傷者が到着し始めた。ああ！ なんと胸を締め付けられるような光景だったことだろう。私たちの館の隅には、三百人以上の女性が集まっていた。彼女らは、もしかしてその中に自分の息子や夫、あるいはまた兄弟がいるのではないかという不安感に責め苛まれながら、通路でこうした不幸な人々を待ちかまえていた。負傷者に接して、彼女らが心に受けた絶望感はあまりに強烈だったため、その発するうめき声や激しい苦痛の表情に私の胸はきりきりと締め付けられた。その日私がどんなに苦しい思いをしたか、本当にぞっとするほどだった！［……］

私たちは皆アルトハウス、エマニュエル、クルヴォアジエ、クエロなどの安否が気がかりだった。計画で決められていたように、敗北を喫した場合、どうして将軍は防衛のため町を占拠しに来ないのか、私たちには理解できなかった。敗戦が決まってから一時間以上経っており、誰もがもう敵が入ってくるに決まっているものと覚悟していた。クエロが瀕死の状態でやってきた。不運にも彼は腹に一発弾を受けていた。血がもう三時間も前から流れ続けていた。彼は病院に運ばれていき、私は彼の妹がそこでできる限り彼を安心して寝かしつけてやれるよう手助けにいった。［……］

叔父の家に戻る途中で、全力で駆けつけてくるエマニュエルの姿が目に止まった。私たちは皆一刻も早く情報を手にしたくてたまらず、わっと彼を取り囲んだ。アルトハウスも他の将校たちも誰一人傷を負ってはいなかったけれど、死者は両軍に多数でていた。将軍の意図は、敵から町を守ることは不可能なため、これを放棄してしまおうということだとエマニュエルは教えてくれた。彼は火門に大くぎを打ち込んで橋の大砲を使用不可能にし、さらに備蓄の弾薬を河の中に棄ててしまうようにとニエトから送り込まれてきたのである。

彼はこのような情報を手短に五分足らずで私たちに伝え、そうして私には、アルトハウスの逃走の準備を万端整えておくため、彼の衣類をまとめておいてくれるようにと依頼した。私はすぐさまアルトハウス宅に走っていった。思わずぶたずにいられなかった黒人奴隷の手を借りて、マットや衣類を詰め込んだトランクをラバの背に積んだ。アルトハウスが町から容易に抜け出せるように、私のサンバは叔父ピオのもう一人の黒人を引き連れて、ラバと言うことを聞かない奴隷を先導していった。気の毒に従兄弟はきっと何か食べたいだろうと思い、この最初の作業が完了すると、私はお茶と食事の支度に取りかかった。馬の激しいいななきを耳にして、戸口へ走っていった。それは部下の将校全員を従えて、町をギャロップで横切っていく将軍だった。軍隊がその後に続いていた。従兄弟が入ってきた。彼のため代わりの馬を一頭用意しておいていたからだった。彼はそれを見て馬から飛び降り、私の手を取って言った。「ありがとう、優しいフロリタ、ありがとう。衣類は運んでいってくれたでしょうね」

「ラバはもう出発しました。でも、副官二人もそれに合流するほうがいいと思いますよ。というのも、いまいましい黒人があなたの後についていくのを拒んでいるからです」

「あの男たちに与えてやる飲み物が何かありますか。疲労で倒れてしまいそうなんです」

私は彼らめいめいに美味しいボルドーワインを二本与え、さらに砂糖やチョコレートやパンやそのほか家で見つけたありとあらゆる物でそのポケットを一杯にしてやった。さらに彼らの馬にもワインを与えてやった。こうして騎兵と馬やラバやロバなどの動物たちが元気を取り戻すと、彼らは出発していった。

アルトハウスはもう話すことすらできない状態だったが、それほどまでに声を振り絞り大声で号令をかけていたからだった。急いでお茶を飲みながら、今回戦闘に負けたのはカリロの竜騎兵のせいなのだと手短に語ってくれた。作戦を誤り、敵をねらっていると思い込んで、モランの砲兵隊に弾を撃ち込んでしまったからなのだ。「ねえ、フロリタ、繰り返すけれど、あの素人たちは戦術というものがどういうものかを学びとろうとしない限り、へまをしでかすしか能のない連中なんです。ところで、将軍は町を防衛してやろうなどとは考えてはいませんよ。彼が突然どんな恐怖心に囚われたのかは分かりません。彼はもうひたすら逃亡だけを考えており、確固たる計画など何も持っておりません。メナオの家に着いた時、少なくとも部隊に再結集する時間を与えてやらなくてはいけないということを納得させるのにも本当に骨が折れたのです。大勢の逃亡者を亡くしたのも彼のせいなのです。チチェリアスに戻ったとき、我々はこれらの逃亡者と合流しようと必死の努力をしたけれども成功しませんでした。思うに、あの臆病者たちは、ラバナスに助けられて、まるでモグラのように地下に隠れてしまったのです。でもねえ、意外なのは、敵の到着ののろさです。それが全くもって分からないんですよ……」。エマニュエルが中庭に入ってきた。「迎えにきました。全員出発です。修道士は金庫にある残金を馬に積み込みました。将軍は今夜が出産予定日の彼の妻にキスしに行きました。私といえば、可哀相な母をこの両腕でしっかりと抱き締めてきたところなのです。さあ、待っているのはもうあなただけなんです。出かけましょう」と彼はアルトハウスに言った。アルトハウスは私をしっかりと胸に抱き締め、私にキスしながら、妻と子供たちをよろしくと言った。私は敬愛するアルトハウスにキスし、こうして彼らは急いで立ち去っていった。

サント・ドミンゴ通りに戻ってみると、そこは全く人気がなかった。通りしなに目につくどの家も窓や戸は固く閉じられていた。町は完全な静寂に置かれているようだった。しかし、鮮血が歩道を赤く染めていた。この殺人の跡や静寂ぶりを見れば、この町がつい今し方惨禍に襲われたばかりで、町は今なおそれに怯えていることを何よりもはっきりと物語っていた。

叔父宅では、アルトハウスとエマニュエルが教えてくれたことを洗いざらい語って聞かせてやった。集まっていたものたち全員が将軍に激しい憤りを示したが、率先してなんらかの方策を採ろうなどとするものは一人もいなかった。

五時私はまた館の屋上にのぼった。目にはいるのはただ砂漠を逃走するカリロの竜騎兵が背後に巻き上げる巨大な砂塵の雲だけだった。彼らはイズレーを目指していたが、そこに行けばサン・ロマンの追手から安全になれる二隻の大型船が見つけられることを知っていたからである。私は朝と同じ場所に長時間じっと腰を下ろしていた。町の姿の何と大きく変わってしまったことか！　死のような静寂が町をすっぽりと覆っているように思われた。住民すべてが、何の抵抗もできぬまま、あきらめて虐殺を待っているかのように、お祈りを唱えていた。

叔父も彼の家にいた人々全員が向かっていたサント・ドミンゴ教会に行こうとして、私に下に降りてくるようにと言った。私はその日まだ食事をとっていないことに初めて気づいた。チョコレートを一杯飲み、オーバーをはおって、教会に向かった。

パチェタの方に何か見えはしないかと、望楼の監視室の人間に絶えず質問が飛んでいた。いつも決まって、何も見えませんという返事が返ってきた。ようやく七時になって、修道院の戸口に三人のインディオが姿を見せた。三人は、敵はチチェリアスにいるが、サン・ロマンは町の当局者が頼みに来ない限り、入ってくるつもりはないと伝えた。この知らせを聞き、サント・ドミンゴ修道院に大きなどよめきが生じた。知事と町の当局者全員がこの僧院の中に逃げ込んでいたからであった。このような和平交渉に当たるのは尊き神父様たちであると彼らは主張した。勇敢さなどさして備えていない修道士たちは、この提案に抗議の叫び声を上げた。激しい議論が交わされた。修道士たちにこの使命を引き受けようと決心させたのは、いってみればこの私であった。彼らが熱狂的なガマリストだということを知っていたからである。私は礼拝堂つき司祭で、修道院長だったドン・ホセに話しかけた。一言で言えば、彼らが決心したのは私のもっていき方が上手かったからである。町役場の四、五人の職員がこれに加わった。こうして彼らは出発し、一時間後、一つは騎兵、もう一つは歩兵の二つの連隊を先頭にして戻ってくる姿が見えた。かくしてガマリストが勝利を収めたのである。四月五日土曜日、夜八時、彼らはアレキパの町を占拠した。

13 誘惑

朝目を覚ますと、周りの人間たちがすっかり動揺しているのに気づいた。兵隊たちが夜中に町を駆け回り、出くわす人から物を強奪し、こうしてもう既に二人が犠牲になったという噂だった。

日曜日だった。九時カベロの婦人連がどうしてもミサに出たいというので、私は修道士二人を供にして、そこに出かけた。教会のなんとむかつく光景だったことか！　男、女、子供、さらには犬まで加わったごちゃ混ぜ、ベッド、料理、室内用便器などの山積み、加えて煙草の煙という具合に、もう何から何までがひどいありさまであった。片隅でミサが唱えられているかと思えば、他方で、食事をしたり、煙草を吸っていたりという状態なのだ。私は他の七、八人と一緒に、修道院長の小部屋にいる叔父と叔母に会いにいった。自宅に戻るよう叔父に決心させることなど全く不可能であった。相も変わらず略奪の不安に怯えていたからである。何の不安感も感じなかった私は、また一人で家に戻り、過ぎ去ったばかりの三日間の出来事を日記に書き始めた。夜になっても、叔父はどうしても修道院に残るといってきかなかった。私は召使いのサンバのほか誰もいない館で一夜を過ごした。この娘はこう言った。「お嬢様、何も心配ありません。仮に兵士やラバナスたちが略奪に来たとしても、私も彼らと同じインディオで、話す言葉も同じだからです。私は彼らにこう言ってやります。『私の御主人はスペイン人ではありません。フランスのお方です。この方に危害など加えないで下さい』と。断言しますが、そうすれば、お嬢様に危害など加えたりしないでしょう。というのも、彼らが攻撃するのは敵だけだからです」。一五歳の女奴隷[*1]はこのように自分の考えを述べてくれた。しかし、年齢がどうであれ、奴隷というものは主人がどんなに優しい人間であれ、決して主人を好きになったりはしないものである。二日目、まだ一人きりでいると、二人の将校がドン・ピオとの会見を求めてやって来た。私は叔父が身を隠していることを正直に白状するつもりはなかった。ドン・ピオは家にはいないことを告げて、二人を招き入れ、叔父にどんな用があるのかと尋ねた。

「お嬢さん、我々はあなたの叔父上が国の重要人物の一人として、サン・ロマンが戦闘で死亡したため、現在彼に代わって指揮命令をとっているエスキュデロ大佐と話し合いに行ってほしいと思っています。我々は勝利者であり、またアレキパ人は我々を敵扱いし続けながらも、我々の節度ある行動につけ込んでいるのです。町へ入ってからというもの、どの家も固くかんぬきを下ろし、わが軍にはパンもなく、負傷者も戦場に瀕死の状態のまま放っておかれているというのに、他方、住民はことごとくまるで我々がここに虐殺に来たかのように考えて、あくまで修道院に残っているといってきかないのです。あなたは我々の要求を伝える最初の人間なのです。でもお嬢さん、このような状態はもうこれ以上続きはしないだろうと理解しておいて下さい」

長時間話しているうちに、彼らがとても礼儀正しい人たちだというのが分かった。彼らが出ていってしまうと、急いでサント・ドミンゴ教会の叔父とそこに身を隠している人々に知らせに走っていった。サン・ロマンが死に、代わってエスキュデロ大佐が指揮を取っていることが分かるや否や、人々の気持ちは落ちつき始めた。大佐はアレキパではよく知られており、またとても愛されている人物だったからである。ほぼ全員が修道院を出て自宅に戻り、また叔父もすぐさまエスキュデロに会いに行った。

戻ると叔父は言った。

「我々は助かりました。私個人としては、心配することは何もないと思います。エスキュデロは私には大いに借りがある人物で、また私にとても忠実な人間なのです。サン・ロマンの死亡で軍に指揮官がいなくなったため、彼がこの私を指揮官に任命しようかとまで提案しているんですよ」

「それを受諾するつもりですか」

「そんなことするものかね。こんな危機的状況では、係わらず距離を置いていなくてはいけないんです。時間が経って万事落ちついてきたら、どこか私の好みにあった地位に身を落ち着けるつもりです。私はもう軍の指揮官になどなるつもりはありません。もう歳をとりすぎてしまっているからです」

「叔父様、思うに、このように困難な危機的状況の時こそ、あなたのような人間が持っている才能と経験で救いの手を差し延べるべきじゃないでしょうか」

「フロリタ、政治家でなくて本当によかったですね。献身はえてして命取りになるからです。あの無知文盲な輩どもに奉仕を申し出るなんてとんでもない話で、連中など苦境と難儀の中に沈むがままにしておくほうがいいのです。苦境と難儀に遭遇すればするほど、ますます私の手を借りたい欲求が強まるでしょう。彼らは私のもとに懇願し、哀願しにやって来るに違いありません。そうしたら、そのときこそ彼らに私の条件をつきつけてやるのです」

私は叔父の顔をじっと見つめ、こう言う以外言うべき言葉は見いだせなかった。哀れなペルー人よ！と。

結局のところ、ドン・ピオはエスキュデロにさらにまた二千ピアストルの貸金を申し出ることになった。彼はゴエネシュ一族、ウガルト、その他の人々にも自分にならうように勧めた。司教は四千ピアストル、その兄弟、姉妹はそれぞれ二千ピアストルを提供した。残りの人々も身分に応じ相応の金額の提供を申し出た。

こんな混乱状態の中でも、外国人とその資産だけは尊重された。エスキュデロの到着時、ル・ブリ氏とイギリス人商社の二人の社長は、三日間パンの配給も受けられないままだった彼の部隊に必要な品々を供与してやろうと、僅かではあったが資金を供与してやった。けれどもこの貸与はあくまで自発的なものであった。

三日目、エスキュデロは三時間以内に、全戸の扉を開けておくように、さらに閉めたままの扉は、兵隊が来て打ち破ってしまうだろうと警告した上で、これを普段と同じように開け放ったままにしておくべし[*2]との一枚の布告を出した。この命令により、まだ修道院に残っていた人々も否応なく自宅に戻らなければならなくなってしまった。エスキュデロはこの哀れな市民たちを十分安心させるため、部下の兵士に向かい、誰にも危害を与えないようにときつく言い渡して、市内の巡回を命じた。

私たちはアルトハウスを通じて、四月六日日曜日、ニエトと全軍がイズレーに到着したこと、大砲の火門に大釘を打ち込み、税関の書類を焼き払い、行政官のドン・バジリオ・デ・ラ・フエンテにリマに出発するように命じたことを知った。さらに、彼ら自身さんざん国を荒し回った後、タクナに向かう三隻のペルーの大型船に乗り込んだことも。

エスキュデロがアレキパの町に入ってきたのは日曜日の夜中で、そのため彼がどのくらいの数の兵隊を一緒に引き連れているのか、正確に知るものは誰もいなかった。最初にサン・ロマンが死んだことが告げられた。四日後に今度は、単に負傷しただけという噂が流された。こうして最後に、一週間後に彼もアレキパに向かい、同じように夜中に町に入ったのである。

以下がエスキュデロ自身の口から私に伝えてくれた事態の推移である。

サン・ロマンはもっぱら自軍の食糧を入手したいという目的のためだけで、三日間ニエトを欺き続けながら、後をニエトが追いかけてくるなどとは夢にも思わず、カンガロに退却していった。一戦交えるに先立ち、ガマラと相談して援軍を頼んでおこうと思ったからである。彼はカンガロで、ガマラが彼のために送ってくれた四百人の兵士を連れたエスキュデロと出会った。サン・ロマンの兵隊たちが新たな増援部隊を狂喜して迎えていたちょうどその時、突然、パチェタの山頂にニエトの軍が現われたのである。こうして、大混乱が生じた。サン・ロマンは兵隊たちに水浴の許可を与えていた。一部のものは裸同然の姿だった。アレキパ軍を目にした彼らはもはやこれまでと覚悟を決めた。態勢を立て直してくれたエスキュデロがいなかったら、全員逃走したに違いない。戦闘が始まり、彼らは勇敢に戦ったが、間もなく弾薬が尽きてしまったため、恐慌状態に陥ってしまった。兵士たちの敗走を目にしたサン・ロマンは戦闘は負けたと信じ、自分もまた逃げる以外取るべき方法はないと考えた。彼は部下の幾人かを引き連れ、愛馬に跨り、全速力で逃走した。こうして、この二人の勇敢な闘士は、それぞれ互いに恐怖心に捕らわれ、自陣に向かって遁走したのである。彼らは相互に八〇里の距離を、昼夜を分かたず、一時も休まず駆け抜けていった。恐怖心に駆られたニエトは南方四〇里にあるイズレーに、サン・ロマンは北方四〇里にあるヴィルクめがけて走り抜けていった。ある奇跡的出来事から、散り散りになったサン・ロマンの兵の一部が再集結し、再びアレキパに戻ってきた。ニエトの手で捕虜として市庁舎に捕らえていたサン・ロマン軍の将校の一人が、庁舎の上から、アレキパ軍の潰走を目撃していた。この瞬間の激しい恐怖を利用し、彼は庁舎の中庭で見つけた最初の馬に乗り、こうして町の地形を知り抜いていた彼は間道を抜けて一時間足らずでカンガロにたどり着くことができた。彼は逃走する兵士に向かい、止まるようにと大声でこう叫んだ。負け戦と信じ込んだニエトは、町を放棄し、港に向かって逃げているのだ、と。[……] もしこの将校がいなければ、互いに自軍の負けを信じ込んだ両軍の兵士たちは、お互い逆方向に逃げ続け、こうして町には敵も味方も現われることはなかっただろう。

エスキュデロがこのような状況を全部話してくれていた時、私は兵術こそ勝利と敗北を決する至高の支配者だとするアルトハウスのことを頭に思い浮かべていた。そして私はこの実例によって、人間や学問がどれほど空しいものであるかを彼に感じさせてやれないことをとても残念に思っていた。

*戦い*の勝利をサン・ロマンに報告するため、ヴィルクまで急いで使者が送られた。サン・ロマンがアレキパに入ったのは、ようやく七日目であった。この遅延の理由づけに腿の負傷の噂が流されたが、実際はそんな傷など負っていなかった。

どんな党派ともうまくやっていける才能を備えていた叔父は、ガマリストの信用をかちえないまでも、少なくとも彼らと非常に親密な関係を結んでいた。私たちは毎日こうした人々を夕食に呼ばなくてはならなかった。またわが家では朝も夜もいつも人で一杯だった。サン・ロマン軍の将校たちとの会話で、いかに彼らがニエトの将校たちより優秀な人間であるかが分かり、私は驚きの気持ちで一杯だった。モントヤ、トレス、キロガ、なかでも特にエスキュデロは実に卓越した人物だった。

エスキュデロは冒険心溢れるかのスペイン人たちの一人で、麗しのスペインを後にして、新世界で一山あてようとやってきた人物だった。非常な博識家で、それまで時に応じて、軍人、ジャーナリスト、商人などの職を転々としてきた。驚くくらい軽々と、時々のあらゆる要求に適応でき、また信じ難いほどの活力で、向かっていく各々の領域で、まるでその分野が生まれついての得意の領分であるかのごとく、卓越した才能を発揮していた。才気煥発で、想像力は無尽蔵で、性格は陽気で、弁舌は説得力に満ちていた。熱意を込めた文を書くが、にもかかわらず、どの党派からも愛される術を心得ていた。

この卓越した男はガマラ夫人の秘書でまた親友でもあり、さらに顧問役も務めていた。この三年来、彼はこの女王の傍にあって特別親密な地位を占め、多くのライバルたちの嫉みの的になっていた。彼は彼女のために献身的に仕え、彼女の政策の正当性を人々に認めさせたり、彼女に向かって仕掛けられる攻撃をはねのけようと、執筆に勤しんだりしていた。彼は彼女の命令の下で戦い、むこうみずといってもいいような彼女の外出にもいつも一緒に行動し、ナポレオン的野心を備えたこの天才的女性の構想する大胆不敵な企てにも決して退いたりしなかった。

会ったとたんに、私はたちまちエスキュデロ大佐と親密な間柄となった。お互いの性格がぴったりと一致したからである。彼も私を大いに信用してくれ、ガマラのキャンプで起きた出来事を全部教えてくれた。彼の話のすべてから、サン・ロマンもニエトに劣らず愚行を重ねてきたことが分かった。［……］

エスキュデロの話を聞いているうちに、彼が主人の絶対的権力の強いるくびきにうんざりし、ひたすらそこから逃れる口実を探しているのがはっきりと分かった。彼は毎日といっていいくらい私に会いにやってきた。私たちはいつも一緒に長い時間話を交わした。私はこの間終始この男の心の奥底まで知ろうと務めていたが、その結果おそらく彼こそ私の野心的計画を補佐してくれるペルーで唯一人の人間であることが分かった。私はもうすっかり自分の祖国と思い込んでいたこの国が内に抱えている数々の不幸に心を痛めていた。私はいつもこの世の幸福のために貢献したいという強い願いを抱いてきたし、またどんなときも行動的で冒険的な人生こそ私にぴったりの道だと思ってきた。エスキュデロに恋心を抱かせられたら、きっと彼に絶大な影響力をふるうことができるだろうと思ったのだ。こうしてまた再び内的葛藤が甦り、私は激しい苦悩に陥ってしまった。才気煥発にして豪胆な、かつまたのんき者のこの男と組んでやっていこうという考えが私の心に芽生えてきたのだ。彼と一緒になって一か八か試みたとしても、失うものなど一つもない私なのだから、たとえそれが失敗に終わったとしても、何の問題があろうか。義務の声も、別の考えが助けの手をさしのべてくれなかったら、これまでの人生でも最も強力なこの誘惑に抗することはできなかっただろう。私は権力のもたらす快楽が人間に与えるあの道徳的退廃が怖かったのだ。権力を手にした人間と同じように、冷酷で専制的な、さらには犯罪的な人間になってしまうことが恐ろしかったのだ。叔父……かつて心底から愛していた叔父、そして今なお愛している叔父、なのに私をさんざん苦しめた叔父、そんな叔父の生きている国の支配権力に与するなんて、考えるだけで身震いしてしまった！　私は一瞬たりとも遺恨の念に屈したくなかったし、容易に手に入る地位を放棄したのも、ただもう叔父を敵に回さなければならなくなるような事態が恐ろしかったからだった。……エスキュデロが私の気に入った人間であっただけに、なおさら犠牲は大きかった。多くの人には彼は醜男と映っていたかもしれないが、私には決してそんなことはなかった。たぶん年齢三〇～三三くらいだろうか、中背で、痩せていて、肌は赤銅色、黒髪で、きらきらと輝いているが、どこか物憂げな目をし、歯は真珠のように真っ白だった。優しい眼差し、メランコリックな笑顔は、その顔に一種高貴で詩的な風格をもたらしていたが、私の心を捕らえたのもまさにそこだった。この男性と一緒なら、私にできないことは何もないように感じられた。彼の妻になったら、とても幸福になれるだろうと確信していた。政治的騒乱の直中にあっても、彼は私のために、サラマンカの学生時代と同様に平然として、恋歌を歌ったり、ギターを弾いたりしてくれるだろう。こうしてまた私は、渾身の力を振り絞って、こうした将来への誘惑に負けないようにしなくてはならなかった……。私は自分自身が恐ろしくなったから、このような危険はさっさと回避するのが懸命な方策だろうと判断し、直ちにリマに発とうと決心した。

こんな慌ただしい出立は誰も理解できなかった。イズレーへの道路はもっぱら略奪を生活の糧とする脱走兵の出没するところだとさんざん指摘してくれたり、さらにまた遭遇するに違いない数々の危険をどんなに誇張して描いてみたりしてくれても無駄で、私はこれらの忠告に一切耳を貸さなかった。アレキパに残っていたらさらされるに違いない危険、それに匹敵するような危険などどこにもないと感じたからだった。その危険から逃れるためならば、この地上のどんな砂漠でも横断してみせただろう。嫌な冬の到来する前に着きたいということを口実に、是が非でも今出発しなくてはいけないと主張した。さらに、有体にいえば、叔父の家の人々はこぞって私の出立を嬉しく思っていたから、それ以上誰も強いて引き止めようとしなかった。

知り合いのイギリス人ヴァレンティン・スミス氏がリマに向かう予定だった。同行してもいいでしょうかと尋ねると、彼は喜んで承知してくれた。私たちはイズレーに船を所有するイタリア人船長と交渉し、こうして出発は四月二五日に決まった。

出発に先立ち、別れの挨拶という気の進まぬ仕事をしなくてはならなかった。儀礼に従えば、着いた時と同様に、一軒一軒全部の家を回らなくてはならなかっただろう。しかし今度は、仲のいい主だった家庭だけに止め、残りの人たちには通知状を送ることにした。

この訪問で、戦争がこの不幸な町にどれほど大きな苦しみを与えたかが分かった。どの家にいっても、喪服と悲嘆の涙にくれる人間の姿を目にしたからである。しかし、死によって引き起こされた人的損害などよりも、市民同士の激しい対立が親族内にもたらした不和反目や憎悪の感情のほうがもっとひどいものだと思った。それは両親や兄弟間の深い反目だった。こうした政治的闘争では、自由など紙屑同然であった。誰もがより多くのものをもたらしてくれるだろうと期待する指導者の側に与したからだった。

[……]

司教の家族に暇乞いに出かけたときには、幸せというものをわが身の外に置いている常軌を逸した人間のさらされている不幸の典型的事例にも出会えた。ゴエネシュ一家にあっては、幸福感を味わえるのは黄金の集積の上でしかなく、富のほんの一部が消失しただけで、彼らの知的能力はめちゃくちゃになってしまうという仕末だった。

司教はまるで骸骨そっくりだったが、それほどに顔は痩せこけ、老いさらばえてまるで死人同然だった。全身絹と黄金で覆われ、大きな肘かけ椅子に身を沈め、かろうじて生きているといった状態の彼は、あたかもみずから自身の葬儀に参列しているかのようであった。私はその姿に心打たれたが、彼を墓に導くほど大きな苦痛だなどというのはどう考えてみても馬鹿げているように思えた。金銭的損害を受けることにこれほどまで辛い思いをさせられるとは——自分のためにはほんのわずかしか使わず、またそれが失われたときの不運な思いといったら、もう少しも癒されることのない人間なのだから——、一体彼は金銭というものにどんな価値を与えているのだろうかと私は自問した。けれども、いくら考えても無駄だった。どんな場合も、吝嗇は私には答えを見つけることが不可能な心的問題だったからである。もしこの高位聖職者がその富を貧者に分配していたら、敵たちも決して優位には立てなかっただろう。使徒の徳行は人格を汚すあの黄金などより遙かに有効にその身を守ってくれただろう。修道士ヴァルディヴィアであれニエトであれ他の誰であれ、あえてその安息を侵そうなどとはしなかっただろう。

［……］

私はまたサン・ロマンのところにも訪ねてみたかった。彼とはまだ一度も会ったことがなかったからである。彼は大腿骨骨折の噂を人々に信じ込ませておく必要があったため、外出しようとはしなかった。叔父は私の大胆不敵な行動を心配し、全力を挙げてそれを阻止しようとしたが、エスキュデロが同伴を申し出てくれれば、その時に限り同行しようと言ってくれた。彼はあらかじめサン・ロマンに私の訪問を知らせておいてくれ、さらに忌憚のない私のお喋りにも決して怖じ気づいたりしないようにと伝えておいてくれた。［……］

ガミオ宅に戻ると、大広間で身振り手振りを交え、大声で立ち話をしている一団の将校の姿が目に入った。私たちの姿を見るや、彼らは急いで隣室に退去した。背筋をピンと延ばし両足でちゃんと立っている勝者の将軍をびっくりさせてやろうと思い、私は彼らの後に続いて部屋に入っていこうとした。ところが、この意地悪な意図を察知してか、叔父は私を引き止めてこう言った。「呼びにくるまでここに待っていなさい」と。

二、三人の男が呼びにきて言った。「お嬢さん、将軍はあなたが訪ねて下さったことをとても喜んでいます。幸い傷も快方に向かっています。将軍は長椅子に横になったままで会見なさるでしょう」。私はガミオ夫人の寝室に入っていった。サン・ロマンは起き上がって迎えに出られぬことを詫びてくれた。彼は身を横たえてはおらず、ただ足を足掛け台に延ばして座っていた。アレキパ軍に非常に恐れられていたこのサン・ロマンは、姿形に恐怖心を抱かせるところなどいささかもなかった。年の頃は三〇歳くらいで、表情は朗らかで陽気であった。しかし、その髪、髭、肌の色からするとインディオの血が流れていることは明らかで、そのためスペイン系ペルー人の目には、非常な醜男に映ったことは事実である。陽気で同時にまた真剣であるというように、私たちの会話は一種独特のものだった。彼は饒舌であった。けれども、叔父が私に向かって必ず守るようにと忠告してくれた節度という点からみると、彼には重大な欠点があった。というのも、ほんの些細な事柄にも大声を出して笑ったりしたからだった。とてつもないこの高笑いは取り巻きたちの真面目くさった態度とは際立って対照的で、だからこそ私の気分もくつろぎ、一緒に大きな笑い声を上げてしまったのである。

「お嬢さん、アレキパ人が私を恐れおののいているというのは本当なんですか」と彼は非常に傲慢な態度で話しかけてきた。

「大佐、私はあなたに妖怪というあだ名をつけてやろうとやって来たくらいなんです」

「一体そのあだ名にどんな意味があるのですか」

「フランスでは、子守女が幼児を怖がらせるのに使う言葉ですよ。子守女はこう言うんです。大人しくしていなさいよ、言われた通りにしないと、あんたを食べに来る妖怪を呼んでくるわよ、と。そうすると、幼児は怖くなってすぐに言いつけを聞くんです」

「ああ！　なんて素敵な比喩だろう！　ニエトが子守で、アレキパ人が幼児、そしてこの私が彼らを食べてしまう妖怪だとは」

「ところで、あなたはあの可哀相なアレキパ人を食べてしまうつもりですか」

「そんなことするもんですか！　反対に、彼らが食べていけるようにと安寧を取り戻し、仕事と商売を奮い立たせてやろうとやって来たのだから」

「大佐、それは立派な目標です。その目標に到達するため、あなたのとろうとしている政策を是非とも知りたいですわ」

「お嬢さん、我々の政策はセニョーラ・ガマラの考えている政策なんです。我々は外国人が低価格で売りつけるありとあらゆる品々——そのために、最下層の黒人女までがその種の織物で身を飾り、気取って歩いているのです——でわが国を競って荒し回っているあの無数の外国船に対して港を閉ざしてしまおうと考えています。ペルーにはこのような競争力を備えた産業が生まれていないこと、さらに住民も消費物資を外国から安価に入手できる限り、みずからの手でそれを作り出そうとしないことくらいあなたにも分かるでしょう」

「大佐、産業というものは兵隊のようにして出来上がるものではないし、軍隊のように力づくで作れるものでもありません」

「この政策はあなたの信じているほど難しくはありません。わが国では、亜麻、綿、絹、比類のないほど見事な羊毛、金、銀、鉄、鉛など、ありとあらゆる原材料を生産できるのです。機械に関しては、これをイギリスから取り寄せ、労働者は世界のあらゆる国から呼び寄せるつもりです」

「なんて誤った政策でしょう、大佐！　よろしいですか、勤労意欲を生み、競争心をかき立てられるのは、孤立することによってではないのです」

「お嬢さん、この私としては、必要性のみが国民に労働を強いる唯一の刺激剤だと信じています。同時にまた、わが国がヨーロッパのどの国よりも有利な立場にあることにも注目して下さい。というのも、巨大な陸軍も、保有する艦隊もないからです。これこそ産業の発展にとって有利な状況だといえないでしょうか。安寧が樹立され、外国商品の消費を禁ずることができた暁には、我々の建設する工場の繁栄を妨げる障害は何もなくなるでしょう」

「けれども、この国の労働力は依然としてまだ長期間にわたってヨーロッパの労働力よりも高くつくだろうと思いませんか。あなたの国の人口はまだほんのわずかです。その少ない彼らを織物や時計や家具などの製造に従事させるのですか。それでは、現在まだほとんど進展していない土地の開墾や、人手不足のために放置せざるを得なかった鉱山の開発は一体どうなるのですか」

「わが国に工場がない限り、諸外国はわが国の金銀を我々から奪い続けることになるでしょう」

「しかし、大佐、金銀は地下資源であり、もしあなた方が他の何物にも増してそうした資源を外国の産品と交換できなければ、それらの価値はないも同然でしょう。繰り返すけれど、あなたの国には工場を作るような時代はまだ到来してはいないのです。そんなことを考えるより先に、まず国民の中に奢侈や快適な生活への欲求を生みだしてやり、そして彼らを労働の道へと誘うため、さまざまな欲望を喚起してやるべきなのです。そしてそこに辿り着くには、一にかかって外国商品の自由な輸入以外に道はないのです。インディオが裸足で歩き、着る物といえば羊の毛皮、食べ物といえばわずかなトウモロコシの粉と少々のバナナで満足している限り、彼らは決して働こうなどとはしないでしょう」

「実に御立派ですね、お嬢さん。あなたがお国の利益を熱心に守ろうとしているのはよく分かります」

「ああ！　このような状況下のペルーにあって、私はペルーの家族の一員であることを看過しようなどとは思っていません。願っているのはただもうこの国の繁栄を目にしたいということだけなのです。民衆を教化し、簡便な通信手段を確立し、商活動から一切の足枷を取り外してやってごらんなさい、そうすれば国の繁栄はたちどころに進んでいくでしょう。北アメリカでのあなたたちの兄弟が急速な進歩発展ぶりで世界を驚嘆させたのも、ここで今私が述べたきわめて簡単な方法を用いたからこそなのです」

私たちの会話は長時間にわたった。私の示した陽気な態度と真剣さは勝利者の心をしっかりと摑んでしまい、そのためだろうか、帰宅しようと立ち上がると、思わず大腿骨骨折も忘れて、私を見送るために一緒に立ち上がってしまうありさまだった。居並ぶ将校たちの心配顔にもかかわらず、私は茶目気を出して彼を数歩歩かせ、こう言った。「将軍、そんなに遠くまで行ってはいけません。あなたは病気で、傷はとても深いのですから。コートをしっかりと身体にはおり、経済の話などせず、うまい煙草を吸っていて下さい。そうして食養生を続けていけば、時が経てばきっと回復すると思います」。サン・ロマンは私の示した真摯な心配りに感謝の言葉を述べ、そしてびっこをひきながらソファーに戻っていった。

夜エスキュデロが会いにきた。彼の姿を見て、私が心の底から笑顔を浮かべたのに接して、彼自身も思わず笑みを浮かべた。二人は互いに理解しあっていたからだ。

「ねえフロリタ、世の中とはこうしたもので、私たちは皆、役者にもなればまた観客にもなってしまう果てしないコメディなんです。おそらく今頃ニエト将軍も、腕を三角巾で吊って彼の兵隊と一緒にタクナをあちこち回っているでしょうよ。いや！　ほんと！　そんなささやかないんちきなぞ無邪気なものです」

「そうです、確かに、大佐。でも公に大腿骨骨折と報じているのなら、そのことをしっかりと肝に銘じて、婦人を見送ろうとするのに、両足できちんと立ったりすべきではないでしょう」

「ねえ、でもガゼル〔北アフリカ、小アジアの草原にすむ中型レイヨウ〕のような目の持つ力を十分心得ているあなた、そんなあなたを目の前にして、思わずわが身の骨折も忘れてしまったといってサン・ロマンを責めるあなた、ねえフロリタ、それは寛容な態度ではありませんよ」

「大佐、ここでは寛容など問題ではありません。サン・ロマンの主義主張が滑稽に思えたのです。あなた自身も今しがたそれを笑ったではないですか」

「いや、私は違います。私は友人のアルトハウスと同じで、何でもかんでも嘲笑してしまう人間なのです。さらに美人のフロリタのように、勝利者の心など摑むことはできませんでした」

「本当ですか。じゃあ、あんなことがあっても彼と仲直りできるのですね。彼の馬鹿げた政策に関して思いのままはっきりと私の考えを伝えたからには、きっと彼は私を気に入ることなどないだろうと思っていたのです……」

「彼はあなたのことがとても気に入ったようですよ。というのも、彼は私にこう言ったのだから。『もし私が自由の身であるのなら、あの娘さんに結婚を申し込むのだが。君たちのような青年がどうして彼女を発たせてしまうのか、合点がいかないよ』と」

「そうですか、彼は本当に自分に自信があるのですね、あの恐ろしい妖怪は」〔……〕

アレキパを発つに先立ち、私はまたサンタ・ローザの従姉妹に別れを告げに行った。

私はたった一人きりで別れの挨拶に訪れた。若き修道女が見せた勇気、根気はすべての人間から称賛されていた。にもかかわらず、彼女は一人ぼっちで孤独の中に暮らしていた。この国でも一番裕福で有力な家庭と姻戚関係にある人間であるにもかかわらず、彼女に会おうとやってくるものは一人もいなかった。盲信のもたらす偏見はこの無知で信じやすい民衆にそれほどまでに大きな影響を与え続けていたのである。〔……〕

あたかもそれが犯罪であるかのように、また俗世に戻ってきてからも、まだなお修道院でのあの馬鹿げた禁欲生活を守り続けなくてはいけないとでもいうかのように、人々はドミンガの贅沢な暮らしへの執着ぶりに批判を加えていた。〔……〕

可哀相なこの世棄て人が一一年間にもわたって過ごした捕囚生活、サンタ・ローザ寺院で耐え忍ばなくてはならなかった数々の責め苦や耐乏生活を取り返したいと思うのは、私には至極あたり前のことのように感じられた。

その夜ドミンガは有頂天だった。ピンクと黒のタータンのナポリ絹の美しいドレスと、黒いレースの奇麗なタブリエを着、丸くぽってりした腕と、細長い指をしたその手がほとんどまる見えの黒いチュールのミトンをはめていた。肩は剝き出しで、首には真珠の首飾りがつけられていた。まるで一番奇麗な絹のようにきらきらと輝いているその美しい黒髪は、サテンローズのリボンで上手に三つ編みに編まれて、胸に垂れ下がっていた。顔は憂いと苦悩の色彩を帯びていたが、それがまた彼女の姿にいわく言い難い魅力をもたらしていた。

部屋に入ると、彼女は私に近寄り、心にしみ込むような声でこう言った。

「ねえフロリタ、フランスに帰ってしまうというのは本当なの」

「そうですよ。私は発つのです。だからこうしてお別れを言いに来たのです」

「ああ！　あなたはなんて幸せなのでしょう。あなたが本当に羨ましいわ！……」

「ねえドミンガ、じゃあここにいても不幸せなの」

「あなたの想像する以上に……サンタ・ローザの時よりはるかに不幸せなんです……」

言い終わると、絶望感に打ちのめされたように手をひきつらせ、その陰鬱な大きな眼は、まるで神が与えた残酷な運命を呪うかのように、天に向けられていた。

「ねえドミンガ、今のように自由で、しかもこんなにも美しい、これほど優美な服で身を飾ったあなたが、修道女のヴェールに身を包んでいたあの陰気な僧院での囚われ人の時よりも不幸だなどというのですか。正直に言って、私はあなたが理解できないわ」

この乙女は気品に満ちた顔を後ろに反らし、冷ややかな笑みを浮かべて私を見つめながら言った。

「私が、自由ですって……ひとりぼっちのか弱い存在、それでもその身に残酷な偏見の全重圧がのしかかってきているようなところで自由だなんて、一体どの国のことを言っているのですか。フロリタ、このサロンで、こんなに奇麗なピンクの絹の服を着ているからといっても、ドミンガは相変わらずサンタ・ローザのモンジャなんです！……勇気と忍耐力とによって、私は首尾よくあの墓場から脱出できました。それでも、かつて私がかけていたウールのヴェールは相変わらず今も顔にかかったままで、それは私を永遠にこの社会から切り離しているのです。修道院から抜け出しても無駄でした。民衆の憤怒の声は私をまたそこに追い返そうというのだから……」。［……］

彼女は私をきつく抱き締めてきたが、その時の彼女の心臓は今にも破裂しそうなほど激しく鼓動しているのが感じ取れた。けれども彼女は一滴も涙をこぼしてはいなかった。

長い沈黙が続いた。二人は互いに、ほんの一言発するだけで数え切れないくらい辛い思いが掻き立てられてしまう、そんな状態に置かれているように感じていた。［……］

私は彼女に慰謝の言葉を投げかけてやろうなどとは思わなかった。こんなに辛い時に、慰めの言葉など見いだせはしないからだ……。私はそっと彼女の髪を撫でてやった。私はそれを一つかみ切り取って、大事に胸におしいだいた。不幸なドミンガ！　彼女の苦しみにどれほど同情したことだろう！

一〇時頃、ドアがノックされた。それは女性の死体の入手に一役買った青年医師だった。彼女は彼に手を差し出し、動揺した声で言った。

「彼女は行ってしまうのです……でも私は……」

「あなたも同じですよ、と青年は遮った。あなたも間もなく発つのです！　ほんの少し辛抱するだけです、そうすれば、麗しの国スペインと、あなたを愛娘のようにいつくしんでくれる僕の母に会えるんです」

その言葉で、哀れなドミンガは再び希望の甦った人間のように、安堵のため息をついた。

「神様、どうかアルフォンソの言葉を聞き届けてくれますように！　ああ！　でも私はそんな幸福など絶対に味わえないのではないかしら！」

この最後の場面から、従姉妹がどれほど悲しみをかかえているかが分かったし、またどれほど苦しんでいるかも理解できた。

出発の時は近づいていた。叔父の家では誰もが悲しそうな表情を浮かべていた。しかし、本当のところ、私には彼らの考えなど先刻承知済みであり、彼らの哀惜の情も相続人の流す涙に思えたのだった。皆が思いやりを示してくれたけれども、一家の中で私の確たる地位など何もないことくらい一目瞭然であった。極端なまでの質素な私の身なりを見ても、この裕福な家族には、私にささやかな贈り物でもしてやって貧しい生活を補助してあげようなどという気持ちなど少しもないことは明白だった。さらに、誰の目から見ても、ドン・ピオ宅の兄マリアノの一人娘がまるで余計者扱いされていることは明らかだった。けれども、私は冷静で、我慢強かった。不満の気持ちなど一言も口に出したり、顔に表わしたりしなかった。叔父といざこざを起こしてからでも、私の受けた処遇に対してほんのちょっとでも不満な態度を示したりはしなかった。けれどもまた逆に、この毅然とした態度が、彼ら自身であれ、他の人々であれ、不安感を抱かせる因にもなったのだった。私の存在が彼らすべてへの絶えざる批判だったのだ。また本当は私を好いてくれていた叔父にとっても、それが悔恨の種になっていたのだった。［……］

出発の前日、ドン・ピオはかつて家族全員の前でしてくれた約束を繰り返し、治安が回復したらすぐにでも二千五百フランの年金を支給すると断言し、ベルテラ氏宛の一通の手紙を私に渡してくれたが、それはこの年金をきっちりと私に前払いするようにと命じる内容のものであった。

14 アレキパからの出発

四月二五日金曜日、スミス氏が午前七時に迎えにきてくれた。馬に乗る支度はできており、顔に動揺の色など少しも現われていなかった。けれども、この土地を去るについては心にいささか動揺が感じられた。なんといっても父の生まれた家を後にするのだから。叔父の家なら安全な避難所が見いだせると思っていたのに、そこで暮らした七カ月というもの、見知らぬ他人の家という思いしか抱けなかった。私は耐え忍んだけれど、一度として家族同様の扱いをしてはもらえなかったこの家を逃げ出していくのだ。そこで味わった耐え難い精神的苦痛や絶望感が私に吹き込んださまざまな想念から逃れていくのだ。でも、逃れるといったって、どこに行けばいいのだろう。……そんなことは分かってはいなかった。ただ失望や落胆でくたくたになっていた私には、先の見通しなど何もなく、確たる計画などもなかった。どこに行っても排斥され、家族も財産も職も、果ては自分の名前さえも持たぬ私は、風に任せて、空に浮かぶ気球のように、当てどなく彷徨うのだ。私は父の面影に助力を乞いながら、この町に別れを告げた。叔母を抱擁したけれど、心中では、私に対するその冷酷な仕打ちを哀れに思うばかりだった。彼女の子供たちも抱擁したけれど、彼らとても同じだった。なぜなら、今度は彼らの身にもきっといつか苦悩の日々が降り掛かってくるに違いないからだ。中庭に集合した大勢の召使いに別れを告げ、馬に乗り、こうして神の御心のまま、運を天に任せて、この仮の避難所から永久に別れを告げた。叔父、従兄弟のフロレンティーノ、そして数人の友人が見送りにきてくれた。

私たちは一言も口をきかず進んでいった。周りを取り囲む人々は私の大いなる勇気を称えてくれていたが、同時にまたそれを心配してくれてもいた。私について言えば、密かな内心の声ですっかり安心していた。これまで神が私を見放したことなど一度もなかったと直観的に感じとっていたからである。ティアヴァラで私たちは足を止めた。私はアレキパとその魅惑的な峡谷に目を向けた。それから叔父の方に。［……］

ちょうど私たちの集まっていた場所で道が狭くなっていたため、最初に私が進み、村を通り抜けていった。平坦地に着くと、叔父を待とうとして歩を止めた。しかし、叔父の姿はもう見えなかった……。最後の別離の言葉で私の心をかき乱してはいけないと考え、曲がり角にきたところで、私に姿を見つけられないようにしてアレキパに戻っていったのだろうとル・ブリ氏は言ってくれた。もうおしまいだ……もう二度と再び叔父に会えないだろう……こう思うと、どれほど辛く切なかったか、とうてい言葉では表現できないだろう！　さんざん私を苦しめ、冷酷無情な仕打ちによって、彼が過ごしているような安泰な生活など少しも送ることができず、まるで森の中の小鳥のようにこの地球上を彷徨い歩かざるを得なくしたあの叔父。私を正当に評価してくれたことなど一度もなく、心の中ではいつも強欲が愛情や憐憫の情に勝っていたあの叔父。なんということだろう！　それでも、私は彼を愛していたのである。

私は意に反して彼を愛していたのだが、幼児期に受けた第一印象というものはそれほど不変で、強烈なのだ！　もう一度叔父に会って、私を愛してくれるように懇願し、私の財産を押さえて渡さないでいるのを忘れてもらいたいという唯その一念で、一瞬もう一度アレキパに帰りたいと思うほど激しい苦悩に苛まれていた。彼の愛情への欲求はそれほど切実だったのだ。ああ！　人間の示す心のこのような奇妙な動きを一体誰が説明してくれるだろうか。理由もはっきりと分からぬまま、神の望む通りに、私たちは愛したり、憎んだりしているのだ。ああ！　なんと哀れな社会の仕組みであろうか！　遺産の件で叔父と争う羽目にならなければ、私たちは互いに心底から愛し合うことができただろう。駆け引き上手な彼の性格には少しも好感を持てなかったけれど、それ以外のところでは何から何まで、彼という人間を好ましく思っていた。話をして彼ほどためになる人間は他におらず、また彼のように態度物腰も感じよく才知に溢れた人物にはこれまで一度も会ったことはなかったからだった。

コンガタでは、素敵な昼食の用意がすっかり整えられていたが、それはひとえにスミス氏の行き届いた配慮のおかげだった。［……］暑さが少しおさまるまで、私たちはナジャラ氏の家に止まっていた。昼頃になって海風が吹き始めてきたため、出発することにした。

最良の友人、ル・ブリ氏とヴィオリエ氏の二人との別離に当たっては、言い知れぬくらい辛い思いがした。二人はこの七カ月というものありとあらゆる形で好意を示してくれ、本当に心底からの友情を感じたからである。

スミス氏にはとても聡明なチリ人の召使いがおり、また叔父は、私と同行して乗船まで仕えてくれる信頼できる一人の男性をつけてくれた。その上、エスキュデロ大佐の優しい心配りで、さらにもう一人安全な付添人も持つことができた。モンシラ中尉は二人の槍騎兵と一緒に私の身辺警護に当たってくれた。

今度の旅は最初の時よりはるかに苦痛は少なかった。太陽、風、寒気、渇き、要するに砂漠で受けるあらゆる苦しみからあたうる限り身を守るために必要なものが備わっていたからである。背に乗る動物を交換できるようにと、二頭の立派なラバも備えていた。さらにスミス氏は、彼の二頭目の馬を自由に使ってよいという実に心のこもった配慮も示してくれた。叔母のヨアキナは、一つはイギリス製の乗馬用で、もう一つはラバ用にするのに適した二つの鞍を貸してくれた。最後に、この種の旅行を一〇年間にわたって経験してきたため、ドン・バルタザールにいささかも見劣りしなかったスミス氏の注いでくれたさまざまな配慮には、まるで彼の内に二人目のドン・バルタザールを見ているような思いであった。

最初の山頂に着いて小休止した。馬から降り、七カ月前息も絶え絶えのありさまで降ろされたのと同じ場所で腰を下ろし、そこでえも言われぬほど美しいアレキパの峡谷に長時間じっと見ほれていた。私はそこに最後の別れを告げた。はるか下方に町が見える渓谷の奇妙な姿をじっと見つめ、そしてあれこれと想念を思い巡らしながら、もし私が自由の身で、思いのまま選んだ男と一緒に生きていけたら、ここで暮らしてもヨーロッパの大部分の国で味わうのと同じくらい幸福な生活が味わえただろうなどと考えていた。こんなことを考えると、悲哀感で胸は一杯になり、心も激しく揺れ動くのだった。「お嬢さん、アレキパを懐かしむのはもうお止しなさい」と一六歳の時から世界中を経巡り、人間というものがなぜ一つの国に執着心を覚えるのか理解できないスミス氏が言った。「あれは確かに美しい町です。でも、これからあなたを連れていく町は紛れもなくパラダイスですよ。あの火山も見事なものです。でも分かってほしいけれど、その周辺には、イギリスのどんなに陽気で優しい性格の持ち主でも気難し屋にしてしまうような冷たい火山性の風が吹いていることは間違いありません。ああ！　リマよ万歳！　一万ポンドの年金つきの国会議員になれないなら、誰でもリマに来て暮らすべきですよ」。このようにして、スミス氏の生来の才知溢れる陽気さのおかげで、私の思考は別に向けられたのである。

アレキパからイズレーへの道中では、太陽を背にし、風は向かい風になる。そのため、イズレーからアレキパに向かう時よりも暑気に苦しむことはずっと少なかった。旅は快適で、大した疲労も感じずに済んだ。さらに、体調も快方に向かっていたから、身体も最初の旅の時よりもそれらに十分耐えられるほど逞しくなっていた。真夜中に私たちはタンボに着いた。夕食の用意ができているというのに、私は服も着たままベッドに飛び込んでしまった。スミス氏は旅でのさまざまな困難を機敏に切り抜けてしまう不思議な才能の持ち主であった。料理からラバ引き、動物の世話と、すべて一手に引き受けてくれていたが、それも見事といっていいほどきびきびとして如才なかった。このイギリス人はいかなる行動にも変わることのない洗練されたマナーを発揮する、年齢三〇歳の上品な青年だった。砂漠の中ででも、サロンのダンディーぶりがそれと分かるほどだった。とても楽しい夕食ができたのも、ひとえに彼の心配りによるものであり、このようにして私たちは夕食後もずっとお喋りで時を過ごした。というのも、私たちの誰も眠れなかったからである。午前三時頃に再び旅に出立した。寒気がとても厳しかったため、私はポンチョを三枚も身体にはおった。夜が明けると、意志の力では抗し切れないほどの睡魔に襲われたため、スミス氏に頼んで、ほんの三〇分でいいからといって眠らせてもらった。地面に身を投げ出し、召使いが来てマットを敷くか敷かないうちにもうぐっすり深い眠りに入ってしまうくらいだったから、誰かそばに来て私の身体を動かし、もっと楽な姿勢で寝かせてやろうとするものもいなかった。そのまま一時間寝かせておいてくれた。このようにぐっすりと眠ると、元気もすっかり回復した。こうして私たちはパンパスに出たが、広大無辺なこの草原を横断しようとしたときには、私は馬に乗り、それも終わりまでずっとギャロップで駆け抜けていった。

私が後に付いていけるかどうか、スミス氏はとても危ぶんでいた。叱咤激励しようと、絶えず戦いを挑んできたが、私はこれをしっかりと受け止め、面目にかけてもという思いで、常に彼より一五〜二〇歩先を走っていった。私を発奮させてやろうとするこの方法を使って、彼は私がすぐさま素晴らしい馬の乗り手になれるだろうという予想通りの結果を手にできた。馬を巧みに操りながらとても上手にギャロップさせたため、モンシラ中尉でさえ後には付いてこられないほどで、それは二人の槍騎兵も同じだった。とうとうスミス氏自身、チリ産の立派な雌馬をへとへとにさせてしまうのではないかと心配して、私に許しを乞わなくてはならない羽目になってしまった。

正午にゲレラに到着し、そこで一休止した。爽やかな木陰の下で食事をとり、それから地面にマットを敷いて、五時まで睡眠をとった。私たちはゆっくりした足取りで山を上っていき、七時にイズレーに着いた。私の姿を目にしたときのドン・ジュストの驚きようはいかばかりだっただろう。どんな旅人にもとても優しく親切にしてくれた彼だったが、とりわけ私にはこまやかな気遣いを示してくれた。前回の滞在以来、イズレーの村は様相が一変してしまっていた。今回はパーティーになど一度も呼ばれなかった。ニエトと部下の荒くれ兵士たちが、村に滞在した二四時間のうちに、すっかり荒し回ってしまっていたからだった。食糧強奪に加えて、哀れな住民たちから金品を略奪しようとして、ありとあらゆる形の強奪が行なわれたのである。部落は深い悲しみに包まれていた。善良なドン・ジュストは繰り返し話し続けた。「ああ！　お嬢さん、私がこんな年寄りでなかったら、きっとあなたと一緒にここを出ていくでしょう。この国を引き裂く絶え間のない戦乱で、ここはもうとても人の住めるようなところではありません。私はもう既に二人の息子を亡くし、今度はまたガマラの軍隊に入隊した三番目の息子の死亡通知が来るだろうと覚悟しています」

船の出帆を待ちながらイズレーに三日滞在したが、その間スミス氏や、彼のおかげで知己になれた湾に停泊するイギリスのフリゲート艦の将校たちの仲間がいなかったら、その三日をとても寂しい思いで過ごすことになっただろう。あえて言うけれども、態度、物腰、知性などどの点をとっても、このフリゲート艦『チャレンジャー号』の将校たちほど卓越した人々に会ったことは一度もなかった。全員フランス語を話したし、パリにも数年間滞在経験のある人たちばかりであった。いつもタウンウエアをはおっていたこの殿方たちは、心地よくてこざっぱりとし、品のいい簡素な身なりで一際目立つ存在だった。艦長は立派な人物で、非のうちどころのないほどの美男子だった。歳はまだほんの三二だった。にもかかわらず、彼にはある深い憂愁の情がずっしりと重くのしかかっていた。その動作や言葉からは胸の痛むような悲哀感がただよっていた。部下の将校に理由を尋ねると、こう答えてくれた。「そうです！　その通りですよ、お嬢さん、彼の悲哀感はとても大きいんです。さらに、それをもたらした苦悩もまたこの世で一番痛ましいものだといってもいいでしょう。彼はこの七年前にイギリス一の美女と形容してもいいような女性と結婚したのです。彼はその妻を熱烈に愛しており、また彼女からも同じように愛されているのです。でも、その彼女とは離れ離れで生きていかなければならないんです」

「じゃあ、一体誰がそんな別居生活を強いたのですか」

「海兵という身分のためなのです。彼はわがイギリス海軍の中でも最も若い艦長の一人であるため、三、四年の長期にわたって、絶えず遠隔の警備海域に派遣されているのです。我々がこの海域に派遣されてからもう三年になるのですが、イギリスに帰国できるのはまだ一五カ月も先の話なのです。このような長期間の不在が彼に強いる苛酷な苦痛がどれほどのものか想像してみて下さい！……」

「二人をそんなに辛い目にあわせるなんて、一体どういうことですか！……彼も愛する妻もそんな苦しい境遇に置かれているなんて、じゃあ彼に財産が一銭もないからなんですか」

「財産がないんですって！　彼一人で五千ポンドもの年金があり、またイギリスでも一番裕福な相続人である妻は、二〇万ポンドもの持参金を持ってきたのです。彼女は一人娘で、父親が死ねば、またその二倍ものお金が手に入るのです」

私はただもう驚くばかりだった。

「それじゃあ、ねえ、艦長を四年間もの間妻と離れ離れにし、フリゲート艦上で死ぬほど体力を消耗させ、そうしてこれほどの好青年を苦悩と涙の日々に追いやっている強大な力とは一体何なのですか」

「高い地位にある者には避けられぬことなのです。我々の艦長は海軍提督となるまでその職を務めるという条件で、金持ちの女相続人を父親からもらい受けることができたのです。青年と乙女はこれに同意しました。二人は約束し、そしてこの約束を果たすために、彼は少なくともまだ一〇年間は諸国の海を経巡らなくてはなりません。というのも、わが国では、昇進は勤続年数で決まるからです」

「じゃあ、あの艦長はまだ一〇年も妻と別れて暮らさなくてはいけないのですね」

「そうです。約束を果たすためにはそうしなくてはならないのです。でも、この時が過ぎれば、彼は海軍提督になり、上院議員の地位にもつき、たぶん大臣にもなれるでしょう。最後には首相にまでなるかもしれません。お嬢さん、こうした高い地位につこうとしたら、何年間もじっと苦しみに耐えられるものだと思いますよ」

ああ！　社会的権勢などというそんな無価値なもののために、この世で最も神聖なものを足下に踏みにじってしまう人間がいるとは！　神は喜んであの二人に美貌、知性、富などあらゆる贈り物を授けてくれたのでしょう。そして二人が互いに抱いた愛情は私たちの自然界が享受できるのと同じくらい大きな幸福を彼らに保証してくれるはずだったでしょう。幸福というものは必ずこれを他者に伝えたいと望むものです。二人が幸福になっていたら、仲間たちにもきっと同じように幸福をもたらしてやることができたでしょう。しかし、愚かな一人の老人の自尊心が至福に満ちたこの地上での未来を破壊してしまったのです。彼は子供たちから、人生のうちでも最も楽しかるべき時期の二〇年間という年月が奪い取られることを望んだのです。そしてこの二〇年間を、悲しみや苦しみ、要するに別離から生じるありとあらゆる形の苦悩に捧げられることを望んだのです。二人が結ばれるときには、妻にはもはや往時の美貌は失われ、夫には描いた夢もなくなってしまっているでしょう。心には愛情もなく、精神にもみずみずしさはなくなってしまっているでしょう。なぜなら、二〇年も倦怠と不安と嫉妬心に捕らわれた日々を送っていれば、どんなに美しい心の持ち主でも新鮮さなど消失してしまうものだからです。でも、彼は海軍提督になり！　王国の上院議員になり！　さらには大臣！　にもなれるのだ。何と馬鹿げた虚飾であることか……。

チャレンジャー号艦長の身の上話がどんなに辛く悲しい思いを私に強いたか、言葉ではとても言い表わせないでしょう……。私はこれまでいくところどこでも激しい心の苦痛に苛まれた人間に遭遇してきました。どこにいってもそれが人間を神に刃向かわせる邪悪な偏見から発していることを目にし、そして人間の持つ理性の進歩ののろさぶりを腹立たしく思ったものでした。この美青年の艦長に、子供がいるかどうか尋ねた。「ええ、母親と同じくらい美しい娘と、誰もが私似だという息子の二人です。私はまだ息子の顔を見たことはありません。もし神の力により息子に会うことがかなえられたら、今度その顔を見る時には、彼はきっと四歳になっているでしょう……」と答えてくれた。こういって、可哀相なこの男性はふうっと深いため息をついていた。彼はまだ年も若かったから、人間の心の痛みというものも理解できるだろう。それでも、五〇歳にもなれば、おそらくきっと義父と同じように冷酷な人間になっているだろうし、息子や嫁にも自分に強いられたと同様な苛酷な犠牲を要求しているだろう。私たちの人間性を歪める偏見はこのようにして次々と伝えられていくのである。そして束縛よりもむしろ殉教を選びとろうとする強固な意志と断固とした勇気を神より授かった人間が出現したときこそ、初めてこうした偏見の伝承は止むのである。

四月三〇日午前一一時、イズレー湾を出た。そして五月一日カラオに投錨した。この港はヴァルパライソほどには活気がないように感じられた。最近発生した政治上の出来事が商活動に致命的な影響を与えたからだった。商活動は最悪の状態で、船舶も普段より遙かに少なかった。

巨大なアンデスの真ん中の高い丘の上にあるリマの町が海から見えた。この町の広大な面積、その上にそびえる無数の教会の鐘楼は、町に一種崇高で夢幻的な景観をかもし出していた。

私たちは四時までカラオに止まり、リマ行きの馬車の出発を待った。私はその間ずっとこの市場町を見て回った。ヴァルパライソやイズレー同様、カラオもこの一〇年で大きな発展を遂げ、二、三年不在にしていれば、どんな船長でもそれと見分けがつかなくなってしまっているほどだった。町で一番立派な家といえば、イギリス人と北アメリカの商人の所有になるものである。彼らはここに保税倉庫を所有している。活発な商活動により、港とそこから二里離れた町の間には絶え間のない往来が交わされている。スミス氏は私を彼の代理店に案内してくれた。このイギリス風の館には、イギリス人特有の快適な設備を備えたあの豪奢ぶりが認められた。給仕はこの国の召使いの手で行なわれていた。主人同様、彼らはまるでイギリスにでもいるかのような服装をしていた。リマのすべての家がそうであるように、この館には回廊が備わっていた。南国ではこうした回廊は非常に便利なものである。住居の周りをそぞろ歩きするときに、日陰のそうした場所で新鮮な空気が吸えるからである。奇麗なイギリス風の日除け〔ブラインドシャッター〕が私のいた館を美しく飾っていた。私はそこにしばらく止まり、こうしてカラオの町の中心部を形作っている長く続く幅の広い通りを心ゆくまで見物することができた。その日は日曜日であった。船員たちは一張羅を着込んで、通りをあちこち歩いていた。イギリス人、アメリカ人、フランス人、オランダ人、ドイツ人らのグループが目に止まった。要するに、ありとあらゆる国の人間がごちゃ混ぜになり、あらゆる響きの言葉が耳に飛び込んできた。この船員たちの話を耳にしていると、彼らにとってその波瀾万丈の生活がいかに魅力的なものであるか、またそれがあの真の水夫ルボルニュの熱情をどれほど掻き立てたかがよく分かった。通りの情景の見物に疲れた私は、回廊に沿って窓のある大広間に目をやった。冷静で冷ややかな美しい顔つきの、非常に立派な身なりをした五、六人のイギリス人がそこに集まっていた。彼らは天井から吊されたグアヤキル〔南米エクアドル西部の港で、同国最大の商工業都市〕製のハンモックにゆったりと身を横たえ、それを揺らしながら、グロッグを飲んだり、極上のハバナの葉巻を吸ったりしていた。

とうとう四時になった。私たちは馬車に乗った。御者はフランス人で、馬車に同乗していた人間は誰もがフランス語か英語を喋っていた。アルトハウスと親友だった二人のドイツ人とそこで出会い、すぐさま親しくなった。

ボルドーを発ってからというもの、馬車に乗るのはこれが最初だった。それはとても楽しく、この二時間の馬車の旅の間ずっと幸福感で一杯だった。私はまた再び文明社会の真ん中に戻ってきたような気がしていた。

カラオを出ると悪路が続いた。しかし、一里ほど進むと、道はとても広く平坦でかなりよくなり、埃もほとんど舞い上がらなかった。カラオから半里ほどのところで、道の右側にインディオの建物の広大な廃墟が存在していた。廃墟から存在の跡がうかがい知れるその町は、スペイン人がこの国を征服した時代に存在を停止したのだった。たぶんインディオの伝承を通して、この町がどんな町だったか、その破壊の原因が何であったのか、知ることができるだろう。しかし、この民衆の歴史については、現在に至るまで、支配者たちに是非ともこの分野の研究に専念してみようと思うほど大きな関心を抱かせるものとなってはいない。少し先の左手に、ベラ・ヴィスタ（ベル・ビュ）という名の村があり、そこには船員用の救済院があった。半分ほど進んだところで、御者はフランス人の経営する一軒の酒場の前で停車した。これを過ぎると、突然私たちの視界に町がその壮麗な姿を現わした。緑に包まれた、それも無数の微妙に異なる色合いの周囲の田園地帯は、生命力旺盛な植物の豊かなことを示していた。至るところで目に止まるオレンジの大木、バナナの木の叢生、高くそびえる椰子の木、その他この地方の気候に特有な無数の木々が、その多彩な葉むらを視界に広げて見せてくれていた。こうして、忘我の境地に達した旅人は、現実を越え出た幻想的な夢の世界に浸るのである。

街道沿いに大木の続く道は、町に入る手前半里ほどのところで、大きな並木道になっていたが、そこから受ける印象はまさに壮大というほかに形容できる言葉は見当たらなかった。道路脇をかなりの人数の歩行者が散歩していた。馬に乗った幾たりかの青年もまた私たちの馬車の側を通り過ぎていった。この並木道はリマの人たちの散歩道の一つだと教えてくれた。散歩する人間の中には、サヤを着た人がたくさんいた。この服装は非常に風変わりで、私の心はすっかりその虜になってしまった。町は通行止めになっていて、並木道の端で、城門の一つにたどり着いた。壁面から突き出した方形断面のその二本のつけ柱は煉瓦造りだった。スペイン国の紋章のついた主要正面は破損していた。パリの市門で行なわれているように、税関吏が馬車を検査していた。私たちは町の主要な区域を通り抜けていった。道は広々としており、家々はアレキパのそれとは全く違っているように感じられた。遥か彼方から見ると、実に壮大な町と思えたリマも、一度足を踏み込んでみると、もはやそうした約束を果たしてはくれず、何から何までこの町に抱いていたイメージを裏切るものばかりであった。家々の正面は貧弱で、窓には窓ガラスは入っておらず、ほとんどどの通りからもうかがわれる活気のなさに物悲しい思いにさせられてしまうし、同時にまた、どの家にもきっちりとはめ込まれた鉄格子に接すると、他人への警戒心とか気がねといった感情が想起させられてきてしまった。馬車は立派な外観の一軒の家の前で止まった。奥から背の高い太った女性の出てくる姿が見えたが、メキシカン号の男性たちがしてくれていた人物描写から、すぐにそれがドニュエル夫人だと分かった。この夫人はみずから馬車の扉を開けにきて、馬車から降りるようにと私に手を差し出してくれ、愛想のいい話し方でこう言ってくれた。「トリスタンさん、ずっと前からあなたを待ち焦がれていたんですよ。シャブリエさんやダヴィッドさんがあれやこれやとあなたの噂でもちきりだったので、私たちの家にあなたを迎えられてもう本当に嬉しくてたまりません」

15　リマのフランス人のホテル

ドニュエル夫人はフランス風の家具を備えた居間に案内してくれた。腰を下ろして五分も経つか経たないうちに、私を一目見んものと、一二人から一五人ほどのフランス人が全員、大急ぎで部屋に入ってくるのに気づいた。私はこうした好意のしるしがよく分かり、しばらく一人一人と会話を交わし、そして彼らの温かいもてなしぶりに心から感謝の言葉を述べた。続いてドニュエル夫人は私のためにと用意した小さなアパルトマンに連れていってくれた。

私はリマの大勢の人たちに宛てた手紙を携えてアレキパを発ってきていた。言葉では言い尽くせぬほどの心配りをいつも示してくれていたスミス氏は、船を出る前に、これらの手紙を先に手渡しておいてあげようと言ってくれていたので、私は手紙を彼に預けておいた。そのためだろうか、到着して一時間もしないうちに、それらの手紙を受け取った人たちが、政治上の情報を手に入れようとして部屋にどっと押し寄せてきた。その殺到ぶりといったら、それはもういちどきに二〇もの質問が浴びせかけられるというありさまだった。一緒にドニュエル夫人宅に泊まっていることが分かったドン・バジリオ・デ・

ラ・フエンテもまた、妻と一一人の子供が一体どうなったか知りたがっていた。こちらの女性は殺された兄弟に悲しみの涙を流しているかと思えば、あちらの女性は、姉で、サンタ・ローザに囚われの身となっているニエト将軍の妻の安否を気遣っているという状態だった。こうしてすべての人が、なんらかの根拠に基づき、ガマラ夫人がリマに戻り、そこで大いなる復讐劇にうって出るのではないかと心配していた。

初めて出会ったときから、リマ人の性格はアレキパ人のそれよりはるかにほら吹きでかつまた臆病のように感じられた。夜一一時頃、ドニュエル夫人は訪問客全員に、私に休息が必要なことを知らせてくれた。嬉しいことに、それで全員帰ってくれた。私はもうそこに立っていることもできず、頭も割れそうだった。スミス氏は、当時アヤクチョの知事だった私の叔父ドン・ドミンゴの妻で、また私の叔母にもあたる美人のマヌエラ・デ・トリスタンに、みずからの手で叔父宛の手紙を手渡すや、彼女はもうその晩にでも私に会いに来たいから、是非彼に迎えに来てほしいと頼んできたと話してくれた。こうして彼女は、私が他の訪問客から解放されるとすぐにやってきたのである。私はこのような配慮を彼女のとてもこまやかな心遣いだと感じた。

噂で耳にしていた叔母の美貌ぶりからして、当然のことながら、私は素晴らしい美女に会えるものと期待していた。それにしても、もう本当に私の思い描いていた美女を遥かに上回っていた。ああ！　それは人間などというのではなく、まさしくオリンポスの女神、地上に降り立った、マホメットの約束する天国の美女ウリといっていいだろう！　とても彼女の身体に触れる勇気などなかった。身も心も奪われてしまうような気品を備え、優美にまた軽やかに言葉を発しながら、数々の情愛のこもったことがらを私に語ってくれている間中もずっと、彼女は私の手を両の手でじっと握っていてくれた。このような美しさを言葉で描き出すのは私ではとても力不足だと感じた。ラファエロでもその聖母像に、これほどの気品と純真さを備えた顔、これほどに完璧な鼻、これ以上甘美で清純な口元など全く考えつかなかっただろう。なかでも特にその卵形の顔、胸、首は何にも増して素晴らしいほど美しかった。肌は桃のように白くてきめ細かく、柔らかだった。薄絹のようにこまかくてきらきらと輝くその薄褐色の髪は、波打つ巻き毛状の長いふわふわした房となって、丸みを帯びた両肩に垂れていた。その身体はいささか太り気味と形容してもいいかもしれない。けれども、しなやかなウエストは優美さをいささかも失ってはいなかった。そのすべてに高潔さと崇高さとが満ち溢れていた。同時にまた立ち居振る舞いには威厳も備わっていた。

身につけた衣装は美しい容姿の示す爽やかさとぴったり調和していた。

小さなボタンがちりばめられ、バラ色の刺繡が施された白いモスリンのドレスは、短袖で背中が広くあき、背は高く、両の乳房はぴんと高く盛り上がっていた。首、肩、胸、腕と、彼女の備えている一番美しいところをはっきりと見せてくれるという点で、それは彼女にとってとても好ましい服装だった。耳にはとても長いイヤリングがつけられていた。長いほっそりした首には真珠のネックレスが飾られ、手にはめたさまざまな種類のブレスレットは腕の白さを鮮やかに浮き出していた。白いサテンの裏地つきの紺色のビロードの大きなコートが美しい身体をゆったりと覆い、無造作に頭に掛けた黒のブロンドレースのヴェールは、歩行者の好奇に満ちた視線からその姿を隠してくれていた。私は終始彼女の姿を見つめながら話に耳を傾け、彼女の申し出てくれたどんな尽力にも、「まあ、叔母様、あなたはなんて奇麗なんでしょう……」という返事しか返さなかったため、彼女は途中で話を止めてしまったほどだった。ああ！　こうした美しさの不可思議な支配力を一体誰が説明できるだろうか。それ自身しかと確かめられる外観を持ってはいないが、あらゆるものを調和へと導いていくこの抗い難い力を。生命には形や色彩を与え、音には響を持たせ、甘い香りの立ちこめるこの霊気を。摂理に応じ、神に始まり目には捕らえられぬアトムに至る位階のきっちりと定まったあらゆる生物に分け与えられているこの磁力を。私たちの選択や好みを決定し、私たちを魅了するこの人知を越えた原因、時として透明であり、またある時にははっきりと目に映じたり、手に触れることができたりというように、さまざまな形をとって現われる美は、その甘美な作用で私の身体のすべてに入り込んでくるのだ。花の香りや小鳥のさえずりでそれを感じ取ることもあるし、風雨の襲来時にも、すっくとその頂をそびえ立たせている森の大木や、野生動物の荒々しさに溢れたその気品に接したような際にも、はっきりとそれを感じ取ることができる。チャレンジャー号の艦長のような男性、叔母マニュエラのような女性の出現がまさしくそれだった。その美しさ、神のような微笑を目の前にして、私の魂は賛美と快楽にうち震え、まさに天国に舞い上がるような気持ちだった。

美しい叔母はしきりに彼女の家に泊まっていくようにと勧めてくれた。彼女に迷惑をかけてはいけないからという理由をつけて、私はそれを辞退した。もう既に夜も更けていたので、決断は翌日に延ばすことにした。彼女が出ていった後も、ドニュエル夫人は私と話し続けた。そのため私が一人になったのは、もう一時を過ぎていた。〔……〕

朝八時になるや、すぐにドニュエル夫人が部屋に入ってきて、ほどなくして話題が叔母のことに移ると、彼女はいささか困惑した表情で、私への好意からであるが、セニョーラ・マニュエラ・デ・トリスタンに関する特殊事情を教えておくべきだと思っている、と話してきた。もうはるか前からマニュエラは北米のある男性と親交があり、彼をとても愛していて、その執心ぶりは桁外れのものであると教えてくれた。どうしてもその考えの本音が知りたくなってしまうような仕方で、ドニュエル夫人は語ってくれた。彼女の家に泊まって私のするだろう金銭的出費のためというよりむしろ、リマ滞在中私を一人占めしたいという強い気持ちから、彼女は私に示された宿の提供を受けてしまうのを心配していた。叔母の申し出を断わろうとあらかじめ決めてはいなかったけれども、私にそれを受け入れまいと決心させるには、今ここで教えられたことで十分だった。私は人間の心がよく分かっていたから、あらぬ嫉妬の的になる危険を受けたくなければ、また憎悪の念を掻き立てたりしたくなかったら——それこそ私の避けようとしていたことだが——、女性宅に泊まりに行くべきではないと考えていた。私は叔父ドン・ピオ宅を出るに際して、どのような親類縁者のもてなしも受けまいと固く心に誓っていた。ある日それをカルメンに話したが、すると彼女はこう言ってくれた。「フロリタ、それはきっとあなたのためになるでしょう。親類縁者の家でケーキをご馳走になるより、自分の家でパンを食べている方がずっといいことですよ」。こうしてドニュエル夫人を安心させ、一日二ピアストルという料金で、彼女と合意に達したのだった。私を連れていこうとして、一一時に叔母がやってきたが、きっと互いに窮屈な思いをするだろうからという理由を述べて彼女に納得してもらった。こうしてホテルに泊まることが決まったのである。私の慎み深い行動はきっと彼女にとても喜んでもらえただろうと思っている。

そうはいっても、数百フランのお金だけでアレキパを発ってきたため、懐具合が不安の種であることには変わりなかった。叔父は四百ピアストルの信用状を渡してくれたけれど、それはただ船賃の支払いに当てられるためのものだった。出発時に初めてそれが現金化できると明記されていたから、この国を去るという条件で彼がこの金を私に渡したことは明らかだった。出帆間際の船など見当たらず、さらにまた、この先二カ月間は出帆予定の船がないことも、スミス氏を通して承知していた。ホテルにそんな長期間滞在すれば支払いは一二〇ピアストルにもなってしまい、加えて身繕いにも結構出費が掛かるのではないかと思っていた。だから、これら必要物全部をまかなおうとしたら、少なくとも二〇〇ピアストルは必要になるだろう。唯一つ、借金という不幸を除いて、私は世のあらゆる辛酸をなめてきたといっていい。借金してはいけないという不安感が、どんな時でも私の行動を制御してきたのである。いつも使う前に懐具合をしっかりと考えていた私は、他人から唯の一スーも借りたことなどなかった。二〇〇ピアストルという金額をはじき出し、そして財布にたった二〇ピアストルしかないと気づいたときには、正直震え上がってしまった。右に述べたように、私の持っていた服は貧弱この上なかったが、それでもペンを手にして、もし出発時にそれらの古着を売り払ったらどれくらいの金が手に入るのか、一着一着計算してみた。手にできるお金は優に二〇〇ピアストルにはなることが分かった。これを確信したときには、もう本当に！　天にも昇る心地だった！　エスキュデロと別れるにあたり、もう野心的な大計画など全部放棄していたし、政治上の話を聞いてもらいたいとも思っていなかった。こうして私は生まれて初めて、屈託のない若さ溢れる陽気な女性に戻っていたのである。これほど快調な健康状態を味わったことは一度もなかった。身体もみるみるうちに太ってきた。顔色も明るく、元気いっぱいだった。食欲も旺盛で、夜もぐっすりと眠ることができた。要するに、この二カ月間は、生涯のうちでも苦しみなど一つもない唯一の時だと言ってよかった。［……］

16　リマとその風俗・習慣

叔母マニュエラのおかげで私はずいぶんと助かった。町のどこにでも連れていってくれたり、上流階層の人々に紹介してくれたりしたからである。そのようにして、とても親愛の情を示してくれたが、それは心と心が触れ合う親密な関係をつくりだすようなものではなかった。私たち二人の間にそのようなものが存在していたなどと私は思ってはいない。美人ではあったが、彼女の目には誠実さがなく、また決して面と向かって相手を見ようとはしなかった。三千里も離れたところで生まれ、それまでその存在など誰も知らなかったのに、突然姿を現わした一人の血縁の異国女性の存在が抱かせたに違いないあの好奇心から、私に近づいてきたのだった。彼女が私の知りたいと思っていたことを何から何まで教えてくれる大きな力を備えた人間であることは気づいていた。その気質はドニュエル夫人のそれとそっくりだった。高い知性を備え、また唇にはいつも痛烈な皮肉が浮かんでいた。案内役になってくれたのは大抵の場合彼女だった。彼女の美貌ぶり、叔父の名声、異国女性という私の身分からだろうか、どの家を訪れても私たちのために大急ぎでドアを開けてくれた。私は大半を彼女と一緒に過ごした。いつもその知性には魅了されたけれど、心の奥底に潜んでいる冷淡さには悲しい思いをさせられたものだった。リマは今なお非常に享楽的な町である。その風俗・習慣は他のいくつかの社会制度の影響下で形作られたものである。そこでは知性と美が覇を競い合い、まるで摂政時代かルイ一五世治世下のパリそっくりである。寛大な心とか私的な徳性というものは、仮にそうしたものを持っていても結局のところ何の役にも立ちはしないという時代にあっては、生じてくることはないだろう。さらに、上流階級の抱いている出版・報道の自由への恐怖心があまりに強いためだろうか、初等教育も十分行き渡ってはいない。

叔母の家で、この国で一番の名士と称されている人々の集まりを目にしたことがあった。大統領オルベゴゾ、共和国に仕えるイギリス人ミラー将軍とフランス人ソワーニュ大佐、サラベリ、デ・ラ・フエンテなどである。そこで出会えた女性といえばたった二人きりだった。他の女性たちといえば、叔母のこの上ない不道徳ぶりをあれこれと並べ立てて、彼女とのつき合いを避けていた。では、こうした貞潔な奥方連はどうかと言えば、そんな口実を並べ立てる裏には、わが身をマニュエラのような美女と比べて感じる嫉妬心――どんな女性でも、マニュエラと比較されれば、美しいという形容をつけることなど止めてしまうだろう――が隠されていたのである。叔母宅での夜会はとても楽しい雰囲気のなかで行なわれた。神は喜んで彼女にどっさりその賜物を授けていた。甘美さと旋律に思わずうっとりさせられてしまうその声からは、見事なほど秩序のとれた多様な響きが出てきていた。リマに四年間滞在していたあるイタリア人が、この素晴らしい楽器に感嘆させられて、驚喜してその彫琢に一身を捧げたところ、ほんの僅かの期間でマニュエラは師を凌駕したほどだった。彼女はイタリア語で、ロッシーニのオペラでも一番美しい何節かを歌って聞かせてくれた。そうして、歌い疲れてくると、今度は皆は政治の話に話題を移すのだった。リマのすべての女たちと同様、叔母も政治については大いに関心を持っていた。彼女の家に集まった仲間のこうした会話から、統治機構の上に立つ人々の考え方について私なりの見解を作り上げることができた。オルベゴゾとその取り巻きの将校連は全くの無能者に感じられた。集まりではまた例のルナ・ピザロにも再会した。私に言わせれば、評判ほどの人物ではなく、ヴァルディヴィアほどの能力などとうてい持ち合わせてはいなかった。語る言葉の辛辣さから、この老人をペルーのミラー将軍と呼んでいいかもしれない。その上、彼の考えのもたらす影響力などどこを探しても見つけられはしなかった。破壊者としての情熱は披瀝してくれたものの、建設者としてのプランなど何もなかった。個人的な野心こそこれらの人間すべての持っている行動要因であった。老司祭の目的はアレキパの司祭に取って代わることだった。この目的達成のために、彼は叛徒になったのだった。それに成功する手段とあれば、卑屈な追従者になっても構わなかったであろう。不幸にして、民衆があまりに愚鈍だったため、真の護民官はその中から出現せず、また彼らの抱える問題を指揮する人を判別することもできなかったのである。

現在ほぼ八万の人口を擁するリマは、一五三五年ピサロ(1)によって築かれた町である。その名の由来がどこにあるのか、私は知らない。ここには非常に美しいいくつかの記念建造物、おびただしい数の教会や男・女の修道院がある。家々は規則正しく建てられ、道はきちっと真っ直ぐに延び、長くかつ幅も広い。ほぼすべての道には、両側に一本ずつ、二本の水が細く流れており、さらにいくつかの道路に限っては、中央に一本だけ水の流れる溝がつくられている。家は煉瓦、土、木でできている。青、灰色、ピンク、黄色などさまざまな明色で塗られたこれらの家はすべて二階建てで、屋根は平らである。壁が天井をはみ出しているから、未完成の家という印象を与えてしまう。こうした屋根のいくつかはテラスとしても使われており、その上には植木鉢なども置かれている。しかし、こうした用途に耐えられるほど強固な屋根はほんの少ししかない。雨もほとんど降らない。たまにそんな事態が起きようものなら、四時間も降った後には、家屋はもはや泥土の山でしかなくなってしまうだろう。家の内部はかなりきっちりと区分けされている。居間と食堂が最初の中庭を形づくり、その奥に、台所と奴隷の居室があり、これが二番目の中庭を取り巻いている。寝室は上階にあり、住んでいる人間の階層と資産に応じてであるが、どれもが贅沢な家具を備え付けている。

カテドラルは壮麗で、内陣の木造部分は見事な出来映えである。祭壇の周りの欄干は銀製で、また祭壇自体豪華絢爛たるものである。脇聖堂も素晴らしい。祭式者はそれぞれ自分の脇聖堂を持っている。この教会は石造りで非常に堅固なため、今までどれほど巨大な地震に襲われてもびくともせず、ほんのわずかな傷も受けたことがなかった。二つの鐘楼、正面、外付き階段は堂々たるもので、旧ヨーロッパでも滅多に見られないほどの崇高さぶりで、新世界の町でこれほどのものを目にできるなどとは予想すらしなかった。カテドラルは大きな広場の東側全体を占めていた。正面に市役所があった。この広場はリマのパレ・ロワイヤル(2)といっていいだろう。両側にはアーチ形のアーケードが続き、これに沿って、ありとあらゆる種類の実に奇麗な商店が並んでいる。また中央には素晴らしい噴水があり、四六時中勢いよく水を出している。朝は水運搬人や軍人や宗教的行列で一杯である。夕方には大勢の人々がこの広場を散歩している。そこに行けばアイスクリームや果物やお菓子を売る商人たちに出会えるし、また旅回りの芸人が手品や踊りで観客を楽しませてくれている。

男子修道院の中では、サン・フランソワ修道院が一際目についた。それは私が目にした中でも一番豪華で、瀟洒で、かつ風変わりな教会だった。女性が修道士や修道女の修道院の見学を望んだ場合、特別な手段を用いる。妊娠していると告げるのだ。善良な教父は妊婦の要望にはうやうやしく敬意を払い、こうしてどこに行っても彼女らには扉を開けてくれるのである。私たちがサン・フランソワ修道院を訪れたときには、修道士らは実に無礼な仕方で私たちをからかい、冷やかしたりしてきた。私たちは鐘楼にのぼっていった。すると、私が実に身軽にのぼっていったので、痩せて敏捷な身のこなしの私の姿を目に止めた修道院長は、本当に妊娠しているのかどうかと尋ねてきた。予期しないこの質問に戸惑って、私はもうすっかり我を失ってしまった。こうして、私の困惑ぶりを見て、修道士のほうは嘲笑を浮かべたり、全く恥知らずな言葉を吐いたりしたために、決して内気な女性ではなかったマニュエラでさえ、もうどうしていいか分からなくなってしまうほどだった。私は怒り心頭に発したままこの修道院を出た。苦情の言葉を漏らすと、誰もがこう答えてくれた。「ああ！　それが彼らの習慣なんです。あの修道士たちは愉快な人たちなんです。彼らは人一倍陽気な人と思われているのです」。いまだになおこの民衆はこうした類の人間を信用しているのだから！　けれどもリマにあっては、腐敗堕落していないことは慣習の埒外のことなのだ。

私はまた女子修道院の一つ、托身教会も訪れた。この僧院の内部では、宗教的な雰囲気など何も感じられず、また宗規などどこにも示されていなかった。ありとあらゆることが行なわれている、どこにでもあるような民家と同じである。そこには二九人の修道女がいた。それぞれ自分の居室があり、そこで料理したり、仕事をしたり、子供を育てたり、歌を歌ったりと、要するに自分の好き勝手にふるまっている。修道会の会服すら持ってはいない修道女もいた。彼女らは自由に出入りする寄宿人も受け入れている。また修道院の扉は常時開け放たれている。それは本来の目的などもう誰にも分からなくなってしまった生き方だといっていいだろう。これらの女性は現実の社会にいた時よりもっと自立した生活をしたいと考えてこの修道院内に逃げ込んできたのではないか、とつい思いたくなってしまうほどである。この修道院の中で、五歳の幼女を連れた二六歳の若くて美しい一人のフランス人女性に会った。夫が商用で中央アメリカに出向いている間、彼女は検約のためと称してここで暮らしていた。病気中だと教えてくれていた上長者には会えなかった。新しい種類のこうした修道女たちはかなりなお喋り好きのように感じられた。この修道院は汚れて手入れも十分行き届いておらず、どこから見てもサンタ・ローザやサンタ・カタリナとは大違いであった。注意を引かれるところなど何もなかったから、町を上から見てみようと鐘楼にのぼった。壮麗なこの町も、高所から見下ろすと実に貧弱だった。屋根など何もない家々からは、まるで廃屋のような印象を受け、家々を作っている灰色の土は汚くて、また非常に陰鬱な色調のため、見たら誰でも未開部族の掘っ立て小屋ではないかと思ってしまうだろう。他方、立派な石造りで、大胆な建築様式の、風雪にも十分耐えられる堅固さを備えた僧院や数多くの巨大寺院は、こうした無数のあばら家とは驚くほど対照的だった。この光景を目にしたら誰でも直観的に、この国民の資質にはおしなべて調和の欠如が認められるとしても、市民の家屋が今よりずっと立派なものになり、相対的に宗教的建築物が豪華壮麗なものではなくなるような時代がいつか必ず到来するに違いないと感じてしまうだろう。視界は実に変化に富んでいた。町を取り巻く田園地帯は絵になるくらい美しかった。遥か彼方には二つの城砦を備えたカラオとサン・ローラン島が姿を見せていた。雪に覆われたアンデス山脈と太平洋とがまるで絵のようなその景色を縁どっていた。なんと雄大なパノラマだったことか！この修道院を見物して私の期待はすっかり裏切られてしまったため、もうこれ以上他の修道院を見てみたいなどとは考えもしなかった。なんらかの信仰心に鼓舞された犠牲と献身とによって生み出されるあの宗教的感動を体験してみたいという期待を抱いて足を運んでいったが、そこで目にしたものは、こうした信仰心の衰弱と宗教的生活の衰退ぶりを示す実例ばかりであった。

造幣局の立派な建物は管理運営が十分行き届いているように感じられた。数年前から著しい改善がなされてきたからである。ロンドンから巨大な圧延機がもたらされたが、それはメダル鋳造機と同様に、水の落差を利用して動かされていた。しかし、鋳造された貨幣は、ヨーロッパで作られている貨幣ほど優れたものではなかった。というのも、腕の立つ彫金師がいなかったからである。一八三三年には、銀貨三百万ピアストル、金貨およそ百万ピアストルが鋳造された。

異端糾問所の牢獄に入ったときは、思わず激しい恐怖に捕らわれてしまった。あらゆるものが国家の手中にあり、壮麗さを誇示するための金ならいくらでもあった時代におけるスペインの聖職者がもたらしたすべてのものに認められるように、この建物も実に入念に作られていた。二四の独房があり、それぞれおよそ一〇ピエ平方の広さであった。明かりといえば、空気は入ってくるものの、日光などほとんど通さぬ小窓があるだけだった。さらに、厳罰を課したり、自殺しようなどと考えた不幸な人間に当てられる穴倉や地下牢もあった。判決を言い渡す部屋は、恐ろしい目的にふさわしく広々としていた。天井も非常に高かった。鉄格子のはめられた二つの小窓からは、湿気を帯びた弱々しい陽光が射し込んでくるだけだった。異端糾問裁判長が玉座に、法官たちは、彫像を置くための窪み台に似たニッチに席を占めるのだった。壁の高所は見事な彫刻が施された木造部分で覆われていた。この部屋の雰囲気は実に陰鬱で、人間の住む場所とはほど遠く、またこの恐ろしい法廷を構成する修道士らの態度があまりに冷酷無情であったため、彼らの前に引き立てられ、入るなり恐怖心に捕らえられぬ人間がいたなどとはとうてい信じられなかった。一八二一年のペルー独立以来、異端糾問の裁判は廃止された。こうして現在、異端糾問に当てられた建物の中には、博物館と美術館が作られている。そこに集められているコレクションは、エジプトのミイラほど細心の注意を払って整えられてはいないが、その形状に少しの変形も受けていないインカの四体のミイラ、数羽の小鳥の剝製、貝殻、鉱物の標本などから構成されている。これら全部をあわせても、その数はごくわずかである。私が最も興味をそそられたのは、インカの使用した古い容器の一式である。この民族は使用していた容器に多種多様でしかもグロテスクな形状を与え、さらにその表面には象徴的人物像を描いていた。この美術室の絵画に関しては、カンバス枠にすら止められていない実にみすぼらしい下手な絵が三、四枚あるだけだった。彫像などただの一体もなかった。フランスに滞在したことのある教養人M・リベロがこの美術館の創設者である。この美術館の充実のため彼はなしうることはすべてでした。しかし、誰からも援助は受けられず、また共和国もこの目的のためにびた一文も拠出しなかったため、彼の努力も実を結ばなかった。芸術への関心は、国が進歩発展して初めて生じるものである。戦争に疲れ果て、あらゆることに無感動の状態になった時、初めて国家は芸術に愛着を抱き、こうして夢も希望も失せたその生活を再度活性化してくれるのである。想像力のもたらすこうした素晴らしい精華は、自由の揺り籠の飾りにも、それが生み出す論争の飾りにもなりはしないのだ。

リマ滞在中数回、国会の討議を見学にいった。議場は新たな用途に充てるにはいささか狭すぎたが、なかなか奇麗だった。建物は縦長で、かつてはアカデミーの集会や高級官史の行なう華麗な演説用に使われていた。この一〇年来、別にもう一つ新しい議場を作ろうとさまざまなプランが絶えず提出されてきた。しかし、共和国の資金はすべて陸軍省に吸い取られ、わずか一ピアストルも有益な事業に使用されることはなかった。上院議員——それが彼らのつけている肩書きである——は馬蹄形の横四列の席に着席している。議長はその隅にいる。中央に二脚の大テーブルがあり、周囲に秘書連が座っている。上院議員はこれといって特別な服を着てはいない。軍人、司祭、市民それぞれ自分の職業で着用している服を身につけて議場に赴く。議場の上方に二列のボックス席が置かれ、役人、外国の要人、一般市民それぞれに当てられている同数の細長い部屋が回廊状に作られている。奥には階段桟敷席が設けられているが、それはもっぱら婦人専用席となっている。議会見学に行くたびに、そこで大勢の婦人連の姿を目にしたことがあった。彼女らは全員サヤを着用し、新聞を読んだり、政治についてあれこれ互いにお喋りしていた。国会議員は普段は自分の席で発言する。とはいえ演壇はちゃんと設けられているのだ。しかし、演壇がふさがっているのを見たのはごく稀であった。議場はわがフランスの議場より遙かに厳粛な雰囲気に包まれている。演者の演説中は、これを妨害しようとするものなど一人もいない。全員静粛に演者の話に耳を傾けている。語る言葉の一つとしてかき消されたりするようなことはなく、すべてはっきりと聞き取ることができる。そのスペイン語はとても美しくて荘重であり、語尾は変化に富み、同時にまたそれを話す人々はおしなべて想像力が非常に豊かなのだろうか、耳にした演者のことごとくが非常な雄弁家のように感じられた。態度物腰の重々しさ、響きわたる声、メリハリの利いた言葉、威圧的な身振り、それらすべてが一つになって聴衆を魅了するのだ。演者の中でも、とりわけ司祭が目立っていた。外国人が国を代表している議員の演説でこの国を判断したら、書店の広告で一冊の本を判断する以上に、この国に対して抱く見解に大きな見込み違いをすることになるだろう。かのナポリの反乱、国会の演者らの雄々しい演説、祖国のために死のうと固く誓った言葉、それがフリモン陸軍元帥下のオーストリア軍が迫ったときどうなったか、思い出さない人は一人もいないだろう。そうとも！ ペルーの上院議員らは、一八二二年ナポリがこの世に向かって華やかに差し出してくれた議員と比べても全く遜色はない。自惚れ屋で、言葉の上では大胆で、確信に満ち溢れ、滔々たる演説をぶち、そこには献身や祖国愛が脈打っているのに、その実、実際には、どの議員にも私的な利益のことしか頭になく、加えてそんなほら吹き連中の大部分が身を捧げたところで何の役にも立ちはしない祖国のことなぞさらさら念頭にはないのだ。議会は国家の歳入をかすめ取るための絶え間のない陰謀の場でしかなかった。どの議員の頭の奥底にもこの目的が隠されていた。真理が演説を華麗に彩っているけれど、実にさもしいエゴイズムが行為の中に現われ出ていた。こうした立派な美辞麗句を連ねる演者の話に耳を傾けながら、私は修道士ヴァルディヴィアの発行する新聞、ニエトの長広舌、知事の出す通達、近衛師団長の演説などを頭に思い浮かべていた。私は頭の中で、アレキパのこうした男性陣のとった行動を、彼らの語った言葉と比較対照してみたのだ。すると、国会での演者の語る演説をどのように解したらよいか、彼らの並べ立てる勇気とか無私無欲とか愛国心とかをどのように判断したらよいかがはっきりと分かった。

大統領官邸はとてつもなく大きかったが、造りは貧弱で立地条件も悪かった。内部の間取りは不便この上なかった。長くて狭いレセプション会場はまるで歩廊そっくりである。置かれている家具もすべて貧弱だった。そこに入ったとき、私はボリバールのこと、そして母がかつて彼について語ってくれたことを思い出していた。贅沢とか豪華絢爛とか雰囲気とかをことのほか大事にした彼、その彼がパリで泊まっていたホテルの控室にも劣るようなこんな館にどうして住もうとしたのだろうか。でも、パリでは一介の無力な人間だった彼も、リマでは、人々に命令をかける最高の指導者だったのだ。そして、権力欲というものがこのようなさまざまな不都合をも無視させてしまったのだろう。リマ滞在中、大統領官邸では舞踏会も大がかりなレセプションも一度もなかった。私にはそれが残念でならなかった。できるなら是非ともそうした華麗なパーティーのどれかを見ておきたかったのに。

市庁舎は大きいだけで、目に止まるようなところは何もなかった。ただ図書館だけには興味を引かれた。それはなかなか快適な場所にあり、各部屋は広くて手入れもよく行き届いていた。本も棚の上にきちんと整理して置かれていた。緑のテーブルクロスのかかった机があり、周囲には椅子が何脚か置かれていた。そこにはこの国で発行されている新聞も全部備えられていた。ヴォルテールやルソーのような作家の作品の大部分、わが国の古典の大半、革命史のすべて、スタール夫人の著作、旅行記や回想録、ロラン夫人の作品など、総数一万二千冊ほど備えられていて、そのすべてがフランス語の作品である。この図書館でわが国の優れた作家たちの作品を目にすることができて、私は本当に嬉しく思った。ただ不幸なことは、多くの人間にとって現在読書から何ものかを得るというほどその趣味が広く行き渡っていないことである。さらにまた、フランス語訳のウオルター・スコット、バイロン卿、クーパーなどの作品も目に止まった。また英語やドイツ語訳の作品も何冊か置かれている。加えて、スペインが生んだ優れた作家の作品も全部置かれている。要するに、後進国にしては、この図書館はとても立派だということである。

　リマには小さいけれどとても奇麗な劇場が一つある。そこはしゃれた装飾が施され、あかあかと明るい照明に照らし出されている。女性や彼女らの身にまとっている衣装はうっとりとするほど魅惑的である。当時は、ローペ・デ・ヴェーガの戯曲や、翻訳でねじ曲げられたフランスの軽喜劇を演じる下手な劇団がいるだけだった。この劇場で、『見合い結婚』、『結婚すべき乙女』、『フェルスハイム男爵』などの芝居を見た。この一座は衣装にさえ事欠くほど貧に窮していた。ドニュエル夫人に依れば、四、五年間は、最良のオペラを見事に演じた優れたイタリア人の劇団もいたそうである。妊娠のため、プリマドンナはもう当地に止まる気持ちがなくなってしまった。彼女の出発はその後に付きまとって離れなかった恋人を絶望の淵に追いやり、こうして他の仲間たちも別の場所に新天地を求めざるをえなかった。今は週に二度、日曜日と木曜日に出し物があるだけである。見に行くたびに観客はいつもまばらだった。幕間になると、観客全員が――女性客――煙草をすっている。もし市民に闘牛に向けるのと同じくらい演劇にも情熱があれば、この劇場もはるかに手狭になっていることだろう。

　この種の見世物用に建てられた闘牛場は、とてつもないほどの巨大さから判断して、この国民の主たる趣味が何なのかはっきりと証明してくれている。長い間私は、席も用意してくれるという知己の御婦人連の懇請に必死に抗ってきた。というのも、私にはこうした類の殺傷行為に対する嫌悪感に打ち勝つのがとても困難だったからである。けれどもこの国のさまざまな風俗習慣をどうしても観察しておきたかった私にとって、単に社交界の考察だけで事たれりとするわけにはいかなかった。その持つ気質や性格に駆り立てられて、この国民が足を向けるところはどこであろうと出向いていき、彼らを観察しなくてはと思っていた。こうして、とある日曜日、叔母ともう一人の婦人そしてスミス氏の三人で闘牛場へと向かうことになった。そこでは、五、六千人、いやそれ以上といっていいかもしれない大勢の人間が、それぞれの階層に応じた服装に身を飾って、浮かれ興じながら、今か今かと闘牛を待ち焦がれていた。広大な闘牛場の周囲には、階段桟敷状に長椅子が二〇列置かれていた。上方にはギャラリー席があった。それはリマの貴族階級の占めるボックス席として他と隔てられていた。苦しむ光景を目にするととても気分の悪くなる私だったから、実際ここで目撃した胸のむかつくような残酷な見世物を詳細に伝えることなどとうていできない相談である。ぞっとするようなあの光景に接して受けた心の動揺を抑えることなどとても不可能で、これを描写しようとしてもきっとペンも手から滑り落ちてしまうだろう。

闘牛場には、赤い旗と鋭利な剣先のついた短い槍とを手にして馬に乗った男が四、五人いた。この闘牛場の中央には、闘牛が隙間に頭を出せないようにと、非常に狭い間隔で杭を打ち込んで作られた円形の建物がある。この建物の中には馬に乗っていない男が三、四人いる。舞台に登場する牛の通路の扉を開けに行くときと、さらに牛をいじめて苛立たせる役目をするとき、そのときに限って彼らはその建物から出ていく。彼らは牛の背や耳元に花火を投げつけたり、考えられ得るあらゆる責め苦を与えて牛を興奮させる。腹を裂かれるような危険が迫るや、急いでこの円形の建物の中に逃げ込む。一飛びして闘牛場に入り、馬に向かって猛り狂ったように突進していく闘牛の姿を見て恐怖に襲われないような人はいないだろう。牛は毛を逆立て、尻尾を脇腹に打ちつけ、鼻腔を開け、時には猛り狂った叫び声を上げる。ひきつったような憤怒に満ちたその形相は身の毛もよだつほどである。牛は数知れぬくらい跳ね飛び、馬と男めがけて突進していくが、男たちは軽やかにこれをかわしてしまう。

アンダルシアにあっては、人々の心を引き付けずにはおかぬこうした見世物の持っている強烈な魅力が私には十分に理解できる。そこでは、怒りを引き出そうとして、わざわざ興奮させる必要など少しもない優秀な闘牛もいるし、闘いの最中でも、熱気と活力に満ち溢れた駿馬もいるからである。そして、かのアンダルシアのマタドールたちは、王侯に仕える小姓のように、金やダイヤモンドのスパンコールにきらきらと輝く衣装に身を固めており、身のこなしの軽やかさ、優美さ、雄々しさはまるで夢幻劇のようであり、獰猛な闘牛の怒りを手玉にとって一撃で打ちのめし、この血腥い出し物になんともいえぬ崇高さをもたらしてくれ、身に迫る危険の切迫感と、彼らの示す大胆な勇気から、この見世物のもたらす熱狂と陶酔が私にはよく理解できるからである。ところがリマでは、このような殺傷場面を美化してくれるものなど何もないのだ。穏やかで眠ったような気候のこの国では、馬も闘牛も生気がなく、男たちにも雄々しさなど少しもない。牛は放たれて一〇分もすると、もう疲れはててしまうのだ。棒の先に柄のついた半月形の鎌を武器にしたロトンドの中の男たちが、牛の後ろ脚の膝窩を切断する。哀れな牛はもはや二歩も前には進めなくなってしまう。このように苦しげに歩く牛の姿は見るも哀れである。こんな状況の中で、律儀なリマのマタドールたちは牛に花火を投げつけ、槍で幾度も突き刺すのだ。一言でいうなら、不器用で粗野な肉屋の店員がするように、その場で牛を殺してしまうのだ。可哀相な牛はもがき苦しみ、鈍いうめき声をあげる。大粒の涙が目から流れ落ちている。最後に、その首が周りを包んでいるどす黒い血の海に落下する。こうしてファンファーレが鳴り渡り、牛の死体は荷車に乗せられ、四頭の馬によって全速力で運び去られていく。この間、観衆は興奮のあまり一種の忘我状態に置かれ、手を叩き、足を踏みならし、大声で叫んでいる。武器を持った八人の男がつい今しがた牛を殺したところだったが、それはなんと熱狂的な出来事であったことか！　私はこの光景にいい知れぬ激しい怒りを感じていた。最初の牛が殺されるや、もうその場を立ち去りたい気持ちで一杯だった。しかし婦人たちは私にこう言ってくれた。「待っていなさいよ。一番素敵なゲームはいつもおしまいにあるのだから。登場する最後の牛は一番獰猛で、たぶん馬も殺し、男たちにも傷を負わせかねませんよ」。婦人たちは男という言葉に力を込めたが、それはあたかもこう言おうとするかのようだった。「それは本当にわくわくするような光景ですよ……」と。私たちは本当についていた。というのも、三頭目の牛が馬の腹を裂き、馬上のマタドールを危うく殺してしまいそうだったからである。ひかがみを切断する男たちは、恐怖に捕らえられながら、その四脚を切り落とすと、牛は激しい息づかいをしながら、血潮の中にどうと倒れ込んでいった。他方、馬はといえば、腸が腹から外にはみ出していた。この有様を目にして私は気持ちが悪くなり、急いで外に出てしまった。スミス氏は蒼白な顔をして、こう話しかけてくるばかりだった。「全くこんな見世物は非人間的でぞっとしますね」

　彼の腕に寄りかかりながら、私は川べりの散歩道をしばらく歩いた。爽やかな空気のおかげで生気を取り戻すことができた。けれども、つい今しがた抜け出してきたあの場所を思い出すと、また物悲しい気分に陥ってしまった。悲しく切ないあの見世物が国民すべてにもたらしている魅力は、私にはこの上ない腐敗堕落の印のように感じられたからである。こんな感慨に耽っていたちょうどその時、あの美人の叔母の乗った四輪馬車を目にしたのだった。彼女は遠くからでも聞こえるような大きな声で叫んだ。「まあ！　気弱なフロリタだこと、どうしてあんないい時に逃げてしまうの！　最後の場面まで見ていたらよかったのに！　実に見事な牛でしたよ！　それはもう怖かったのだから！　客席は興奮のるつぼでしたよ。もう本当に素敵だったのだから！」。哀れな国民よ！　あんな場面に無上の喜びを見いだすなんて、血も涙もないとはこのことだ！

リマック川はアレキパの川にとてもよく似ている。この川もまた岩山の間の岩石層を流れているからである。架かっている橋はとても美しく、パセオ・デル・アグアに散歩に出る女性の通る姿を見ようとして、野次馬連が押しかけてくるのもこの場所である。話を続ける前に、リマの女性が着ている独特の服装、それをどのように利用しているか、またそれが彼女たちの風俗習慣や性格にどんな影響を与えているかなどを述べておこう。

この地球上で、女性がリマほど自由で、また大きな影響力を持っているところはどこを探してもないだろう。そこでは女性が全面的に実権を握っている。万事を突き動かす力は彼女たちからである。暑くて陶然とする気候がこの幸せな住民たちに残してくれているほんのわずかなエネルギーも、女性がすべて自分だけのために吸い取ってしまっているかのようである。リマでは、女性のほうが身体も大きく、がっちりとしている。一一、二歳でもうすっかり一人前の身体になってしまう。ほとんどすべての女性がこの年齢で結婚し、普通六、七人の子供を出産するというように、実に子沢山である。出産も軽く、回復もあっという間である。大抵女性は母乳で子供を育てているが、母親代わりとなり、母親と同じように授乳してくれる乳母の助けを借りるのが普通である。これはスペインからもたらされた風習で、裕福な家庭では大抵子供には二人の乳母がついている。リマの女性は概して美人ではないが、その優美な顔立ちには抗し難い魅力がある。リマの女性を見て、胸の高鳴りを覚えないような男性などいないだろう。ヨーロッパで信じられているように、彼女たちの肌は決して赤銅色などではない。逆に、大多数の女性の肌は純白である。出身の違いから、褐色の肌の女性もいるが、それでもその肌はきめ細かくて柔らかく、生気に満ちた燃えるような色合いである。リマの女性は誰をとっても肌は美しく、唇は鮮やかな赤で、その黒髪には天然のカールがかかり、眼は黒で、惚れ惚れするような形をし、才知と誇りと憂愁を帯びた言うに言われぬ輝きと表情をしている。彼女たちの人間的魅力はまさにこの表情にある。弁舌さわやかに話し、またその身振り手振りもそれに伴う言葉に負けず劣らず表情豊かである。衣服も実にユニークである。

　リマはこれまでそうしたユニークな衣服が出現した世界でも唯一の町といっていいだろう。その起源がどこにあるのか、古い年代記類まで遡っていろいろと探求されてきたが、未だに見いだされていない。スペインの衣服との共通点など全くない。ただはっきり断言してもいいのは、それがスペインから渡来したものではないということである。それはペルー発見時に現地で見いだされたものであり、同時にまた南米のどこの町を探しても存在しないことは周知の事実になっている。サヤと称されるこの服は、スカートと、マントと呼ばれる肩と腕と顔とをすっぽり覆う一種の袋とからできている。エレガントなパリの女性がこの衣服の持つ簡素ぶりに不満の言葉を述べているのを耳にしたことがある。けれども、彼女たちにはそれが粋な女性にもたらす利点がどんなものか想像しようとしてもできはしないだろう。家柄の上下、資産の多少に応じて、実にさまざまな布地から作られているこのスカートは、惚れ惚れとするような出来映えで、骨董品としてコレクションに入れてもいいくらいである。この種の服が仕立てられるのはリマだけである。サヤの仕立て屋になれるのはリマ生まれでなくてはならない、とリマの女性は断言してはばからない。チリ人でもアレキパ人でもクスコ人でも、どんなに努力しても決してサヤにうまくプリーツはつけられぬだろうと。この確信――私はその正しさを検証してみようとは思わなかったが――こそ、この服がどこにでもあるありふれた服といかに異なるものであるかを証明している。

　サヤ一着つくるには、普通一二〜一四オーヌのサテン[*1]が必要である。そこにはフィレンツェ織か、とても軽い織物の裏地がついている。一四オーヌの布を持参すれば、仕立て屋は、丈が身長の四分の三ほどで、腰の少し上からくるぶしまでの可愛いスカートをつくってくれる。それは身体をきっちりと締めつけ、下の部分では、足を交互に出し、しかもとても短い歩幅で歩くのにぴったりくらいの幅しかない。こうすると、まるでガードルでもつけたように、このスカートでぴったり締めつけられたような気持ちになってしまう。上から下まですべてとても細かな襞つきで、しかもそれはあまりにきっちりとつけられているから、そのような作業のできる仕立屋などどこを探しても見つけられないと言ってもいいくらいである。このプリーツは実にしっかりと作られていて、しかもこの服にとても大きな弾力性を与えているから、一五年間も長持ちして、それでいてなおかつどんな形にもなり、どんな動きにも応じて伸び縮みできるほど弾力性を備えたサヤを目にしたこともあった。

　マントにも同じように巧みにプリーツが施されているが、非常に薄い布地で作られているためスカートほど長持ちせず、プリーツも着ている女性の絶え間ない動きや吐く息の湿気に十分耐えることはできない。良家の女性は黒サテンのサヤを着ている。エレガントな女性はまた紫、栗色、緑、濃紺のような斬新な色で、縞の入ったサヤも持っている。しかし、娼婦が好んで取り入れているという理由から、明色系のサヤは決して身につけない。マントは常に黒で、上半身をすっぽりと覆い隠している。ほんの片目だけをちらりと見せるだけである。リマの女性はいつも袖しか見えない小さなコルセットをつけている。人により短かったり長かったりするこの袖は、ビロード、色物のサテン、チュールという具合に、高価な布地でできている。しかし、大多数の女性は、季節を問わず、腕を剝き出しにしたまま歩いている。リマの女性の靴はうっとりとするくらいエレガントである。刺繡入りのあらゆる色彩のサテンでできた短靴を履いているからである。これらが一つに合わさると、リボンの色と短靴の色とのコントラストは一際鮮やかになる。彼女たちは端に絢爛たる刺繡が施され、透かしの入ったさまざまな色彩の絹のソックスを履いている。スペインの女性もどこにいってもとてもエレガントな靴を履いて人目をひいているが、リマの女性の靴にはそれよりも遙かに人の気をひく粋なところがあり、こうした身なりの点では、他の追随を許さないだろう。リマの女性は髪を頭上で二つに分けている。その二つは完全に三つ編みにされて下に垂れ、おしまいはリボンで大きなリボン結びになっている。けれども、このようなファッションが支配的というわけではない。この国の習慣で、ほとんどいつも大きく開けたその胸に長い巻き毛の房を垂らした、ニノン[3]〔ニノン・ド・ランクロ〕風の巻き毛の女性も見ることができる。この数年前から、色鮮やかに刺繡されたデシンの大きなショールをはおるようなモードが入ってきた。このショールの導入で、体と少々くっきり出すぎたその線をゆったりとつつみ隠すことができるようになり、彼女たちの服装は以前よりずっと慎しみ深いものとなった。さらに華麗さを追求する現象の一つとして、レースの飾りがあり、刺繡のついたバチストのとても美しいハンカチを持つ姿も見られるようになってきた。ああ！　太陽の光線を受けてきらきらと輝く美しい黒のサヤ、あるものはまぎれもなく真実の、多くのものは見せかけの身体の線、しかし自然をとても上手に模倣しているので、これを見てもいんちきだなどとはとても思えないような身体の線をくっきりと描き出しているこのサヤを着た美しいリマの女たちのなんと優美でうっとりとする姿だろうか！……マントをはおって顔をすっかり隠しているけれど、時折ちらりと見せる際の肩の動きのなんと優美なことか！　そのウエストのなんて細くてしなやかで、また身体を揺らせて歩くその足取りのなんと優雅なことか！　いささか丸く太り気味で残念だとしても、その小さな足のなんと可愛らしいことか！

サヤを着たリマの女と、パリからもたらされた奇麗な服を着たリマの女とでは、それはもはや同一の女性ではない。パリから到来した衣服を身につけた姿からは、朝方聖母マリア教会で見かけたあの魅力的な女性の姿はどこを探しても見つけることはできない。そのためなのだろう、リマ在住のどの外国人も、修道士に向かって歌っている聖歌を聞きにいくのではなく、民族衣装を身に纏った一種独特なこうした女性たちの姿に見ほれるために教会に出かけていくのである。実際、彼女たちの姿はどれをとってもすべてが魅力に満ち溢れている。歩き方と同様、その姿勢にはうっとりとさせられてしまう。跪いて悪戯っぽく顔を傾けるしぐさ、ブレスレットをはめたきれいな腕、きらきら輝く指輪をつけ、官能的なしぐさで大きなロザリオをまさぐっている小さな手を露にした際のその姿、他方で、ちらりと目をやるその視線などに接すると、思わず陶酔から法悦状態へと誘われてしまう。

多くの外国人たちは私に、こうした女性の視線が彼らの幾人かの心に生じさせた不可思議な働きを語ってくれた。彼らは故国から遙か遠く離れたこの海岸に幸運が待っていてくれると固く信じ、向こうみずな冒険心に促されて、幾多の危険にも敢然と挑んできたのだった。彼らにとってリマの女性とは女司祭、いやむしろマホメットの語る天国を実現してくれる女司祭のように思われ、長く苦難に満ちた航海に報い、その勇気を償うために、神は魅惑的な国に彼らを着岸させてくれたのだと思ったのである。これほど美しいリマの女性が外国人にとらせている常軌を逸した行動や突飛な行為を目撃すれば、こうした突飛な思いこみもあながちありえぬことではないだろう。人によっては、目が眩んで正常な判断力が失われてしまったのだと言うかもしれない。彼女たちが入念に覆い隠しているその顔形をどうしても見てみたいという強い欲求にせき立てられて、彼らはその後を追い回したりしている。しかし、どの女性をとっても皆同じ女性のように見えてしまうから、このサヤを身にまとったリマの女性の後を追っていこうとしたら、サヤについて何から何まで熟知した熟練家でなくてはならない。その眼差しであなたの身も心もとろけさせてしまうような女性を、大勢の人混みの中でも決して見失わないようにするには、細心にして絶えざる注意力が必要である。身のこなしも軽やかに人混みを摺り抜け、まるで芝生を通り抜ける蛇のように蛇行しながら、追跡を振り切ってしまうからである。ブロンドの髪、青空を映し出している目、白やピンクの肌、そうしたものをことごとく備えたイギリスの美女であっても、サヤを着たこの美しいリマの女性にはとうてい敵わないだろう！　また、少し開けた可愛らしい唇、才気溢れる目、エレガントな腰つき、陽気な態度物腰、あかぬけた色気、そうしたものを備えたフランスの女性でさえ、サヤを着た美しいリマの女性にはとても太刀打ちできないだろう！　気品に満ちた立ち居振る舞い、誇りと情愛に満ちた美しい顔立ちのスペインの女性でも、サヤを着たこの美しいリマの女性と比較すれば、冷たく尊大な女としか思えないだろう！　反駁されるのを承知の上で、こう断言してもいいだろう。もし女性が持つべきものと運命づけられた至高の権力を確たるものとしようと思ったら、姿形の麗しさと視線の不可思議な魅力があれば十分だとするなら、サヤを着たリマの女性こそこの地上の女王と呼んでもいいかもしれない。しかし、美が感覚器官を刺激するものだとすれば、魂の奥底から発する霊感、精神力、知的能力こそ、こうした美の君臨期間をさらに延長してくれるものに他ならない。神は女性に男性よりも一層愛情深く、より一層献身的な心を授けてくれた。かくして、私たちは愛と献身とによって創造主を敬い尊ぶのだとしたら、女性こそ疑いもなく男性に勝る存在だといっていいだろう。しかし、女性がこの優位を保ち続けようと望むのなら、常に自己の知性を磨き、とりわけみずからの身を自身で律していかなくてはならない。この条件が満たされて初めて、女性は神の授けたもうた他者に及ぼす大いなる影響力のすべてを手にできるのである。しかし、自己の使命を忘れ、女性が男性の導き手、男性の進むべき道を示唆する人、彼らのモラルを完成する人でなく、ただ単に彼らの心を惑わし、その感覚を支配しようとするだけであるなら、呼び起こした情欲と一緒に、その支配力も消え失せてしまうだろう。だから、生きていく人生の活動になんらかの崇高な目標をたてたことなど一度もなかったこうした魅惑的なリマの女性が、異国の青年たちの心を奮い立たせておいてから、心に感動を覚えず、教養も持ちあわせず、崇高さなど失せてしまった魂の持主で、あるのはただ金銭への執着心だけだというような素顔を見せたりすれば、その持つ魅力が生じさせたあの他者を虜にしてしまう輝かしい威光もたちどころに打ち砕かれてしまうだろう。

とはいえ、リマの女性は知力でも精神力でも男性より遥かに勝っているからこそ、依然として男性を支配しているのである。この民衆の置かれている文明開化の段階は、今もなお私たちヨーロッパ人の到達したそれより遥か遠く隔たっている。ペルーには男女いずれの教育制度も存在していない。知性は生まれついて備わった力によってしか発達していくほかないのである。したがって、モラルの面で、ヨーロッパの女性と比べていかに劣っているとはいえ、リマの女性の男性に対する優位性は、当然神が生まれながらに彼女らに分け与えてくれた知性の優位性によるものだとみなしていいだろう。

けれども、リマの女性がその享受している大いなる自由と支配的な影響力とを取得するにあたっては、身にまとっている服装がどれほど有利に働いているか、またそれがどれくらい彼女らの知性を補佐しているかを指摘しておかなくてはならない。もし新しい生活習慣を身につけぬままこの服装を捨て去ってしまったりすれば、もしこうした仮装が彼女たちに与えてくれている男性を魅惑するという手段を、さまざまな才能の獲得とか、他者の幸福や人格陶冶が目的の美徳――これまで彼女たちはそのような美徳の必要性など感じたことなどなかっただろうが――の取得に取り替えられなかったとしたら、たちまちその支配力のすべてを失い、惨めに落ちぶれ、他の人間と同じように不幸な存在になってしまうと躊躇なく予言できるだろう。お忍び姿が助けてくれたあの絶え間のない活発な行動にも身を任せられず、また感覚の快楽にしか心を動かされない人間に対して一般に人々が示す敬愛心の欠落を補う術など何もなく、ただもう倦怠の虜となってしまうことは間違いないだろう。右に述べた事実の証拠に、以下リマの社会の慣習の概略を簡単に述べ、それを基に、観察の正しさを判断してもらいたいと思う。

既に述べたように、サヤは民族的衣装である。階層の如何を問わず、女性は皆これを着用している。それは誰からも大切にされ、オリエントの回教徒のつけているヴェールと同じように、この国の風俗の一部として組み込まれてしまっている。一年の初めから終わりまで、リマの女性はこのように仮装して外出し、また誰かサヤを着た女性から、目を除いてその顔全体をすっぽりと覆い隠しているマントを脱がせようとしようものなら、公衆の怒りを買い、厳しく罰せられるだろう。どんな女性であろうと一人で外出できるというのは確かである。大部分の女性は後ろに黒人女を従えているが、それが義務というわけではない。この服装は風貌を変え、さらに（口を覆っているため）声まで変わってしまうから、特別背が高いとか低いとか、びっことかせむしとかいうようにどこか目立った特徴でもない限り、それとはっきり見分けるのは不可能である。時代や慣習も是認し、法律も承認し、いや少なくとも黙認しているこの絶え間のない変身状態から生じたあらゆる結果を理解するためには、あれやこれやそれほど想像力をめぐらす必要はないだろう。リマの女性は朝はフランス風の小さな化粧着を着て、髪はパリの御婦人方と同様に、全部上に巻き上げたまま、夫と朝食をとる。外出しようと思い立つと、（内側のベルトで腰をきっちり締め）、コルセットはつけないままサヤをはおり、髪を下ろし、マントで顔を覆い行こうと思った場所へと出かけていく。……道で夫とぱったり出会ったりしても、夫は誰だか見分けがつかないので、[*3]彼女は流し目をくれたり、科をつくったり、言葉をかけたりして彼を挑発し、あれこれと交渉し、アイスクリームや果物やケーキをご馳走させ、次に会う日を約束して立ち去っていくが、そこをまた役人が通りかかったりすると、すぐさままた会話を始めるといった調子である。マントは一度もとらぬまま、こうしてまた彼女は新たな恋の冒険を好きなだけ進めていけるのである。彼女は女友達と会ったり、一巡り辺りを散歩したりして、夕食時には自宅に戻ってくる。夫は彼女がどこに出かけたかなど案じたりはしない。というのも、真実を隠しておくのが身のためだと思えば、妻が嘘をつくことなど先刻承知済みであり、また彼の方でも妻の嘘を防ぐ手だては何もないのだから、そんなことには一切無用な気遣いをしないという一番賢いやり方をとるのである。こうして、この婦人たちは劇場、闘牛、公の集会、舞踏会、散歩、教会などに一人で見物に出かけ、またそうしてもそれは当然のこととして了解されている。話してみたいと思っていた人間に出会えば、彼とお喋りして別れるし、こうしてみれば、多数の人間の中に置かれていても、すっかり顔を見せている男性よりも彼女たちのほうが遙かに自由で自立した存在であるといえるだろう。この服装は経済的でまた清潔であり、さらに便利で何の手入れも必要とせず、仕度しようと思えばすぐにできるというように数え切れぬほどの利点を備えている。

さらにもう一つ言い忘れてならない用途がある。このように仮装した自分の姿をもっと人に知られたくないと思えば、リマの女性はプリーツもすっかり取れ、破れてボロボロになった古いサヤとマントとコルセットとを身につけようとすることである。けれども、上流階級の女性であることを示すために、そうした女性は申し分のない立派な靴とソックスを履き、持っているうちでも一番奇麗なハンカチを手にしている。この変装は世間でも承認済みで、ディスフラザールと呼ばれている。このように変装した女性は非常に由緒ある人とみなされ、そのため誰もみだりに彼女に声など決してかけたりしない。近づくことがあったときでも、とても遠慮がちなやり方でしかそうしない。後を追いかけることなど無礼千万で、卑劣とさえいってもいいかもしれない。彼女がこのように変装しているからには、きっとそうするだけの大きな理由があり、したがって誰しもが、こうしたやり方をとった理由をあれこれと勝手に詮索すべきではないと思っている。

リマの女性の服装や習慣について右に述べてきたことから類推すれば、彼女たちが幼い頃から法律、風俗、習慣、偏見、流行のファッションなど、要するにありとあらゆるものの隷属下に置かれたヨーロッパの女性とは全く別の思考様式を身につけていることは容易に推察できるだろう。ヨーロッパの女性と反対に、サヤに身を包んだリマの女性は自由で自立した生活を大いに楽しみ、どんな人間であれ身につけた資質の求める欲求に従って行動できると感じたときに感じるあの本当の力に全面的に身を委ねている。人生のいかなる状況下にあっても、リマの女性は常に自立した女性である。束縛と名のつくものにはいかなるものであれ決して従ったりしていない。乙女の時代であれば、その服装のもたらしてくれる自由によって両親の支配から逃れられるし、結婚しても夫の姓など名のらず、自分の姓を保ち、そしていつも一家の主人であり続けるからである。少しでも家事に退屈すれば、サヤを着て、男が帽子をかぶってするように、外出していく。どこからみても男性と全く同じ行動の自立性を保ちながら、思うがままに振る舞えるのである。それが上辺だけのつき合いであれ、真面目なつき合いであれ、リマの女性が保っている親しい人間的な交際には、どんな場合でも常に品位というもの――この点から見ると、彼女たちの振る舞いは確かに私たちのそれとははっきりと異なっているが――が保たれている。どんな女性にでもいえるが、リマの女性も、自分のために払ってくれた犠牲的行為の大きさで、相手に抱かせた恋情の強さを判断しようとする。しかし、この国の発見以来、ヨーロッパ人を祖国からかくも遠く離れた国にまで引き寄せてきたのは、ひとえにそれが内蔵する黄金のためであり、さらにそこでは才能や徳性を排除して、常に黄金のみが唯一の崇敬の対象にして行動要因であり、黄金のみがすべてで、才能や徳性などは何の役にも立たなかったため、リマの女性はこうした状況から生じた物の考え方に従って行動してきた結果、恋の証しを示された黄金の量でしか測ろうとしなくなってしまったのである。つまり、彼女らが愛する人の誠意を測るのは、贈り物の価値次第ということである。こうして、手にした金額の多少、あるいは受け取った品物の価値に応じて、その虚栄心は満たされたり、あるいはそうでなかったりという次第になってしまった。かくかくの男性がこれこれの奥方にどれほど激しい恋心を抱いたかを表わそうとしたら、こんな大袈裟な表現しか使えないのだ。「彼は彼女に袋に一杯の黄金を贈ってやりましたよ」とか、「彼女のために大金を投じて、ありとあらゆる高価な品々を買い与えてやったのです」とか、「彼女のために全財産を使い果たしてしまいました……」などとか。それはあたかも私たちが「彼は彼女のために自殺したのだ！」というのと同じである。そのため、裕福な女性でも、たとえ相手から使いきれないほどの貢ぎ物をもらい、思わず召使いの黒人女にそれをくれてやったりしても意に介さず、それでもなお相変わらず愛する人から金を手にしようとする。彼女にとってはそれこそが愛情の証であり、愛されていることを納得させてくれる唯一のものだからである。虚栄心からだろう、異国の旅人はこうした真実には目をつぶり、そして彼らがリマの女性や、彼女らと過ごした幸運なひとときを語るにあたっては、彼女らのためにどれほど大金をはたいたかとか、優しい女のために、出帆時に、どれほど大切な思い出の品まで与えてしまったりしたかなどについては一言も触れず、隠したままにしておく。こうした習慣は実に奇妙なことだが、紛れもない事実である。私は上流階級の何人かの婦人が何個もの指輪やネックレスや男物の時計をつけているのを目にしたこともあった……。

リマの主婦は家事はほとんどしない。とはいえ、みな活動的な女性たちばかりだから、家事をきちんとしておくのには、ほんのわずかな時間を割くだけで十分である。彼女らは根っから駆引きや策略好きの人間である。夫や息子、あるいは彼らの利益となるような人物を然るべき地位に就かせようと懸命になるのもまさしく彼女たちである。この目的を遂げるためとあらば、乗り越えられない障害や克服できない嫌悪感など何もない。男はこの種の問題には首をさしはさまないが、それはそれで十分である。男は女と同じように巧みにこうした仕事をやり遂げられないからである。彼女らは気晴らしやお祭り騒ぎが大好きで、人々の集まるところを探し歩き、そこで大金を賭けて遊び興じ、煙草をすい、さらにはイギリス流にではなく、男と同じような幅広のズボンをはいて馬に乗ったりする。海水浴も大好きで、また泳ぎも大層上手である。気晴らしといえば、ギターをつまびき、下手ではあるが歌も歌い（それでも、なかには上手な歌い手もいるが）、またえもいわれぬような魅力をたたえて、この国のダンスを踊ってみせてくれたりする。

概してリマの女性は無教育で、字など少しも読めず、社会で起きているどんな出来事にも無縁な存在である。彼女らは生来の才知に恵まれ、理解力も豊かで、驚くばかりの知性を備えている。

これまでリマの女性の姿をあるがままに描いてきたが、それは幾たりかの旅行者の言に従ってそうしたのでは決してない。私にとってそうした作業は確かにとても辛いものだった。というのも、彼女らが示してくれた優しさ溢れた友好的なもてなしぶりで私の心は感謝の気持ちで一杯だったからである。しかし、誠実な旅行者でなくてはならぬという私の役目からすれば、何であれ事実はすべて語るのが義務であった。

劇場や闘牛については既に述べたが、教会がリマの民衆に示している情景については書き落としてしまった。教会は最も人気のある場所で、多くの人々は絶えず気晴らしへの欲求からそこに足を運んでいる。リマでは、誰でも二、三度ミサに参列するが、一度は必ず大聖堂である。というのも、そこに行けばたくさんの美女と、その美貌ぶりに心引き寄せられた異国人に出会えるからである。もう一度はサン・フランソワ教会であるが、そこでは教父が素敵なお祝いのパンを配ってくれたり、壮麗なオルガンの音を聞くことができたり、またどの司祭も豪華な衣装に身を包んでいたりするからである。三度目のミサは、鳥籠に入れられたたくさんの小鳥のさえずりを楽しもうという目的で、幼児イエス教会

〔アンファン・ジェジュ教会〕でのミサへの参列といった次第である。リマにあるほとんどの教会でも、祭壇の間近に、いろいろな種類の小鳥がいっぱい入った鳥籠が目にはいる。小鳥のさえずり声で、ミサを行なう司祭の言葉も聞き取れぬことなどしょっちゅうである。教会で見られる日常のさまざまな気晴らし以外に、市中では、少なくとも週に二度宗教的な行列が挙行されるが、その行列はアレキパで私の眉をひそめさせたかの行列よりもさらに滑稽で下品なものだった。最後に、宗教的諸行事の継続性やリマの信者たちの教化と楽しみが途切れてしまわないようにと、当然予想できるように、厳かに万事きちんと作法にのっとって行なわれる夜の聖務日課もある。かくも無意味な儀式に要する莫大なお金を用いたら、数知れぬほどたくさんの学校が建設できはしないだろうか！　こんな無駄な行事で失う時間があれば、どれほど多くの有益な事柄を学んだり行なったりできないだろうか！

主な二本の散歩道はアルメンダルとパセオ・デル・アグアである。後者が皆のお気に入りの散歩道である。素敵な散歩道ではあるが、場所が悪い。道沿いの川とこれを飾っている大木のため、冬季には身体に悪い湿気が充満しているし、夏は夏で息が詰まりそうである。日曜日や祭日の夜のこの散歩道は、パリのガン通りとそっくりである。大木の緑陰につつまれた二本の小道で作られた路肩に大勢の人間がひしめきあっているからである。そこを歩いている女性のほとんどがサヤを着用し、多くはベンチに腰掛けている。こうしていると、その衣服も膝まで露にみせてしまうことになる。車道ではたくさんの四輪馬車が行き交っている。ある馬車は並足で走っているが、また別の馬車では、乗っている婦人たちがわが身の美貌ぶりや装いをしっかりと鑑賞してもらえるようにと、停車中といった案配である。誰もがこの散歩道には四、五時まで残っている。何人かの婦人、とりわけあれこれと批評するに当たって——

このパセオはそうするには格好の場所だったが——、持ち前の才気を縦横に発揮した叔母が一緒でなかったら、それはとてつもなく長い時間に感じられただろう……。

春の訪れはリマでも最大の喜びの一つである。実際それは盛大な祭りの日である。聖ヨハネの日には、私も友人のドーニャ・カリスタと一緒に出かけていった、ロンシャン〔パリの西、ブーローニュの森にある競馬場〕によく似たアマンセ[*4]の散策が始まる。市民はこぞってこれに出向いていった。豪華な衣装に身を包んだ婦人たちを乗せた四輪馬車の数は百台以上にものぼった。たくさんの山車行列や数知れないほどの歩行者の姿も目に入った。冬の二カ月、五月と六月には、山々はアマンセと呼ばれる緑の葉をつけた黄色の花で覆いつくされる。春の到来はこのようにして告げ知らされるのである。祭や散策の名の由来はここからきている。山に通じる道は幅広く、ある高さのところで見渡す景観はうっとりしてしまうほど素晴らしい。ところどころに、冷たい飲み物を売ったり、卑猥な踊りを披露しているテントが建てられている。上流階層の人間も、この時期の二カ月間、これらの場所をしょっちゅう訪れている。ファッションの支配力、見たい、見られたいという欲求から、立ち塞がる数々の障害も一切無視してしまうのである。道は非常に悪く、馬も膝まで砂に入ってしまう。風は冷たい。夜になり、ぐずぐずして少しでも帰宅が遅れようものなら、リマに溢れる泥棒たちに襲われる危険もある。にもかかわらず、リマの人間は熱にうかれたようにそこに殺到する。いろいろな賭事をしたり、夕食や夜食を運んでいって楽しみ、こうして夜を過ごすのである。

私の見物はリマでの散策や種々の建物だけに止まらなかった。その風俗習慣を知るために、さらに主だった住民宅に案内してもらおうとした。私は数軒の家庭や、さらにアレキパの従姉妹のうちの二人、バルタザール・デ・ベナベテスとイネス・デ・イズクエから熱心な誘いを受けていた。とりわけこの両家庭では熱烈な歓迎を受け、豪華な夕食をふるまってくれた。こうした夕食会くらいうんざりするものはこの世にないといっていい。そこにはきらびやかな食器、クリスタルガラス製品、その他ありとあらゆる品々、とりわけ何十種類もの皿に盛られた料理や甘い菓子類がずらりと並べられているからである。リマは料理の進歩向上ぶりで一際ぬきんでている。新しい調理法がどんどん生まれ、またこの一〇年来というもの、すべてがフランス風である。この地方ではとても美味しい肉、奇麗な野菜、ありとあらゆる種類の魚、大量の甘美な果物などが生産されている。だから、さして金もかけず、普段でも簡単に豪勢な食事ができてしまう。普段一〇分足らずで夕食を済ませてしまうのが習慣だった私には、こうした宴会は想像しがたいほどの苦しみであった。二回、三回とお代わりは出るし、さらに礼儀作法に反しないようにと、全部食べてしまわなくてはならなかった。同じ言い訳を繰り返さなくてはならないこともしょっちゅうだった。スープも食事ももう結構ですとか、普段の食事は野菜と果物と乳製品だけですからとか、もううんざりするくらいに同じ科白を繰り返さなくてはならなかった。誰もが二時間も食卓についていた。この間、会話は出された料理の素晴らしさや、大袈裟な表現を使ってその家の主に向かって投げかけられる賛辞を中心にして進んでいく。アレキパと同様に、ここでもまたフォークの先に料理をのせて渡してもらうというのが習慣になっている。けれどもこの習慣ももうほとんど見かけなくなってきている。こうした機会に私の目にした人々の食事の光景はもう本当にすさまじいと形容しても言い過ぎではなかった。そのために、食事の終わり頃には、会食者のほとんど全員がまるで病人のようになり、麻痺状態となって一言も言葉を発せられないほどの状態であった。要するに、こうした饗宴に出ると身体もへとへとになり、健康にもはなはだよろしくないということである。彼らが宴会でさらけ出している散財ぶりに接すれば、官能的快楽に追いやられた国民がどういうものかはっきり分かるだろう。通常の夕食時間は最近でも変わってはいない。まるでそれがリマの習慣であるかのように、誰もが三時には食卓につく。だが、食卓を離れるのはようやく五時か六時になってからである。引き続いて、一、二時間その家の主とおつき合いしなくてはならない。私にとってこうした食事の招待がどれほどきつい務めであったか、想像できるだろう。こうした食事の席ではどこでもわがフランスの素敵なワインが出されたが、この国にあってはそれはもう目も飛び出るような出費であった。〔……〕

17　海水浴、精糖工場

私に言わせれば、リマ人は海水浴に行くのに、海岸でも一番味気なくて居心地の悪い場所を選んだといっていい。その場所の名はコリロスである。コリロスにシーズン用の家を一軒借りていたイズクエ一家が、好きなだけそこに滞在するようにと招いてくれた。

イズクエ氏が朝七時に私を迎えにきてくれ、私たちはすぐに四輪馬車に乗った。砂地を四里も走らなくてはならなかった。とはいえ、それは馬にはかなり走りよい道であった。砂は固くて、パンパスの砂のように中に沈み込んだりしなかったからである。平地はとてもちぐはぐだった。植物群落のあとに、ところどころに何本かの木が目に止まる黒土の乾燥地帯が続いた。道のりの半ばで、非常に美しいミラフロール村を通過する。この村には生い茂った木々や瀟洒な家々、またそこにのぼると、平地全体やリマの町や四半里ばかり離れたところで陸に打ち寄せる海などが見渡せる二つの鐘楼があった。確かにそこはアメリカで私が目にしたうちでも一番美しい村だった。村を出るとあちらこちらにジャガイモやウマゴヤシの畑が目に入る景色が続いたが、麦畑は全くなかった。アレキパの元知事ラヴァル氏の所有する奇麗な外観の二軒の屋敷に到着するとすぐに、この屋敷に付属する見事な果樹園が目に飛び込んできた。中央にはオレンジの木々、パパイヤ、椰子の木、チューインガムの木、その他ありとあらゆる種類の果樹が植えられていた。そこから一〇分も進むと、美しい緑の草木、何本かの大木、たくさんの水などに取り囲まれているそのちょうど中央に位置するエル・バランコという名の小集落を通過する。ここを出てコリロスまではもう乾燥した砂漠だけである。道中ずっと濃い湿った霧が立ちこめ、激しい寒さを感じた。そのため病人のような状態で到着したので、熱いコーヒーを飲むとすぐさまベッドに入ってしまった。

夕食時になってようやくベッドから起きた。元気を回復した私を見て、イズクエ氏が周りを取り巻く肥沃な田園地帯に、サトウキビ畑を見学に行こうと誘ってくれた。私に一頭の馬があてがわれ、こうして散策へと出発した。

これまで私はサトウキビなどパリの植物園でしかお目にかかったことはなかった。犬でさえかき分けかき分けしてようやく先に進んでいけるほどびっしりと生い茂り、穂の形をした小さな花をつけた無数の矢形状のものを先端部分にのせている、背丈七、八ピエのこの広大な葦の森は、わが国の小麦畑やジャガイモ畑などでは滅多にお目にかかれない活力と繁殖力を備えていることを教えてくれた。このように恵まれた気候に囲まれた中で、自然は一層豊かな収穫を約束してくれているからこそ、人々は労働への意欲を大いにかき立てられるのだと感じた。私はこの栽培に強い関心を抱いたので、翌日、ペルーでも最大の工場の一つを見学に行くことにした。

コリロスから二里離れたラヴァル氏の精糖工場ラ・ヴィラ・ラヴァルは、四百人の黒人男性、三百人の黒人女性、二百人の黒人の子供を擁する巨大な建物である。所有者は実に丁重な態度で、工場の隅々までくまなく案内することに同意してくれ、工場内の設備を逐一説明してやるのが楽しくてたまらないという様子だった。水の落差を利用して動いているサトウキビを挽く四台の機械がとても興味深かった。工場に水を導く水路橋は非常に立派だったが、地形による数々の障害から、その建設には多大な費用がかかったという話である。たくさんのボイラーが設置されている広大な建物をくまなく見て歩いた。工場ではサトウキビの搾り汁が煮つめられていた。続いて隣の精製機に向かったが、そこでは糖蜜から糖がしたたり落ちていた。ラヴァル氏は抱いている改善案を私に教えてくれた。

彼はつけ加えてこういった。

「ねえ、お嬢さん、新しく黒人を確保することが不可能なことといったらもうお手上げの状態なんです。奴隷不足はきっとすべての精糖工場を破産に追い込むでしょう。私たちは多くの奴隷を亡くしており、また黒人の子供の四分の三は一二歳にもならないうちに死んでしまうんです。私も以前は千五百人もの黒人を抱えていました。でも見てお分かりのように、今はもう虚弱なあの子供たちを入れても、九百人しかいないんです」

「そんなぞっとするほどの死亡率から考えれば、あなたが将来の工場の運営に懸念を抱かれても当然の話でしょう。でも、出生数と死亡者数とがそれほどアンバランスなのはどういうわけでしょうか。この気候は身体にいいのだから、黒人もアフリカにいるのと同じくらい申し分のない体調が保てるはずだと思っていたのだけれど」[……]

「お嬢さん、あなたには黒人というものがお分かりになっていないんです。彼らが子供を死なせてしまうのは怠惰のせいであり、また鞭を使わなければ彼らからは何一つ手に入らないのです」

「もし自由の身なら、彼らを仕事に就かせるには、日常必需品獲得への欲求があるだけで十分じゃないでしょうか」

「ここの気候風土では、日常必需品などほんの少しで足りるし、またこれを賄うのにさほど労苦は必要としないのです。さらに私は、日常必需品がどうであれ、強制力なしに人間を習慣的労働へと向かわせられるなどとは信じておりません。南北両アメリカのあらゆる気候風土下に散在しているインディオの小部族の例がその証拠です。なるほど、メキシコやペルーの原住民の中には、わずかながらも耕地はあることは事実です。でも、わが国のインディオの大半はほとんど何もせず、貧困と怠惰の中で生活していることはお分かりでしょう。広大な両アメリカ大陸にいる自立した部族も、狩猟や漁業や自生する土地の果物などで暮らしており、頻繁に襲いかかってくる飢餓にさらされても、それによって彼らが耕作へと向かうことにはならないのです。白人が労働によって手にし、原住民も非常に欲しがっている諸快楽を目にしても、彼らを労働へと導いていくのに何の影響力も持ってはいないのです。わが国の宣教師が寄せ集めたインディオにいささかなりとも土地を耕させるのに成功したのも、それはもっぱら体罰という手段を使ったからでした。黒人奴隷についても同じことがいえるのです。あなた方フランス人もサント・ドミンゴ〔ハイチ島の旧称〕でこれを経験なさったでしょう。あなた方が奴隷を解放してからというもの、彼らはもう働こうとはしていません」

「私もあなたと同じように、白人であれ、赤色人種であれ、黒人であれ、人間はその躾を受けていなければ、仕事をしようという習慣も簡単には身に付かないだろうと思っています。でも、奴隷制は人間を腐敗堕落させるものです。というのも、それは人間に労働を嫌悪させ、こうして文明開化への下ごしらえをできなくしてしまうからなのです。［……］」

「スペイン出身の人ならお分かりでしょうが、この国の奴隷制はアメリカの他のどの国の奴隷制よりも穏和であることをどうか理解して下さい。私たちの奴隷は身を請け出せるし、また私たちの間では、奴隷はその主人に対してのみ隷従すべき存在なのです。もし他人が彼をたたいたりすれば、正当防衛という理由で殴り返してもいいのです。ところがあなた方の植民地では、黒人はすべての人の隷属下に置かれているのです。白人への自衛は厳罰をもって固く禁じられています。たとえ傷を負わされても、主人が被った損害に対する補償を請求する権利があるだけなのです。傷を負った当の本人には何の手当もされません。かくして、あなた方の国の慣習では、自由の喪失に加えて身の安全も保証されていないのです」

「残念ながらあなたの意見に同意せざるを得ません。奴隷に関するスペインの法律は、他のどこの国のものよりも人間味のあるものだと思います。あなた方の国では、黒人は単なる物ではなく、信仰を同じくする人であり、信仰の力がなんらかの形で苦痛を緩和してくれています。けれども、我々の植民地と同様に、奴隷制の永続化という根源的な悪があなた方の植民地にも残っているのです。というのも、奴隷に絶え間なき労働が課せられている限り、彼らに身を請け戻す権利を行使するように求めることなど不可能だからです。もしアメリカで黒人の労働による製品がその価値を失えば、断言してもいいけれど、奴隷制はきっと好ましい変化を受けるでしょう」

「それは一体どのようにしてでしょうか、お嬢さん」

「ヨーロッパで商品の価格と労働コストとが連動しているように、もし砂糖の価格もこれを生産する労働コストと連動していれば、奴隷の主人は奴隷を死なせて何の代償も得られないから、彼らに過重な労働を強いたりしないでしょうし、むしろ以前にも増して一層彼らの身の安全を図ってやろうと配慮してやるでしょう。［……］

経営者は精糖工場の収入だけで暮らすことをよしとせず、工場取得で借金を背負っているような場合には、その収益で借財をまかなおうとしたり、住居とは別の財産をつくりだしたいと考えています。所有する黒人奴隷のためにもっとたくさんの食料を栽培してやろうとか、彼らにより以上の休息を与えてやろうとか、その境遇改善のためとあらば、収穫が半分に減っても構わないというような経営者など一人もいないのです。さらに、大工場では、黒人は多くの作業場にまとめて集められ、絶えず主人の監視下に置かれ、始終うるさくつきまとわれ、人生を憎悪させるに十分な強い精神的苦痛を味わわされているのです」

「お嬢さん、あなたは黒人奴隷について、まるでお国の博愛家が議会の壇上で行なうご立派な演説を通してしか知っていない人間と同じような口調で語っていますね。でも、残念ですが、黒人を動かすには鞭を使う以外に手がないというのはもう明白な事実なのです」

「もしそうなら、ねえ、正直に言って、精糖工場など潰れてほしいと思います。遠からず私の願いはきっとかなえられるでしょう。数年もすれば、ビート栽培がサトウキビ栽培にとって代わるでしょうから」

「一体何てことでしょう！　お嬢さん、私たちに敵対するこれ以上に危険な敵はありませんよ……。

あなたのおっしゃるビートなんて、まさか冗談でしょう。あんな根菜類など、せいぜいのところ雌牛を干し草で育てた場合、冬場の乳をまろやかにするのに役立つくらいのものですよ」

「どうぞ、そうやってあざ笑うがいいでしょう！　でもフランスでは、あなたたちの目もくれないようなこの根菜のおかげで、もう既にサトウキビなどなしで済んでいるんです。ビートからとれる砂糖はあなた方のサトウキビと同じくらい品質も優秀で、加えて私の見るところ、植民地の砂糖の価格を引き下げるという優れた長所も備えているのです。黒人奴隷の境遇改善、したがって奴隷制の全面的廃絶は、こうした状況からのみ生まれるのだと確信しています」

「奴隷制廃止ですか……。じゃああなた方がサント・ドミンゴで行なった試みが誤りだったことに気づいていないのですか」

「ねえ、高邁な感情を推進力とした革命は、当然のことながら奴隷制の存在に激しい憤りを覚えました。国民公会は歓喜をもって奴隷解放を宣言しましたが、その際、自由を行使できるように、あらかじめ黒人たちには準備が必要だということを見抜いていなかったのです」

「加えて、イギリス議会と違って、お国の国民公会は所有者への補償も忘れてしまったのです」

「わがフランスという良き手本を眼前にしていたイギリス議会は、おそらく国民公会よりももっと理性的な仕方で、この壮大な計画に取り掛かりました。しかし、目的に到達しようと急ぎ過ぎたのも事実で、またそのとった措置もあまりに広範囲でかつ急激過ぎたため、ここ当分は良い結果をもたらすことはないでしょう。全奴隷を即時に解放することに伴う多大な障害を考えてみたとき、奴隷が労働の習慣を身につけ、私たちの社会組織の重要な要素である自由の行使について十分に教え込まれる前に、イギリスのように開化した国が奴隷解放を断行したことを知って驚くのも無理ないでしょう。私は段階的な解放だけが黒人を社会の有用な一員に変えられる手段だと確信しています。自由を労働の褒賞にすることもできたかもしれません。イギリス議会が毎年二〇歳以下の奴隷のみを解放することに止めていたなら、また自由を享受する前に、彼らを農学校や技術職業訓練学校に入学させていたなら、もっと早く善なる目的に到達できていたでしょう。ヨーロッパの植民地には、解放された奴隷が定住し、また手に職をつけた黒人にも十分な仕事が残されている広大な未開発地帯が今なお存在しています。もしイギリスが上述のやり方をとっていたら、全面的な解放を達成するには三〇年の年月がかかるでしょうが、その三〇年間に毎年、解放された奴隷は労働人口を着実に増やし、こうして植民地の富を増大させてくれるでしょう。ところが、現行のシステムをとっている限り、未来は貧困と災禍以外の何物も手にできないでしょう」

「お嬢さん、奴隷についてのあなたのお考えは、あなたに寛大な心と実に豊かな想像力とが備わっているという以外、何一つ証明してくれるものではありません。このように美しい夢想の数々は詩情に満ちた実に立派なものです……。しかし、こういっては失礼かもしれませんが、あなたの描く立派なプランのどれ一つとして実現可能なものだとは思えません」〔……〕

奴隷制は常に私の憤怒をかき立ててきた。だから、イギリスの婦人団体が植民地からの砂糖の消費を止め、議会で奴隷解放宣言が採択されるまでは、課せられている税金のため他のどの砂糖より高価であろうとも、インド産の砂糖しか消費しないと決めたことを知ったとき、私はいいしれぬ喜びを感じたのだった。この慈悲深い決意の実現に際して示された協調と不屈の粘り強さこそが、イギリス市場におけるアメリカ大陸産の砂糖を失墜させ、奴隷解放宣言採択に抗する敵対勢力への勝利を導いていったのである。願わくば、イギリスの宗教的感情のかくも気高い表示をヨーロッパ大陸でも範とされんことを！どのような宗教からみても、奴隷制は神を冒瀆する行為である。これに与すること、それはおのれの信仰を否定することである。人類の認識はこの点についてはすべて一致している。

ラヴァル氏の精糖工場はペルーでも最も立派な工場の一つである。面積は広大で、立地条件も一番恵まれている。工場は海に沿って立っている。波が浜辺に打ち寄せ、岩礁に当って砕け散っている。

［……］

南国は果実の豊かなところである。ラヴァル氏の果樹園ではそうした南国の果実をすべて集めている。果樹には絶好の土壌だから、実に見事に成長する。例えば、チューインガムの木は見るも高く成長し、果汁豊かな果肉に甘美な風味の集まっているその濃緑色の大きな実は、まるで人の手に届かぬところに置こうとしているかのようである。柏の木と同じくらいの高さのマンゴーは、果肉に繊維質が多く、松ヤニに似た香りの卵形の果実をつけている。私はその色合いが目を楽しませてくれ、辺り一帯をえもいわれぬ香気で満たしている無数の球形の玉の重みでたわんでいる美しい緑の小枝をつけた大きな美しいオレンジの木々に終始見ほれていた。まるでもう一つのエデンの園にいるかのようだった！　パッションフルーツやバルバディンの連なる並木道では、新鮮な果実が待ち受けている私の手の上に落ちてくるかと思えば、他方では、あちこちに点在するバナナの木が房の重みで押しつぶされ、折れ曲がった葉を長々と広げていた。ヨーロッパ産の花々の多彩なコレクションが、この熱帯地方の果樹園を祖国の思い出で一段と美しく飾っていた。吸い込む新鮮な空気と香気で身も心も奪われてしまうような場所に、素晴らしい眺望の広がる見晴らし台があった。こちらでは、泡立つ波が浜辺に打ち寄せ、岩場で荒々しく砕け散っているかと思えば、彼方では、開花時には、目にも鮮やかな広大なサトウキビ畑が目に入ってくるといった案配である。あちこちに点在する木々の茂みは目を和ませてくれ、また風景に変化をつけていた。

帰宅しようと思った時はもう既に夜も大分遅くなっていた。まだ黒人の働いている納屋のような建物を通りかかると、ちょうどお告げの鐘の鳴ったところだった。すると全員仕事の手を休め、地面に額ずくような格好をして跪いた。その容貌は下品さと陰険さでぞっとするほどであった。顔つきも陰鬱で狂暴でまた悲しげで、幼い子供たちですらそうだった。中の幾人かと話そうとしたけれど、彼らから出た言葉はウイかノンの二言しかなかった。それも冷淡か無愛想かのどちらかだった。

二人の黒人女が閉じ込められているお仕置き部屋に入ってみた。二人は授乳を止めて子供を死なせてしまったのがその理由だった。二人ともまるで裸同然の姿で、部屋の隅に身を寄せていた。一人は生のトウモロコシを食べていた。年若くてとても美しいもう一人は大きな目を私に向けた。その眼差しは私にこう言おうとしているかのようだった。「あんたと同じように自由の身になれぬと分かっていたからこそ、子供を死なせてしまったんだよ。子供は奴隷になるより死んだほうがよかったのさ」と。この女を見て私は胸をかきむしられる思いだった。この黒い肌の下には、崇高で誇り高い魂が宿っているのだ。黒人が生まれながらの自立した身分から突如として奴隷という境遇に追いやられても、その中には、じっと苦痛に耐え、隷従に屈することなく死んでいく不屈の魂の持主もいるのだ。

翌日私たちは投げ網漁の見学に出かけた。それはぞっとするような漁法で、辛くて厳しく同時にまた危険も一杯の漁法のように感じられた。漁師は海のはるか沖合いまで進み、大きな円の周りに据え付けられた巨大な網の開口部を波に向けていた。波が激しく押し寄せ、彼らをすっぽりと覆い、こうして波が引いていくと、網を浜辺に引き寄せてくるのである。一二人の男がこの漁に従事していたが、四回試みてたった九匹の魚がとれただけだった。自由な人間が日々の糧を得ようとして、これほど辛い仕事を耐え忍び、これほど危険が一杯の作業に挑んでいる姿を目にした私は、奴隷制度をどうしても必要とするような仕事がはたして存在するものかどうか、このような仕事に従事しなくてはならない国に一体奴隷など必要なのかどうか、自問していた。

リマ人がなぜ格別コリロスが好きなのか、その理由が私には分からないことは既に述べた。この言葉は滴る水という意味である。海岸に沿って走る岩山のてっぺんから落下し、麓で小さな池を形作っている幾筋かの流水から、この村の名がつけられたのだった。皆が水浴に出かけるのはこの小さな湖の周辺である。この場所は海も非常に穏やかで、波も湖までは決して押し寄せてこない。穏やかなこの水辺は水浴客にとっては絶好の場所で、大部分の人は海から出た後、皮膚についた塩分を落とすため、そこに身体を洗いにいく。しかし、残念なことに、場所が不便なのである。そこでは、誰でも大した出費なしに、ディエップ〔フランス、ノルマンディー地方、セーヌ・マリティーム県の都市〕と同じくらい快適な水浴ができるだろう。もしコリロスが人気を保ち続ければ、おそらくリマ人はいつか必ずそこを頭に思い浮かべるようになるだろう。

既に触れた魅惑的なオアシスのエル・バランコは、水浴者の待合せには格好の場所だった。海からほんの近くのところにあり、美しい木々、緑の芝生、水（この同じ水こそがコリロスの流水を形作っている）もあったからである。しかし、黒い乾燥した岩山のてっぺんにあるこのコリロスの村には、エル・

バランコの持つ利点は何もなかった。掘っ立て小屋を寄せ集めたようなその風景ほどもの悲しくて薄汚いものはないだろう。目を和ませてくれるような木や若草など皆無で、水も岩山の麓にあるだけである。家は木造で、何軒かは床にタイルも敷かれていなかった。なかには竹造りの家もあったが、戸口を除いて一つの開口部もなかった。どの家も住みづらいことこの上なく、がらくたと言ってもいいような家具があるだけであった。食料についても、コリロスは何から何まで不足しており、また市場にいっても品物も十分揃ってはいなかった。そのためだろうか、どんな品物も高価で品質も粗悪だった。外出すれば必ず黒砂の中に膝まで足を突っ込んでしまい、このような散歩の後では、靴もソックスも服の裾も台無しになってしまった。風や波のためにこの黒砂が目に吹き飛んでくるし、他方でまた、太陽光線の反射で目が眩まされるという状態である。要するに、ここはこれまで私の出会った中でも一番耐え難いところだといっていいだろう。にもかかわらず、この五年来この村は急速な発展を遂げ、当時八百軒の家を抱えるほどになっていた。

　水浴者がこうした集落で送っている生活こそ、リマ人の生活習慣を実に正確に映し出しているものである。ファルニエンテ〔無為〕、快楽、情事がそこでの彼らの生活を形成している。女性も男性と同じように生活し、両者の習慣や趣味も互いに相似ており、共に同じ自立した人間としての姿が示されている。彼女たちは馬に乗り近辺の散策に出かけたりもする。また男たちと一緒に水浴し、朝から晩まで煙草を吸い続け、狂ったように賭事に興じ（叔母のマヌエラはそのため一晩で一万ピアストルもすってしまったこともあった）、五つ六つの情事や政治的策謀を同時にこなし、さらにはどこの家でも行なわれている祝宴やみだらなダンスパーティーに出かけていく。とはいえ一日の大半は、五、六人の取り巻きの男性の崇拝者に囲まれて、ハンモックに身を横たえながら過ごしている。コリロスでのさまざまな享楽は、リマでも最も裕福な家庭を何軒か破産に追い込んでしまったほどである。一、二カ月コリロスに滞在しようとしたら、そうした家庭が払う犠牲は計り知れないからである。おそらく気候も一役買っているかもしれぬが、立派な芸術とか、この国民が生来備えている優れた想像力を発揮させるための教育などが一切欠如していることが、内に溢れるこの過剰な生命力に引きずられて、彼らをありとあらゆる熱狂的な行動へと駆り立てているのだろう。

コリロスに一週間滞在した後、私はもう大喜びでリマに戻った。フランス風の家具の備わった小さなアパート、フランス風の日常の献立は、私にとってかつてないほど心地よかった。さらに、ドニュエル夫人の楽しいお話はそれにも増して一層心地よく感じられた。

18　共和国前大統領夫人

リマの町が提供してくれたありとあらゆる気晴らしや、新しい友人たちの心のこもったもてなしぶりにもかかわらず、それでもリマを発ちたいという思いは切実だった。気候風土の魅力、住民の陽気さなどでこの町がどんなに素晴らしいところだったとしても、私にとってそこはこの地球上で住みたいと思う一番最後の場所だといってもいいだろう。ここでは享楽主義が絶大な影響力をふるっている。住民には目もあり、耳もあり、また宮殿もあるけれど、見たり、聞いたり、鑑賞したりしても、彼らにはそれに応える魂が備わっていないのだ。私にとってリマ滞在の二カ月間くらい心底からの空虚感や耐え難い味気無さを感じたことはなかった。

発って以来、その価値を認め、いとおしさがつのるばかりだったヨーロッパに帰りたいという焦燥感から、私は一瞬ヴァルパライソに行こうかどうしようか迷ったりした。というのも、そこに行けば、出帆の用意のできたボルドー行きの船がどれか一隻は見つけられるだろうと考えたからである。けれども、ひょっとしたらまたチリでシャブリエに会うかもしれないと思ったから、すぐにこの計画は放棄してしまった。結局、リマ滞在の出費と不愉快さを我慢して受け入れることにした。

けれども、イギリス商船の劣悪な食事が非常に不安だったからというのではなく、どうしても北アメリカ経由で帰国したいと思っていたから、渡航中止を決心するまでには長い時間を要した。それは非常に辛い旅であった。かつてその旅を経験したブリエ氏は疲労であやうく死にかけたそうである。しかし、思い切って挑戦するだけの体力はあると感じていたから、もし渡航費用を賄うに十分な資金があったら、私はきっとそうしただろう。正直に言って、それが本当に残念でたまらない。アメリカ大陸のこの一部を是非とも知りたいという願望を示し、また同時に金銭の不如意という理由だけでこのルートがたどれないことを理解してもらうために、私は叔父に手紙を書いたりもした。必要なお金を是が非でも彼に頼んでみようとペンを手にしたことも十回ではきかないくらいだったが、それほど私にあっては、冒険に満ちた旅というものへの好奇心が心を大きく占めていたのだった。しかし、結局のところ、自尊心が優位を占めてしまった。私の企てに関する叔父の返事の中に拒否の言葉を見ることが怖かったからだった。私はそのような状態に身をさらしたくはなかった。

真っ直ぐファルマス〔イングランド、コーンウォール州南部の港、保養地〕に向かう待機中のリヴァプールのウィリアム・ラシュトン号への乗船を決めた。

アレキパを発って二カ月過ぎていたが、そのときちょうどこの船が、秘書のエスキュデロを伴ったセニョーラ・パンチャ・デ・ガマラを乗せてカラオに着いたところだった。スミス氏がつい最近の革命の諸事件を伝えるアレキパからの手紙の束を届けてくれたついでに、そのニュースを知らせてくれた。

以下、彼が伝えてくれた事件の簡単な要約である。

ガマラ夫妻は四月二七日アレキパに入ったが、自陣の欲求に従い、そこでいつもどおりに略奪へと駆り立てられていった。彼らは投獄をちらつかせた脅迫やその他の軍事的手段を用いて、住民から巨額の分担金を取り立て、また一般兵士が数知れぬ略奪行為に及んでも、彼らにはこれを阻止できる権威もなければ意思もなかった。国民の全階層が激怒していた。機会をとらえては兵士が人々から金品を巻き上げ、そのため彼ら自身も百姓らから虐殺される危険を承知の上でなくては、田舎になど一人では出かけられない状態だった。なかでも特に、ある兵士は二レアールの金を強要したために、修道士にナイフで切り殺されるという出来事もあった。ガマリストの占領する土地ではどこでもあまねく不平不満の声が沸き立っており、そのため民衆はオルベゴゾ陣営についていた。どこへいっても誰もが「ニエト万歳!」と叫んでいた。タクナの町に後退し、そこにじっと立てこもっていたニエトは、状況次第で再度一役演じられる時の到来を待ちかまえていた。ガマリストはまたニエトの信じ安さにつけ込もうと考え、オルベゴゾ側の敗北を伝えるベルミュデスの一通の手紙を持った義兄を彼のところに急遽派遣したりした。けれども、今回はニエトは騙されず、和解の申し出を退け、援助を得ようと、ボリビアの大統領サンタ・クルスとの交渉を始めていた。

これが、五月一八日、五旬祭の日曜日、二つの部隊がベルミュデス陣営から離脱した時の状況であった。セニョーラ・ガマラの予想だにしていなかったその時、アヤクチョの戦闘の司令官ドン・ファン・ロバトンが二百人の兵士を引き連れて砲台を奪取し、要塞上で「オルベゴゾ万歳!……ニエト万歳!法よ万歳!……」と叫ぶ姿が見られた。軍人というものを忌み嫌っていた民衆は、これは彼らの側の策略であり、彼らに合流する兵士たちをわが手に掌握する機会をつかもうと考えてこの行動に出ているのだと信じ、怒りに駆られてこの反乱軍に襲いかかっていった。この乱闘で一五〜二〇人の死者が出たが、その中にはこの行動の首謀者であったロバトンもいた。

民衆が死人を目にした時が混乱の頂点だった。彼らは怒りに駆られてセニョーラ・ガマラの占拠している家に押しかけ、これを荒らし回った。ドーニャ・パンチャは暴動の発生を目にして、隣家に身を潜めて民衆の憤激から逃れていた。怒り狂った民衆は、騒動を巻き起こした兵士や将校を見境いなく殺した。また、軍人をこの虐殺から逃れさせるため、やむなく彼らを匿ってやらなくてはならないものもいた。サン・ロマンの占拠していたガミオの家も略奪を受け、またキロガ大佐のいたアンジェリタ・トリスタンの家も同様に襲撃された。しかし、彼はもうとっくに逃亡していた。

直ちに、叔父が歓呼の声に迎えられて軍事司令官に任命された。翌日になると、すべてが秩序を取り戻し、民衆はみずからが選んだリーダーたちの助言に従った。ガマリストが接近しているとか、百姓も含めてすべての人間が急遽武装し、ガマリストに合流しようとして出発したとか、虚実入り乱れた噂が広がるほど、彼らのなめた苦しみと勝利の味はその士気を高揚させていた。

ロバトンと並んでアリスメンディ、ランドーリ、リヴィロがこの暴動の首謀者であった。民衆の先頭に立ち、ガマリストをアレキパから追放したのはまさしく彼らだった。この出来事はベルミュデスの側に立っていた多くの部隊に失望感をもたらし、誰もが相次いで大統領オルベゴゾを承認していった。ニエトは五月二二日にアレキパに戻った。慣例通り彼はこの町の不幸な地主たちに並外れた分担金を課した。司教は一〇万ピアストル、他のものもそれ相応の金額が課せられた。しかし、最高統治機構の一員であったドン・ピオは、今度はいかなる分担金からも免除されていた。ガマラはボリビアに逃げ込んでしまった。民衆の憎悪の的になっていた彼の妻はずっと身を隠したままだった。彼女が無事チリに亡命できたのはもっぱら私の叔父の力に負うところが大であった。なおまた彼女は命をねらう民衆の復讐から逃れるため夜中に出発せざるを得ないほどだった。

セニョーラ・ガマラと並んでエスキュデロもイギリス船からの下船の許可が得られなかったため、船上にいる彼らのところに会いに来て欲しいと懇願してきた。私はすぐさまカラオに向かった。乗船すると、エスキュデロが迎えに出てきてくれた。彼は愛情を込めて私の手をしっかりと握ってくれた。私も同じようにして愛情の証しを返してやり、そしてフランス語でこう言った。

「親愛なる大佐、二カ月前には、アレキパの勝者で支配者であったあなた、そのあなたの下を離れてきた私が、その町から追放され、この船上で囚われ人となっているあなたに再会するなんて一体どういうことなのですか」

「お嬢さん、このように政治的良心など何もなく、誰もが互いに軍の指揮官のためにだけ闘っているような内乱に襲われている国で、なんらかの役割を果たそうとする人間をあちらの陣営こちらの陣営へと動かしているのは、それはただもう偶然の巡り合わせによるものでしかありません。ああ！　あなたが去ってからというもの、私は一体幾度あなたのことを頭に思い浮かべたことでしょう。あなたの言ったことは正しく、そして今ではこう思い始めています。アメリカにいるくらいだったら、それよりましなことが何かきっとできただろうと。またアレキパで生じた最近の諸事件がなければ、たぶんこの船であなたと一緒にヨーロッパに帰ってしまったかもしれないと。私はそんな計画を一度ならず頭に思い描いてみましたが、それもまた運命の不幸な巡り合わせで消え失せてしまいました。こういうわけで、私は今やもう永久にここに釘付けにされてしまっているのです。あの気の毒な大統領の妻はどこにいっても追い払われ、その大義は何の方策もないまま失われてしまい、また臆病で卑劣な夫といえば、サンタ・クルスのもとに隠れ家を求めて逃亡してしまったような人間なので、たとえ将来チャンスが到来したところで無様な結果に終わるのは火をみるよりも明らかでしょう。私はこの女性を見捨てられなかったのです。彼女はあなたの叔父の保護にも助けられ、また私の献身により無事民衆の復讐から逃げることができました。私たちはまるで夜盗のように真夜中にアレキパの町から逃げ出してきたのです。私たちが彼女を船に乗せたのも真夜中でしたが、彼女の命をつけねらう民衆の憎悪心はそれほど恐ろしいものでした。サンタ・クルスは彼女を自国に迎える気持ちなどなかったため、結局彼女はチリへの流刑の身となってしまいました。私についていえば、全く自由の身です。ニエトは一緒に残ってくれるように頼んできたし、サンタ・クルスも次々に手紙を送ってきて、是非にと私を求めてきています。でもフロリタ、逆境に置かれているセニョーラ・ガマラが私の献身を受けて然るべきなのはお分かりになるでしょう。この女性が囚われの身となり、祖国から追放され、誰からも排斥されている限り、監獄であろうと、亡命地であろうと、私はどこまでも彼女の後についていき、彼女に代わって何でもしてやらなくてはいけないんです」

この時ほどエスキュデロという人物が立派に思えたことはなかった。私は彼に手を差し出し、はっきりと私の思いを知ってもらえるような口調で、彼にこう語りかけた。「ねえ、あなたこそ本当に素晴らしい運命を受けて然るべき人でしたよ……」

話を続けようとしていたちょうどそのとき、セニョーラ・ガマラが甲板に姿を現わした。「まあ！

フロリタさん、お目にかかれて本当に嬉しいわ！……どうしてもあなたにお会いしたいと思っていました。ねえ、お嬢さん、あなたが私たちの大切なエスキュデロの心を奪った人でしょう。彼はしょっちゅうあなたのことを話題にし、何かにつけてあなたの名を引き合いに出すのです。あなたの叔父さんについて言えば、彼はただもうあなたの助言に従って行動しているような人間なんです。もちろん、私の到着するちょうど二日前にあなたがアレキパを発ったと知って、意地悪なあなたに本当に腹が立ちましたよ。ねえ！ どういうことなんですか！ アレキパの悪霊サン・ロマンにはあれほど会いたがっていたというのに、そんなあなたの旺盛な好奇心が人づきあいが悪く、冷酷で、恐ろしい女、ドーニャ・ペンチャにまで及ばなかったなんて！ ねえフロリタ、アレキパ人の妖怪があなたの日記に姿を見せて当然だとしたら、ペルーでも一番恐ろしい女妖怪もまたそこに現われてもいいはずですよ」

こんなふうに話しながら私を船尾楼の端に連れていき、傍に私を座らせ、そうして私たちの後についてきたくてたまらない様子のうるさい客たちを手で追い払った。囚われ人だったけれど、ドーニャ・ペンチャはそれでもまだ大統領の妻だった。その自然な仕草からは、高慢さがはっきりと現われ出ていた。テントが張ってあったから、そこが焼けつくような太陽光線を避けられる唯一つの場所だったのに、船尾には一人も残っていなかった。乗客全員下に降りているか、それとも甲板上かどちらかだった。彼女は私を念入りに観察していたが、私のほうも負けず劣らず興味深く彼女の姿をじっと見つめていた。どこから見ても傑出した女性で、意志の強さからも高度な知的能力からも並外れた女性だということが分かった。年齢は三四〜三六歳くらいで、背は中背で、痩せてはいたけれどしっかりした体つきをしていた。世でいう美の基準からすれば、確かにその顔は美しくはなかった。けれども、万人に与える印象からすれば、絶世の美女などという表現を遙かに超えた存在だった。ナポレオンと同様、彼女の美貌の及ぼす支配力のすべては視線の中にあった。なんという溢れるほどの自尊心、ふてぶてしさ、洞察力だろう！　なんと抗い難い力でそれは人々に尊敬の念を抱かせ、彼らの心をしっかりと捕らえ、称賛の念を抱かせてしまうことか！　このような視線を神から授かった人間であれば、同胞を統率するために言葉など必要ではないだろう。そうした人間は、誰もが服従し、異議など唱えられない説得力を備えているからである。彼女の鼻は高く、その先は少し反り返っていた。口は大きかったが、表情豊かだった。顔は面長だった。骨質部と筋肉がとても目立っていた。肌は褐色をしていたが、生命感に満ち溢れていた。額のかなり下まで落ちている長く豊かな髪で飾られた大きな頭をしていた。髪はきらきらと光る艶のある濃い栗色だった。その声音は鈍くて、硬質で、命令的であった。語り口はつっけんどんでぎくしゃくとしていた。動作には気品があったが、どんな場合でも、その動作から脳中の関心事が何であるか分かってしまうという具合であった。服装は清楚で、エレガントで、非常に凝っており、その声の厳しさ、いかめしさに満ちた視線の威厳ぶり、人柄の厳格さなどと奇妙なコントラストをなしていた。彼女は白絹で刺繍の施された極楽鳥色のインド絹のドレスを身に纏っていた。また、足にはとても高価なピンクの絹のストッキングと白サテンの短靴を履いていた。両肩には、私がリマで見たうちでも一番奇麗な、白糸で刺繍された深紅色のクレープデシンの大きなショールが無造作にかけられていた。全部の指に指輪がはめられ、耳にはダイヤモンドのイヤリングがつけられ、首には天然真珠の首飾りをし、その下には、薄汚れすっかり擦り切れてしまった小さなスカプラリオが垂れていた。その姿を見て驚いている私を目にすると、つっけんどんな調子でこう言った。「簡素な服装のあなたには、こんなグロテスクな身なりをした私はきっと滑稽に感じられるでしょう。もう私がどんな人間か分かっているあなたなら、こうした服装が私のものでないということは理解してくれるでしょう。ねえ、ほら、あそこにとても気立ての優しい私の妹がいるでしょう、あの可哀相な幼子だけが涙を流すことができるのです。今朝この衣装を私のところにもってきてくれたのはあの子なんです。彼女は私の母や他の人たちはもちろんのこと、自身も楽しい気分に浸ろうとして、この衣装を是非とも私に着てほしいと頼んできたのです。律儀なあの人たちは、私がヨーロッパから到来の衣服を着ることに同意してくれれば、私の運命もまた盛り返せるのではないかと思い込んでいるのです。彼らの懇請に負けて、私はいささか窮屈なこのドレスを着、足に冷たく感じるこのストッキングをはき、煙草の灰で焼けこげを作ったり、汚したりするのではないか心配でたまらないこの大きなショールをはおったのです。私にとっては、馬に乗り、戦闘の労苦に耐え、野営地や兵舎やペルーの軍船を訪問したりするのに適した服のほうが好きなのです。私はもうはるか前から、生まれ故郷のクスコで作られたラシャの長ズボンをはき、金糸で刺繍された同じラシャのコートをはおり、金の拍車のついたブーツを履いて、ペルーの国を縦横に駆けめぐってきたのです。金は私のお気に入りの品なんです。それはペルーで最も奇麗な装飾品であり、またこの国の名声もこの貴金属のおかげなんです。私はまたいささか重いけれど、とても暖かい大きなコートも持っています。それは父から譲り受けたもので、国の山々に降り積もった雪の中を歩いたときにはとても役立ちました」。「私の髪もほめて下さいね」とこの女性は鋭い視線でつけ加えた。「ねえフロリタ、勇気はあっても行動力、胆力、筋力が欠けることがしょっちゅうだったこれまでの人生で、そのため私の立場が危うくなったことも幾度かありました。私たち女性の弱さを補うために、女性特有の魅力を保ち続けたり、また場合によっては、男性の手を借りようとして、それを利用しなければならないこともあったのです」

「それでは、この強い魂、この高い知性も、支配するためとあれば、暴力にも屈しなくてはならなかったのですね」と思わず私は叫んでしまった。

「ねえあなた」と前大統領の妻は痣がつくくらいきつく私の腕を摑み、金輪際忘れられないような表情を浮かべて語りかけてきた。「ねえあなた、不屈な自尊心が暴力に屈しなかったからこそ、今ここで私は囚われ人になっているのだということを分かってください。三年間私が支配していた当のあの男たちによって追放され、亡命させられたのですよ……」

まさにこの瞬間、私は彼女の心の奥底を見抜いたのだ。私の魂は彼女のそれを手中におさめたのだ。私は彼女よりたくましい人間であると感じ取り、そして彼女を視線で圧倒してしまった……。これに気づいて、彼女の顔は蒼白になり、唇も生気を失ってしまった。吸っていた煙草を不意に海に投げ捨て、そして歯をぎゅっとかんだ。その顔を見たら、いかに大胆な男でもきっと身震いしたに違いないだろう。しかし、彼女は私の魅力に取りつかれてしまっていて、そのため私は彼女の心に何が起きているのかことごとくはっきり読み取ることができたのだった。今度は私が、冷たくて汗でじっとりと濡れていた彼女の手を取って、重々しい口調でこう語りかけた。

「ドーニャ・ペンチャ、ジェズイットはこう言いました。目的のためには手段を選ばず、と。ジェズイットはこうして地上の権力者を統治できたのです……」

彼女は何も答えず、長い間じっと私を見つめたままだった。彼女もまた必死に私の考えを見抜こうとしていた。……彼女は沈黙を破り、絶望と皮肉の入り交じった口調でこう言った。

「ああ！　フロリタ、その高慢さこそあなたの過ちのもとなのです。あなたは私より強い人間だと思い込んでいます。とんでもない話です！　私が過去八年にもわたって体験してきた果てしない闘いや、耐え忍ばなくてはならなかった屈従を——それも血にまみれた屈従を——あなたは何も知っていないのです！……私は跪き、こびへつらい、嘘をついたりしたのです。私は何でもし、どんなことにも躊躇したりしませんでした。それでもなおまだ十分ではなかったのです。……こうしてついに、苦悩と労苦と犠牲の八年間の成果を手にできると思ったちょうどその時に、私は突如として追放され、敗北の身となってしまったのですよ、フロリタ！……私はもう二度と再びペルーには戻れないでしょう……ああ！　栄光とはなんと高価なものにつくのでしょうか！　これを手にするために人生の幸福、全生命を投げうつなんて、なんたる気違い沙汰なのだろうか。栄光など束の間の閃光、はかないうたかた、消失する一片の雲、とてつもない欺瞞でしかないのです。つまりは何の値打ちもないものなのです……でもフロリタ、この束の間の閃光、はかないうたかたに包まれて生きるという希望がなくなってしまったら、きっとそのときには、行く手を照らしてくれる太陽も、胸に吸い込む空気もなくなり、私はきっと死んでしまうでしょう」

この最後の言葉は、ドーニャ・ペンチャの陰鬱な表情とぴったり符合するような予言的口調で語られた。目は落ちくぼみ、まるで涙の球体に浮かんでいるかのようだった。頭上の澄み渡った青空を見つめ、みずから描く天界像をうっとりと見つめているかのようなその姿はもはやこの世の存在とは思えなかった。現世でほんの少ししか生きられぬように定められた人間、そんな人間に課せられた苦難をすべて体験してきたこのように優れた人を目の前にして、思わず私は頭を垂れてしまった。さらに会話を続けようとすると、突然彼女は身を起こすや、船尾楼に駆け降りていき、妹と二人の婦人の名を呼んで、こう言った。「ねえ、来てちょうだい。気分が悪くなったの」

エスキュデロが私のところに来て、こう言った。「すいません、お嬢さん、ドーニャ・ペンチャが例の発作[*1]を起こしたんです。こんなとき、看病できるのは私しかいないのです」

「大佐、じゃお暇します。明日また来ますから。さあ早くあの可哀相な女性のところに行ってやって下さい。彼女にはあなたの介護と愛情が必要ですから」

「何も心配しないで下さい、フロリタ、私は最後まで務めを果たすつもりですから」

私の将来の船長に、スミス氏やドニュエル夫人、その他何人かが待っているフリゲート艦サマラング号までボートで連れていってくれるように頼んだ。私とサマラング号の艦長とは旧知の仲だった。というのも、私が到着したとき、ドニュエル夫人宅の寄宿人だった彼と出会い、毎日食事を共にした仲だったからである。この艦長はどこから見ても、チャレンジャー号の艦長とは正反対の人物であった。チャレンジャー号の艦長が美男子なのに対して彼は醜男であり、前者が陰気な人間なのに後者は陽気で、また前者の服装はあか抜けしてシンプルなのに、後者といえば全く無頓着だったからである。こうした対比は両船の将校同士との間でも認められた。つまり従僕というものは主人を模倣するということである。サマラング号の将校たちもまた彼らの船長の姿を反映していた。サマラング号の船員たちは一日を三つに分け、それをこんなふうに使い分けていた。午前中はメキシコの大富豪の悪党たちのような身なりをして馬に乗って駆け回り、次に売春婦と周辺を散歩に出かけ、最後は食卓につき、そして残りの時間はグロッグを飲んだり、またその酔いを覚ましたりして過ごすのだった。ただもう健康と懐に害をもたらすという結末にしかならなかったこうした行動は別にして、彼らはおしなべて優しく親切で、一緒に生活しやすい人たちばかりであった。なかでも特に船長は、優れた人間としての礼儀作法ぶりで一際目立ち、このような無頼な生活の中にあっても常に礼儀作法だけはしっかりと守る人だった。あばた面の醜い人間が常にそうであるように、醜い容貌も感じがよかった。私は彼に、私の乗船する船を見にいく日に、彼のフリゲート艦も見学に行くと約束していた。正直に言って、私は、船長とその将校たちに認めたのと同様の無頼な生活ぶりが、艦上でも見られるものと予測していた。だからこそ、甲板に一歩足を置き、ほんの細部に至るまで何から何まで秩序と清潔さが行き渡っているのを目にした時の衝撃はいかばかりだっただろう！　こんなことはこれまでついぞ見たことはなかった。二つの中甲板、ベッド、兵士たちの身なり、服務中の将校の身なり、どれをとっても礼儀にかなった規則正しい姿は実に感嘆すべきものだった。私がびっくりした様子ですべてを見つめていたので、艦長は笑みを浮かべながらこう言った。

「お嬢さん、ここに来るについては、私のアパートの敷居をまたいで私の部屋で目にした乱雑ぶりがこの艦上でもそのまま目に入ってくると思っていたのでしょう」

「そんなことは決してありません、艦長さん。でも、正直に言えば、この船にこれほど完璧な秩序が行き渡っているなんて全く予想していませんでした」

「お嬢さん、失礼ですが、こんなことを言ってよろしいでしょうか。というのも、私のほうでも、どんな時でも良識ある態度を示していたあなたほどの人物が、まだよく認識していない事柄について早急な判断を下すなんて、びっくりしているのです。陸にいたら、私は諸々の責務から解放され、自分の好きなように生きることができるのです。自身の行動にさほど正直でない人間の目からすれば、私の行動は非難を浴びて然るべきかもしれません。しかし、私の行動が社会の利益を損なっているなどということはあり得ません。船上においては、私は艦長であり、私の指揮に委ねられた諸々の義務の範囲とその重要性をしっかりと認識しているつもりです。光栄にも祖国に仕える栄誉に浴してきたこの一五年というもの、私は与えられた責務をしっかりと果たすことを怠ったことは唯の一度もなかったと断言していいでしょう。御覧になったように、食卓で私があんなにも親しげに、また仲間意識に満ち溢れた態度で接していたあの将校たちも、負わされた責務を少しでも怠った場合に下される容赦のない私の手厳しい叱責に許しを乞うものなど一人もいないのです」

陸では世評など全く物ともしなかったこの人間が、艦上では、イギリス海軍の最も優秀な将校の一人であり、また規律を最も厳格に守る人間であった。彼は誇りに満ちた独特な生き方をしていたが、同時にまたそこには大いなる自制心も備わっていたのだ。船上の艦長は、他のすべての将校と同様に、極端といっていいくらい節度を保ち、実に勤勉な生活を送っていた。彼らはどんな娯楽も一切楽しんだりしなかった。陸での生活を思い起こさせるものといえばただ一つ、それは船室に飾られていた女性の肖像画だけであった。艦長の船室には、なんとそれは六枚もあったのだ！　彼らの厳めしい態度物腰は、ドニュエル夫人宅で目にしたものとはもう全く正反対だった。艦長は冷ややかと形容してもいいくらい丁重に私を出迎えてくれ、さらに私たちが艦上にいる間中終始堅苦しい礼儀作法をしっかりと守り通していたからだった。サマラング号の船員のうちに認めた話し方や態度物腰のあまりの変化にびっくり仰天した私たちは、リマに戻るまでの話題といったら、もうそのことだけでもちきりという状態だった。

セニョーラ・ガマラとの会話の印象があまりに強烈だったため私は夜も眠られぬほどだった。どれほどたくさんの想念が心に襲いかかってきたことか！　他人の心を捉えるという私の持つある種の力によって、長い間人々の羨望の的となっていたこの女性の心の奥底まで読み取ることができたが、一見表面的にはとても華やかにみえる彼女の生活も、実際は非常に惨めなものであり、一時的にせよ私自身もセニョーラ・ガマラのような地位に就いてみようなどともくろんだことを思うと身震いせずにはいられなかった。もしもくろんだ企てが成功したとしたら、待ち受ける悩みの種とはこうしたものだったのだろうか。そんなことになれば、彼女などよりもっと多くの苦悩や屈辱や不安にさらされただろう。ああ！清貧に甘んじた生活、自由に満ちた名もない人生のほうがどれほど好ましくて気高く思えたことか。一時であれ野望が幸せをもたらしてくれると信じ込み、自立した生き方を放棄してもこれを埋め合わせてくれるものが必ずあるはずだなどと思ったりしたことを恥じ入るばかりであった。

翌日カラオに戻ったが、セニョーラ・ガマラはウィリアム・ラシュトン号を離れて、ちょうどその日にヴァルパライソに向かう予定の別のイギリス船ジューヌ・アンリエット号に向かったことが分かった。到着すると、青白い顔つきをし憔悴しきったエスキュデロの姿を認めた。私は言った。

「ねえ、一体どうしたのですか、どこか具合でも悪いんですか」

「そうなんです。とても辛い一夜だったんです。ドーニャ・ペンチャが三度もひどい発作を起こしたからです……。あなたたち二人の間に何があったか知らないけれど、あなたと別れてからというもの、彼女はもうずっと心がたかぶったままなんです」

「ドーニャ・ペンチャと会ったのは初めてでしたが、私の言葉が彼女の心の痛みを和らげる代わりに、知らないうちに苦痛をさらに一層つのらせてしまったのかもしれません。もしそうだとしたら、本当に申しわけなかったと思っています」

「あなたも言ったように、あなたは知らない間に人並み以上に鋭敏な彼女の自尊心を傷つけてしまったのかもしれませんよ」

エスキュデロと話し始めてほぼ一五分もした頃だろうか、彼を呼ぶ声がした。彼は急いで寝室に駆け出していったため、私は一人ぼっちになってしまった。何があれほどドーニャ・ペンチャの心を傷つけたのかを知ろうと思い、前日彼女と交わした言葉を一つ一つ振り返ってみたが、権力に伴う虚飾のすべてを味わった人間だけが、それらを失う苦しみを十分に理解できるものだったから、私の考察も無駄な骨折りに終わってしまった。私はあまりに忠実に自分の感情に身を任せてしまったことや、ごくありふれた悲しい出来事から生じる苦痛といったものにもっと配慮してやればよかったのにと思い、後悔しきりだった。

あれやこれや物思いに耽っていると、突然エスキュデロによってそれが遮られた。彼は私の肩をそっと叩き、胸に響くような声でこう言った。「フロリタ、哀れなペンチャが今しがた激しい発作に見舞われたのです。私の腕の中で彼女が死んでしまうのではないかと思ったほどでした。今はもうもとの状態に戻っており、そして彼女はしきりにあなたに会いたがっています。でもどうか、彼女と話すときにはどんなことでも細心の注意を払って下さい。彼女の自尊心を傷つけるような言葉をほんの一言発しただけでも、きっとまた新たな発作を引き起こすでしょうから」

部屋に下りていく間ずっと、胸がどきどきしていた……。広々としたとても奇麗な船長室に入ると、ドーニャ・ペンチャが半裸のまま床に敷かれたマットレスに身を横たえていた。彼女は私に手を差しのべてくれたので、傍らに腰を下ろした。

彼女は言った。

「私が恐ろしい発作に見舞われがちなことなどご存知ないでしょう……」

「知っていますよ」と話を遮って私は言った。「でも、医学で治すことはできないのですか、それとも、その施す治療が信用できないのですか」。

「私はこれまでありとあらゆる医者の診察を受け、彼らの指示をしっかりと守ってきました。でも、彼らの治療は何の効果ももたらしてはくれませんでした。年をとる毎にますます病状は悪化してきました。この持病は、私がやろうとしたあらゆる仕事の大きな障害になってきました。どんなときでも、心が激しく動揺するとすぐに発作が起きてしまうのです。私の人生でこの持病がどれほど障害となってきたかこれで判断がつくでしょう。自軍の兵卒の訓練ぶりといったらあまりにひどく、また将校連も腑抜けものばかりだったため、重大事はすべて私みずから指令を出さなくてはならなかったのです。この一〇年来、さらに夫を大統領に就かせようと考えていた遙か前から、私は砲火に慣れようとありとあらゆる戦闘に参加してきました。戦闘の真っ最中、指揮する兵士連のあまりの無気力や臆病ぶりを目にして怒り心頭に発したこともしょっちゅうでしたが、そんなときには必ずといっていいくらい発作に襲われたのです。もうあっという間に地面に倒れこんでしまったのです。馬に踏みつけられ、従者によってまるで死人のように運ばれていったこともたびたびでした。ねえ! フロリタ、敵は兵士たちに私への信頼感を失わせるために、この苛酷な持病を攻撃材料に使うことまでしたなんて信じられますか。彼らは至る所で、私が神経をやられたのは恐怖心、大砲の響き、硝煙の臭いのためであり、さらに私がまるでサロンの弱虫な伯爵夫人のように卒倒したなどと触れて回ったのですよ。私は血も死も恐れぬ人間なのだということを彼らに分からせてやりたいと思いました。敗北するたびに私はより冷酷になっていきましたが、もし……」

彼女は話を止め、そして目を向けながら、彼女だけが見ることのできるような誰かと話を交わしているようだった。それからこう言った。「そうです、私は祖国を去り、もう永久に戻ってくることはありません。でもまだこの二カ月先まではこうしてあなたと一緒にいられるでしょう……」。彼女がこの言葉を口にしたとき、浮かべた顔の表情はまさにこの地上のものではないような何かだった。私は彼女をじっと見つめていた。前日の彼女となんという変わりようだったろうか！ 頬はやつれ、顔色はまるで鉛色をし、唇は真っ青で、落ちくぼんだ眼はまるで稲妻のようにキラキラと輝いていた！ 両手のなんと冷たかったことか！ 今にも命はなくなりそうだった。彼女をまた苦しめることになりはしないかと心配だったから、私はもう彼女に話しかけようとしなかった。彼女の腕に顔を寄せかけたとき、思わず私は涙を一粒落としてしまった。この涙は不幸なこの女性に一種電気火花のような効果を与えてしまった。彼女は幻覚から覚め、突然私の方を振り向き、燃えるような目で私を見つめ、鈍くうつろに響く声で言った。「どうして涙なんか流すのですか。私の運命を哀れんでいるのですか。私が永久に追放され、破滅し……ついには死んでしまうと思っているのですか……」。私は返す言葉が見つからなかった。彼女は乱暴に私を押しやったから、彼女の前で跪くような格好になってしまった。私は無意識に両手を握りしめ、彼女を見つめて涙を流し続けていた。長い沈黙が続いた。彼女は落ち着きを取り戻したらしく、悲痛な声で言った。「泣いているのですか、ねえ。ああ！　神の恵みがありますように！　あなたは若く、まだ生命力に溢れています。もはや何の価値もなくなった私、死んだも同然のこの私を哀れに思って下さい……」。言い終えると、枕元に倒れ込み、両手を顔にからみつけ、弱々しい叫び声を三度発した。妹が駆けつけ、エスキュデロもやって来て、全員懸命に看護に当たった。私は戸口に立ったまま、彼女の姿をじっと見つめていた。彼女はぴくりとも動かず、もう呼吸もしていないほどで、大きな両目は開いたまま、燃えるようにぎらぎらとしているだけだった。

船長は来客たちに、出帆のため錨を上げるので船を離れるようにと告げて、私をこの痛ましい場面から引き離してくれた。スミス氏が迎えに来てくれたから、エスキュデロに鉛筆で二言三言別れの挨拶を書き残してそこを出た。

馬車に乗ろうとしていたちょうどその時、錨地を離れるジューヌ・アンリエット号が私たちの目に飛び込んできた。褐色のコートに身を包み、濃い髪の女性の姿が船尾楼に見えた。その女性は白いハンカチを振りながらランチの方に腕を伸ばしていた。この女性こそ、もう二度と会うことのない妹や友人たちに最後の別れを告げているペルーの前大統領の妻だった。

私は心を痛めたまま家に戻った。この女性の姿がいつまでも瞼に残っていた。どんな苦しい状況にあっても、じっと耐え忍ぶ英雄的ともいえるような忍耐力からは、実物より遥かに偉大な人物が感じられたし、また同胞たちとはっきり異なるこうした美質の犠牲にされたといってもいいような選りすぐりのこの女性が、小心な民衆の恐怖心によってやむなく祖国を去り、近しい親類縁者や友人を棄て、恐ろしい持病にとりつかれたまま、亡命地で辛い生涯を終えなければならないありさまを見て、私は胸の締めつけられる思いがした。クスコ生まれで、幼少の頃からドーニャ・ペンチャと親しい仲だったある夫人が、読者もきっと興味を抱くに違いない、この非凡な女性の人生を詳細に語ってくれた。

ドーニャ・ペンチャはクスコの大金持ちの令嬢と結婚したスペイン軍人の娘だった。幼少時代から誇り高く、大胆不敵でまたメランコリックな性格のため、仲間たちの中でも一際目立つ存在だった。とても信心深く、一二歳の時から修道院に入り、修道女になるというのが夢だったが、病弱ゆえにこの夢は実現できなかった。一七歳の時、両親の要請で、病気に必要な治療を受けるため父方の実家に戻らなくてはならなかった。実家にはたくさんの将校が始終出入りしていた。そのうちの何人かは彼女に結婚を申し込んできたけれども、できる限り早く修道院に入ろうと決めていたため、彼女はきっぱりと結婚の意志などないことを明らかにした。病状の回復を願って、父親は彼女に旅をさせたり、リマに連れていったり、社交界に紹介したりと、できる限りの気晴らしを味わわせてやった。けれども、相変わらずどことなく寂しげで、同世代の味わう楽しみになど全く無関心なようだった。二年間というものいろいろと旅をして過ごした後、クスコに帰り、そして戻って間もなく、修道女になろうという思いはぷっつりと棄て去り、醜男で愚鈍な、結婚を申し込んできた男の中でも一番凡庸な下級将校を夫に選んでしまった。こうして彼女は単なる一陸軍大尉のセニョール・ガマラと結婚したのである。虚弱な体質で、また年がら年中妊娠していたにもかかわらず、戦闘の求めているところはどこであろうとも、夫の後について行った。こうして、絶え間のない労苦によって見違えるほど逞しい身体になった彼女は、馬に乗り、どんなに遠い遠出もできるようになった。彼女は長期間にわたって、身に襲いかかり、次第に激しくなっていく恐ろしい持病を隠しおおすことができた。ペルーの大統領の妻として、その生活があらゆる探査追跡の的になったときになって初めて、国民は彼女の政敵を通じてそのことを知ったのである。彼女は懇願したり手練手管を用いたりして死に物狂いで夫を大統領の座に就けようとし、その甲斐あってひとたび彼をその座に就かせてしまうと、今度はエスキュデロを腹心の友とし、さらに彼女の仕事を補佐してくれると判断した人間たちを巧みに活用したりした。彼女がラマール将軍の後を継いで権力の座に就いた時、共和国は見るも哀れな状態に置かれていた。内戦のため国は四分五裂の状態で、国庫には一銭の金もなかった。兵隊たちも自分に一番多く報酬を出してくれる側に身を売るという状態であった。一言で言えば、恐るべきアナーキー状態であった。修道院で成長し、何の教養もなかったが、真っ当な判断力と並ぶもののない強固な意志を備えていたこの女性は、その当時までボリバールにとってさえ治めきれなかったこの民衆を見事に統治し、一年足らずで再び秩序と平穏を甦らせたのである。反乱は鎮静し、貿易も盛んになり、軍隊も再びその指揮官たちに信頼を寄せていった。秩序安寧はまだペルーの国全体に及んではいなかったが、少なくとも国の大部分は平和を享受していた。

統治初期には、その偉大な美徳により、ドーニャ・ペンチャは人々から愛されまた尊敬されていた。だが彼女には結局その統治期間を短期間に終わらせてしまう欠点があった。神が我々に分かち与えてくれた長所がどれほど優れていようとも、それは神の目的に適ったものであって、人間のそれにではない。神の摂理にあっては、すべてが完璧であるが、俗世の社会秩序にあっては、完璧な人間など一人もいないのだ。ドーニャ・ペンチャはその性格から考えて、当然ボリバールの成し遂げた仕事を長期にわたって継承していく人間だと思われていた。もし女性という外皮が障害とならなかったならきっとそうなっていただろう。彼女は美人であり、そうしようと思えばとても愛らしい女性になれたし、また人に愛情や激しい恋心を抱かせる力も備えていた。政敵たちは彼女に向かって恐ろしい誹謗中傷を浴びせていた。また、政治的行為より品行を非難することのほうがはるかに簡単だと考え、彼女の傲慢さを忘れ去るためにさまざまなその悪徳像をでっち上げていた。彼女の心には野心があまりに大きな場所を占めていたため、恋愛感情の入り込む余地など全くなかったし、またそうした感情が真剣な思考の対象となることも決してなかった。取り巻きの将校の中で彼女に夢中になってしまったものも幾たりかはいた。栄達の手段が見つかるかもしれないと考えてそういう素振りをするものもいた。ドーニャ・ペンチャは分かち合えぬ愛に対して女性の示すあの寛容に満ちた態度ではなく、傷つけられた自尊心への憤怒と軽蔑に満ちた態度で、言い寄る男どもをすべて追い払ってしまった。「何ですって！　あなたたちの愛が必要ですって。私に必要なのはあなたたちの腕、その腕だけなんです。愛の告白、センチメンタルな科白、恋歌などは若い乙女のところでしなさい。この私が感知できるのは、大砲の音、議会での発言、道を通る際に民衆の送ってくれる歓呼の声だけなんです」とつっけんどんに、ぎくしゃくした口調で彼らに言った。彼女を心から愛していた人間にとって、こんな激しい言葉は心を深く傷つける以外の何物でもなかった。さらに、いやいやながらも彼女に追随していこうと考えていた野心家たちの自尊心も、そうした言葉で手ひどい屈辱を味わわされたりした。だが、やり方はそんなところに止まってはいなかった。彼らを憎悪して信頼感をなくしたり、事ある毎に、人の面前でさえ、侮辱的な仕方で彼らを嘲笑したりしたからだった。こうした行動は単に女性というその性の備え持つあらゆる利点を彼女から失わせてしまったばかりでなく、大勢の執念深い敵を生じさせる原因となってしまったことは容易に推測できるだろう。というのも、人間というものは常に、成功するには、失敗した人間が持っていない優れた資質を備えているものだと信じているからである。彼らの誰もがいつも彼女への復讐の計画を考えていた。自分は彼女の恋人であったとか、ただ彼女を愛することを止めてしまったという理由だけで彼女の寵愛を失ってしまったとかを声高に話すものも何人かいた。このような中傷は誇り高く一徹な気性の大統領の妻を苛立たせ、彼女を凶暴な人間へと駆り立ててしまうことも幾度かあった。このような中傷によって犯した行為を見れば、彼女が憤怒の情にどれほど突き動かされていたか、こうした侮辱をどれくらい強く感じていたかが証明されるだろう。ある日、彼女は城塞の地下に置かれた軍の監獄を訪れたことがあった。到着するや、守備隊全員が整列して彼女を出迎えた。閲兵しているその時、かつていく先々で自分は彼女の恋人だったと吹聴していた人物だと教えられた一人の大佐の姿が目に入った。彼女は側に近づくや、彼の肩章をむしり取り、手にした鞭でその顔を二度、三度と打ち据え、それがあまりに手ひどい攻撃だったため、彼は乗っていた馬の足元に落下しそうになるほどだった。この光景を目にした人間は一様に、驚愕のあまり身動き一つできぬ状態であった。彼女はよく響く声でこう叫んだ。「共和国の大統領の妻を誹謗中傷するような不届きものは、このように私みずからが懲罰を加えるのだ」と。またある時、四人の将校を夕食に招いたことがあったが、食事中は実に友好的な態度だったけれど、デザートになるや、なかの一人に声をかけてこう言った。「大佐、この三人に、自分はもうあの女の愛人であるのにうんざりしてしまったよ、などと話したことは本当ですか」。哀れなこの男は顔面蒼白になり、口ごもり、恐怖に震えながら、仲間を見つめていた。仲間たちもまた身動き一つしないで、じっと口を閉じたままだった。続けて彼女は言った。「よろしい！　私の質問で言葉が出なくなったのですか。答えなさい……。もしそれを言ったことが事実であるなら、仲間の手でお前を鞭打ち刑に処すつもりです。

逆に、お前を陥れるために、仲間がお前を誹謗中傷したというのなら、彼らこそ卑劣漢であり、私たち二人でその侮辱の仕返しをしてやりましょう」。その科白がこの浅はかな若者の口から出たことは紛れもない事実であった。彼女はドアを閉じ、大柄な四人の黒人を呼び入れ、そこにいる他の三人の将校に命じて、黒人に体罰用の鞭でその仲間を打ち据えさせたのだった。

こうした行為は彼女が治めているこの国の慣習と相容れるものではなく、こうして否応なくすべての人間を敵に回してしまうことになった。実際、両性間にいかに大きな自立が存在する社会でも、こと女性に限っては、徳性——誰もが一致してこの言葉に与えている意味において——の存在など信じられておらず、だからこそペルー人はこの高慢な大統領の妻の振る舞いに強い屈辱感を感じたのだった。ドーニャ・ペンチャがこのような行動をとったのは、ある種の徳性を——ペルーの他の女性たちと同様に、彼女もそのような徳性など大切には思っていなかったのだが——信じ込ませるためではなかった。私生活では、その持つ肉体的魅力に呈された賛辞に気分を害することもなく、またリマの女たちと同様に、あれやこれやと憶測される愛人の数などにも無関心であった。しかし、権力に酔いしれ、その保持に幻想を抱くあまり、彼女の心中には王の持つような傲慢さが宿ってしまったのだ。彼女は自身を優れた人間だと信じ込み、生まれながらに玉座にあるかのようにみなし、傷つきやすい感受性を持つと同時にまた非常に尊大な女性となってしまったのだった。ドーニャ・ペンチャは保守的上院に対するナポレオンと同じように、議会には少しも敬意を払わなかった。夫の署名さえもなしに、みずからの手で通達文書を送りつけることもしばしばだった。大臣たちは彼女と一緒に仕事をし、議会や役人の活動を彼女に従属させていた。彼女はみずからすべてのものに目を通し、意に沿わないところは線を引いて抹消し、これを他の文に置き換えたりした。要するに、共和制という政治機構に刃向かい、その政治は絶対的なものになったのである。この女性は既に国家のために大いなる貢献をしていた。公益への愛は人々に信頼感を抱かせていたから、至高の権威を求める前に、権力を永遠に揺るぎないものにするためのあらゆる施策を講じていたなら、社会に安寧をもたらし、ペルーを繁栄へと導くことができただろうし、また偉大な女王にもなっていただろう。彼女は非常な勤勉家で、疲れを知らない活動家であり、他人には決して頼らず、何事も自分の目で確かめなくては気の収まらない人間であった。部下の選択も十分に心得、なすべき仕事や果たすべき任務の配分もしっかりとわきまえていた。私的出費には非常に倹約家だったが、信頼に応えてくれる人間には惜しんだりはしなかった。従僕への扱いも立派で、誰もが献身的に仕えてくれた。好戦的なこの女性は乗馬に長け、癇の強い駿馬もたやすく手懐けてしまう卓越した技量を備え、また人前にあっては、威厳を示しながら同時にまた明快に語ることができた。ペルーのような発展途上段階の国にあって、セニョーラ・ガマラは権力を行使するのに必要な道徳的美点をすべて備えてはいたが、それでも三年と決められていた大統領職を全うするには多大な困難を要した。彼女の専制政治は非常に苛烈で、そのくびきは人々の上に重くのしかかり、またあまりに多くの人間の自尊心を傷つけたために、強大な野党が彼女に敵対して立ち上がることになってしまった。夫を再選できないことが分かると、彼女はある巧妙な手段に訴えた。夫のセニョール・ガマラが議会で、健康上の理由からもう公務には専念できないため、大統領職を受諾しないつもりであると表明したのである。セニョーラ・ガマラは、お気に入りの一人で、自分の意思には何でも従う奴隷的人間を大統領職に指名させようと考えたのだった。こうして、彼女と夫は彼らとその仲間たちの影響力のすべてをベルミュデスに注いだのでである。だがしかし、既に見た通り、オルベゴゾが勝利を収めてしまった。

ドーニャ・ペンチャの生涯を話し終えるにあたり、ヴァルパライソに到着した彼女が一軒の立派な家具つきの家を借り、エスキュデロや大勢の従僕たちと一緒にそこに身を落ち着けたことを伝えておこう。とはいえ、この町の婦人たちは誰一人その家を訪れたりはしなかった。そうした状態に同情して然るべき外国人たちもこぞって彼女に向かい非難攻撃の矢を放っていた。せいぜいかつての軍の仲間の将校の二、三人が儀礼的に彼女を訪れたくらいのものだった。誇り高く傲慢なこの女性にとって、すべての人々から見放され、憎悪の念に取り囲まれたこの孤独な生活は死ぬほどの辛い苦しみであったに違いない。魂は活動しながら、身動き一つできない幽閉生活を強いられた状態は、生きたまま墓に投げ込まれたも同然であった。私はリマを出て以来エスキュデロからは便りを一通も受け取っていなかったため、彼女の苦しみがどれほどだったか分からなかった。こうして、彼女はカラオを発って七週間後に死去してしまったのである。その件についてアルトハウスが私に書いて寄こした文面は以下の通りである。

「ガマラの妻はチリに着いて六週間後に亡くなりました。誰もが心の病のせいだと噂しているけれど、私が思うには、もはや自分が総司令官でなくなってしまったという激しい痛みのせいだと信じています。哀れなこの女性は深い悲しみに包まれて死んでいきました。彼女のただ一人の友人はエスキュデロでしたが、彼は再びペルーに戻ってガマラと合流し、そこで相変わらず馬鹿げたことをしでかそうとしています」。

セニョーラ・ガマラを訪れた翌日、私は気分がすぐれなかった。こんなことはリマに来て以来初めてだった。一日中暗い気分でベッドに入っていた。ドニュエル夫人が一緒に一夜を過ごしてあげようと訪ねてきてくれた。

「ねえ、お嬢さん、気分はどうですか」

「良くないんです、気持ちの沈んだ私を慰めてくれる人は誰かいないかしら」

「いや、反対にあなたを愉快な気分にしてあげようとしてきてあげたんです。あなたの気持ちを落ち込ませたのはきっとカラオに行ったからでしょう。てんかんの発作持ちのドーニャ・ペンチャの姿があなたの神経に障ったのでしょう。そうに違いありません。昨日も一五分毎に発作で倒れたという話です。幸いにも、私たちはもうそんな彼女から解放されました。本当に下らぬ女ですね！」

「どうしてそんなふうに判断できるのですか」

「まあ、そんなこと難しくはありません。私が幼い黒人奴隷にするように、近衛竜騎兵のように勇敢な男勝りの女がいつも将校に平手打ちを食らわせていたからです」

「まさか！　なぜ将校たちはそんな仕業を卑屈にもじっと我慢していたのですか」

「彼女が主人であり、位階や仕事や寵愛を分け与えてくれたからですよ」

「ドニュエルさん、平手打ち受けるような軍人は、当然それを受けて然るべき人間です。ドーニャ・ペンチャは自分が指導監督していかなくてはならない人間がどういう人間なのか十分心得ていたから、もし彼女が自己の責務を怠った政府の役人を懲らしめるという以上の過ちを犯さなかったら、あなたたちは再度また彼女を大統領の妻にいただくことになるでしょう」

ドニュエル夫人は私の思考の流れを変える才に長けていたから、彼女が出ていくと、もう気分はすっかり晴れやかになった。

とうとう出立の日が到来した。私は一日千秋の思いでその日を待っていた。好奇心も十分満たされたし、またリマでの全く唯物主義的な生活にもうんざりしていたからだった。

最後の週は、自分の時間など少しもなかった。知人のすべてに別れの挨拶に出向いたり、また彼らの訪問を受けたり、アレキパにたくさん手紙を出したり、処分したいがらくたの品々の売却に精出したりしなくてはならなかったからだった。すべてを済ませ、こうして一八三四年七月一五日朝九時、リマを離れてカラオに向かった。従兄弟のデ・リヴェロが同行してくれた。私たちはスミス氏の代理人宅で夕食をとった。夕食後、衣類をウィリアム・ラシュトン号に運んでもらい、こうしてかつてセニョーラ・ガマラの泊まっていた部屋に身を落ち着けた。翌日、リマの幾たりかの訪問を受けた。それが最後の別れであった。五時頃錨が上げられ、全員退出していった。そして、海と空の二つの広大な無限の空間にはさまれ、私は全く天涯孤独の身となったのだった。

原注

第3章

＊1　彼が船旅中その職務に就くため応募してきたとき、シャブリエは彼に、船上での料理人の職はとても厳しいものだということを分からせてやると、こう答えてみせた。「船長！　心配ご無用。仕事は十分心得ており、私にとって海は得意な領分なんですから」

第5章

＊1　イギリス船の船上で、船室で働く召使いのことである。

第6章

＊1　できうればこの手紙を立派なフランス語に移し変えられたかもしれないが、私はどうしても叔父の文句を一語一語そのまま訳出したいと思った。

＊2　私の叔父は祖母の死ぬほんの少し前、彼女のため を思い一通の遺言書を——それによれば、彼の妻が二万ピアストルの特典を与えられ、また私には三〇〇〇ピアストルの遺贈分が含まれていたが——作成してもらった。この遺言書は非常に長大なものであり、息子ドン・ピオを盲目的に信頼していた私の祖母は、その遺言処分条項などはっきりと分からないまま、これに署名してしまった。この贈与がどのような権利で私に与えられたかなど誰にも分からないまま、私はドン・ピオの娘としてではなく、単にフロリタという名前でそこに指名されていた。

相続財産の分配時、遺産の先取りによって、私の存在が当事者たちに明らかにされた。叔父は私にこの金額を与えることを当事者たちに同意させるのに大層苦労した。誰もがこう質問を浴びせかけてきたからである。「ねえ、どうして見ず知らずの女に一五〇〇フランもあげるのですか」と。「彼女が兄の娘であると思うからですよ」。

第7章

＊1　居酒屋の類い。

＊2　彼はまだ旅の途中である。

＊3　ポンチョは旅ではおるペルーのマントのことである。

第8章

＊1　インディオと黒人の雑婚から生じた混血人。

＊2　叔父は県知事当時、新しい舗道を何本か建設し、またそれまでの旧道の補修を行なった。彼の行政下で町は実に清潔に保たれた。彼は公衆衛生というものに特別監視の目を注いだのである。

＊3　Llama はスペイン語で女性名詞で、リャマと発音される。私はこれを男性形で用いて、慣例に従った。

＊4　この言葉はスペイン語ではない。ペルーではこれを別荘を示すのに用いている。

第10章

＊1　出所の分からない財産を持っている人のことを、墓のある人という。というのも、昔のペルー人は所有する財産と一緒に埋葬されたからであり、また戦争時には、富を墓の中に隠して置いたからである。

＊2　二〇年にもわたるペルーでの戦争の間、川を渡ったり、断崖絶壁づたいに進んでいかなくてはならないたびに、兵士としての生活よりも恐ろしい死のほうを好んで選びとり、川や断崖に身を投じて死んでいった多数のインディオの兵士がいた、と叔父は語ってくれた。

＊3　粉ひき機のないところでは、女たちはトウモロコシをかみ砕き、これを器の中に唾と一緒に次々と吐き出して発酵させている。

＊4　ペルー人は非常に賭事が好きである。モラン大佐はリマの近くのシャリロスで行なわれた勝負で、一晩のうちに何と三万ピアストルもの大金をすってしまった。

第11章

＊1　Nonne 修道女。

＊2　修道女がそれぞれ睡眠のため引きこもる場所のことを墓石（tombeau）と呼んでいる。

第12章

＊1　ペルーでは、おまるはすべて銀製である。

第13章

＊1　それは叔母の所有する娘であった。

＊2　アレキパでは、家の扉は普段はいつも開けられたままである。

第16章

＊1　このサテンはヨーロッパから輸入されている。ペルー発見前は、この着物はこの国で製造されたウールの生地を用いて作られていた。今ではこの生地はもう貧困女性向けに使われているだけである。

＊2　Tapoda とはマントで顔を隠すことを意味する。

＊3　幾人かの夫は、妻に出くわしたときでも、それが自分の妻だと見極めがつかないと断言してくれた。

＊4　アマンセとは山々で育っている黄色い花の名前である。

第18章

＊1　ガマラ夫人はしばしばてんかん性の発作を起こした。これに襲われると本当に恐ろしい状態に陥ってしまうのだった。顔はひきつり、手足は曲がり、目は大きく見開きぴくりとも動かないままになった。彼女は発作で倒れる瞬間の気配が感じで分かった。だから、馬に乗っていたら、すぐさま地面に飛び下りてしまった。またどこか公の席にいた場合には、そこから退出するのだった。発作に襲われそうになると、愛馬たちは必ず毛を逆立てるのだった。彼女は両手を交互に交差させて頭上にもっていき、三度大声を発した。エスキュデロは九度も発作に襲われた姿に接したこともあると話してくれた。もし彼女が別の時代に生きていたとしたら、マホメットと同じように、その身体の弱点を野心的な目論見のために使い、語る言葉に啓示の力を付与することができたかもしれない。

訳　注

第2章

（1）作者名をのせず、また当局の許可を得ないで、一六九九年バルバン社から出版されたフェヌロンの作品。『テレマックの冒険』。

（2）一七六八—一七九三、大革命期における女性革命家。ジロンド派の仇を討つため、入浴中のマラーを短刀で刺殺したことで名高い。

（3）前一〇六—四三、ローマの政治家、雄弁家、道徳哲学的エッセイスト。少時からローマで勉学し、のち雄弁家として世に出で、ついでアテナイとロドスに二年間遊学した。官界に出て、ローマ司法界における第一人者たる地位を確定した。彼の哲学と弁辞学に関する著述には、独創的なところは皆無であるが、ギリシアの学術のローマへの移入と、ことに学術用語の翻訳によって後代に大きな影響を及ぼした。

（4）前六五—八、ローマの詩人、父は解放された奴隷であったが教育に熱心で、彼は初めローマ、後にアテナイで教育され、主としてギリシア語を学んだ。初めは風刺詩の類を書いていたが、抒情詩がヴェルギリウスやヴァリアスに認められて、当時の政界の有力者マエケナスに紹介され、やがて皇帝アウグストゥスをはじめ貴族の間に知られて桂冠詩人の地位を得た。終生独身。

（5）別名ユヴェナリス、五〇頃—一三〇頃、ローマの風刺詩人。富裕な解放奴隷を父として若い頃から修辞学を学んだらしい。しかし彼自身の生活は窮乏を極めたようである。詩人マルティリアスの親友。現存する一六篇の風刺詩は、人心の退廃を見るに絶えず、風刺詩を作って世に問うと称し、機知と修辞の巧妙によって激しく世論一般を攻撃した。
(6) 別名ヴェルギリウス、前七〇―前一九、マントゥヴァに近いアンデスの生、家系にはケルトの血が流れていたらしい。クレモナ、ミラノ、ローマで教育を受け、ローマで修辞学、エピクロス派の哲学を学んだ。晩年は畢生の大作『アエネイス』に没頭し、それをギリシア、アジアに赴いて推敲し、さらに哲学を研究せんとしてアテナイに行ったが、そこでアウグストゥスに逢い、帰国を薦められて帰る途中、メガラで病を得て死んだ。

第3章

(1) ギリシアの哲学者。黒海沿岸のシノペに生まれる。アンティステネスの弟子で、キュニク派の人。諸方を放浪しながら教えたという。諧謔と機知に富む哲人《樽の中のディオゲネス》として伝えられる。
(2) 《ローマの神》ネプトゥヌス、(海神、ギリシア神話のポセイドンにあたる)。
(3) 一七三七―一八一四、フランスの作家。そのエキゾチックな田園恋愛詩『ポールとヴィルジニー』(一七八八)、さらには『自然の考察』、『諧調』はロマン主義の詩的テーマ及び宗教的感情の源泉となった。

第6章

(1) この事情については、本書九九―一〇九頁にあるフロラとピオとの書簡に詳述されている。
(2) 一七八三―一八三〇、南米の解放者で、スペイン植民地権力に抗する独立運動の指導者。西インド諸島生まれの白人大土地所有者の家庭に生まれた彼は、当時南米の上流貴族階級の子弟にとって慣例の滞在地となっていたヨーロッパへの長期にわたる勉学の旅(一七九九―一八〇六)の最中に、フランス革命の諸思想に多大な影響を受けた。フロラ・トリスタンの両親であるマリアノ・デ・トリスタンとその妻と知己になったのはこの旅の途中であった。
(3) 一七八二―一八五四、フランスの宗教哲学者。司祭。思想的にもまた文体においてもすぐれた著書『宗教に関する無関心論』を発表して、啓示を弁護し、また七月革命に際して新聞『未来』紙を刊行、ブルジョア的王政とガリカニスム（フランス・カトリック教会独立性強化主義）に反対し自由主義と教皇至上主義とを結びつけた独自の理論を唱導したが、彼の思想は教皇グレゴリウス十六世に非難された。彼は『信者の言葉』でこれに答えると共に、彼の思想の頂点に達したが、そのため破門されるや、政治的活動に転じ、サン＝シモン流のデモクラシーの闘士として活動し、二月革命後、『立憲民主党』紙を創刊し、国民議会議員となったが、ナポレオン三世のクーデタに遭って政界を去った。なお彼の宗教的思想は、近代の政治的カトリック思想に刺激を与えた。

第7章

（1）カペー王朝の都市で、四世紀来の宗教的中心地だったオルレアンは、百年戦争期には、フランス人の忠節を示す源だった。一四二九年、ジャンヌ・ダルクはこの町をイギリス軍から解放した。

第8章

（1）前四五〇頃—前四〇四頃、アテナイの将軍。ペリクレスの後見を受け、民主勢力の頭となる。ソクラテスの弟子。

（2）一七五四—一八三八、フランスの政治家。伯爵家に生まれ、聖職者となり、サン・ドニ司祭を経てオタンの司教となる。革命直前の三部会聖職者議員。革命勃発後、司法委員となり、財政整理のため教会財産国有化を提案した。国民議会議長。教皇に破門されたが、使節となって恐怖政治終結までイギリスに滞在。フリュクティドール政変後、外相、執政政府下でナポレオン一世の外相となる。ナポレオンの侵略戦争を支持せず罷免され、スペインおよびロシア遠征にも反対。ブルボン第一王政復古を支持し、ルイ十八世の外相としてウィーン会議に出席、イギリス、オーストリア、ロシアを離間し、会議を指導して正統主義を主張した。

（3）一七八〇—一八六二、ロシアの外交官・政治家。外相（一八一六—五六）、駐ポーランド公使を父として生まれ、初め海軍および陸軍に入り、のち外交官としてベルリン、ヘーグ、パリ等に勤務し、ナポレオン戦争に活躍した。ロシアの外交政策を事実上指導し、第一次、第二次パリ条約にブルボン・フランスに好意を示し、またウィーン会議に全権として列席した。クリミア戦争回避に失敗し引退。

(4) 一七七三―一八五九、オーストリアの政治家。ドレスデン駐在公使、駐仏大使を経て外相になり(一八〇九―四八)、巧妙な外交政策を駆使して仏・露間の戦争に巻き込まれることを極力避けたが、ついにロシアと結んで一世に当たった。ウィーン会議(一八一四―一五)には議長としてヨーロッパの新秩序の形成に務め、のち宰相となり、三〇年以上もオーストリアにおける指導的政治家の地位を保った。

(5) 一五六二―一六三五、スペインの劇作家、詩人、小説家。アルカラ大学で学ぶ。一七歳で人妻と恋愛、決闘の結果、八年間の首都放逐に処せられた。《無敵艦隊》に志願して出征。帰還後バレンシアに居を定め、劇作に専心した。彼の名を不朽にしたのはスペイン国民劇の完成者としてであり、《天才の不死鳥》、《自然界の怪物》と呼ばれたように、約一八〇〇編の戯曲と約四〇〇編の聖餐を書き、そのうち現存するもの戯曲四七〇、聖餐神秘劇五〇である。

(6) 一六〇〇―一六八一、スペインの劇作家。イエズス会の中学校、ついでアラカラ大学、サラマンカ大学に学び、一六二〇年頃から教会法の勉学を放棄し、フィリップ四世のための文学活動に一身を奉げ、こうして見事な劇作品を次々に世に送り出していった。生涯に一二〇編の戯曲、二〇編の幕間狂言、約八〇編の聖餐神秘劇を残した。彼の作品は国王に対する忠誠、教会に対する絶対的な帰依、名誉あるいは対面にかかわる感情の三要素をモチーフとしたが、ここに彼の作品の長所と限界がある。

第9章

(1) 一六三五―一七一九、フランスの婦人。ルイ十四世の愛人。幼年期をマルティニク島で送り、父の死後パリに出て、文学者のサロンに出入り、半身不随の老詩人スカロンと結婚。夫の死後、モンテスパン侯夫人の厚遇をうけ、夫人とルイ十四世との間の子供の家庭教師をしているうち、王の寵愛をうけマントノン領を得た。王妃の死後、王と秘密に結婚。王の死後、サン・シル修道院に引退。

第16章

(1) 一四七八—一五四一、スペインの探検家。スペインの土豪の家に生まれ、オヘダと共にコロンビアに赴き、バルボアが太平洋を発見した航海に同行。一時パナマに住み、のちインカの富に関する風聞を聞き、アルマグロと協力して探検を企て、同年エクアドルとコロンビアの国境付近のサン・フアン河に達し、さらにペルーの海岸を探検した。一旦帰国し、宮廷の援助を得て、パナマから出発、アンデス山脈をこえてカヤマルカに至り、インカ帝アタワルパを殺してクスコを占領し、ペルーを征服し、その功によりカルル五世から侯爵を授けられた。のち協力者アルマグロとの間に争いを生じ、ピサロは弟を送ってアルマグロを殺させたが、ピサロもアルマグロの部下によりリマで暗殺された。

(2) フィリップ・ドルレアン(平等王フィリップ・エガリテ)にさかのぼるパリのアーケード様式の建物が建ち並ぶ一画。パレ・ロワイヤルの《ギャルリ・ド・ボワ》は社交界や知識人たちの会合場所だった。大革命、帝政、王政復古期には売春や遊興の場と化してしまった。

(3) 一六二〇—一七〇五、フランスの婦人。高い教養をもち、また美貌をもって知られ、その住居は当時の知名人の会合所であった。

訳者あとがき

はじめに

本書は画家ポール・ゴーギャンの祖母で、一九世紀前半のフランスの情熱的な女性解放運動家の一人だったフロラ・トリスタンの処女作であり、また彼女が一人前の作家として社会に認知されるきっかけとなった大作『ペルー旅行記、一八三三―一八三四――ある女パリアの遍歴』、Flora TRISTAN, *Les Pérégrinations d'une Paria 1833-1834*, Arthus Bertrand, 1837（原題は『ある女パリアの遍歴、一八三三―一八三四』であるが、分かりやすく上記のように改めた）の全訳である。なお、翻訳にあたっては François Maspero, 1979 版をも参照した。

訳者ははるか以前より、フロラ・トリスタン――以下フロラと略す――の思想形成の出発点となり、またその後の彼女の生き方を決定することになったペルー紀行に関する集大成である本書に触れることなしにその生涯と業績の十全な理解は不可能である考えていた。なぜなら、これは、一方で数年後に執筆される彼女の主著『ロンドン散策』、さらには最晩年の『フランス巡り』に繋がる体験的ルポルタージュ作品と、他方でフーリエやカベなど同時代の空想的社会主義者たちの思想的影響を背景にして生み出された彼女の思想的マニフェストともいうべき作品『異国女性を歓待する方法について』や『労働者連合』、その両者の主たる要素全てが存在する、いわばフロラの原点ともなっている作品だからである。

別言すれば、それは彼女の思想行動の正負の全てがさらけ出された作品であると言っていいかもしれない。例えば、ペルー民衆の置かれた悲惨な日常生活や、指導者層のエゴイスティックな政策を当時ペルーを訪れたヨーロッパ人の誰よりも鋭利な観察眼で透視しているかと思えば、他方では、自らのそれまでの生涯を語る過程で、結婚生活の破綻の責任を夫に全面的に押しつけたり、既成の法を全く無視して亡父の遺産請求の正当性を主張したり、黒人奴隷の無知愚鈍ぶりを冷笑したり、彼らの体臭への嫌悪感を露（あらわ）にしたりというように、冷静な自己を放棄して、思わず感情的な絶対的自己正当化に走っていたりしているからである。フロラ研究家の多くは前者に着目し、その先駆性を高く評価しているかと思えば、同時代人の幾人かは後者をとらえて、彼女の人格への攻撃材料に使い、作品の価値を不当に貶めているというように、この作品に対する同時代あるいは後世の批評家たちの評価は実に多様であった。

しかし、フロラの思想行動の正負様々な側面が露呈されているとはいえ、この著作の完成、言い換えれば一年数カ月にわたるペルー旅行の体験によって、それまでの彼女の狭隘な人間観や社会観が修正されて人間的に大きな成長を遂げ、後の『ロンドン散策』や『労働者連合』などの主要な著作に繋がる思想的基盤がしっかりと形作られたことは間違いない事実である。

それは何よりもまず、私生児という立場を理由に既成の社会から排除され、極貧と形容してもいいほど悲惨な状況に置かれていた日常生活から、どんな手段を使っても一刻も早く抜け出したいというそれまでの上昇志向ときっぱり決別し、自らの置かれた社会的立場を『パリア（賤民）』と命名して積極的に受けとめ、産業革命進展下にある王政復古期から七月革命を経て成立するルイ・フィリップ王を頂点とするブルジョア体制下での全貧民階層と我が身とが分かちがたい絆で結ばれていることを感得し、彼らの人間的・社会的諸権利の回復なくして幸福な未来社会はあり得ないと断言するフロラの思想の根底を支える優しい人間的な眼差しが、このペルー紀行での支配層、被支配層、内戦、社会風俗、習慣などあたうる限りの現場での観察によって出来上がっていく有様が手に取るように分かるからである。

《苦しんだこと、それも大いに苦しんだこと》がなければ、人間の本質的な成長はあり得ないとフロラは再三に渡って述べている。それは彼女の幼年期から青春時代にかけての物質的・精神的苦痛がどれほど厳しかったかを物語っていると同時に、この苦悩の体験の共有こそ他者を評価する彼女の判断基準だったことをはっきりと示している。『ペルー旅行記、一八三三―一八三四――ある女パリアの遍歴』(以下『旅行記』とする)で述べられている自身の不幸な初恋物語や惨めな結婚生活で嘗めた数々の苦痛、だからこそ過去に数々の苦しみを体験したに違いない船長シャブリエに抱いた恋愛感情や、自由を求めて余儀なく修道院を脱出した乙女に対して加えられる社会からの数々の制裁や差別への怒りと彼女への同情など、フロラの肯定的な人物像はどれをとっても全て自己の苦しみとどこかで必ず重なり合う人間ばかりであるということにもそれははっきりと示されている。

そこでまず『旅行記』の解説に先立ち、フロラの幼年時代と、青春時代の最大の苦しみの源ともなった結婚生活とその破綻までを概括し、その後どのような試練を経て人間的な成長を遂げ、同時代人の、ましてや当時の女性でほかの誰も試みたことのなかったようなペルーへの単独大旅行を敢行するに到ったのかを描くことにしよう。

ペルー旅行まで

フロラ・トリスタンの幼年期や結婚に至るまでの経緯、さらにその短い夫婦生活を経てペルーに渡るまでの約三〇年間については、資料らしい資料はほとんど残されていないためはっきりと知ることはできない。従って、そのためには、『旅行記』や『ロンドン散策』、また晩年の日記『フランス巡り』や『書簡集』などの作品の随所に挿入されている過去を回想した記述——しかし、自己主張や自己正当化意識の余りに強いフロラの目でなされた描写であるため、客観性や正確さに欠けるという弱点はあるが——や、今日出されている何冊かのフロラに関する伝記や研究書を手がかりにするしか方法はない。

フロラ・トリスタンは、ペルーの大富豪の出で、スペイン陸軍大佐の職にあったドン・マリアノ・デ・トリスタン・イ・モスコーソを父に、フランス大革命を逃れてスペインのビルバオに渡ってきたフランス人女性アンヌ・ピエール・テレーズ・レネを母に、一八〇三年パリで生まれた。表向き結婚したとはいえ、マリアノは当時結婚に当たり不可欠であったスペイン国王の承認を求めず——なぜトリスタンがそれを申請しなかったのか不明である——ひっそりと教会だけの内輪の結婚式を望んだため、フロラは身分上非嫡出子の扱いとなってしまった。このために蒙った数々の理不尽な社会的不利益が、後にフロラの既存の社会制度や、そこから派生する様々な差別への激しい憎悪の念を生じさせたことは疑問の余地はない。

しかし、パリに住む父には富裕なペルーの実家から定期的に潤沢な生活資金が送られてきていたため、フロラ一家は何不自由のない恵まれた生活を送ることができた。パリのヴォージラールに購入した美しい庭園に囲まれた邸宅で暮らす一家の生活はまるで絵に描いたような上流ブルジョア階級の生活そのものであった。後に南米での植民地解放運動で名を馳せ、ボリビア国の謂れにもなったシモン・ボリバールも、ヨーロッパ遊学の途中でフロラの家に立ち寄り、幼い彼女を肩に乗せ一緒に庭園を散歩してくれたこともあったといっている。ところが、この幸せに満ちた幼年時代も、一八〇八年脳卒中による思いもかけない父の突発的な死によって終わりを遂げる。これを境にしてフロラの家族は一挙に奈落の底に投げ込まれてしまうのである。夫の資産でパリの一等地に邸宅を購入してもらい、生活の資を全面的に夫に頼り、絵に描いたといってもいいような幸福な生活を送っていた無力な母は、幼いフロラをかかえてこれからどのように暮らしをたてていったらいいのか途方に暮れてしまう。送金も途絶えると同時に、唯一の資産であった夫の購入してくれた広壮な館も、当時交戦状態に入っていた敵国スペインの財産とみなされフランス政府に没収されてしまった。生きる術など何も持たない母アンヌ・ピエールはただもう過去の栄光を懐かしみ、涙にくれるばかりだった。そして、母がフロラにしてやったことといえば、亡き父の家柄がアステカ最後の皇帝モクテズマ二世に遡るペルーの名望家だったことを毎日飽きもせず語って聞かせることくらいしかなかった。

経済的に万策尽きたフロラ一家はとうとうパリを離れ、母はフロラを連れて田舎に逃れていくことになる。彼らがどこの田舎でどのような日常生活を送っていたかなど全く分からない。ただフロラが満足に学校にも行けず、貧困と自然の中で自由に育てられたことだけは間違いのない事実である。ほぼ一〇年にも渡る長い田舎生活を切り上げ、一家がパリに戻ったのは一八一八年、フロラ一五歳の時である。

パリに戻ったとはいえ、苦しい日常生活を打開してくれる未来への展望が開けたというわけではない。それは一家の住んだアパートが、乞食や売春婦や椅子の藁の詰め替え職人などパリ市中でも最貧層の人々が住むモーベール街だったことからも明らかである。

このような状況で、フロラ一家にとって唯一頼れる人間といえば、かつてナポレオン軍に仕えた軍人としての栄光にすがりついて生きている母方の叔父のささやかな金銭的援助を当てにするくらいしかなかった。フロラはこの叔父の傲慢ぶりが心底嫌いであったが、それでも彼女のためにと彼の支給してくれた学資を基にして通った絵画学校で身につけたささやかな彩色技術を看板に、彩色工アンドレ・シャザルの工房に姿を見せたのは彼女が一七歳の時だった。工房に現れたフロラを目にして、主人シャザルの受けた驚きはいかばかりだっただろうか。フロラの余りの美しさにシャザルは一瞬言葉も出ないほどだった。彼が即断即決でフロラの採用を決め、さらにまたそれから数カ月もしないうちに彼女に結婚を申し込んだことからも、彼がフロラの美貌にいかに強烈な感動を覚えたかが分かるだろう。

このシャザルの結婚申し込みを大喜びで承諾して何の不思議もなかったにもかかわらず——母親は殊の外この結婚に賛成だったが——フロラは最後まで慎重な姿勢をとり続けていた。というのも、彼女はそれまですでに二度大きな恋愛を体験し、その二度とも最後の段になって私生児を理由に拒絶されるという苦い思い出があったからである。以来フロラはもはや自分は永久にブルジョア社会から排除された存在なのだ、いわば『社会的賤民』なのだという思いを常に抱き続けてきた。一度目は、いざ結婚という段になったものの、その相手は正式な結婚証明書のない両親から生まれた私生児を理由にして彼女を拒絶する父親に逆らえずに自殺してしまうというほどに軟弱な青年であった。二度目は、「私が愛情の全てを捧げたこの青年は、私への思いやりや態度振る舞いの丁重さという点でどこを取っても非の打ち所のない人物でしたが、大いなる情熱は狂気の沙汰だと思うようなあの冷静で計算高い人間だったのです。彼は私の愛に恐れを抱き、私の過剰な愛がもう怖くてしかたなかったのです。この二度目の失恋は私の心を引き裂き、恐ろしいほどの苦しみを味わったのです。けれども、私はそのことによって落胆させられるどころか、苦しむことによって私の魂は一段と成長し、そのためにいっそう情愛深くなり、その信仰をいっそう強めていったのです」

フロラにとって失恋にまつわるこの二つの出来事は、誰もが青春時代に一度や二度体験するほほえましいありふれた失恋のエピソードではない。『ロンドン散策』や『フランス巡り』の何カ所かで直接触れていたり、あるいは彼女の唯一の小説『メフィス』で繰り広げられる主人公の熱狂的な恋愛への憧れや思い入れからも分かるように、この二つの事件は後の彼女の人間観や社会観の形成に決定的な役割を果たす大きな事件となるからである。

前者でいうなら、貼られた私生児というレッテルをきっかけに、フロラの前に立ちはだかる既存の社会秩序の厚い壁との格闘を通して、その攻撃的な社会観を形成する最初の踏み台になったという意味で、後者でいうなら、意志と情熱が全てを決定すると考えないような、中庸で微温的な生き方を徹底的に拒絶する、後年の彼女の思想・行動にはっきり認められる情熱こそ至上の価値であるという思考の出発点となったという意味で、いずれも大きな意味を持った出来事だった。

恋に落ちたシャザルは、単にフロラに思いを打ち明けるだけでなく、一家の住むみすぼらしいアパートに幾度も足を運び、フロラの母に向かって必死に結婚の承諾を求めている。それは、酒におぼれ賭事にのめり込む後年の生活破綻者シャザルからはとても想像できない誠実な姿勢であった。

このようなシャザルの真摯な姿勢と、またそれまでに体験した二度にわたる苦い失恋の痛手を忘れさせてしまうような激しい情熱を彼に認めたためだろうか、フロラは結局彼との結婚を承諾してしまう。それはフロラが一八歳の時であった。それから一八年後、彼女はこの結婚を回想してこう述べている。

「母は私に愛してもいないシャザルとの結婚を無理矢理おしつけた」と。

結婚を若気の過ちと母の強制に帰しているフロラのこの言葉を文字通りに受け取っていいだろうか。フロラ研究家の多くはこれに疑問を投げかけ、自己の行為を絶対化し、少しでもこれに異を唱えるものは容赦なく切り捨ててしまおうとする彼女の非寛容的性格に由来する自己正当化の科白であるとみなしている。確かにそうした見方も当然で、彼女の社会的活動に理解を示し、それを支えてくれた真の同志ともいうべき人間は生涯でエレオノール・ブランという女性たった一人だったことにもそれははっきりと示されている。

いずれにせよ、フロラ研究家の一人ジャン・バーレンもいうように、二度にわたる苦い失恋を味わったため「今後二度と再び、私の共有できないような感情を他者に抱かせるのは止めよう」と固く決めていた彼女は、以前に体験したような心の高揚にかられたロマネスクな感情でシャザルを愛することはなかったかもしれないが、それでも「少なくとも一時は、そうした感情とは別の形で彼を愛した」からこそ結婚に踏み切ったことは間違いない事実である。

希望に満ちた二人の新婚生活は始まったが、蜜月は長くは続かなかった。片や、今でこそ落ちぶれているけれど、もとを遡ればペルーの高貴な家柄の血を引く人間であるという自負心に満ち溢れ、幼少期に母がしょっちゅう耳元で語って聞かせてくれた言葉《ペルーの高貴な血筋を引くフロラ家、それは他の人々とは異なる別種の存在なのだ》という《選民》意識を露（あらわ）に示し、常に知的世界へのあこがれを抱いている夢みがちな一八歳の乙女と、パリの下町に暮らす酒好きな一介のしがない職人との間に時間が経つにつれ次第に理解し合えぬ深い溝が生じていくのは当然の成りゆきであった。何のドラマも生じない平凡な日常生活の中でも「当時私を幸せにしてくれたただ一つの感情は、大いなる献身が大いなる犠牲を招来し、襲いかかる不幸の犠牲者を偉大にし、気高くしてくれる、そうした不幸に苦しむ人への情熱的で一途な愛であった」などと日記に書くようなロマンチックな夢を追い求める彼女の気持ちなど、彩色工シャザルにとっては理解を越えた遙か彼方の別世界の感情であった。

このように次第に露になりつつある感情の齟齬に関係なく、二人の間には次々と(一八二一―一八二五までに二人)子供が生まれていった。賭博と酒に明け暮れ、生活費も渡さぬシャザルと、子供の世話や食事・洗濯など日常の些事、P・ルプローンの表現によれば「単に物質的生活の凡庸さばかりでなく、精神の凡庸さ」から一刻も早く脱出し抜けだし、それとは全く異なる何か自己表現できる知的世界に身を置きたいという憧れが日増しに強まるフロラとの間に破局が訪れるのはもはや時間の問題だった。この時期のフロラの脳中にあったのは、「その結果がどうなろうと、この過ちを消し去り、この関係を破り棄てること」ただその一念だけだった。

一八二五年三人目の子供の出産を契機にフロラはついに家を出ようと決心した。

家を出てからの数年間(一八二六―一八三一)については、彼女自身後の著作や日記でも全く触れていないため、闇に包まれたままである。「この間の出来事に関する一切の記録は破り捨ててしまった」と告白しているように、それはペルーの高貴な家柄の出自を自負し、誇り高い気質のフロラにとっては到底耐えられない、ひたすら生計の資を得るための泥にまみれた数年間であったからに違いない。実際、フロラにとってこの五年間は悪しき思い出しか残っていなかった。ペルーの名望家の血筋をひく自身への強烈な自負心など現実の生活上の諸問題に直面すれば、何の役にも立たないことを嫌というほど思い知らされたのである。こうして彼女は子供を母の手に預け、菓子屋の店員、ついでイギリス人貴族奥方の付添婦として雇われ、ヨーロッパ諸国を巡り歩くことになる。このような職業、とくに付添婦などという仕事は、気位の高い彼女にとって思い出したくもない屈辱的な職業だったかもしれない。しかし反面、イギリス人女性に付き添ってヨーロッパ諸国を巡り歩いたこと、とりわけこの六年間に二度にわたってロンドンを訪問し、そこで数々の貴重な経験を得たことは、後のペルーから帰国後に発表される小冊子『異国女性を歓待する必要性について』や、さらに後の主著『ロンドン散策』執筆に測り知れぬほど大きな役目を果たしてくれるとともに、旅というもの——決して物見遊山の旅などではない——がいかに人間の視野を拡げ深化させてくれるものであるかを肌身に感じさせ、彼女の人間的成長を一段と促す大きな要素になったのである。

サン＝シモン主義運動と七月革命との邂逅

フロラがいわゆる正規の教育をほとんど受けた経験がなかったことは等しく指摘されている事実である。それが、物心もつかぬ幼年期における父の突然の死により、フロラ一家が貧窮生活に追い込まれてしまったためであることは疑問の余地はない。にもかかわらず、人一倍向学心旺盛であったフロラは、その後全く独力で少しずつ知識習得を続けていった。ある時はパリの路地裏の古本屋で長時間立ち読みして知識の習得に励んだり、また本書「船上生活」の章で、航海中も暇を見つけては船長シャブリエやその他の船員と一緒にルソーやヴォルテールらの作品を読みあさったと語っているように、フロラの強い向学心は一八四一年旅先のボルドーで斃れるまで生涯一貫して変わらなかった。

一八二八年か二九年の頃だろうか、フロラは久しぶりでパリに戻り、とあるホテルでしばしの休息をとっていた。当時のフロラはまだ、一〇数年後の『ロンドン散策』や『労働者連合』で描くような現状変革への明確な社会観は持っていなかったが、貧困や私生児という身分ゆえに強いられる社会の抑圧や差別に対して激しい憎悪の念を抱き、これに対抗できる有効な理論上の武器を手にしたいと思っていた。

このような鬱屈するフロラの気持ちを解きほぐし、それまでの独りよがりで狭隘な思考を解放し、全く新しい社会観をもたらしてくれたのが、当時次第にパリ及びフランス全土の青年知識人たちに大きな影響を与えようとしていたサン゠シモン主義運動だった。

サン゠シモン主義者の目的はただ一つ、師サン゠シモンが絶えず訴え続けた《能力に応じた仕事を、仕事に応じた報酬を》を継承し、これをスローガンに掲げて、旧弊で反動的な復古王政の支配体制を覆し、いわゆる近代的なブルジョワ社会を建設しようと結集した青年知識人の集団であった。彼らはエコール・ポリテクニク出身のアンファンタンと、フランスでのカルボナリ運動の指導者の一人だったバザールの二人を教父に据え、いわばそれぞれが持つ能力と資質に応じて役割分担のきっちりと定められた階層制の下にメニルモンタンの一室に集まり、亡き師の教説を集約し、さらにそこに彼ら独自の学説を加えて作り上げた『サン゠シモン学説解義』を一般大衆に向けて解説する定期的な講演会を開いていた。大革命の成果を反古にして旧体制の再現を目指す復古王政の反動的な政治的、経済的諸政策を厳しく糾弾する演者のエネルギッシュな演説、即座にこれに賛同する聴衆の声というように、講演会場はいつも一種異様なほどの熱気に包まれていた。

たまたま一人の青年に案内されてフロラはこの講演会場に足を運んでいった。全く独学で勉学を積み、体系的な知識教養に欠けていた彼女にとって、演者の語る言葉やその内容は難解で、十分に理解できなかったが、少なくとも彼らの訴えかける現体制への批判と新社会樹立への必要性は即座に納得できた。

フロラが足を運んだサン＝シモン主義者の講演会場の様子を『フロラ・トリスタン、ある女パリアの反逆』の中で、ゲルハルト・レオは次のように描写している。いささか長くなるが、恐らくこれで会場の雰囲気はつかめるだろう。

「ほんの数本の蠟燭の明かりに照らされた薄暗い部屋で、多様なこの共同体は集会を開いている。技術学校の学生や技師、産業家、弁護士、ジャーナリスト、画家や音楽家などの芸術家というようにその多くは裕福な階層に属する人たちばかりである。女性の姿はほとんど見られず、労働者といえば、注意深く耳を傾けているが、一言も口を挟まない作業着を着て高いカスケット帽を被った数人が目に止まるだけである。

アンファンタンとバザールはプロレタリアの側により一層身を傾斜していった晩年のサン＝シモンの思想を解説している。フロラは友愛と《新キリスト教》について語られるのを耳にする。《最も貧しく、最も数多い階級》の置かれている惨状の改善に努めなくてはならないだろう。彼女は賃金労働者との強固な連帯という概念、さらにはまたそこで語られる女性論に感動する。女性とプロレタリアは両者とも解放されなくてはならないとアンファンタンは説いている。奴隷的身分という重圧に屈従させられたこの両者は我々に手を差し延べ、そして互いに新しい言葉を啓示してくれなくてはならない。世界の救済は女性に起因するだろうし、また民衆を救うのもまさしく女性なのだと彼は予言している」

それまで聞いたこともないし、まして読んだことなど一度もないようなこの新思想に接して、フロラが「天地もひっくり返るほどの衝撃」を受けことは想像に難くない。フロラに与えた衝撃からも分かるように、復古王政はサン＝シモン主義運動を単に既成の政治的秩序に異を唱える政治運動としてだけでなく、社会を根底で支えるモラルに疑問の眼差しを向け、これを根こそぎ覆そうとする一種の幅広い文化革命的運動と見なしていた。復古王政がこれを他のどのような社会変革運動や宗教運動よりも危険な運動と感じ取った理由もそこにあった。こうして、賛同者など微々たるものであり、また「社会の中心」を外れた「平和的な共同体」であったにもかかわらず、それが民衆に及ぼす危険な影響力を敏感に感じ取った当局は、国王の名の下に即座に解散を命じたのだった。憲兵が講演会場に乱入し、武力で解散させられた現場にフロラも居合わせていたとレオは述べている。彼女がサン＝シモン主義者の演説会場に参加したのはほんの二〜三度だけだったかもしれない。しかし、ほんの二〜三度だけだったとはいえ、既成の価値観を問い直し、権力と真正面から向かい合い、新社会を建設しようとするサン＝シモン主義者の真摯な姿勢と激しい情熱に圧倒されたフロラは、魂の奥底を揺さぶられるような深い感銘を受けたことは間違いない。

サン＝シモン主義運動に影響され、新たに変身したフロラの姿が試されたのは、それから数年後に生じた一八三〇年の七月革命のときである。はっきりと民衆の側に立ち、彼らの苦しみと怒りを共有し、彼らとともに復古王政打倒のデモ隊に加わった彼女は、それまでのようにただひたすら我が身の不幸を嘆き、やり場のない怒りを社会に向かって投げつけるだけの独りよがりで孤独な姿と何という違いであっただろう！　「私は一八三〇年七月の日々に参加し、そして民衆のヒロイズムに熱狂させられたが、身の危険などいささかも感じはしなかった」という『旅行記』の中の一節にもそれが読み取れるだろう。

サン＝シモン主義運動に接し、新しい世界観に触れてフロラの知的領域は大きく変化していこうとしていた。しかし、私的な問題では、破綻した夫婦関係は相変わらず何の解決策も見いだせぬまま彼女の心中に深い陰を投げかけていた。借金を抱え込み、破産宣告を受け、半ば自暴自棄になった夫から逃れようと、一大決心のもとで家を出てはみたが、夫権を盾にして昔通りの夫婦生活の回復を求めるシャザルの執拗な追跡を完全に振り払うことはできなかった。当時のシャザルといえば、ただもう「一介のしがない職人の自分を棄てた冷たい高慢な女」に対する復讐心と、どのような手段を使ってでも我が手にフロラと子供達を取り返さなくてはならないのだという執念にとりつかれた男であった。

ザシャリ・シャブリエとの出会いと、ペルーの叔父ドン・ピオ・デ・トリスタンとの文通

フロラが最初のイギリス旅行からパリに戻り、パリのホテルで娘アリーヌと一緒に久しぶりの休養をとり、サン＝シモン主義運動の演説会にも足を運んでいたりしていたちょうどその頃、後の彼女にペルー旅行を決心させる直接のきっかけとなった遠洋航海船の船長ザシャリ・シャブリエと運命的な出会いを体験するのが他ならぬこのホテルの食堂だった。シャブリエはたまたま一緒に食事のテーブルについた女性の名がトリスタンであることを耳にし、もしかして自分が商売で往来しているペルーの二大都市リマとアレキパで著名な富豪のトリスタン家と縁（ゆかり）の人間ではないだろうかと彼女に尋ねてみた。そうで

はないと答えたものの、さりげなく交したこの会話から、彼女は遙か彼方の祖国ペルーに父の弟ドン・ピオ・デ・トリスタンが今なお健在であり、さらにまたピオを初めペルーで活躍しているトリスタン一族に関する数多くの情報を入手することができた。亡き父の弟ドン・ピオ・デ・トリスタンは政治的にも社会的にも隠然たる勢力を保っており、加えてかの地で最も裕福な地主の一人で「アレキパ地方の砂糖黍プランテーション、精糖工場、広大な耕地、奴隷、農奴」の所有者でもあることが分かった。

父の死後、母がフロラ一家の置かれた窮状を理解してもらうために、さらになにがしかの金銭的援助を期待して二〇通余の手紙を送ったにもかかわらず、一通の返事も寄こしてくれなかった叔父、その叔父がペルーのアレキパで大地主として一大権力をふるっているのだ。

シャザルの話を聞き終えたフロラは、胸にわき上がる喜びを押さえることができなかった。かつてペルーの地にあり、亡き父が何くれとなく面倒を見、優しい愛情を注いでやった叔父であれば、彼女の存在と置かれているその状況——その全部ではないが——を知ったなら、きっと救いの手を差し延べてくれるに違いないと考えたとしても少しも不思議ではないだろう。

はやる気持ちを抑え、早速彼女は叔父に宛てて概略以下のような内容の手紙を——しかし、結婚している身であること、子供が二人いること、夫婦生活が破綻して夫の下から逃げ出したことなどは慎重に覆い隠しながら——書き送っている。

彼女はまず、両親は結婚に当たりスペイン国王の承認を得てはいなかったものの、その代わり二人は固い愛情で結ばれた真の夫婦だったと力説し、そして自分は疑いもなくこの深い夫婦愛で結ばれた両親から生まれた娘であると訴えてこう述べている。

「ここに洗礼の写しがあります。それでもまだ疑念を抱かれたら、私の両親の親しい友だったかの有名なシモン・ボリバールがそれを明らかにしてくれるでしょう。というのも、いつも父の家に足繁く訪れていた彼は、私が父の手で育てられているのを目にしていたからです……」

フロラはこう述べて、自分は紛れもなくピオの兄の一人娘であることを証明し、さらに両親が結婚を正式に認められなかった種々の事情を説明し、また父マリアノの死後生じたスペインとフランス間の政治的紛争のため、未亡人となった母が父の遺産相続権をいかに不当なやり方で剝奪されてしまったかを詳細に語ってから、締めくくりにこうしたためている。

「あなたの正義と善意に期待しております。私はよりよき未来を夢見て、あなたにおすがりしています。どうか私にあなたの保護を与えて下さい、そしてあなたの兄マリアノの娘に当然それを求める権利があるように、私を愛してくれるようにとお願いする次第です。かしこ。フロラ・トリスタン」

それから四年後、長く苦しい航海を経てペルーに上陸し、現実の叔父の姿に接して受けた大きな失望感と違って、この文面全体からは、まだ一度も会ってはいないが、かつて母がしょっちゅう語って聞かせてくれたように、心優しい亡き父が深い愛情を注ぎ、何くれとなく面倒をみてあげた叔父ならば、必ず彼女の希望を満たし、少々の無理難題にも応じてくれるに相違ないという期待感の滲み出ている手紙であった。

かつて母が二〇通以上も送ったにもかかわらず、叔父からは唯の一通も返事は返ってこなかった。ところが、今度はたったの一通だけだったのに、直ぐさま返事が返ってきたのは何故なのだろうか。フロラ研究家の多くが指摘するように、母が手紙を送った当時のペルーはスペインからの独立戦争の最中にあり、国内情勢は混乱の極にあったため、どの手紙もどこか途中で失われてしまったからなのだろう。しかしそんなペルーも、スペインとの長い植民地解放戦争に勝利して一八二一年ようやく念願の独立を達成し、本書「カンガロの闘い」の章で描かれているように、独立後の権力を巡る治安の不安定はあるものの、いわゆる国内の社会秩序は回復して既に一〇年が経過し、フロラの手紙は今度は間違いなく彼の下に届いたのだった。

フロラの叔父ドン・ピオ・デ・トリスタンは、兄がフランス人女性と結婚してパリに居を構え、二人の間から娘が一人誕生していたことは人伝(ひとづて)で耳にしていた。しかし兄の死後フロラ一家がどうなったかなどについては全く情報を手にすることはできず、加えて彼自身ペルーの権力闘争の渦中に投げ込まれていたため、遙か彼方の異国の地に住むフロラ一家のことなどもはや彼の脳中からはすっかり消え去ってしまっていた。

そのような彼の下に、二〇数年間音信不通だった兄トリスタン夫婦の一人娘から突然「保護と善意」、有り体に言えば遺産相続を求める手紙が届いたのである。いきなり出現した亡き兄の娘フロラに心底びっくりさせられ、加えて彼女から思いもよらぬ「遺産請求」を申し込まれたドン・ピオが、天地もひっくり返るほどのショックを受けたとしても少しも不思議ではない。彼は直ぐさま顧問弁護士と慎重に相談し、この弁護士の忠告に従い、提出された幾つかの要求をやんわりと退けて、以下のような返事を送っている。

「六月二日のあなたのお手紙、とても驚くと同時に喜んで受け取りました。一八二三年ボリバール将軍が当地に来て以来、私の最愛の兄マリアノ・デ・トリスタンが死に際して娘を一人残していたことは承知しておりました。……私はあなたの送ってくれた洗礼証明書を検討した結果、その証明書が嘘偽りのない本物であることを証明する力に欠けており、また当然そうでなくてはならない筈の、それを交付した司祭の署名を本物であると保証する三人の公証人の署名が付いていなかったにもかかわらず、私は兄の認知した娘というあなたの資格については、これを全面的に信用することに致します。亡き兄の正妻というあなたの母上の資格については、あなた自身認め告白しているように、母上の行った教会での結婚式という方法は無効であり、またかの国のみならずキリスト教国であればどこの国にいっても何の価値ももつものではありません。……あなたが兄の非嫡出子に過ぎぬ存在なのだということを分かって下さい。かといって、そのことはあなたが私の配慮や優しい愛情を受けるに値しない理由とはなりません。私たちの敬愛すべき母はまだ存命で、齢八九です。……彼女はあなたが生きていること、置かれている境遇を知り、また家族のものたちにもせがまれて、あなたのために現金で三〇〇〇ピアストルもの大金を遺贈し残してありますから、どうかこれをあなたへの私の特別な好意、私たちの母の息子マリアノへの尽きせぬ愛、家族全員の忘れられぬ思い出の証しと思ってください。……ボルドーの私の法廷代理人はベルテラ氏で、彼の意見に従い、私はあなたに二五〇〇フランの手形か為替を送ることにします。その総額を手にするには、公証人立会の下で作成されたあなたの出生証明書を彼に送らなくてはなりません。あなたのためを思い、またあなたの万が一のことを考えて、あなたに対して行われた遺贈の総額三〇〇〇ピアストルをあなたに届ける手段が手に入るまでは——その遺贈分の安全確保のため、私は適切な手段をとるつもりですが——この金額で満足して下さい」

知恵者で人生経験豊富な百戦錬磨の叔父ドン・ピオにとって、いたずらに自己の《正当性》を振りかざし、遮二無二突進するばかりの異国女性の攻撃をかわすことなどいともたやすかった。

フロラの一番願っていた両親の結婚の正当性と嫡出子としての承認は断固としてはねのけ、従って、彼女には遺産相続権など一切認めず、そのかわり兄の非嫡出子として祖母からの遺贈分の三〇〇〇ピアストルと、自ら温情として二五〇〇フランの手形を彼女に与えて一件落着させてしまおうと考える叔父の巧妙な作戦を前にしては、世の駆け引きなど少しも知らず、人生経験も浅い清純な女性の典型ともいうべきフロラの主張などあっという間に粉砕されてしまった。

フロラの出した要求をことごとく退けてしまう冷静で無情な叔父のこの返事を受け取って、彼女は一瞬怒りの感情にとらわれ我を忘れてしまうほどだった。じゃあ、自分は私生児という身分のまま遺産相続権も何もなく、永久に「パリア」でなくてはいけないのだろうか。いつの日にかペルーに渡り、どうしてもこの問題に決着をつけなくてはならない、という思いがこの時を境に次第にフロラの心の中にわき上がってきたのだった。

シャザルとの争いからメキシカン号乗船まで

一八三二年二度目のイギリス滞在から戻ったフロラは、叔父トマ・ジョゼフ・レネのとりなしで、懸案の夫婦間の問題に決着をつけようと決心した。トマ宅で行われた話し合いで、「夫婦別居についてはは現行の法のどんな要求にも従い、……将来離婚が問題となった場合、離婚法が再び復活した時に限り、話し合いの上でこれに応じるつもりである」と夫は述べ、息子だけは自分の手元に引き取るという条件をつけた上でフロラの要求をほぼ認めてくれた。しかし、これはあくまで一時的な和解の条件であり、夫の本意は別居にも応じず、あわよくば力ずくでも娘アリーヌを奪い取り、フロラを徹底的に苦しめてやろうとすることにあった。夫が会談の最後で含み笑いを浮かべながら、どんな手段を使ってでもいつか必ずアリーヌの住所を探し出し、彼女を奪ってみせると言い放ったときには、それまで浴びせられた数々の暴言に必死に耐えていたフロラもとうとう堪忍袋の尾が切れ、手近にある「皿を摑んで投げつけ」てしまうほどの激しようであった。

この会談の翌日には、前日よりさらに悲劇的な出来事が待ちかまえていた。自宅に戻るフロラの後を執拗に追いかけていたシャザルは、パリの街頭で突然道行く幾人かの青年たちに向かって大声で「その女は私の妻だ。私のものを盗んでいった女だ」とわめき、彼女を取り押さえてくれるように頼んだ。フロラを捕まえようとするシャザル、遮二無二に夫の暴力から逃れようとするフロラ、そんな激しい争いで彼女は着物のホックもとれてしまい、しまいには二人一緒に道路に倒れ込んでしまった。周囲を取り囲む青年たちはフロラを助けてやろうとしたが「彼女に触れるな、それは私の妻なんだ」と叫ぶシャザルの声を耳にすれば、黙って手をこまねいて二人の争いをじっと見ている以外に手だてはなかった。ようやく中の一人の青年の助けを借りて彼女は窮地から抜け出せたが、この事件からもわかるように、フロラのシャザルに対する侮蔑感と嫌悪感、他方でシャザルのフロラへの怨念と復讐心は、ほんの些細な出来事でも一挙に暴発するぎりぎりのところにまで達していたのである。

この時期のフロラには、自己の所有物とみなして妻の後を執拗に追い求めるシャザルがいつ目の前に現れるかもしれないという恐怖心に捕らわれて、ただひたすら彼の手から逃れたいという思いしかなかった。この事件が起きてから半年余り、娘のアリーヌを連れてパリを脱出し、町から町へ、村から村へとさまよい歩いているフロラの姿にそれははっきりと現われている。この流浪の旅の途中では、しばしば官憲から不審人物とみなされ——一度は、ルイ・フィリップ王政を転覆し、息子のデュック・ド・ボルドー公を王座に就かせようと陰謀を図ったシャルル一〇世の義理の娘ベリー公夫人に間違われたりした——尋問を受けたこともあった。ようやくアングレームにたどり着いたフロラは、投宿したとあるホテルの女主人の計らいでアリーヌを彼女の手に預け、再びパリに戻った。信頼できる女性に愛娘を預け、再び自由に行動できる身となった彼女であったが、娘の養育費の支払いや自身の暮らしをたてていくためには、何としてもまとまったお金が必要であった。せっぱ詰まった状況に追い込まれたフロラの頭に最後に浮かんだのが、亡き父の祖国ペルーで生活するトリスタン家、とりわけ亡き父が生前父親代わりとなってあらん限りの愛情を注いでやった叔父ピオ・デ・トリスタンへの庇護を求めるペルーへの旅であった。

一八三三年四月七日意を決したフロラは、ボルドーの港から、偶然にもかつてパリのホテルの食堂で同席したザシャリ・シャブリエ船長の率いる商船メキシカン号に乗船し、一三三日にもわたる船旅を含む一年数カ月のペルー旅行に出発した。

一八三〇年代のフランスにあって、荒くれ船員に混じり、また見ず知らずの乗客（メキシカン号の乗船客はフロラを含めて五名だった）と一緒に長期の船旅を敢行し、さらにまたこの旅を通じて、当時のフランス人にとってまだ未知の国ともいうべきペルーを隈無く観察し、これをフランス人に紹介する旅行記をまとてみようとすることなど全く破天荒の仕業であった。

しかし、夫の追求を逃れ、さらに生活の資を手に入れるため、イギリス人女性の付添婦として、それまで既にスイス、オランダ、イギリスなどの国々を巡り歩いた体験から、人種、国境、宗教などが内に持つ強固な異端排除という負の側面を十分に認識し、同時にまた女性の一人旅に注がれる偏見に満ちた世間の厳しい視線をいやというほど実感させられ、以前より一回りも二回りも大きく人間的な成長を遂げていたフロラにとって、女の一人旅などいささかも気になる障害ではなかった。いや、むしろそれまでの体験を踏まえ、全く見知らぬ都市や町や村、あるいはさらに遙か彼方の異国ペルーを旅する女性の一人旅にどのような圧迫や偏見が加えられるかをじっくりと観察し、これと対決し、さらにこれを乗り越えることに積極的な意味を見出していこうとしていたとさえいってもいいかもしれない。

こうして四ヶ月余にもわたる長い船旅と一年ほどのペルーでの滞在を基に、その体験を克明に綴った本書『ペルー旅行記、一八三三―一八三四――ある女パリアの遍歴』が、ペルーから帰国後数年を経た一八三七年一一月、パリのアルチュス・ベルトラン社から出版された。

読んで分かるように、この『旅行記』は同時代に数多く出版されたエキゾチズムに溢れた異国訪問記の類では決してない。念願の独立を達成したとはいえ、スペインの植民国の色彩がいまだになお色濃く残る南米ペルーの政治、社会、宗教、民衆の風俗習慣など社会の諸相をえぐり出し、その後進性に徹底的な批判の矢を浴びせた社会探訪の書であることは一目瞭然である。

そのことは、初版本がペルーに届くや否や、これを読んだ彼女の親族や、当時のペルーの権力者たちが烈火のごとく怒り狂い、ドン・ピオは彼女に約束してそれまできちんと送っていた年金を即座に停止したり、あるいはまたペルーの権力者たちはこれを発禁書のリストに載せ、同時に、フロラの姿に似せた藁人形をリマの劇場前とアレキパの市役所前広場に据えつけ、公衆の面前で焼き払って彼らの憤怒を表示したことをみても明らかである。

ところが、フランスでは事情は全く別だった。『旅行記』に対するペルーでの評判は上で見たように散々だったが、反対にフランスでは、この新しい女性ルポルタージュ作家の出現は拍手喝采で迎えられ、賛否両論あったものの、当時のパリの知識人の間に広く行き渡っていた『ヴォルール』や『アルチスト』などの雑誌に競ってその書評が掲載され、一躍フロラはパリの文壇の寵児となったのである。これを機会にパリ文壇でのフロラの位置は次第に確たるものとなっていき、こうしてさらに後の彼女の主著『ロンドン散策』や『ユニオン・ウーヴリエール』などの下地が出来上がっていった。

『旅行記』出版後、フロラの所在を突き止めた夫シャザルの手によって、パリの街頭で拳銃殺害未遂事件を起こされるというショッキングな事件が生じたにもかかわらず、驚異的な回復力で傷から癒えたフロラは、ある意味では、この事件を報じるマスコミを巧みに利用しながら、その後旺盛な執筆、社会啓蒙活動を展開していくことになる。

その最初の成果が、彼女のそれまでの三度に渡るロンドン滞在を集約し、その数年後に発表される『ロンドン散策』となって実現されるのである。

＊

本書の翻訳に取りかかったのが今から約九年前、訳者がフロラ研究のためサン・テチエンヌのジャン・モネ大学に研究派遣された時が最初だった。当時ジャン・モネ大学にはフロラ・トリスタン研究の第一人者であるステファン・ミショー教授（現在パリ大学）が在職中であり、フロラに関する書籍の借り出しに多大な便宜を図ってくれたり、また本書の翻訳に当たり、訳者の投げかける数多くの質問に労を厭わず懇切丁寧に答えてくれた。従って、拙訳は何を措いてもまず第一にステファン・ミショー教授に献呈したい。

また、長期間じっと原稿の完成を待っていただいた法政大学出版局の方々、とりわけ校正に際しては編集部の秋田公士氏に一方ならぬ労力を注いでいただいた。ここで心から感謝の意を表しておきたい。

小杉　隆芳

《叢書・ウニベルシタス　789》
ペルー旅行記 1833-1834
――ある女パリアの遍歴

2004年 2 月13日　初版第 1 刷発行

フロラ・トリスタン
小杉隆芳 訳
発行所　財団法人　法政大学出版局
〒102-0073 東京都千代田区九段北3-2-7
電話03(5214)5540 振替00160-6-95814
製版，印刷　三和印刷／鈴木製本所

Printed in Japan

ISBN4-588-00789-0

著　者

フロラ・トリスタン（Flora Tristan）

19世紀フランスの女性社会主義者．1803年，ペルー人の父とフランス人の母との間に，パリで生まれる．4歳の時に父を亡くし，自らの結婚生活にも失敗して，貧困と女性ゆえの社会的差別に終生苦しめられるが，強い意志と優れた知性，さらに国内はもとより，ペルーやイギリスにも渡る大胆な行動力をもって，女性の解放，労働者の自立と連帯を訴える運動に生涯を捧げた．離婚制度復活や死刑廃止を議会に訴えるかたわら，単身ペルーに渡った際の体験記が本書である．ほかに，プロレタリア小説『メフィス』（1838），4度の渡英経験に基づく『ロンドン散策』（1840，邦訳小局刊），オーエンの多大な影響を受けて労働者のユートピア建設を構想した『労働者連合』（1843）などを著わし，その先駆的思想は48年革命を準備する精神的底流の一つとなった．1844年11月，地方労働者への宣伝の旅の途中，壮途半ばにしてボルドーで病没した．その娘アリーナはのちに画家ポール・ゴーギャンの母となる．

訳　者

小杉隆芳（こすぎ たかよし）

1967年静岡大学文理学部卒業．74年東京都立大学大学院博士課程中退．現在，豊橋技術科学大学教授．訳書に，パラン＝デュシャトレ『十九世紀パリの売春』，共訳に，トリスタン『ロンドン散策』，カスー『1848年』，シャルレティ『サン＝シモン主義の歴史』（以上，法政大学出版局刊）がある．

叢書・ウニベルシタス

				(頁)
1	芸術はなぜ必要か	E.フィッシャー／河野徹訳	品切	302
2	空と夢〈運動の想像力にかんする試論〉	G.バシュラール／宇佐見英治訳		442
3	グロテスクなもの	W.カイザー／竹内豊治訳		312
4	塹壕の思想	T.E.ヒューム／長谷川鉱平訳	品切	316
5	言葉の秘密	E.ユンガー／菅谷規矩雄訳		176
6	論理哲学論考	L.ヴィトゲンシュタイン／藤本，坂井訳		350
7	アナキズムの哲学	H.リード／大沢正道訳		318
8	ソクラテスの死	R.グアルディーニ／山村直資訳		366
9	詩学の根本概念	E.シュタイガー／高橋英夫訳		334
10	科学の科学〈科学技術時代の社会〉	M.ゴールドスミス，A.マカイ編／是永純弘訳	品切	346
11	科学の射程	C.F.ヴァイツゼカー／野田，金子訳	品切	274
12	ガリレオをめぐって	オルテガ・イ・ガセット／マタイス，佐々木訳		290
13	幻影と現実〈詩の源泉の研究〉	C.コードウェル／長谷川鉱平訳	品切	410
14	聖と俗〈宗教的なるものの本質について〉	M.エリアーデ／風間敏夫訳		286
15	美と弁証法	G.ルカッチ／良知，池田，小箕訳	品切	372
16	モラルと犯罪	K.クラウス／小松太郎訳		218
17	ハーバート・リード自伝	北條文緒訳		468
18	マルクスとヘーゲル	J.イッポリット／宇津木，田口訳	品切	258
19	プリズム〈文化批判と社会〉	Th.W.アドルノ／竹内，山村，板倉訳	品切	246
20	メランコリア	R.カスナー／塚越敏訳		388
21	キリスト教の苦悶	M.de ウナムーノ／神吉，佐々木訳		202
22	アインシュタイン ゾンマーフェルト往復書簡	A.ヘルマン編／小林，坂口訳	品切	194
23 24	群衆と権力（上・下）	E.カネッティ／岩田行一訳		440 356
25	問いと反問〈芸術論集〉	W.ヴォリンガー／土肥美夫訳		272
26	感覚の分析	E.マッハ／須藤，廣松訳		386
27 28	批判的モデル集（I・II）	Th.W.アドルノ／大久保健治訳	〈品切〉 〈品切〉	I 232 II 272
29	欲望の現象学	R.ジラール／古田幸男訳		370
30	芸術の内面への旅	E.ヘラー／河原，杉浦，渡辺訳	品切	284
31	言語起源論	ヘルダー／大阪大学ドイツ近代文学研究会訳		270
32	宗教の自然史	D.ヒューム／福鎌，斎藤訳		144
33	プロメテウス〈ギリシア人の解した人間存在〉	K.ケレーニイ／辻村誠三訳	品切	268
34	人格とアナーキー	E.ムーニエ／山崎，佐藤訳		292
35	哲学の根本問題	E.ブロッホ／竹内豊治訳		194
36	自然と美学〈形体・美・芸術〉	R.カイヨワ／山口三夫訳	品切	112
37 38	歴史論（I・II）	G.マン／加藤，宮野訳	I・品切 II・品切	274 202
39	マルクスの自然概念	A.シュミット／元浜清海訳	品切	316
40	書物の本〈西欧の書物と文化の歴史．書物の美学〉	H.プレッサー／轡田収訳		448
41 42	現代への序説（上・下）	H.ルフェーヴル／宗，古田監訳	品切	上・220 下・296
43	約束の地を見つめて	E.フォール／古田幸男訳	品切	320
44	スペクタクルと社会	J.デュビニョー／渡辺淳訳	品切	188
45	芸術と神話	E.グラッシ／榎本久彦訳		266
46	古きものと新しきもの	M.ロベール／城山，島，円子訳		318
47	国家の起源	R.H.ローウィ／古賀英三郎訳	品切	204
48	人間と死	E.モラン／古田幸男訳		448
49	プルーストとシーニュ（増補版）	G.ドゥルーズ／宇波彰訳		252
50	文明の滴定〈科学技術と中国の社会〉	J.ニーダム／橋本敬造訳	品切	452
51	プスタの民	I.ジュラ／加藤二郎訳		382

			(頁)
104 言語芸術作品〔第2版〕	W.カイザー／柴田斎訳	品切	688
105 同時代人の肖像	F.ブライ／池内紀訳		212
106 レオナルド・ダ・ヴィンチ〔第2版〕	K.クラーク／丸山，大河内訳		344
107 宮廷社会	N.エリアス／波田，中埜，吉田訳		480
108 生産の鏡	J.ボードリヤール／宇波，今村訳		184
109 祭祀からロマンスへ	J.L.ウェストン／丸小哲雄訳		290
110 マルクスの欲求理論	A.ヘラー／良知，小箕訳	品切	198
111 大革命前夜のフランス	A.ソブール／山崎耕一訳	品切	422
112 知覚の現象学	メルロ=ポンティ／中島盛夫訳		904
113 旅路の果てに〈アルペイオスの流れ〉	R.カイヨワ／金井裕訳		222
114 孤独の迷宮〈メキシコの文化と歴史〉	O.パス／高山，熊谷訳		320
115 暴力と聖なるもの	R.ジラール／古田幸男訳		618
116 歴史をどう書くか	P.ヴェーヌ／大津真作訳		604
117 記号の経済学批判	J.ボードリヤール／今村，宇波，桜井訳		304
118 フランス紀行〈1787，1788&1789〉	A.ヤング／宮崎洋訳		432
119 供　犠	M.モース，H.ユベール／小関藤一郎訳		296
120 差異の目録〈歴史を変えるフーコー〉	P.ヴェーヌ／大津真作訳	品切	198
121 宗教とは何か	G.メンシング／田中，下宮訳		442
122 ドストエフスキー	R.ジラール／鈴木晶訳	品切	200
123 さまざまな場所〈死の影の都市をめぐる〉	J.アメリー／池内紀訳		210
124 生　成〈概念をこえる試み〉	M.セール／及川馥訳		272
125 アルバン・ベルク	Th.W.アドルノ／平野嘉彦訳		320
126 映画　あるいは想像上の人間	E.モラン／渡辺淳訳	品切	320
127 人間論〈時間・責任・価値〉	R.インガルデン／武井，赤松訳		294
128 カント〈その生涯と思想〉	A.グリガ／西牟田，浜田訳		464
129 同一性の寓話〈詩的神話学の研究〉	N.フライ／駒沢大学フライ研究会訳		496
130 空間の心理学	A.モル，E.ロメル／渡辺淳訳		326
131 飼いならされた人間と野性的人間	S.モスコヴィッシ／古田幸男訳		336
132 方　法　1．自然の自然	E.モラン／大津真作訳	品切	658
133 石器時代の経済学	M.サーリンズ／山内昶訳		464
134 世の初めから隠されていること	R.ジラール／小池健男訳		760
135 群衆の時代	S.モスコヴィッシ／古田幸男訳	品切	664
136 シミュラークルとシミュレーション	J.ボードリヤール／竹原あき子訳		234
137 恐怖の権力〈アブジェクシオン〉試論	J.クリステヴァ／枝川昌雄訳		420
138 ボードレールとフロイト	L.ベルサーニ／山縣直子訳		240
139 悪しき造物主	E.M.シオラン／金井裕訳		228
140 終末論と弁証法〈マルクスの社会・政治思想〉	S.アヴィネリ／中村恒矩訳	品切	392
141 経済人類学の現在	F.プイヨン編／山内昶訳		236
142 視覚の瞬間	K.クラーク／北條文緒訳		304
143 罪と罰の彼岸	J.アメリー／池内紀訳		210
144 時間・空間・物質	B.K.ライドレー／中島龍三訳	品切	226
145 離脱の試み〈日常生活への抵抗〉	S.コーエン，N.テイラー／石黒毅訳		321
146 人間怪物論〈人間脱走の哲学の素描〉	U.ホルストマン／加藤二郎訳		206
147 カントの批判哲学	G.ドゥルーズ／中島盛夫訳		160
148 自然と社会のエコロジー	S.モスコヴィッシ／久米，原訳		440
149 壮大への渇仰	L.クローネンバーガー／岸，倉田訳		368
150 奇蹟論・迷信論・自殺論	D.ヒューム／福鎌，斎藤訳		200
151 クルティウス－ジッド往復書簡	ディークマン編／円子千代訳		376
152 離脱の寓話	M.セール／及川馥訳		178

				(頁)
153	エクスタシーの人類学	I.M.ルイス／平沼孝之訳		352
154	ヘンリー・ムア	J.ラッセル／福田真一訳		340
155	誘惑の戦略	J.ボードリヤール／宇波彰訳	品切	260
156	ユダヤ神秘主義	G.ショーレム／山下,石丸,他訳		644
157	蜂の寓話〈私悪すなわち公益〉	B.マンデヴィル／泉谷治訳	品切	412
158	アーリア神話	L.ポリアコフ／アーリア主義研究会訳	品切	544
159	ロベスピエールの影	P.ガスカール／佐藤和生訳		440
160	元型の空間	E.ゾラ／丸小哲雄訳		336
161	神秘主義の探究〈方法論的考察〉	E.スタール／宮元啓一,他訳		362
162	放浪のユダヤ人〈ロート・エッセイ集〉	J.ロート／平田,吉田訳	品切	344
163	ルフー，あるいは取壊し	J.アメリー／神崎巌訳		250
164	大世界劇場〈宮廷祝宴の時代〉	R.アレヴィン,K.ゼルツレ／円子修平訳	品切	200
165	情念の政治経済学	A.ハーシュマン／佐々木,旦訳		192
166	メモワール〈1940-44〉	レミ／築島謙三訳		520
167	ギリシア人は神話を信じたか	P.ヴェーヌ／大津真作訳	品切	340
168	ミメーシスの文学と人類学	R.ジラール／浅野敏夫訳	品切	410
169	カバラとその象徴的表現	G.ショーレム／岡部,小岸訳	品切	340
170	身代りの山羊	R.ジラール／織田,富永訳	品切	384
171	人間〈その本性および世界における位置〉	A.ゲーレン／平野具男訳		608
172	コミュニケーション〈ヘルメスⅠ〉	M.セール／豊田,青木訳		358
173	道　化〈つまずきの現象学〉	G.v.バルレーヴェン／片岡啓治訳	品切	260
174	いま,ここで〈アウシュヴィッツとヒロシマ以後の哲学的考察〉	G.ピヒト／斎藤,浅野,大野,河井訳		600
175 176 177	真理と方法〔全三冊〕	H.-G.ガダマー／轡田,麻生,三島,他訳	Ⅰ・350 Ⅱ・ Ⅲ・	
178	時間と他者	E.レヴィナス／原田佳彦訳		140
179	構成の詩学	B.ウスペンスキイ／川崎,大石訳	品切	282
180	サン=シモン主義の歴史	S.シャルレティ／沢崎,小杉訳		528
181	歴史と文芸批評	G.デルフォ,A.ロッシュ／川中子弘訳		472
182	ミケランジェロ	H.ヒバード／中山,小野訳	品切	578
183	観念と物質〈思考・経済・社会〉	M.ゴドリエ／山内昶訳		340
184	四つ裂きの刑	E.M.シオラン／金井裕訳		234
185	キッチュの心理学	A.モル／万沢正美訳		344
186	領野の漂流	J.ヴィヤール／山下俊一訳		226
187	イデオロギーと想像力	G.C.カバト／小箕俊介訳		300
188	国家の起源と伝承〈古代インド社会史論〉	R.=ターパル／山崎,成澤訳		322
189	ベルナール師匠の秘密	P.ガスカール／佐藤和生訳		374
190	神の存在論的証明	D.ヘンリッヒ／本間,須田,座小田,他訳		456
191	アンチ・エコノミクス	J.アタリ,M.ギヨーム／斎藤,安孫子訳		322
192	クローチェ政治哲学論集	B.クローチェ／上村忠男編訳		188
193	フィヒテの根源的洞察	D.ヘンリッヒ／座小田,小松訳		184
194	哲学の起源	オルテガ・イ・ガセット／佐々木孝訳	品切	224
195	ニュートン力学の形成	ベー・エム・ゲッセン／秋間実,他訳		312
196	遊びの遊び	J.デュビニョー／渡辺淳訳	品切	160
197	技術時代の魂の危機	A.ゲーレン／平野具男訳	品切	222
198	儀礼としての相互行為	E.ゴッフマン／浅野敏夫訳		376
199	他者の記号学〈アメリカ大陸の征服〉	T.トドロフ／及川,大谷,菊地訳		370
200	カント政治哲学の講義	H.アーレント著.R.ベイナー編／浜田監訳		302
201	人類学と文化記号論	M.サーリンズ／山内昶訳	品切	354
202	ロンドン散策	F.トリスタン／小杉,浜本訳		484

				(頁)
203	秩序と無秩序	J.-P.デュピュイ／古田幸男訳		324
204	象徴の理論	T.トドロフ／及川馥, 他訳	品切	536
205	資本とその分身	M.ギヨーム／斉藤日出治訳		240
206	干　渉〈ヘルメスII〉	M.セール／豊田彰訳		276
207	自らに手をくだし〈自死について〉	J.アメリー／大河内了義訳	品切	222
208	フランス人とイギリス人	R.フェイバー／北條, 大島訳		304
209	カーニバル〈その歴史的・文化的考察〉	J.カロ・バロッハ／佐々木孝訳	品切	622
210	フッサール現象学	A.F.アグィーレ／川島, 工藤, 林訳		232
211	文明の試練	J.M.カディヒィ／塚本, 秋山, 寺西, 島訳		538
212	内なる光景	J.ポミエ／角山, 池部訳		526
213	人間の原型と現代の文化	A.ゲーレン／池井望訳		422
214	ギリシアの光と神々	K.ケレーニイ／円子修平訳	品切	178
215	初めに愛があった〈精神分析と信仰〉	J.クリステヴァ／枝川昌雄訳		146
216	バロックとロココ	W.v.ニーベルシュッツ／竹内章訳		164
217	誰がモーセを殺したか	S.A.ハンデルマン／山形和美訳		514
218	メランコリーと社会	W.レペニース／岩田, 小竹訳		380
219	意味の論理学	G.ドゥルーズ／岡田, 宇波訳		460
220	新しい文化のために	P.ニザン／木内孝訳		352
221	現代心理論集	P.ブールジェ／平岡, 伊藤訳		362
222	パラジット〈寄食者の論理〉	M.セール／及川, 米山訳		466
223	虐殺された鳩〈暴力と国家〉	H.ラボリ／川中子弘訳		240
224	具象空間の認識論〈反・解釈学〉	F.ダゴニェ／金森修訳		300
225	正常と病理	G.カンギレム／滝沢武久訳		320
226	フランス革命論	J.G.フィヒテ／桝田啓三郎訳		396
227	クロード・レヴィ=ストロース	O.パス／鼓, 木村訳		160
228	バロックの生活	P.ラーンシュタイン／波田節夫訳	品切	520
229	うわさ〈もっとも古いメディア〉増補版	J.-N.カプフェレ／古田幸男訳		394
230	後期資本制社会システム	C.オッフェ／寿福真美編訳	品切	358
231	ガリレオ研究	A.コイレ／菅谷暁訳		482
232	アメリカ	J.ボードリヤール／田中正人訳	品切	220
233	意識ある科学	E.モラン／村上光彦訳		400
234	分子革命〈欲望社会のミクロ分析〉	F.ガタリ／杉村昌昭訳		340
235	火，そして霧の中の信号—ゾラ	M.セール／寺田光徳訳		568
236	煉獄の誕生	J.ル・ゴッフ／渡辺, 内田訳		698
237	サハラの夏	E.フロマンタン／川端康夫訳		336
238	パリの悪魔	P.ガスカール／佐藤和夫訳		256
239 240	自然の人間的歴史（上・下）	S.モスコヴィッシ／大津真作訳	品切	上・494 下・390
241	ドン・キホーテ頌	P.アザール／円子千代訳	品切	348
242	ユートピアへの勇気	G.ピヒト／河井徳治訳	品切	202
243	現代社会とストレス〔原書改訂版〕	H.セリエ／杉, 田多井, 藤井, 竹宮訳		482
244	知識人の終焉	J.-F.リオタール／原田佳彦, 他訳		140
245	オマージュの試み	E.M.シオラン／金井裕訳		154
246	科学の時代における理性	H.-G.ガダマー／本間, 座小田訳		158
247	イタリア人の太古の知恵	G.ヴィーコ／上村忠男訳		190
248	ヨーロッパを考える	E.モラン／林　勝一訳		238
249	労働の現象学	J.-L.プチ／今村, 松島訳		388
250	ポール・ニザン	Y.イシャグプール／川俣晃自訳		356
251	政治的判断力	R.ベイナー／浜田義文監訳	品切	310
252	知覚の本性〈初期論文集〉	メルロ=ポンティ／加賀野井秀一訳		158

				(頁)
253	言語の牢獄	F.ジェームソン／川口喬一訳		292
254	失望と参画の現象学	A.O.ハーシュマン／佐々木,杉田訳		204
255	はかない幸福—ルソー	T.トドロフ／及川馥訳	品切	162
256	大学制度の社会史	H.W.プラール／山本尤訳		408
257 258	ドイツ文学の社会史 (上・下)	J.ベルク,他／山本,三島,保坂,鈴木訳		上・766 下・648
259	アランとルソー〈教育哲学試論〉	A.カルネック／安斎,並木訳		304
260	都市・階級・権力	M.カステル／石川淳志監訳	品切	296
261	古代ギリシア人	M.I.フィンレー／山形和美訳	品切	296
262	象徴表現と解釈	T.トドロフ／小林,及川訳		244
263	声の回復〈回想の試み〉	L.マラン／梶野吉郎訳		246
264	反射概念の形成	G.カンギレム／金森修訳		304
265	芸術の手相	G.ピコン／末永照和訳		294
266	エチュード〈初期認識論集〉	G.バシュラール／及川馥訳		166
267	邪な人々の昔の道	R.ジラール／小池健男訳		270
268	〈誠実〉と〈ほんもの〉	L.トリリング／野島秀勝訳	品切	264
269	文の抗争	J.-F.リオタール／陸井四郎,他訳		410
270	フランス革命と芸術	J.スタロバンスキー／井上尭裕訳	品切	286
271	野生人とコンピューター	J.-M.ドムナック／古田幸男訳		228
272	人間と自然界	K.トマス／山内昶,他訳		618
273	資本論をどう読むか	J.ビデ／今村仁司,他訳		450
274	中世の旅	N.オーラー／藤代幸一訳		488
275	変化の言語〈治療コミュニケーションの原理〉	P.ワツラウィック／築島謙三訳		212
276	精神の売春としての政治	T.クンナス／木戸,佐々木訳		258
277	スウィフト政治・宗教論集	J.スウィフト／中野,海保訳		490
278	現実とその分身	C.ロセ／金井裕訳		168
279	中世の高利貸	J.ル・ゴッフ／渡辺香根夫訳		170
280	カルデロンの芸術	M.コメレル／岡部仁訳		270
281	他者の言語〈デリダの日本講演〉	J.デリダ／高橋允昭編訳		406
282	ショーペンハウアー	R.ザフランスキー／山本尤訳		646
283	フロイトと人間の魂	B.ベテルハイム／藤瀬恭子訳		174
284	熱　狂〈カントの歴史批判〉	J.-F.リオタール／中島盛夫訳		210
285	カール・カウツキー 1854-1938	G.P.スティーンソン／時永,河野訳		496
286	形而上学と神の思想	W.パネンベルク／座小田,諸岡訳	品切	186
287	ドイツ零年	E.モラン／古田幸男訳		364
288	物の地獄〈ルネ・ジラールと経済の論理〉	デュムシェル，デュピュイ／織田,富永訳		320
289	ヴィーコ自叙伝	G.ヴィーコ／福鎌忠恕訳	品切	448
290	写真論〈その社会的効用〉	P.ブルデュー／山縣熙,山縣直子訳		438
291	戦争と平和	S.ボク／大沢正道訳		224
292	意味と意味の発展	R.A.ウォルドロン／築島謙三訳		294
293	生態平和とアナーキー	U.リンゼ／内田,杉村訳		270
294	小説の精神	M.クンデラ／金井,浅野訳		208
295	フィヒテ-シェリング往復書簡	W.シュルツ解説／座小田,後藤訳		220
296	出来事と危機の社会学	E.モラン／浜名,福井訳		622
297	宮廷風恋愛の技術	A.カペルラヌス／野島秀勝訳	品切	334
298	野蛮〈科学主義の独裁と文化の危機〉	M.アンリ／山形,望月訳		292
299	宿命の戦略	J.ボードリヤール／竹原あき子訳		260
300	ヨーロッパの日記	G.R.ホッケ／石丸,柴田,信岡訳		1330
301	記号と夢想〈演劇と祝祭についての考察〉	A.シモン／岩瀬孝監修，佐藤,伊藤,他訳		388
302	手と精神	J.ブラン／中村文郎訳		284

				(頁)
303	平等原理と社会主義	L.シュタイン／石川, 石塚, 柴田訳		676
304	死にゆく者の孤独	N.エリアス／中居実訳		150
305	知識人の黄昏	W.シヴェルブシュ／初見基訳		240
306	トマス・ペイン〈社会思想家の生涯〉	A.J.エイヤー／大熊昭信訳		378
307	われらのヨーロッパ	F.ヘール／杉浦健之訳		614
308	機械状無意識〈スキゾ-分析〉	F.ガタリ／高岡幸一訳		426
309	聖なる真理の破壊	H.ブルーム／山形和美訳		400
310	諸科学の機能と人間の意義	E.パーチ／上村忠男監訳		552
311	翻　訳〈ヘルメスIII〉	M.セール／豊田, 輪田訳		404
312	分　布〈ヘルメスIV〉	M.セール／豊田彰訳		440
313	外国人	J.クリステヴァ／池田和子訳		284
314	マルクス	M.アンリ／杉山, 水野訳	品切	612
315	過去からの警告	E.シャルガフ／山本, 内藤訳		308
316	面・表面・界面〈一般表層論〉	F.ダゴニェ／金森, 今野訳		338
317	アメリカのサムライ	F.G.ノートヘルファー／飛鳥井雅道訳		512
318	社会主義か野蛮か	C.カストリアディス／江口幹訳		490
319	遍　歴〈法, 形式, 出来事〉	J.-F.リオタール／小野康男訳		200
320	世界としての夢	D.ウスラー／谷　徹訳		566
321	スピノザと表現の問題	G.ドゥルーズ／工藤, 小柴, 小谷訳		460
322	裸体とはじらいの文化史	H.P.デュル／藤代, 三谷訳		572
323	五　感〈混合体の哲学〉	M.セール／米山親能訳		582
324	惑星軌道論	G.W.F.ヘーゲル／村上恭一訳		250
325	ナチズムと私の生活〈仙台からの告発〉	K.レーヴィット／秋間実訳		334
326	ベンヤミン-ショーレム往復書簡	G.ショーレム編／山本尤訳		440
327	イマヌエル・カント	O.ヘッフェ／薮木栄夫訳		374
328	北西航路〈ヘルメスV〉	M.セール／青木研二訳		260
329	聖杯と剣	R.アイスラー／野島秀勝訳		486
330	ユダヤ人国家	Th.ヘルツル／佐藤康彦訳		206
331	十七世紀イギリスの宗教と政治	C.ヒル／小野功生訳		586
332	方　法　2. 生命の生命	E.モラン／大津真作訳		838
333	ヴォルテール	A.J.エイヤー／中川, 吉岡訳		268
334	哲学の自食症候群	J.ブーヴレス／大平具彦訳		266
335	人間学批判	レペニース, ノルテ／小竹澄栄訳		214
336	自伝のかたち	W.C.スペンジマン／船倉正憲訳		384
337	ポストモダニズムの政治学	L.ハッチオン／川口喬一訳		332
338	アインシュタインと科学革命	L.S.フォイヤー／村上, 成定, 大谷訳		474
339	ニーチェ	G.ピヒト／青木隆嘉訳		562
340	科学史・科学哲学研究	G.カンギレム／金森修監訳		674
341	貨幣の暴力	アグリエッタ, オルレアン／井上, 斉藤訳		506
342	象徴としての円	M.ルルカー／竹内章訳	品切	186
343	ベルリンからエルサレムへ	G.ショーレム／岡部仁訳		226
344	批評の批評	T.トドロフ／及川, 小林訳		298
345	ソシュール講義録注解	F.de ソシュール／前田英樹・訳注		204
346	歴史とデカダンス	P.ショーニュー／大谷尚文訳		552
347	続・いま, ここで	G.ピヒト／斎藤, 大野, 福島, 浅野訳		580
348	バフチン以後	D.ロッジ／伊藤誓訳		410
349	再生の女神セドナ	H.P.デュル／原研二訳		622
350	宗教と魔術の衰退	K.トマス／荒木正純訳		1412
351	神の思想と人間の自由	W.パネンベルク／座小田, 諸岡訳		186

				(頁)
352	倫理・政治的ディスクール	O.ヘッフェ／青木隆嘉訳		312
353	モーツァルト	N.エリアス／青木隆嘉訳		198
354	参加と距離化	N.エリアス／波田,道籏訳		276
355	二十世紀からの脱出	E.モラン／秋枝茂夫訳		384
356	無限の二重化	W.メニングハウス／伊藤秀一訳	品切	350
357	フッサール現象学の直観理論	E.レヴィナス／佐藤,桑野訳		506
358	始まりの現象	E.W.サイード／山形,小林訳		684
359	サテュリコン	H.P.デュル／原研二訳		258
360	芸術と疎外	H.リード／増渕正史訳	品切	262
361	科学的理性批判	K.ヒュプナー／神野,中才,熊谷訳		476
362	科学と懐疑論	J.ワトキンス／中才敏郎訳		354
363	生きものの迷路	A.モール,E.ロメル／古田幸男訳		240
364	意味と力	G.バランディエ／小関藤一郎訳		406
365	十八世紀の文人科学者たち	W.レペニース／小川さくえ訳		182
366	結晶と煙のあいだ	H.アトラン／阪上脩訳		376
367	生への闘争〈闘争本能・性・意識〉	W.J.オング／高柳,橋爪訳		326
368	レンブラントとイタリア・ルネサンス	K.クラーク／尾崎,芳野訳		334
369	権力の批判	A.ホネット／河上倫逸監訳		476
370	失われた美学〈マルクスとアヴァンギャルド〉	M.A.ローズ／長田,池田,長野,長田訳		332
371	ディオニュソス	M.ドゥティエンヌ／及川,吉岡訳		164
372	メディアの理論	F.イングリス／伊藤,磯山訳		380
373	生き残ること	B.ベテルハイム／高尾利数訳		646
374	バイオエシックス	F.ダゴニェ／金森,松浦訳		316
375 376	エディプスの謎（上・下）	N.ビショッフ／藤代,井本,他訳		上・450 下・464
377	重大な疑問〈懐疑的省察録〉	E.シャルガフ／山形,小野,他訳		404
378	中世の食生活〈断食と宴〉	B.A.ヘニッシュ／藤原保明訳	品切	538
379	ポストモダン・シーン	A.クローカー,D.クック／大熊昭信訳		534
380	夢の時〈野生と文明の境界〉	H.P.デュル／岡部,原,須永,荻野訳		674
381	理性よ，さらば	P.ファイヤアーベント／植木哲也訳		454
382	極限に面して	T.トドロフ／宇京頼三訳		376
383	自然の社会化	K.エーダー／寿福真美監訳		474
384	ある反時代的考察	K.レーヴィット／中村啓,永沼更始郎訳		526
385	図書館炎上	W.シヴェルブシュ／福本義憲訳		274
386	騎士の時代	F.v.ラウマー／柳井尚子訳	品切	506
387	モンテスキュー〈その生涯と思想〉	J.スタロバンスキー／古賀英三郎,高橋誠訳		312
388	理解の鋳型〈東西の思想経験〉	J.ニーダム／井上英明訳		510
389	風景画家レンブラント	E.ラルセン／大谷,尾崎訳		208
390	精神分析の系譜	M.アンリ／山形頼洋,他訳		546
391	金（かね）と魔術	H.C.ビンスヴァンガー／清水健次訳		218
392	自然誌の終焉	W.レペニース／山村直資訳		346
393	批判的解釈学	J.B.トンプソン／山本,小川訳	品切	376
394	人間にはいくつの真理が必要か	R.ザフランスキー／山本,藤井訳		232
395	現代芸術の出発	Y.イシャグプール／川俣晃自訳		170
396	青春　ジュール・ヴェルヌ論	M.セール／豊田彰訳		398
397	偉大な世紀のモラル	P.ベニシュー／朝倉,羽賀訳		428
398	諸国民の時に	E.レヴィナス／合田正人訳		348
399 400	バベルの後に（上・下）	G.スタイナー／亀山健吉訳		上・482 下・
401	チュービンゲン哲学入門	E.ブロッホ／花田監修・菅谷,今井,三国訳		422

No.	書名	著者／訳者		(頁)
402	歴史のモラル	T.トドロフ／大谷尚文訳		386
403	不可解な秘密	E.シャルガフ／山本,内藤訳		260
404	ルソーの世界〈あるいは近代の誕生〉	J.-L.ルセルクル／小林浩訳	品切	378
405	死者の贈り物	D.サルナーヴ／菊地,白井訳		186
406	神もなく韻律もなく	H.P.デュル／青木隆嘉訳		292
407	外部の消失	A.コドレスク／利沢行夫訳		276
408	狂気の社会史〈狂人たちの物語〉	R.ポーター／目羅公和訳	品切	428
409	続・蜂の寓話	B.マンデヴィル／泉谷治訳		436
410	悪口を習う〈近代初期の文化論集〉	S.グリーンブラット／磯山甚一訳		354
411	危険を冒して書く〈異色作家たちのパリ・インタヴュー〉	J.ワイス／浅野敏夫訳		300
412	理論を讃えて	H.-G.ガダマー／本間,須田訳		194
413	歴史の島々	M.サーリンズ／山本真鳥訳		306
414	ディルタイ〈精神科学の哲学者〉	R.A.マックリール／大野,田中,他訳		578
415	われわれのあいだで	E.レヴィナス／合田,谷口訳		368
416	ヨーロッパ人とアメリカ人	S.ミラー／池田栄一訳		358
417	シンボルとしての樹木	M.ルルカー／林 捷 訳		276
418	秘めごとの文化史	H.P.デュル／藤代,津山訳		662
419	眼の中の死〈古代ギリシアにおける他者の像〉	J.-P.ヴェルナン／及川,吉岡訳		144
420	旅の思想史	E.リード／伊藤誓訳		490
421	病のうちなる治療薬	J.スタロバンスキー／小池,川那部訳		356
422	祖国地球	E.モラン／菊地昌実訳		234
423	寓意と表象・再現	S.J.グリーンブラット編／船倉正憲訳		384
424	イギリスの大学	V.H.H.グリーン／安原,成定訳	品切	516
425	未来批判 あるいは世界史に対する嫌悪	E.シャルガフ／山本,伊藤訳		276
426	見えるものと見えざるもの	メルロ=ポンティ／中島盛夫監訳		618
427	女性と戦争	J.B.エルシュテイン／小林,廣川訳		486
428	カント入門講義	H.バウムガルトナー／有福孝岳監訳		204
429	ソクラテス裁判	I.F.ストーン／永田康昭訳		470
430	忘我の告白	M.ブーバー／田口義弘訳		348
431 432	時代おくれの人間(上・下)	G.アンダース／青木隆嘉訳		上・432 下・546
433	現象学と形而上学	J.-L.マリオン他編／三上,重永,檜垣訳		388
434	祝福から暴力へ	M.ブロック／田辺,秋津訳		426
435	精神分析と横断性	F.ガタリ／杉村,毬藻訳		462
436	競争社会をこえて	A.コーン／山本,真水訳		530
437	ダイアローグの思想	M.ホルクウィスト／伊藤誓訳	品切	370
438	社会学とは何か	N.エリアス／徳安彰訳		250
439	E.T.A.ホフマン	R.ザフランスキー／識名章喜訳		636
440	所有の歴史	J.アタリ／山内昶訳		580
441	男性同盟と母権制神話	N.ゾンバルト／田村和彦訳		516
442	ヘーゲル以後の歴史哲学	H.シュネーデルバッハ／古東哲明訳		282
443	同時代人ベンヤミン	H.マイヤー／岡部仁訳		140
444	アステカ帝国滅亡記	G.ボド,T.トドロフ編／大谷,菊地訳		662
445	迷宮の岐路	C.カストリアディス／宇京頼三訳		404
446	意識と自然	K.K.チョウ／志水,山本監訳		422
447	政治的正義	O.ヘッフェ／北尾,平石,望月訳		598
448	象徴と社会	K.バーク著,ガスフィールド編／森常治訳		580
449	神・死・時間	E.レヴィナス／合田正人訳		360
450	ローマの祭	G.デュメジル／大橋寿美子訳		446

No.	書名	著者／訳者		(頁)
501	音楽のはじめ	C.シュトゥンプ／結城錦一訳		208
502	反ニーチェ	L.フェリー他／遠藤文彦訳		348
503	マルクスの哲学	E.バリバール／杉山吉弘訳		222
504	サルトル，最後の哲学者	A.ルノー／水野浩二訳	品切	296
505	新不平等起源論	A.テスタール／山内昶訳		298
506	敗者の祈禱書	シオラン／金井裕訳		184
507	エリアス・カネッティ	Y.イシャグプール／川俣晃自訳		318
508	第三帝国下の科学	J.オルフ＝ナータン／宇京頼三訳		424
509	正も否も縦横に	H.アトラン／寺田光徳訳		644
510	ユダヤ人とドイツ	E.トラヴェルソ／宇京頼三訳		322
511	政治的風景	M.ヴァルンケ／福本義憲訳		202
512	聖句の彼方	E.レヴィナス／合田正人訳		350
513	古代憧憬と機械信仰	H.ブレーデカンプ／藤代，津山訳		230
514	旅のはじめに	D.トリリング／野島秀勝訳		602
515	ドゥルーズの哲学	M.ハート／田代，井上，浅野，暮沢訳		294
516	民族主義・植民地主義と文学	T.イーグルトン他／増渕，安藤，大友訳		198
517	個人について	P.ヴェーヌ他／大谷尚文訳		194
518	大衆の装飾	S.クラカウアー／船戸，野村訳		350
519 520	シベリアと流刑制度（I・II）	G.ケナン／左近毅訳		I・632 II・642
521	中国とキリスト教	J.ジェルネ／鎌田博夫訳		396
522	実存の発見	E.レヴィナス／佐藤真理人，他訳		480
523	哲学的認識のために	G.-G.グランジェ／植木哲也訳		342
524	ゲーテ時代の生活と日常	P.ラーンシュタイン／上西川原章訳		832
525	ノッツ nOts	M.C.テイラー／浅野敏夫訳		480
526	法の現象学	A.コジェーヴ／今村，堅田訳		768
527	始まりの喪失	B.シュトラウス／青木隆嘉訳		196
528	重　合	ベーネ，ドゥルーズ／江口修訳		170
529	イングランド18世紀の社会	R.ポーター／目羅公和訳		630
530	他者のような自己自身	P.リクール／久米博訳		558
531	鷲と蛇〈シンボルとしての動物〉	M.ルルカー／林捷訳		270
532	マルクス主義と人類学	M.ブロック／山内昶，山内彰訳		256
533	両性具有	M.セール／及川馥訳		218
534	ハイデガー〈ドイツの生んだ巨匠とその時代〉	R.ザフランスキー／山本尤訳		696
535	啓蒙思想の背任	J.-C.ギユボー／菊地，白井訳		218
536	解明　M.セールの世界	M.セール／梶野，竹中訳		334
537	語りは罠	L.マラン／鎌田博夫訳		176
538	歴史のエクリチュール	M.セルトー／佐藤和生訳		542
539	大学とは何か	J.ペリカン／田口孝夫訳		374
540	ローマ　定礎の書	M.セール／高尾謙史訳		472
541	啓示とは何か〈あらゆる啓示批判の試み〉	J.G.フィヒテ／北岡武司訳		252
542	力の場〈思想史と文化批判のあいだ〉	M.ジェイ／今井道夫，他訳		382
543	イメージの哲学	F.ダゴニェ／水野浩二訳		410
544	精神と記号	F.ガタリ／杉村昌昭訳		180
545	時間について	N.エリアス／井本，青木訳		238
546	ルクレティウスのテキストにおける物理学の誕生	M.セール／豊田彰訳		320
547	異端カタリ派の哲学	R.ネッリ／柴田和雄訳		290
548	ドイツ人論	N.エリアス／青木隆嘉訳		576
549	俳　優	J.デュヴィニョー／渡辺淳訳		346

			(頁)
550	ハイデガーと実践哲学	O.ペゲラー他,編／竹市,下村監訳	584
551	彫　像	M.セール／米山親能訳	366
552	人間的なるものの庭	C.F.v.ヴァイツゼカー／山辺建訳	852
553	思考の図像学	A.フレッチャー／伊藤誓訳	472
554	反動のレトリック	A.O.ハーシュマン／岩崎稔訳	250
555	暴力と差異	A.J.マッケナ／夏目博明訳	354
556	ルイス・キャロル	J.ガッテニョ／鈴木晶訳	462
557	タオスのロレンゾー〈D.H.ロレンス回想〉	M.D.ルーハン／野島秀勝訳	490
558	エル・シッド〈中世スペインの英雄〉	R.フレッチャー／林邦夫訳	414
559	ロゴスとことば	S.プリケット／小野功生訳	486
560 561	盗まれた稲妻〈呪術の社会学〉(上・下)	D.L.オキーフ／谷林眞理子,他訳	上・490 下・656
562	リビドー経済	J.-F.リオタール／杉山,吉谷訳	458
563	ポスト・モダニティの社会学	S.ラッシュ／田中義久監訳	462
564	狂暴なる霊長類	J.A.リヴィングストン／大平章訳	310
565	世紀末社会主義	M.ジェイ／今村,大谷訳	334
566	両性平等論	F.P.de ラ・バール／佐藤和夫,他訳	330
567	暴虐と忘却	R.ボイヤーズ／田部井孝次・世志子訳	524
568	異端の思想	G.アンダース／青木隆嘉訳	518
569	秘密と公開	S.ボク／大沢正道訳	470
570 571	大航海時代の東南アジア (I・II)	A.リード／平野，田中訳	I・430 II・598
572	批判理論の系譜学	N.ボルツ／山本,大貫訳	332
573	メルヘンへの誘い	M.リューティ／高木昌史訳	200
574	性と暴力の文化史	H.P.デュル／藤代,津山訳	768
575	歴史の不測	E.レヴィナス／合田,谷口訳	316
576	理論の意味作用	T.イーグルトン／山形和美訳	196
577	小集団の時代〈大衆社会における個人主義の衰退〉	M.マフェゾリ／古田幸男訳	334
578 579	愛の文化史 (上・下)	S.カーン／青木,斎藤訳	上・334 下・384
580	文化の擁護〈1935年パリ国際作家大会〉	ジッド他／相磯,五十嵐,石黒,高橋編訳	752
581	生きられる哲学〈生活世界の現象学と批判理論の思考形式〉	F.フェルマン／堀栄造訳	282
582	十七世紀イギリスの急進主義と文学	C.ヒル／小野，圓月訳	444
583	このようなことが起こり始めたら…	R.ジラール／小池,住谷訳	226
584	記号学の基礎理論	J.ディーリー／大熊昭信訳	286
585	真理と美	S.チャンドラセカール／豊田彰訳	328
586	シオラン対談集	E.M.シオラン／金井裕訳	336
587	時間と社会理論	B.アダム／伊藤,磯山訳	338
588	懐疑的省察ABC〈続・重大な疑問〉	E.シャルガフ／山本,伊藤訳	244
589	第三の知恵	M.セール／及川馥訳	250
590 591	絵画における真理 (上・下)	J.デリダ／高橋,阿部訳	上・322 下・390
592	ウィトゲンシュタインと宗教	N.マルカム／黒崎宏訳	256
593	シオラン〈あるいは最後の人間〉	S.ジョドー／金井裕訳	212
594	フランスの悲劇	T.トドロフ／大谷尚文訳	304
595	人間の生の遺産	E.シャルガフ／清水健次,他訳	392
596	聖なる快楽〈性，神話，身体の政治〉	R.アイスラー／浅野敏夫訳	876
597	原子と爆弾とエスキモーキス	C.G.セグレー／野島秀勝訳	408
598	海からの花嫁〈ギリシア神話研究の手引き〉	J.シャーウッドスミス／吉田,佐藤訳	234
599	神に代わる人間	L.フェリー／菊地,白井訳	220
600	パンと競技場〈ギリシア・ローマ時代の政治と都市の社会学的歴史〉	P.ヴェーヌ／鎌田博夫訳	1032

			(頁)
601	ギリシア文学概説	J.ド・ロミイ／細井，秋山訳	486
602	パロールの奪取	M.セルトー／佐藤和生訳	200
603	68年の思想	L.フェリー他／小野潮訳	348
604	ロマン主義のレトリック	P.ド・マン／山形，岩坪訳	470
605	探偵小説あるいはモデルニテ	J.デュボア／鈴木智之訳	380
606 607 608	近代の正統性〔全三冊〕	H.ブルーメンベルク／斎藤，忽那 佐藤，村井訳	I・328 II・390 III・318
609	危険社会〈新しい近代への道〉	U.ベック／東，伊藤訳	502
610	エコロジーの道	E.ゴールドスミス／大熊昭信訳	654
611	人間の領域〈迷宮の岐路II〉	C.カストリアディス／米山親能訳	626
612	戸外で朝食を	H.P.デュル／藤代幸一訳	190
613	世界なき人間	G.アンダース／青木隆嘉訳	366
614	唯物論シェイクスピア	F.ジェイムソン／川口喬一訳	402
615	核時代のヘーゲル哲学	H.クロンバッハ／植木哲也訳	380
616	詩におけるルネ・シャール	P.ヴェーヌ／西永良成訳	832
617	近世の形而上学	H.ハイムゼート／北岡武司訳	506
618	フロベールのエジプト	G.フロベール／斎藤昌三訳	344
619	シンボル・技術・言語	E.カッシーラー／篠木，高野訳	352
620	十七世紀イギリスの民衆と思想	C.ヒル／小野，圓月，箭川訳	520
621	ドイツ政治哲学史	H.リュッベ／今井道夫訳	312
622	最終解決〈民族移動とヨーロッパのユダヤ人殺害〉	G.アリー／山本，三島訳	470
623	中世の人間	J.ル・ゴフ他／鎌田博夫訳	478
624	食べられる言葉	L.マラン／梶野吉郎訳	284
625	ヘーゲル伝〈哲学の英雄時代〉	H.アルトハウス／山本尤訳	690
626	E.モラン自伝	E.モラン／菊地，高砂訳	368
627	見えないものを見る	M.アンリ／青木研二訳	248
628	マーラー〈音楽観相学〉	Th.W.アドルノ／龍村あや子訳	286
629	共同生活	T.トドロフ／大谷尚文訳	236
630	エロイーズとアベラール	M.F.B.ブロッチェリ／白崎容子訳	
631	意味を見失った時代〈迷宮の岐路IV〉	C.カストリアディス／江口幹訳	338
632	火と文明化	J.ハウツブロム／大平章訳	356
633	ダーウィン，マルクス，ヴァーグナー	J.バーザン／野島秀勝訳	526
634	地位と羞恥	S.ネッケル／岡原正幸訳	434
635	無垢の誘惑	P.ブリュックネール／小倉，下澤訳	350
636	ラカンの思想	M.ボルク=ヤコブセン／池田清訳	500
637	羨望の炎〈シェイクスピアと欲望の劇場〉	R.ジラール／小林，田口訳	698
638	暁のフクロウ〈続・精神の現象学〉	A.カトロッフェロ／寿福真美訳	354
639	アーレント＝マッカーシー往復書簡	C.ブライトマン編／佐藤佐智子訳	710
640	崇高とは何か	M.ドゥギー他／梅木達郎訳	416
641	世界という実験〈問い，取り出しの諸カテゴリー，実践〉	E.ブロッホ／小田智敏訳	400
642	悪　あるいは自由のドラマ	R.ザフランスキー／山本尤訳	322
643	世俗の聖典〈ロマンスの構造〉	N.フライ／中村，真野訳	252
644	歴史と記憶	J.ル・ゴフ／立川孝一訳	400
645	自我の記号論	N.ワイリー／船倉正憲訳	468
646	ニュー・ミメーシス〈シェイクスピアと現実描写〉	A.D.ナトール／山形，山下訳	430
647	歴史家の歩み〈アリエス　1943-1983〉	Ph.アリエス／成瀬，伊藤訳	428
648	啓蒙の民主制理論〈カントとのつながりで〉	I.マウス／浜田，牧野監訳	400
649	仮象小史〈古代からコンピューター時代まで〉	N.ボルツ／山本尤訳	200

			(頁)
650	知の全体史	C.V.ドーレン／石塚浩司訳	766
651	法の力	J.デリダ／堅田研一訳	220
652 653	男たちの妄想（I・II）	K.テーヴェライト／田村和彦訳	I・816 II
654	十七世紀イギリスの文書と革命	C.ヒル／小野,圓月,箭川訳	592
655	パウル・ツェラーンの場所	H.ベッティガー／鈴木美紀訳	176
656	絵画を破壊する	L.マラン／尾形,梶野訳	272
657	グーテンベルク銀河系の終焉	N.ボルツ／識名,足立訳	330
658	批評の地勢図	J.ヒリス・ミラー／森田孟訳	550
659	政治的なものの変貌	M.マフェゾリ／古田幸男訳	290
660	神話の真理	K.ヒュプナー／神野,中才,他訳	736
661	廃墟のなかの大学	B.リーディングズ／青木,斎藤訳	354
662	後期ギリシア科学	G.E.R.ロイド／山野,山口,金山訳	320
663	ベンヤミンの現在	N.ボルツ,W.レイイェン／岡部仁訳	180
664	異教入門〈中心なき周辺を求めて〉	J.-F.リオタール／山縣,小野,他訳	242
665	ル・ゴフ自伝〈歴史家の生活〉	J.ル・ゴフ／鎌田博夫訳	290
666	方　法　3. 認識の認識	E.モラン／大津真作訳	398
667	遊びとしての読書	M.ピカール／及川,内藤訳	478
668	身体の哲学と現象学	M.アンリ／中敬夫訳	404
669	ホモ・エステティクス	L.フェリー／小野康男,他訳	496
670	イスラームにおける女性とジェンダー	L.アハメド／林正雄,他訳	422
671	ロマン派の手紙	K.H.ボーラー／高木葉子訳	382
672	精霊と芸術	M.マール／津山拓也訳	474
673	言葉への情熱	G.スタイナー／伊藤誓訳	612
674	贈与の謎	M.ゴドリエ／山内昶訳	362
675	諸個人の社会	N.エリアス／宇京早苗訳	308
676	労働社会の終焉	D.メーダ／若森章孝,他訳	394
677	概念・時間・言説	A.コジェーヴ／三宅,根田,安川訳	448
678	史的唯物論の再構成	U.ハーバーマス／清水多吉訳	438
679	カオスとシミュレーション	N.ボルツ／山本尤訳	218
680	実質的現象学	M.アンリ／中,野村,吉永訳	268
681	生殖と世代継承	R.フォックス／平野秀秋訳	408
682	反抗する文学	M.エドマンドソン／浅野敏夫訳	406
683	哲学を讃えて	M.セール／米山親能,他訳	312
684	人間・文化・社会	H.シャピロ編／塚本利明,他訳	
685	遍歴時代〈精神の自伝〉	J.アメリー／富重純子訳	206
686	ノーを言う難しさ〈宗教哲学的エッセイ〉	K.ハインリッヒ／小林敏明訳	200
687	シンボルのメッセージ	M.ルルカー／林捷,林田鶴子訳	590
688	神は狂信的か	J.ダニエル／菊地昌実訳	218
689	セルバンテス	J.カナヴァジオ／円子千代訳	502
690	マイスター・エックハルト	B.ヴェルテ／大津留直訳	320
691	マックス・プランクの生涯	J.L.ハイルブロン／村岡晋一訳	300
692	68年－86年　個人の道程	L.フェリー,A.ルノー／小野潮訳	168
693	イダルゴとサムライ	J.ヒル／平山篤子訳	704
694	〈教育〉の社会学理論	B.バーンスティン／久冨善之,他訳	420
695	ベルリンの文化戦争	W.シヴェルブシュ／福本義憲訳	380
696	知識と権力〈クーン,ハイデガー,フーコー〉	J.ラウズ／成定,網谷,阿曽沼訳	410
697	読むことの倫理	J.ヒリス・ミラー／伊藤,大島訳	230
698	ロンドン・スパイ	N.ウォード／渡辺孔二監訳	506
699	イタリア史〈1700－1860〉	S.ウールフ／鈴木邦夫訳	1000

		(頁)
700 マリア〈処女・母親・女主人〉	K.シュライナー／内藤道雄訳	678
701 マルセル・デュシャン〈絵画唯名論〉	T.ド・デューヴ／鎌田博夫訳	350
702 サハラ〈ジル・ドゥルーズの美学〉	M.ビュイダン／阿部宏慈訳	260
703 ギュスターヴ・フロベール	A.チボーデ／戸田吉信訳	470
704 報酬主義をこえて	A.コーン／田中英史訳	604
705 ファシズム時代のシオニズム	L.ブレンナー／芝健介訳	480
706 方　法　4. 観念	E.モラン／大津真作訳	446
707 われわれと他者	T.トドロフ／小野,江口訳	658
708 モラルと超モラル	A.ゲーレン／秋澤雅男訳	
709 肉食タブーの世界史	F.J.シムーンズ／山内昶監訳	682
710 三つの文化〈仏・英・独の比較文化学〉	W.レペニース／松家,吉村,森訳	548
711 他性と超越	E.レヴィナス／合田,松丸訳	200
712 詩と対話	H.-G.ガダマー／巻田悦郎訳	302
713 共産主義から資本主義へ	M.アンリ／野村直正訳	242
714 ミハイル・バフチン　対話の原理	T.トドロフ／大谷尚文訳	408
715 肖像と回想	P.ガスカール／佐藤和生訳	232
716 恥〈社会関係の精神分析〉	S.ティスロン／大谷,津島訳	286
717 庭園の牧神	P.バルロスキー／尾崎彰宏訳	270
718 パンドラの匣	D.&E.パノフスキー／尾崎彰宏,他訳	294
719 言説の諸ジャンル	T.トドロフ／小林文生訳	466
720 文学との離別	R.バウムガルト／清水健次・威能子訳	406
721 フレーゲの哲学	A.ケニー／野本和幸,他訳	308
722 ビバ リベルタ！〈オペラの中の政治〉	A.アーブラスター／田中,西崎訳	478
723 ユリシーズ グラモフォン	J.デリダ／合田,中 訳	210
724 ニーチェ〈その思考の伝記〉	R.ザフランスキー／山本尤訳	440
725 古代悪魔学〈サタンと闘争神話〉	N.フォーサイス／野呂有子監訳	844
726 力に満ちた言葉	N.フライ／山形和美訳	466
727 産業資本主義の法と政治	I.マウス／河上倫逸監訳	496
728 ヴァーグナーとインドの精神世界	C.スネソン／吉水千鶴子訳	270
729 民間伝承と創作文学	M.リューティ／高木昌史訳	430
730 マキアヴェッリ〈転換期の危機分析〉	R.ケーニヒ／小川,片岡訳	382
731 近代とは何か〈その隠されたアジェンダ〉	S.トゥールミン／藤村,新井訳	398
732 深い謎〈ヘーゲル,ニーチェとユダヤ人〉	Y.ヨベル／青木隆嘉訳	360
733 挑発する肉体	H.P.デュル／藤代,津山訳	702
734 フーコーと狂気	F.グロ／菊地昌実訳	164
735 生命の認識	G.カンギレム／杉山吉弘訳	330
736 転倒させる快楽〈バフチン,文化批評,映画〉	R.スタム／浅野敏夫訳	494
737 カール・シュミットとユダヤ人	R.グロス／山本尤訳	486
738 個人の時代	A.ルノー／水野浩二訳	438
739 導入としての現象学	H.F.フルダ／久保,高山訳	470
740 認識の分析	E.マッハ／廣松渉編訳	182
741 脱構築とプラグマティズム	C.ムフ編／青木隆嘉訳	186
742 人類学の挑戦	R.フォックス／南塚隆夫訳	698
743 宗教の社会学	B.ウィルソン／中野,栗原訳	270
744 非人間的なもの	J.-F.リオタール／篠原,上村,平芳訳	286
745 異端者シオラン	P.ボロン／金井裕訳	334
746 歴史と日常〈ポール・ヴェーヌ自伝〉	P.ヴェーヌ／鎌田博夫訳	268
747 天使の伝説	M.セール／及川馥訳	262
748 近代政治哲学入門	A.バルッツィ／池上,岩倉訳	348

			(頁)
749	王の肖像	L.マラン／渡辺香根夫訳	454
750	ヘルマン・ブロッホの生涯	P.M.リュツェラー／入野田真右訳	572
751	ラブレーの宗教	L.フェーヴル／高橋薫訳	942
752	有限責任会社	J.デリダ／高橋, 増田, 宮﨑訳	352
753	ハイデッガーとデリダ	H.ラパポート／港道隆, 他訳	388
754	未完の菜園	T.トドロフ／内藤雅文訳	414
755	小説の黄金時代	G.スカルペッタ／本多文彦訳	392
756	トリックスター	L.ハイド／伊藤誓訳	
757	ヨーロッパの形成	R.バルトレット／伊藤, 磯山訳	720
758	幾何学の起源	M.セール／豊田彰訳	444
759	犠牲と羨望	J.-P.デュピュイ／米山, 泉谷訳	518
760	歴史と精神分析	M.セルトー／内藤雅文訳	252
761 762 763	コペルニクス的宇宙の生成〔全三冊〕	H.ブルーメンベルク／後藤, 小熊, 座小田訳	I・412 II・ III・
764	自然・人間・科学	E.シャルガフ／山本, 伊藤訳	230
765	歴史の天使	S.モーゼス／合田正人訳	306
766	近代の観察	N.ルーマン／馬場靖雄訳	234
767 768	社会の法（1・2）	N.ルーマン／馬場, 上村, 江口訳	1・430 2・446
769	場所を消費する	J.アーリ／吉原直樹, 大澤善信監訳	450
770	承認をめぐる闘争	A.ホネット／山本, 直江訳	302
771 772	哲学の余白（上・下）	J.デリダ／高橋, 藤本訳	上・ 下・
773	空虚の時代	G.リポヴェツキー／大谷, 佐藤訳	288
774	人間はどこまでグローバル化に耐えられるか	R.ザフランスキー／山本尤訳	134
775	人間の美的教育について	F.v.シラー／小栗孝則訳	196
776	政治的検閲〈19世紀ヨーロッパにおける〉	R.J.ゴールドスティーン／城戸, 村山訳	356
777	シェイクスピアとカーニヴァル	R.ノウルズ／岩崎, 加藤, 小西訳	382
778	文化の場所	H.K.バーバ／本橋哲也, 他訳	
779	貨幣の哲学	E.レヴィナス／合田, 三浦訳	230
780	バンジャマン・コンスタン〈民主主義への情熱〉	T.トドロフ／小野潮訳	244
781	シェイクスピアとエデンの喪失	C.ベルシー／高桑陽子訳	310
782	十八世紀の恐怖	ベールシュトルド, ポレ編／飯野, 田所, 中島訳	456
783	ハイデガーと解釈学的哲学	O.ペゲラー／伊藤徹監訳	418
784	神話とメタファー	N.フライ／高柳俊一訳	578
785	合理性とシニシズム	J.ブーヴレス／岡部, 本郷訳	
786	生の嘆き〈ショーペンハウアー倫理学入門〉	M.ハウスケラー／峠尚武訳	
787	フィレンツェのサッカー	H.ブレーデカンプ／原研二訳	222
788	自己破壊の性分	A.O.ハーシュマン／田中秀夫訳	